让 我 们 一 起 追 寻

MICHELANGELO AND THE POPE'S CEILING

米开朗琪罗与教皇的天花板

ROSS KING

〔加〕罗斯·金/著　　黄中宪/译

社会科学文献出版社
SOCIAL SCIENCES ACADEMIC PRESS (CHINA)

谨以此书献给梅勒尼

目　录

地　图

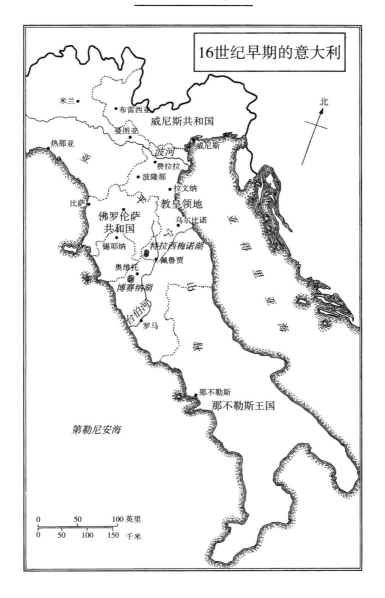

16世纪早期的意大利

北

米兰
布雷西亚
威尼斯共和国
曼图亚
热那亚
亚
波河
威尼斯
费拉拉
波隆那
拉文纳
比萨
教皇领地
佛罗伦萨
共和国
乌尔比诺
锡耶纳
特拉西梅诺湖
奥维托
佩鲁贾
亚得里亚海
博赛纳湖
台伯河
罗马
山
脉

那不勒斯
那不勒斯王国

第勒尼安海

| 0 | 50 | 100 英里 |
| 0 | 50 | 100 | 150 | 千米 |

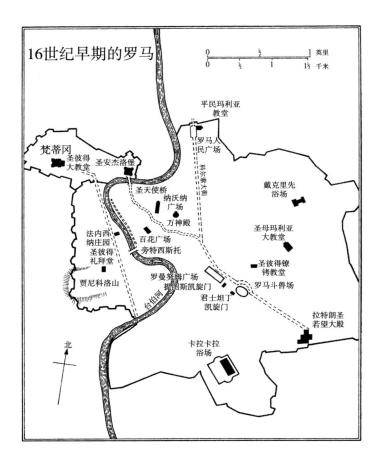

第一章　召　令

　　鲁斯蒂库奇广场（Piazza Rusticucci）并不是罗马很有名
的地方。距梵蒂冈虽然只有一小段路，但这个广场简朴而不起
眼，置身在台伯河北岸，从圣安杰洛桥往西绵延出去的地区
里，四周是迷宫般的街道和彼此紧挨的店家、住宅。在广场中
央、喷水池旁边，有一处供牲畜饮用的水槽，东侧是一座带有
一个小钟楼的朴素的教堂。教堂名叫圣卡特利娜·德尔·卡瓦
雷洛特，因为历史不久，没什么名气。每年基督教世界的无数
信徒来到罗马，瞻仰圣人遗骨、圣十字架残片之类的圣物，但
这座教堂里没有这种东西。然而，就在这教堂后面，一条依偎
着城墙延伸的窄街里，坐落着意大利某大名鼎鼎艺术家的工作
室。这位艺术家是个雕塑家，来自佛罗伦萨，身材矮胖、鼻子
扁平、穿着邋遢、脾气暴躁。

　　一五〇八年四月，米开朗琪罗·博纳罗蒂（Michelangelo
Buonarroti）奉召回到圣卡特利娜教堂后面这间工作室。但他
回来得心不甘情不愿，因为在这之前他已发誓绝不回罗马。两
年前逃离这座城市时，他已叫助手把工作室清空，把里面的东
西，包括他的工具，卖给犹太人。那年春天他回来时，工作室
里空无一物，而离开时弃置在圣彼得广场（Piazza San Pietro）
附近的数百吨大理石仍堆在原地，饱受日晒雨淋。这些月白色
的石块，原是要用来建造在位教皇尤利乌斯二世的坟墓，如果
建成，将会是当时有史以来最大的雕刻组合体之一。不过，这

个堂皇巨构终未动工，而米开朗琪罗这次被叫回来，也不是为了重新启动这项工程。

米开朗琪罗生于一四七五年三月六日，这时三十三岁。他曾告诉某个助手说，他出生的那个时辰，水星、金星正处在木星宫位内。这种吉利的行星排列预示此时降生者"将会在愉悦感官的艺术上，例如绘画、雕塑、建筑上，有很大成就"。[1] 就米开朗琪罗而言，这项成就未让他久等。十五岁时，天赋异禀的他就在圣马可学苑（Garden of San Marco），即佛罗伦萨统治者洛伦佐·德·美第奇为培养艺术家而创办的学校，研习雕塑。十九岁他就在波隆纳（Balogna）雕刻雕像，两年后的一四九六年，他首次走访罗马，不久就在罗马接到《圣殇》（Pieta）雕像的委制案。他在承制合约上夸下豪语，说这将是"罗马有史以来最美丽的大理石作品"。[2] 数年后该作品于大众惊讶声中揭开面纱时，有人当场告诉他，他的确办到了。时人称赞这座雕像，这座为装饰法国某枢机主教墓而雕制的雕像，不仅超越了同时代所有雕塑家的作品，甚至比起古希腊罗马的雕塑作品（当时所有艺术的评鉴基准），也有过之而无不及。

米开朗琪罗的下一个杰作是费时三年制成的大理石像《大卫》（David），于一五〇四年九月被安放在佛罗伦萨领主宫（Palazzo della Signoria）前面。如果说《圣殇》表现了雅致与柔美，《大卫》则展露了米开朗琪罗透过男性裸像表现磅礴气势的才华。雕像高近 17 英尺，赞叹不已的佛罗伦萨市民径直称它为"巨人"（Il Gigante）。米开朗琪罗的友人，建筑师朱利亚诺·达·桑迦洛（Giuliano da Sangallo）花了四天时间，绞尽脑汁，才将这座巨像从米开朗琪罗位于大教堂后面的工作室，运到 1320 英尺外的领主广场的雕像台座上。

一五〇五年初，完成《大卫》数个月后，米开朗琪罗突然接到教皇尤利乌斯二世的召令，中断了他在佛罗伦萨的工作。教皇在圣彼得大教堂的某个礼拜堂里看过米开朗琪罗的《圣殇》，印象非常深刻，于是有意叫这位雕塑界的青年才俊雕制他的坟墓。二月底，教皇财务官——枢机主教阿利多西——付给米开朗琪罗一百枚弗罗林金币作为前金，这相当于当时工匠一整年的收入。于是，这位雕塑家回到罗马，为教皇效力，[3] 开启了一段他日后称为"坟墓悲剧"的生涯。

教皇墓通常工程浩大。以一四八四年去世的西克斯图斯四世教皇（Sixtus IV）为例，美丽的青铜石棺花了九年才得以制成。但不知谦逊为何物的尤利乌斯，以全然不同的规格构思自己死后的长眠之所。一五〇三年一选上教皇职，他就开始筹划自己的坟墓，最后决定建造一座自哈德良、奥古斯都等罗马皇帝兴建陵墓以来规模最大的纪念堂。为此，米开朗琪罗设计出一座宽约 34 英尺、高约 50 英尺的独立结构体，符合尤利乌斯要震古烁今的建筑雄心。超过四十尊等身大小的大理石雕像，将被安置在由柱、拱、壁龛构成的宏大又精细的建筑环境中。底层安置一系列裸身雕像，代表各人文学科；顶层则竖立着 10 英尺高、头戴教皇三重冕的尤利乌斯雕像。除了每年一千两百杜卡特的薪水（约当时一般雕塑家或金匠一年收入的十倍），完工之后米开朗琪罗还可再拿到一万杜卡特的报酬①。

米开朗琪罗干劲十足地展开了这项浩大工程，在佛罗伦萨

---

① 杜卡特（ducat）为重 24 克拉的金币，是当时意大利大部分地区的标准货币。当时工匠或贸易商一年的平均收入是 100～120 杜卡特，而在罗马或佛罗伦萨，画家若要租个宽敞的房子当工作室，一年租金要 10～12 杜卡特。佛罗伦萨的标准货币为弗罗林，币值与杜卡特相等，十六世纪末期为后者所取代。

西北方约 65 英里处的卡拉拉（Carrara）待了八个月，督导工人开采该镇著名的白色大理石，并运送到罗马来。《圣殇》和《大卫》都用该地大理石雕成，这是促使他采用该石材建墓的

5　原因之一。运送途中屡生差错，包括一艘货船搁浅于台伯河，后又遇上河水暴涨，导致数艘货船被淹没。尽管如此，到一五〇六年元月，他已运了九十多车的大理石到圣彼得大教堂前广场，并进驻圣卡特利娜教堂后面的工作室。罗马人民看到古老大教堂前堆积如山的白色大理石，欢欣鼓舞。但最兴奋的莫过于教皇本人，他甚至命人在梵蒂冈与米开朗琪罗工作室之间特别建了一条步道，以便他前往鲁斯提库奇广场与米开朗琪罗讨论这个了不起的工程。

　　但在大理石被运到罗马之前，教皇的注意力就转移到了更宏大的计划上。最初他计划将自己的墓建在古罗马圆形剧场附近的一座教堂内，即圣彼得镣铐教堂（San Pietro in Vincoli）内，后来改变心意，决定盖在气势更恢宏的圣彼得大教堂内。但不久之后他就认识到这座古老的大教堂根本无法容纳这么雄伟的陵墓。圣彼得于公元六十七年死后被埋在基督教徒地下墓地，两个半世纪后，他的遗骸被迁葬台伯河畔——据说是他被钉在十字架上处死的地点。因他而得名的这座大教堂，就盖在他的遗骸之上。可悲又可笑的是，安置圣彼得墓的这座宏伟建筑，基督教会赖以建立基业的盘石，竟是立在地势低浅的沼泽地上，而且据说沼泽地里栖息着大到足以吞下婴儿的巨蛇。

　　由于地基土质不佳，到了一五〇五年，大教堂的墙壁已偏斜了 6 英尺。尽管为了挽救这座危楼，陆陆续续做了一些修补，但这时尤利乌斯决定采取极端的措施，将这座基督教世界最古老、最神圣的教堂拆掉，并在原址上重建新的大教堂。因

此，在米开朗琪罗从卡拉拉返回之前，拆毁作业就已经开始了。数十座圣徒、教皇的古墓（显灵、治病等神迹的来源）瞬间化为瓦砾，地上也挖出数个深 25 英尺的大坑来建造地基。　6 数以吨计的建材堆在周遭的街道、广场上，由两千名木匠、石匠组成的营建大队，已准备好投入这项自古罗马时代以来意大利最大的营造工程。

　　至于这座新大教堂的设计图，早由教皇的御用建筑师朱利亚诺·达·桑迦洛提出。六十三岁的朱利亚诺·达·桑迦洛是米开朗琪罗的友人暨恩师，此前承制过许多建筑案，由他一手设计的教堂和宫殿遍布意大利众多地区，尤利乌斯二世在热那亚附近萨沃纳（Savona）的罗维雷宫（Palazzo Rovere），就是他的杰作。朱利亚诺·达·桑迦洛也是洛伦佐·德·美第奇最欣赏的建筑师，为他在佛罗伦萨附近的波焦阿卡伊阿诺（Poggio a Caiano）设计了一栋别墅。在罗马，他总管圣安杰洛堡（该市要塞）的修复工程。他还修复了圣母玛利亚利大教堂（罗马最古老的教堂之一），并以据说是从美洲新世界带回来的第一批金子为该教堂的顶棚镀金。

　　朱利亚诺·达·桑迦洛自信满满，认为重建圣彼得大教堂的任务非自己莫属，于是举家迁离佛罗伦萨，来到罗马，却不料碰到了对手。本名为多纳托·德·安杰洛·拉扎里（Donato　7 d' Angelo Lazzari）的布拉曼特（Bramante），设计过的著名建筑和他的不相上下。欣赏布拉曼特之才华者，称颂他是自布鲁内莱斯基以来最伟大的建筑师。在这之前他已在米兰修建过多座教堂和穹顶，一五〇〇年迁居罗马后，又修建了数座修道院、回廊、宫殿。至当时为止，他最著名的建筑是蒙特里奥（Montorio）的圣彼得教堂的圆形小礼拜堂，位于梵蒂冈南侧雅尼库伦丘（Janiculum）上，属古典风格。布拉曼特的字面意思为"贪婪的"，对于这位已是六十二岁年纪，而又有着不服老野心和旺盛情欲的建筑师而言，的确是贴切的绰号。永不餍足的布拉曼特认为自己的建筑才华大有可能在重建圣彼得大教堂上得到前所未有的耀眼展现。

朱利亚诺·达·桑迦洛和布拉曼特之间的竞争使罗马的画家、雕塑家少有人能置身事外。朱利亚诺·达·桑迦洛身为在罗马居住、工作多年的佛罗伦萨人，是罗马境内佛罗伦萨籍艺术家的领袖。这些佛罗伦萨籍艺术家，包括他的一名兄弟和数名侄子，南迁罗马无非为了争取教皇和有钱的枢机主教的委制案。乌尔比诺（Urbino）出生的布拉曼特，来罗马时间较晚，但来了之后就和来自意大利其他城镇的艺术家广结善缘。非佛罗伦萨籍艺术家因此推举他为共主，合力抗衡以桑迦洛为代表的佛罗伦萨艺术家势力的壮大。[4]圣彼得大教堂的案子由谁拿下，攸关两方阵营的势力消长，因为胜出者除了在教廷取得令人艳羡的发言权，还可拿到包罗广泛的发包权。一五〇五年末，布拉曼特一派得势，他的设计图（仿希腊式十字架形的大型穹顶建筑）获得教皇采用，朱利亚诺·达·桑迦洛的设计图落败。

友人朱利亚诺·达·桑迦洛的落败令米开朗琪罗大为失望，但更糟糕的是，圣彼得大教堂的重建几乎立即冲击到他自己的案子。高昂的重建费意味着教皇得将陵墓工程断然中止，而米开朗琪罗经过一番不堪的冷遇，才得知了这个事实。运了数百吨大理石到罗马后，他身无分文，还欠了一百四十杜卡特的运费，为了支付这笔钱，他不得不向银行借贷。自从一年多前拿到数百弗罗林后，他未收到任何金钱，因此决定找教皇偿付。刚好在复活节前一星期，他有机会在梵蒂冈和教皇共餐。用餐时他偶然听到教皇告诉其他宾客，无意再在皇陵的大理石材上花钱，这令他大吃一惊。考虑到此前他对这个项目的投入和热情，这个转向无疑是晴天霹雳。尽管如此，米开朗琪罗还是在离席之前，斗胆提出一百四十杜卡特的事，结果尤利乌斯敷衍回复说要他星期一再来梵蒂冈。星期一他依约前来，但教皇拒绝接见，他再次受到了冷落。

后来米开朗琪罗在写给友人的信中回忆道："我星期一再去，星期二、星期三、星期四再去……最后，星期五早上，我被赶了出来，说明白点，就是要我卷铺盖走路。"[5]有个主教目睹了这一过程，颇为惊讶，问那位赶走米开朗琪罗的侍从官知不知道赶走的那个人是谁。侍从官答道："我当然认识他，但我是奉命行事，为何如此我未细问。"[6]

自尊心极强的米开朗琪罗岂受得了这种难堪。他那喜怒无常的脾气和孤傲多疑的性情，可是差不多和他那高明的雕凿技巧齐名的，自然也就回应以傲慢、无礼、冲动。他一脸傲气地告诉侍从官，"你可以告诉教皇，从今以后，他如果想要见我，在其他地方才找得到我"。[7]然后他回到工作室（据他后来说，当时心情是"绝望透顶"[8]），叫仆人把工作室里的东西全部卖给犹太人。那一天（一五〇六年四月十七日）稍晚，即新大教堂打地基前夕，他逃离罗马，发誓绝不再回来。

教皇尤利乌斯二世可不是好惹的人物。他的恶名可是此前此后所有教皇所不能及的。六十三岁的他，身体健壮、满头白发、血色红润，人称"恐怖教皇"（il papa terribile）。而众人这么怕他，也不是没来由。他的火暴脾气人尽皆知，火气一上

9　来，下面的人就要挨他的棍子一顿毒打。他拥有一种能将世界踩在脚下、近乎超人般的力量，令观者不寒而栗。有个曾被他吓呆的威尼斯大使写道："他的强势、粗暴、难缠简直难以用笔墨形容。他的身体和心灵都有着巨人的本质。有关他的一切，包括他的所作所为、他的暴怒，全都以异于常人的大格局呈现。"[9]临终前，这位饱受折磨的大使慨然声称，行将就木是人生何等美事，因为这意味着他将不必再和尤利乌斯纠缠。有位西班牙大使的措辞更为尖刻。他说："在瓦伦西亚（Valencia）的一间医院里，有一百个被铁链拴住但心智比教皇陛下还正常的人。"[10]

　　教皇眼线众多，各城门口都有他的眼线，乡间也有，因此米开朗琪罗逃走一事，他应该不久就知悉。米开朗琪罗一骑上租来的马逃离工作室，就有五个人骑马追捕。米开朗琪罗沿着
10　卡济亚路往北逃，穿过数个设有驿馆的小村庄，每到一个驿馆，也就是每隔数小时，就更换马匹。追捕者则一路紧追。深夜两点，在摸黑奔驰了好长一段路后，他终于进入不受教皇管辖的佛罗伦萨国境内。疲惫不堪的他，深信已逃出教皇魔掌，于是在距佛罗伦萨城门还有三十二公里、筑有防御工事的波吉邦西镇（Poggibonsi），找了家小旅馆过夜。但他一抵达小旅馆，追捕的人随即出现。米开朗琪罗态度坚定，不跟他们回去，并说自己现已在佛罗伦萨境内，如果要强行抓他回去，他会让他们五人死无葬身之地（相当不怕死的恫吓）。

　　但五名信使坚持要他回去，还拿出一封盖有教皇印章的信给他，信上命令他立刻赶回罗马，"以免失宠"。米开朗琪罗坚持不服从，但在他们的要求下，写了封信给教皇。信中他态度倨傲地告诉教皇，他不想再回罗马，说他这么拼死拼活却得

到这种冷遇实在不值，说教皇既然不想再继续陵墓工程，他对教皇也就不再负有任何义务。署了名，签上日期之后，他就把信交给信使。信使无可奈何，只好掉转马头，等着回去挨主子一顿痛骂。

教皇收到这封信时，很可能正是他准备为新大教堂放置奠基石之时，讽刺的是，所用的基石正是来自卡拉拉的大理石。站在大坑旁边观礼之人云集，而布拉曼特，即米开朗琪罗认定导致他突然失宠的祸首，也在其中。米开朗琪罗认为教皇之所以无意兴建陵墓，不光是经费的问题，还有人在背后搞鬼，是布拉曼特在耍阴谋，想阻挠他实现雄心壮志，诋毁他的名声。他认为是布拉曼特告诉教皇在生前造墓不吉利，教皇才打消建墓的念头，还认为教皇之所以要他接另一个性质完全不同的项目，即为西斯廷礼拜堂（Sistine Chapel）的拱顶绘湿壁画，也是因为布拉曼特的献策，布拉曼特做这提议是存心要看笑话，因为他认定米开朗琪罗绝对无法完成这个项目。

注释

［1］孔迪维（Ascanio Condivi）《米开朗琪罗传》（*The Life of Michelangelo*）英译本第二版（University Park：Pennsylvania State University Press，1999），第 6 页，译者 Alice Sedgwick Wohl，编者 Hellmut Wohl。以下对本书的引用皆据此版本。

［2］引自查尔斯·德·托尔内（Charles de Tolnay）五卷本《米开朗琪罗》（*Michelangelo*，Princeton：Princeton University Press，1943~1960）第一卷《米开朗琪罗年少时期》（*The Youth of Michelangelo*），第 91 页。

［3］关于米开朗琪罗奉召赴罗马一事，可参阅赫斯特（Michael Hirst）：

《一五〇五年的米开朗琪罗》（*Michelangelo in 1505*），《勃林顿杂志》（*Burlington Magazine*）133 期（November 1991），第 760～766 页。

［4］ 关于朱利亚诺·达·桑迦洛与布拉曼特之间的对立，可参阅布鲁斯基（Amaldo Bruschi）：《布拉曼特》（*Branmante*，London：Thames & Hudson，1977），第 178 页。

［5］ 兰斯登（E. H. Ramsden）所编二卷本《米开朗琪罗书信集》（*The Letters of Michelangelo*，London：Peter Owen，1963），第一卷，第 14～15 页。

［6］ 孔迪维：《米开朗琪罗传》，第 35 页。

［7］ 同上。

［8］ 《米开朗琪罗书信集》，第一卷，第 15 页。

［9］ 引自帕斯托尔（Ludwig Pastor）所著，安特罗布斯（Frederick Ignatius Antrobus）等人编订的四十卷本《中世纪末以来的教皇史》（*The History of the Popes from the Close of the Middle Ages*，London：Kegan Paul, Trench, Triibner & Co.，1891－1953），第六卷，第 213～214 页。

［10］ 引自萧（Christine Shaw）：《战士教皇尤利乌斯二世》（*Julius II The Warrior Pope*，Oxford：Blackwell，1993），第 304 页。

第二章 阴 谋

米开朗琪罗和布拉曼特两人都绝顶聪明、技艺高超而又雄心勃勃，相较之下，两人的差异就没有相似之处那么明显。性格外向的布拉曼特结实而英俊，鼻梁很高，留着一头蓬乱的白发。虽然有时显得傲慢而尖刻，但与人相处总是愉快而豪爽，风趣而有教养。农家出身的他经过几年积累，这时已非常有钱，并且生活豪奢。诋毁他者称他的豪奢作风已到了不知道德为何物的地步。[1]正当米开朗琪罗在鲁斯提库奇广场后面的小工作室里过着朴素的生活时，布拉曼特已在观景殿（Palazzo del Belvedere）——位于梵蒂冈北侧的教皇别墅，从这里往外望，他可以监看新圣彼得大教堂的重建进度——的豪华寓所里大宴友人。达·芬奇就是他的好友之一，昵称他为"多尼诺"（Donnino）。

布拉曼特耍阴谋迫使米开朗琪罗接下西斯廷礼拜堂拱顶湿壁画的任务，并意图使他出丑的说法，出自米开朗琪罗的死忠弟子阿斯坎尼奥·孔迪维（Ascanio Condivi）的记述。孔迪维为画家，来自亚得里亚海岸佩斯卡拉（Pescara）附近的里帕特兰索内（Ripatransone），画艺并不突出，但于一五五〇年左右来到罗马后，没过多久就成为米开朗琪罗圈子的一员，与他同住一屋，尤其值得一提的是，赢得了他的信任。一五五三年，米开朗琪罗七十八岁时，孔迪维出版了《米开朗琪罗传》

(*Life of Michelangelo*)。据作者所述,该传记系根据米开朗琪罗的"在世圣言"(Living Oralle)[2]写成,艺术史家因此怀疑该书是米开朗琪罗本人的授权,甚至是他本人的主动参与,因此使该书实际上相当于他的自传。此书出版十五年后,米开朗琪罗的友人兼崇拜者,来自阿雷佐(Arezzo)的画家兼建筑师乔尔乔·瓦萨里(Giorgio Vasari),修订了这本五万字的传记,并将它放进他的《画家、雕塑家、建筑师列传》(*Lives of the Most Excellent Painters, Sulptors and Architects*)(一五五〇年初版)。书中收进孔迪维对布拉曼特的许多指控,把布拉曼特写得像个恶棍一样。

米开朗琪罗很喜欢指责或中伤他人。他不信任、容不下别人,特别是有才华的艺术家,因此得罪别人或树敌也就见怪不怪了。受米开朗琪罗说辞的影响,孔迪维和瓦萨里都将西斯廷礼拜堂的委制案指为一项卑鄙的阴谋。孔迪维坚称布拉曼特向尤利乌斯推销湿壁画案"居心叵测",动机是"要让教皇对雕塑案不再感兴趣"[3]。据这份记述,建筑师布拉曼特痛恨米开朗琪罗那举世无双的雕塑才华,生怕教皇的巨墓一旦建成,米开朗琪罗将成为全世界毋庸置疑的最伟大的艺术家。布拉曼特盘算着米开朗琪罗要么因拒接西斯廷案而惹火教皇,要么就是接下来因经验不足而一败涂地。不管是哪种情形,他都能破坏米开朗琪罗的名声,让他在罗马教廷无立足之地。

圣彼得大教堂开始重建时,米开朗琪罗已认定该工程的总建筑师一心要毁掉他的艺术生涯,甚至可能要他永远消失于人间。半夜逃到佛罗伦萨后不久,他就写信给朱利亚诺·达·桑迦洛,信中暗暗指出有人阴谋杀他。他告诉朱利亚诺·达·桑迦洛,他这么无礼地离开,原因不只是受到教皇的冷遇。他告

诉他的朋友说："还有其他我不想在信中明言的原因。我有充 13
分的理由相信，如果待在罗马，我的墓会比教皇的墓还早建
成。这就是我匆匆离开的原因。"[4]

布拉曼特为何要阴谋毁掉教皇陵墓项目，甚至要杀他，历
来有多种说法，其中之一就是生怕米开朗琪罗的雕塑才华凸显
出布拉曼特在圣彼得大教堂的低劣技术。据孔迪维的说法，米
开朗琪罗深信自己有办法证明，布拉曼特这个人尽皆知的挥霍
成性者，已把教皇拨给他的工程经费挥霍掉，因此只能使用较
廉价的建材，墙和地基因而都不牢靠。换句话说，布拉曼特偷
工减料，盖出的建筑结构有问题。[5]

艺术家卷入打斗，甚至谋杀并非没有。据佛罗伦萨某传说，
画家安德烈亚·德尔·卡斯坦诺（Andrea del Castagno）因为眼
红另一位画家多明尼科·韦内齐亚诺（Domenico Veneziano）的
才华，盛怒之下将他活活打死。① 米开朗琪罗本人也曾因争执
挨过另一位雕塑家彼耶罗·托里贾诺（Piero Torrigiano）的拳
头。托里贾诺重击他的鼻子，（据托里贾诺事后回忆）"我觉
得骨头和软骨就像饼干一样碎掉"。[6]尽管如此，实在很难相
信米开朗琪罗仓促离开罗马是因为害怕布拉曼特加害，因为据
所有文献记载，后者虽然野心很大，但个性平和。相较之下，
这个说法倒可能是出于荒谬的幻想，或者为其离开罗马编出的
借口。

如果说孔迪维、瓦萨里的著作是米开朗琪罗为吹捧自己而
写的自传——为了凸显这位雕塑家在布拉曼特等妒敌的阴谋下

---

① 艺术史家向来非常怀疑这个传说，因为卡斯坦诺似乎比韦内齐亚诺还早
死几年（死于瘟疫）。但在米开朗琪罗出生前和他在世期间，有许多出版
文章提到这则据说发生于一四五〇年代的杀人故事。

奋力称霸艺坛的过程，刻意编造了某些事实，其他史料对这些事件的说法却有些许不同。一五〇六年春，教皇的确考虑请米开朗琪罗负责西斯廷礼拜堂的工作，但布拉曼特在这件事情上所扮演的角色，与米开朗琪罗或他那忠心耿耿的立传者所说的大不相同。

14 　　米开朗琪罗逃离罗马一两个星期后的某个星期六晚上，布拉曼特在梵蒂冈与教皇共进晚餐。两个人都是讲究品位、吃喝之人，这顿饭无疑吃得宾主尽欢。尤利乌斯喜欢大啖鳗鱼、鱼子酱、乳猪，并佐以希腊、科西嘉岛产的葡萄酒。布拉曼特同样喜欢举办晚宴，且常在宴会上诵诗或即兴弹奏里拉琴以娱宾客。

　　用完餐后，两人谈起公事，开始检视新建筑的素描和平面图。尤利乌斯出任教皇后最大的心愿之一就是重现罗马往日的辉煌。罗马曾是"世界之都"（caput mundi），但尤利乌斯于一五〇三年当选教皇时，这项美誉已经名存实亡。整个城市无异于一大片废墟。原矗立着罗马皇宫的帕拉蒂尼山（Palatine Hill），这时已处处残垣断壁，农民在其中建起了葡萄园。古罗马城建城所在的卡皮托尔山（Capitoline Hill），这时成了卡布里诺山（Monte Caprine），即"山羊山"，因为成群的山羊在山坡上啃草。古罗马广场则因有成群牲畜游荡而成了"牛牧场"。曾有三十万古罗马人在此欣赏战车竞技的圆形竞技场，这时成了菜园。鱼贩从屋大维门廊出来贩卖鱼货，图密善皇帝竞技场的地下室成了鞣皮工的住所。

　　到处可以见到断裂的柱子和倾倒的拱门，哀伤诉说着那一度强大而现已消失的文明。古罗马人盖了三十多座凯旋拱门，这时只剩下三座。古罗马用以输进清水的十一条水道，现只剩一条处女水道（Acqua Vergine）还在用。为方便取用台伯河水，罗马城民不得不在丢弃垃圾、排放废水的该河河边筑屋而居。河水经常泛滥，淹没他们的房舍。疾病猖獗，蚊子带来疟疾，老鼠带来瘟疫。梵蒂冈附近尤其不卫生，因为它不仅邻近台伯河，还毗邻更为脏污的圣安杰洛堡护城河。

在布拉曼特协助下，尤利乌斯打算兴建一系列雄伟建筑和纪念性建筑，以改善这一恶劣环境，让基督教会所在的罗马更为体面，让居民和朝圣信徒有更舒适的生活环境。在这之前，尤利乌斯已委托布拉曼特拓宽、拉直、铺平台伯河两岸的街道。每遇上多雨天气，罗马的街道就变得泥泞不堪，骡子走在其中，都会深陷到尾巴，因而这项改善工程确是必要的。与此同时，古代污水道不是修复就是重建，台伯河已被疏浚，航行、卫生条件都有所改善。此外，还筑了一条新水道，将清水从乡村引到圣彼得广场中央的布拉曼特所建的喷水池。

布拉曼特还开始美化梵蒂冈。一五〇五年，他已开始设计并督建观景庭院。这一长约350码的附属建筑，用以将梵蒂冈和观景殿连接起来。观景庭院的主要特色在于数座拱门、数个院落，以及剧场、喷水池、斗牛场、雕塑花园、水神庙各一座。布拉曼特还开始为其他数个增建部分拟订计划，并修缮了梵蒂冈宫的某些部分，例如其中某座塔楼的木质穹顶。

梵蒂冈的另一项工程尤其受到教皇的重视，因为该工程牵涉到西克斯图斯小礼拜堂（由其伯父/叔父教皇西克斯图斯四世兴建，并因此得名）的改建。西克斯图斯在位期间（一四七一年至一四八四年），已部分修缮了罗马街道，修复数座教堂，在台伯河上建了一座新桥。尤利乌斯就任后，追随西克斯

图斯的脚步，致力于重建、修复罗马。但西克斯图斯最重视的
工程是在梵蒂冈宫新建的一座教堂，即西斯廷礼拜堂。西斯廷
17　是教皇礼拜团每隔两三个星期聚会举行弥撒的场所。礼拜团的
成员由教皇、约两百名教会高阶人员和世俗高级官员（包括
枢机主教、主教、来访大小国君），以及梵蒂冈行政机构成员
（例如名誉侍从、大臣）组成。除了作为这个团体的礼拜场
所，西斯廷礼拜堂还有一项重要功用，即供枢机主教举行秘密
会议，选出新教皇。

　　西斯廷礼拜堂于一四七七年动工兴起，建筑师是来自佛罗
伦萨的年轻人巴乔·蓬泰利（Baccio Pontelli）。蓬泰利完全按
照圣经上所描述的耶路撒冷所罗门神殿的比例设计，因此礼拜
堂的长为高的两倍、宽的三倍（130 英尺长 × 43 英尺宽 × 65
英尺高）。[7] 但它除了是新版所罗门神殿，还是坚固的要塞。
18　基部的墙厚达 10 英尺，顶部环绕一圈步道，以便哨兵监视全
城动静。还有供弓箭手射箭用的箭缝，以及供倒下滚油攻击城
下之敌的特殊洞孔。拱顶上面有一连串房间，用作士兵住所，
后来改为监狱。

　　蓬泰利曾师从外号为"大法兰克人"（Francione）的建筑
师佛朗切斯科·迪·乔凡尼（Francesco di Giovanni），而乔凡
尼曾为应对炮弹的新威胁，发明了某种棱堡以保护城堡。考虑
到这层师承关系，蓬泰利作为军事建筑师，西斯廷会有这样固
若金汤的设计也就不足为奇了。完成西斯廷礼拜堂之后，他就
受托在靠海的台伯河岸，罗马外围的奥斯提亚安提卡，设计一
座要塞。[8] 该要塞建成之后就成为当时最先进的要塞，其强固
的城垛与西斯廷礼拜堂的城垛极其相似。兴建这座要塞的目的
在于防御土耳其人进犯。兴筑西斯廷的目的则主要是防范无法

无天的罗马暴民。西克斯图斯于一四七一年当选教皇之后，曾被罗马暴民掷石砸中，因此对他们的粗暴有切身之痛。

　　差不多就在新礼拜堂动工之时，西克斯图斯兴兵讨伐敌对的城邦佛罗伦萨共和国。一四八〇年战事结束时，礼拜堂也已建好，佛罗伦萨的洛伦佐·德·美第奇特地派了一批画家到罗马，替礼拜堂的墙面绘饰湿壁画，以示善意。这批画家的头头是三十一岁的皮耶罗·佩鲁吉诺（Pietro Perugino），成员还包括桑德罗·波提切利（Sandro Botticelli）、科西莫·罗塞利（Cosimo Rosselli）、罗塞利的弟子皮耶罗·迪·科西莫（Piero di Cosimo），以及米开朗琪罗未来的师父、现年约三十三岁的多梅尼科·吉兰达约（Domenico Ghirlandaio）。后来又加入了路加·西诺雷利（Luca Signorelli），也是个技术老练的湿壁画家。

　　礼拜堂左右两面长墙各有六面窗户，这群艺术家配合既有的六个窗柱间壁，将窗户下方的墙面分成六大画块。每个画块宽约 20 英尺、高约 12 英尺，由一名画家及其助手负责绘上湿壁画。中殿的一面墙上绘了数幅关于摩西生平的纪事场景，另一面墙上则绘了数幅关于耶稣生平的纪事场景。更高处，在与窗户同高的位置，环以三十二名身穿彩袍的教皇。拱顶则以点点金星铺陈在艳蓝色的天空作为装饰。这种星空装饰常见于当时的穹顶和拱顶，尤其是在教堂里。事实上，在此前一千年里，它一直是基督教艺术里最常见的装饰之一。[9]西斯廷礼拜堂的星空并非出自佩鲁吉诺团队之手，而是由曾师从菲利波·利比（Filippo Lippi）但较无名气的艺术家皮耶马泰奥·德·阿梅利亚（Piermatteo d'Amelia）。皮耶马泰奥的星空欠缺创意，但在设色上获得了补偿，因为他大量使用了湿壁画上最明

19

亮、最昂贵的两种颜料：金和群青。

新礼拜堂于一四八三年夏，湿壁画完成的数个月后，正式开放。二十一年后的一五〇四年春，尤利乌斯当选教皇职几个月后，拱顶上出现一连串不祥的裂缝。这种结构上的问题并非蓬泰利的错，因为他把墙盖得很厚，拱顶也很坚实，整栋建筑非常牢固。不过，礼拜堂面临着和圣彼得大教堂一样的困扰，即地基下沉。南壁已开始往外倾，顶棚可能因此而拉开、断20 裂。

西斯廷礼拜堂为此立即关闭，朱利亚诺·达·桑迦洛则在拱顶的砖石结构中插进十二根铁棒，以免各墙面散开。地板下面又放了更多铁棒，以遏制地基移动。然后，一五〇四年秋，礼拜堂重新开放。修复过程中，曾作为士兵居住区的那几间房间不得不被拆掉，但礼拜堂受损的地方还不止于此。拱顶上的裂隙用砖块填补，然后涂上灰泥，顶棚湿壁画的西北角因此出现了一道弯弯曲曲的白色涂痕，破坏了皮耶马泰奥所绘蓝天的完整性。

教皇与布拉曼特在梵蒂冈用餐时，西斯廷礼拜堂受损的拱顶是交谈的主题之一。在场的佛罗伦萨石匠师傅皮耶罗·罗塞利（科西莫·罗塞利的亲戚），后来将他们两人的谈话内容写信告诉给米开朗琪罗。[10]皮耶罗·罗塞利在信上说，教皇告诉布拉曼特他打算派朱利亚诺·达·桑迦洛到佛罗伦萨请米开朗琪罗回来，然后请他负责绘制该礼拜堂拱顶的湿壁画。[11]布拉曼特回答说米开朗琪罗不会接这个案子。"教皇陛下，没有用的，"这位建筑师解释说，"因为我已跟米开朗琪罗详细提过这件事，而他跟我说了许多遍他不想管这礼拜堂的事。"据布拉曼特的说法，米开朗琪罗信誓旦旦地说"除了陵墓，他什么都不想做，也不想碰画"。[12]

皮耶罗接着写到布拉曼特如何继续以谨慎的措辞，说明这位雕塑家是如何不适合承接这份工作的。他告诉教皇："教皇陛下，我认为他没有足够的勇气和毅力接这个案子，因为到目前为止他画的人像不多，尤其重要的是，这些人像位于高处，而且要按前缩法呈现，这和在地面作画是两码事。"[13]

布拉曼特深知自己这番看法不是随便乱说，因为从事艺术这么久以来，他已完成无数壁画，这点是米开朗琪罗所不能比的。他曾在乌尔比诺随皮耶罗·德拉·佛朗切斯卡（十五世纪中叶最伟大的绘画大师之一）习画，至这时为止他已在贝加莫、米兰绘成多幅湿壁画，包括斯福尔札堡里的湿壁画。圣门（Porta Sanca），即罗马东区接近拉特兰宫（Lateran Palace）的城门，其上面的湿壁画也是出自他之手。

另外，米开朗琪罗虽和布拉曼特一样最初习画，但拿画笔的经验却少之又少。十三岁时，他已投入佛罗伦萨画家吉兰达约门下习画。吉兰达约的字面意思为"花环商"，因他的金匠父亲专门制作女子的时髦花环状发饰而得名。对年幼的米开朗琪罗而言，能得到这样一个名师指导实在是三生有幸。吉兰达约不仅富有进取心，人脉广，还长于制图，画艺纯熟，高效多产。他极其热爱绘画，梦想为环绕佛罗伦萨的城墙壁全都绘上湿壁画（城墙周长超过8公里，有些墙段高47英尺）。

作为西斯廷礼拜堂绘饰团队一员的吉兰达约，在二十一年的创作生涯中画了无数湿壁画。不过他最出色的作品当属《圣母和施洗者圣约翰生平》（*Lives of the Virgin and of St John the Baptist*）。这幅作品位于佛罗伦萨新圣母玛利亚教堂的托尔纳博尼礼拜堂，一四八六年开工，一四九〇年完成，涂绘总面积达 5900 平方英尺，规模之大在当时堪称空前。若没有多名助手、徒弟帮忙，不可能完成。所幸吉兰达约经营了一间大工作室，兵多将广，他的儿子里多尔佛和兄弟戴维、贝内戴托，都是他工作室的成员。他替托尔纳博尼绘饰时，米开朗琪罗是他的门下弟子之一，因为一四八八年四月，此工程进行两年后，米开朗琪罗的父亲博纳罗蒂和他签了合约，让米开朗琪罗跟他习艺。[14] 习艺时间原定三年，但最后大概只维持了一年，因为不久之后，洛伦佐·德·美第奇要吉兰达约推荐弟子进圣马可学苑，他立即推荐了这名新收的弟子。洛伦佐·德·美第奇设立这所学校的目的，在于培育雕塑与人文学科兼修的艺术家。

米开朗琪罗与吉兰达约的关系似乎不佳。吉兰达约生性善妒，曾送天才弟弟到法国，表面上是学艺，实际上只是想把弟弟驱离佛罗伦萨，以免妨碍自己称霸佛罗伦萨艺坛。他送年幼的米开朗琪罗到不教绘画而教雕塑的圣马可学苑，可能也是出于类似的动机。吉兰达约要求门下弟子根据他提供的模板，用炭笔和银尖笔临摹绘画；据孔迪维的说法，有次米开朗琪罗向吉兰达约借这样的一本范本，结果遭眼红其才华的吉兰达约拒绝，两人从此闹翻。[15] 米开朗琪罗晚年时昧着良心说他在吉兰达约那儿什么都没学到，就是为了报当年之仇。

从离开吉兰达约门下到接下西斯廷礼拜堂项目这段时间，米开朗琪罗几乎没碰过画笔。目前唯一可以确定的他在一五〇六年前创作的画作是给友人安哥挪罗·多尼（Agnolo Doni）的《圣家族》（*Holy Family*）。这幅画呈圆形，直径不到 4 英尺。[16] 然而，在一五〇六年前他的确曾轰轰烈烈地尝试画湿壁画，但最终胎死腹中。一五〇四年，《大卫》完成后不久，他

就应佛罗伦萨政府之聘，替领主宫内会议室的某个墙面绘湿壁
画。负责绘饰对面墙面的，则是佛罗伦萨另一位同样声名显赫
的艺术家达·芬奇。当时四十二岁的达·芬奇已是画坛一方翘
楚，刚从米兰回佛罗伦萨不久。在这之前，他在米兰待了将近
二十年，并已在米兰感恩圣母院的食堂墙面上，画了著名作品
《最后的晚餐》（*Last Supper*）。当时最有名的两位艺术家因此
走上了正面交锋之路。

　　两人互不喜欢对方人尽皆知，这场艺术较量因此更受瞩
目。脾气暴戾的米开朗琪罗曾拿达·芬奇在米兰铸造一尊青铜
骑马巨像而未成一事，公开嘲弄对方。达·芬奇则曾清楚表示
他看不起雕塑家。他曾写道，"这（雕塑）是非常机械呆板的
活动，一做往往就是满身大汗"。[17]他甚至还说雕塑家满身大
理石灰，活像个烘焙师傅，且家里又脏又吵，相较之下，画家
的住所就优雅多了。两人的较量谁会胜出，全佛罗伦萨人引颈
期待。

　　这两面湿壁画各高 22 英尺、长 54 英尺，是达·芬奇《最
后的晚餐》的将近两倍大。米开朗琪罗承绘的是《卡西那之
役》（*The Battle of Cascina*），达·芬奇则是《昂加利之役》
（*The Battle of Anghiari*）。前者描绘的是一三六四年佛罗伦萨抗
击比萨的一场小战事，后者则描绘了一四四〇年佛罗伦萨战胜
米兰之役。米开朗琪罗在一间派发给他的房间里画起素描，房
间位于圣昂诺佛里奥的染工医院，他那名气响亮的对手则在与
此有相当距离的新圣母玛利亚教堂。两人埋头数月，不让外界
得知草图内容，一五〇五年初，两人终于带着呕心沥血之作现
身。那是全尺寸的粉笔素描，以大胆的笔触显露他们各自的构
图。这种大型素描图因所用的大型纸张被称为 cartone 而被通

23

称为 cartoon，系湿壁画上色时的依据①。这两幅约 1100 平方英尺大的素描对外公布后，立即在佛罗伦萨引起近乎宗教狂热的参观热潮。艺术家、银行家、商人、织工，当然了，还有画家，全拥至新圣母玛利亚教堂，欣赏教堂内如圣徒遗物般陈列在一起的这两幅草图。

米开朗琪罗的草图表现了他日后的一贯特色，即以狂乱而不失优雅的身体扭转表现肌肉发达的裸身人像。他选择以交战前的场景为主题，画中佛罗伦萨士兵正在阿诺河洗澡，突然假警报响起以测试他们的应变能力，于是一大群光着身子的男子慌忙上岸，穿上盔甲。达·芬奇则注重表现骑马英姿更甚于人体之美，呈现战士骑在马上为护卫飘扬的旗帜而与敌人战斗的情景。

这两幅大素描若真的被转为彩色湿壁画，呈现在大会议厅（据说得天使之助建成的大房间）的墙面，无疑将是世上最伟大的艺术奇观之一。遗憾的是，这么风风火火的开始，最后却没有一幅湿壁画完成，而均处于个人创作巅峰的佛罗伦萨这两大名人的对决，最后也不了了之。事实上，米开朗琪罗的湿壁画连动工都没有。完成宏伟的草图后不久，他就在一五〇五年二月奉教皇之命回罗马雕制教皇陵，因而他的墙面上连颜料都没抹。《昂加利之役》则在达·芬奇的实验性新画法下展开绘制，但后来墙面染料开始滴落，证明新画法不可行。受此重挫，达·芬奇颜面尽失，无意再继续这件作品，不久后返回了米兰。

---

① cartoon 为按照最终尺寸画的素描稿，本身也是素描（drawing），为有别于一般素描，cartoon 以下简称为草图。——译者注

　　《卡西那之役》草图受到的热烈肯定，或许是一年后尤利乌斯寻觅西斯廷礼拜堂拱顶湿壁画的绘制人选时，决定将此重任委以米开朗琪罗的原因之一。但领主宫里的这幅湿壁画不仅没有完成，而且连动工都谈不上，因而在湿壁画上，米开朗琪罗最近根本没有值得肯定的创作经验，更何况这个创作材料如此难以驾驭，像达·芬奇这样的天才都不免铩羽而归。布拉曼特知道米开朗琪罗不仅在湿壁画这种高难度艺术上欠缺历练，而且对湿壁画家如何在高处的弧状平面上营造出错觉效果所知甚少。曼特尼亚之类的拱顶画家于拱顶画人像时，通常以后退透视效果呈现，也就是让下肢位于前景，头位于背景，借此让观者仰望时感觉他们像是悬在空中。这种高明的前缩法，常又称为"仰角透视法"（di sotto in sù），而要熟练地运用这种手法是十分困难的。与米开朗琪罗同时代的人就说，仰角透视法是"绘画领域里最难精通的技法"。[18]

　　布拉曼特会反对将西斯廷案交给这么一位较无经验者，也就不足为奇了。他做此表态并非出于米开朗琪罗所怀疑的那些卑鄙动机，反倒似乎是因为担心西斯廷的拱顶若被画坏，将是万劫不复，毕竟它是基督教世界最重要的礼拜堂之一。

　　布拉曼特对米开朗琪罗之才华与意向的看法，皮耶罗·罗塞利不表同意。他在信中说道，这时候他再也听不下去布拉曼特的造谣中伤。"我打断他的话，对他说了很难听的话"，他向米开朗琪罗吹嘘道。他称自己基于朋友道义，为他那不在场的朋友极力辩护。他以坚定的口吻说，"教皇陛下，他（布拉曼特）没跟米开朗琪罗讲过一句话，如果他刚刚跟你说的有只言片语是真的，你可以砍下我的头"。

　　米开朗琪罗在佛罗伦萨家中读了这封信后，或许会觉得布拉曼特在诋毁他，尤其是说他欠缺"勇气和毅力"承接该案这一点。但布拉曼特的其他论点，他大概也无法反驳。正出于这些原因，加上他本身极力想接教皇陵的案子，因而对西斯廷拱顶画兴味索然。此外，比起教皇陵，拱顶画似乎是较不受看重的小案，因为礼拜堂顶棚通常会交给助手或名气不大的艺术家负责。壁画是关注的焦点，是获得显赫声名的凭借，拱顶画则不是。

教皇与布拉曼特在此次会餐期间，似乎未就西斯廷案达成明确决定。不过，尤利乌斯仍很希望米开朗琪罗回来。他若有所思地告诉他的建筑师，"如果他不回来，他就犯了错，因此我认为他无论如何会回来"。

罗塞利深有同感。这场交谈结束时，他要教皇放一万个心，说"我深信他会如您所希望的归来"。他不可能再犯更离谱的错。

注释

［1］ 参见布鲁斯基：《布拉曼特》，第 177～179 页。

［2］ 孔迪维：《米开朗琪罗传》，第 4 页。

［3］ 同上书，第 39 页。

［4］ 《米开朗琪罗书信集》，第一卷，第 15 页。

［5］ 这项指控出自孔迪维：《米开朗琪罗传》，第 30 页。

［6］ 《切里尼自传》英译本（*The Autobiography of Benvenuto Cellini*, London：Penguin, 1956），George Bull 译，第 31 页。

［7］ 参见萨尔维尼（Roberto Salvini）与卡梅萨斯卡（Ettore Camesasca）合著的《梵蒂冈的西斯廷礼拜堂》（*La Cappella Sistina in Vaticano*, Milan：Rizzoli, 1965），第 15～23 页。负责实际营造的领班是多尔

奇（Giovannino de' Dolci）。欲了解耶路撒冷所罗门神殿与西斯廷礼
拜堂之间的异同，可参见巴蒂斯提（Eugenio Battisti）所撰文章
《西斯廷礼拜堂的象征意涵》（Il significato simbolico della Cappella
Sistina），《评论》（Commentari）第 8 期（1957），第 96～104 页，
以及同作者的《文艺复兴与巴洛克艺术风格》（Rinascimento e
Barocca, Florence：Einaudi, 1960）一书，第 87～95 页。

[8] 英诺森三世继任教皇后，蓬泰利成为马尔凯（Marches）防御工事
的监察长，他在这里又督造了三座要塞，分别位于奥西莫
（Osimo）、伊耶西（Iesi）、奥菲达（Offida）。但蓬泰利也受朱利亚
诺·德拉·罗维雷枢机主教（即日后的尤利乌斯）之聘，在罗马建
造圣使徒（Santi Apostoli）长方形廊柱大厅式教堂。

[9] 参见莱曼（Karl Lehmann）：《天堂的穹顶》（"The Dome of
Heaven"）一文，《艺术期刊》（Art Bulletin）第 27 期，1945 年版，
第 1～27 页。

[10] 这封信的内容摘自巴洛基（Paola Barocchi）与里斯托利（Renzo
Ristori）合编之五卷本《米开朗琪罗信函集》（Il Carteggio di
Michelangelo, Florence：Sansoni Editore, 1965－83），第一卷，第 16
页。

[11] 委请米开朗琪罗画拱顶湿壁画的构想，甚至或许就出自桑迦洛本
人。参见瓦萨里（Giorgio Vasari）著作《画家、雕塑家、建筑师
列传》的英译两卷本（Lives of the Painters, Sculptors and Architects,
London：Everyman's Library, 1996），第一卷，第 706 页。译者为
Gaston du C. de Vere，有 David Ekserdjian 撰序和注释。

[12]《米开朗琪罗信函集》，第一卷，第 16 页。

[13] 同上。

[14] 最近有人发现，米开朗琪罗早在 1487 年 6 月就和吉兰达约的工作有
关系，因为那个月，年方十二岁的他替师父吉兰达约收了三弗罗林
的债。参见卡多冈（Jean K. Cadogan）《在吉兰达约门下的米开朗琪
罗》（"Michelangelo in the Workshop of Domenico Ghirlandaio"）一文，
《勃林顿杂志》（Burlington Magazine）第 135 期，（January 1993），
第 30～31 页。

[15] 孔迪维：《米开朗琪罗传》，第 10 页。

[16] 另两件早期作品《埋葬》（The Entombment）（伦敦国家画廊）和

所谓的《曼彻斯特圣母》（*Manchester Madonna*），有时也被归为米开朗琪罗的作品，但有些艺术史家认为有待商榷。

[17] 达·芬奇《绘画论》英译两卷本（*Treatise on Painting*，Princeton：Princeton University Press，1956），A. Philip McMahon 译，第一卷，第 36~37 页。

[18] 瓦萨里（Giorgio Vasari）的《瓦萨里论技艺》英译本（*Vasari on Technique*，New York：Dover，1960），Louisa S. Maclehose 译，G. Baldwin Brown 编，第 216 页。

第三章　战士教皇

教皇尤利乌斯二世于一四四三年生于热那亚附近的艾伯塔
索拉，本名朱利亚诺·德拉·罗维雷，父亲为渔民。曾在佩鲁
贾研习罗马法，在该地获授牧师职，并进入该地的方济各会修
道院。一四七一年，他父亲的兄弟暨著名学者被推选为教皇西
克斯图斯四世，他的一生跟着有了重大转变。凡是有幸成为教
皇侄子者，通常此后飞黄腾达，指日可待。英语里的"裙带
关系"（nepotism）一词，就演化自意大利语"侄甥"
（nipole）一词。但即使在教皇大肆重用自己的侄甥（其实多
是私生子），大搞裙带关系的时代，朱利亚诺在基督教会科层
体系里的爬升速度仍是出奇快。他二十八岁就被任命为枢机主
教，此后陆续兼任数项要职，包括格罗塔费拉塔修道院院长、
波隆纳主教、维切利主教、阿维尼翁大主教、奥斯提亚主教。
日后当上教皇似乎是早晚的事。

朱利亚诺平步青云之路唯一遭到的挫败，就是死对头罗德
里戈·波吉亚（Rodrigo Borgia）于一四九二年当选教皇，成
为亚历山大六世。亚历山大撤掉朱利亚诺的许多职务，而且竭
力想毒死他。眼看情势不利，这位野心勃勃的枢机主教逃到法
国。事态发展注定他得长久流亡国外，因为亚历山大直到一
五〇三年夏天才去世，庇护三世获选为继位教皇。但庇护只在
位几个星期，就在十月去世了。在接下来推选教皇的秘密会议

（一五〇三年十一月一日结束）上，朱利亚诺·德拉·罗维雷获选为教皇。一切似乎显得顺理成章，但其实他曾先用金钱打点过同僚（大部分对他既恨又怕），以确保万无一失。

亚历山大六世的淫逸堕落赫赫有名，生了至少一打孩子，在梵蒂冈与情妇、妓女乱搞。[1] 甚至谣传他与女儿卢克蕾齐娅·波吉亚乱伦。尤利乌斯没这么骄奢淫逸，但他对罗马教廷的贡献与他较为世俗化的性格显得扞格。方济各会修士谨守独身、贫穷的誓约，但尤利乌斯在当枢机主教时，就已对这两项誓约漫不经心。他利用身居数项要职之便赚了大笔金钱，并用这些钱盖了三座宫殿。其中圣使徒宫的花园里摆放了他搜集的古代雕塑，数量之多，举世无匹。他生了三个女儿，其中的费莉斯为当时著名的美女。他将她嫁给贵族，送给她罗马北方的一座城堡作为婚后住所。他爱上新欢——罗马上流社会著名的交际花马西娜——之后就抛弃了旧爱，费莉斯的母亲。他的情妇前后换了好几个，还从其中一个身上染上了梅毒。在当时，这是一种新病，据某人的说法，这种病"特别好发于神职人员，特别是有钱的神职人员身上"。[2] 尽管染上梅毒，尽管因为吃大鱼大肉而得了痛风，这位教皇的身体却依然壮得像头牛。

选上教皇后，精力旺盛的尤利乌斯致力于确保罗马教廷的权势与荣耀于不坠，个人的雄心抱负反倒摆在其次。他登基时，罗马教廷和罗马一样百废待举。一三七八年至一四一七年的"教会大分裂"期间，两位敌对教皇分据罗马、阿维尼翁，各以正统自居，教皇权威因此大为削弱。更晚近一点，亚历山大六世挥霍无度，国库枯竭。因此尤利乌斯上台后，就以雷厉手段开始征税，铸造新币以遏制货币贬值，并严惩制造伪币者。他还在教会增设官职供贩卖，即所谓的"买卖圣职"

（simony），以增加教会收入（在但丁的《神曲》中，买卖圣职行为被视为罪恶，犯此罪者要在地狱第八圈接受身体埋在土里而脚受火烤的惩罚）。一五〇七年，尤利乌斯颁布诏书，贩售特赦，也就是说人只要花钱，就可以减少亲友在炼狱受苦的时间（通常为九千年）。从这项争议性措施搜刮来的金钱，全被移作圣彼得大教堂的兴建经费。

尤利乌斯还打算将教皇国重新纳入掌控之中，借此进一步抯注教会收入。当时教皇国内有许多城邦不是公然反抗教会统治，就是落入外国野心政权的掌控。教皇国为许多地产（城市、要塞、大片土地）的松散集合体，历来教会均声称归其管辖。教皇不仅是基督在人间的代表，还是俗世的君主，拥有和其他君王一样的权力和特权。教皇辖下人民多达百万，所辖疆域之广在意大利仅次于那不勒斯国王。

尤利乌斯非常认真地扮演他的君王角色。当上教皇后的初期举措之一，就是严正警告邻近诸邦尽早归还原属教皇的所有土地。收复他念兹在兹的罗马涅地区。罗马涅位于波隆纳东南方，由众多小侯国组成。这些小侯国由地方领主实际统治，至少名义上为教会的附庸国，但数年前，亚历山大六世的儿子切萨雷·波吉亚在该地区发动了暗杀和惨烈征伐，试图在该地建立自己的公国。他父亲一死，切萨雷势力随之瓦解，威尼斯人趁机大举进入罗马涅。在尤利乌斯的坚持下，威尼斯人最终交出了十一座要塞和村庄，但坚决不肯放弃里米尼和法恩札。除了这两座城市，佩鲁贾和波隆纳也是教皇关注所在，因为后两座城市的统治者巴里奥尼和本蒂沃里奥虽宣示效忠教皇，却奉行外邦政策，无视罗马号令。"恐怖教皇"决心将这四座城市全拿回来，牢牢掌控在手中。因此，一五〇六年春，尤利乌斯开始整军经武，准备出兵。

30　　皮耶罗·罗塞利虽在那场晚宴上让教皇放一万个心，却未见米开朗琪罗有任何欲离开佛罗伦萨的迹象。教皇派他的友人朱利亚诺·达·桑迦洛当特使去请他回罗马，他还是不肯。不过他让朱利亚诺·达·桑迦洛转告教皇，他"比以前更愿意继续这份工作"，如果教皇不介意，他倒希望在佛罗伦萨而非罗马建造教皇陵，雕像一完成就转送过去。他告诉朱利亚诺·达·桑迦洛，"我在这儿工作质量会更好，且更有干劲，因为心无旁骛"。[3]

米开朗琪罗舍罗马而就佛罗伦萨自有其道理。一五〇三年，该市的羊毛业行会已根据他的要求，在品蒂路建了一座宽敞舒适的工作室，以便他完成该市圣母百花大教堂的十二尊八英尺高的大理石雕像（后来这项工程和《卡西那之役》一样，因教皇陵案的插入而停摆）。在这个工作室，整整有三十七件不同大小的雕像和浮雕等着他，他和他底下那为数不多的助手即使将此后的人生岁月全投注在这上面，都未必能全部完成。除了圣母百花大教堂的十二尊雕像，他还受雇替圣西耶纳大教堂的圣坛，雕饰十五尊刻画不同圣徒与使徒的大理石小雕像。在佛罗伦萨而非罗马建造教皇陵的话，他大概就有机会完成这些委制案中的一部分。

米开朗琪罗乐于待在佛罗伦萨还有一个原因，即他的大家庭（包括父亲、兄弟、婶婶、大伯）都住在该市。他有四个兄弟。他母亲每隔两年生一个儿子，共生了五个，一四八一年去世时，米开朗琪罗六岁。老大是利奥纳多，老二是米开朗琪罗，后面依序是博纳罗托、乔凡西莫奈、西吉斯蒙多。他的父亲鲁多维科于一四八五年续弦，但一四九七年第二任老婆去世，他再度成为鳏夫。

博纳罗蒂家族家境小康。米开朗琪罗的曾祖父是一位成功的银行家，积聚了不少财富，他的祖父继承父业，但经营不善，不断挥霍家产。鲁多维科是一位低阶公务员，主要靠祖产农田的收入过活。农田位于佛罗伦萨东方丘陵上的塞提尼亚诺村，米开朗琪罗幼年就在这里度过。他乳母的丈夫是个石匠，后来他说自己会走上雕刻这条路就归因于这段渊源。一五〇六年，鲁多维科将田地租给他人，全家搬到佛罗伦萨与从事汇兑工作的兄长佛朗切斯科、兄嫂卡珊德拉同住。这时米开朗琪罗的哥哥已是牧师，底下三个弟弟（二十五岁、二十七岁、二十九岁）仍住在家里。博纳罗托和乔凡西莫奈在羊毛店当助手，老幺西吉斯蒙多从军。这三人深知自己的前途就落在才华横溢的二哥肩上。

自愿离开罗马后，米开朗琪罗住在家里，在品蒂路的工作室制作多件雕像，小幅修补《卡西那之役》的大草图。但这些工作仿佛还不够他忙的，他开始计划承接一件比教皇陵更叫人吃惊的案子。接受奥斯曼苏丹巴耶塞特二世开出的条件后，他打算前往君士坦丁堡，在博斯普鲁斯海峡建造一座长1000英尺的桥（当时世界上最长的桥），连接欧亚两大陆。[①] 如果教皇不愿付他应得的报酬，自有其他许多赞助者捧着大把钞票

---

① 在这件案子上，米开朗琪罗无疑从达·芬奇那儿得到了启发，因为在这几年前，达·芬奇已写信给苏丹，提议建造一座连接欧亚的桥梁。但两人的构想都未能实现。苏丹认为达·芬奇的设计不切实际未予采用，但二〇〇一年，艺术家韦伯乔·桑德（Vebjorn Sand）按他的设计缩小比例，在挪威建造了一座长220英尺、横跨高速公路的桥梁，证明他的设计可行。

要请他。

与此同时，尤利乌斯心急如焚地等他回来。米开朗琪罗逃离两个月后，尤利乌斯向佛罗伦萨执政团（佛罗伦萨新共和政府的统治机构）发出教皇通谕，文中口气虽有些倨傲，但似乎相当宽容，对艺术家的脾气表达了体谅之意：

> 雕塑家米开朗琪罗纯粹因为一时冲动而无缘无故离开，据我们所知，他很怕回来，但我们并不气他，因为我们都知道这是这类天才之士一向的脾气。为了使其放下心中的所有挂虑，我们期望忠心耿耿的你们帮忙劝劝他，告诉他如果回来，不会受到任何身心伤害，仍和过去一样享有教皇那份恩宠。[4]

虽有安全保证，但米开朗琪罗依然无动于衷，教皇不得不再发函请执政团帮忙。米开朗琪罗还是拒不从命，原因大概在于完全未提及教皇陵的兴建计划。这时候佛罗伦萨共和国的领导人索德里尼开始耐不住性子，生怕这件事没弄好可能引来教皇大军压境。"这件事得有个了结"，他板起脸写信给米开朗琪罗，"我们不想因为你卷入战争，危及整个国家。下定决心回罗马去吧。"[5]对于索德里尼的劝告，米开朗琪罗一样置若罔闻。

这时候，就在酷热难耐的夏天，教皇突然发动第一次欲将侵略者逐出教皇领地的战役，米开朗琪罗逃亡不归的问题就被搁在一旁。一五○六年八月十七日，他向众枢机主教宣布，打算御驾亲征讨伐反叛的采邑佩鲁贾和波隆纳。众枢机主教听了想必是吃惊得不敢相信。教皇身为基督的世间代理人，带兵亲上战场是前所未闻的事。尤利乌斯的第二项宣布，更是让他们呆立当场：他们也得一同上阵杀敌。但没有人敢反对，即使罗马天际划过一道彗星，而彗星尾巴直指圣安杰洛堡，象征将有不祥之事，也无人敢反对。

尤利乌斯无惧凶兆，接下来一个星期，罗马忙着准备出征。八月二十六日拂晓，举行完早弥撒之后，他坐在御舆里，由人扛到罗马众东门之一的马焦雷门（Porta Maggiore），在此他赐福给一路上特意前来为他加油打气的人。陪同他的有五百名骑兵和数千名配备长矛的瑞士步兵。同行者有二十六名枢机主教，以及西斯廷礼拜堂的唱诗班，一小队秘书、文书、名誉侍从、审计员（梵蒂冈行政机构因此空了一大半）。此外还有教皇的御用军事建筑师布拉曼特（军事建筑师是他在梵蒂冈的众多职务之一）。

从马焦雷门出发，大队人马蜿蜒走进罗马城外干枯的乡间。三千多匹马和骡子驮运大量辎重。位列长长队伍最前头的是经祝圣过的圣体，但这圣体不是今日所用的白色薄薄的面饼，而是在炉子烘焙过的大奖章状圆饼，上面印着基督受难、复活等激励人心的图案。

尽管后面拖着一队行动迟缓的随行人员，但大军推进顺利。每天日出前两小时拔营，日落前推进约十二公里。一路上教皇和布拉曼特巡视了数座城堡和要塞的防务。大队人马抵达北方约一百三十公里处的特拉西梅诺湖时，尤利乌斯下令驻留一天，以让他好好享受一下最爱的两项消遣：划船和钓鱼。他小时候曾用船帮人将洋葱从萨沃纳运到热那亚，借此赚钱，自那之后他就爱上了划船。话说回来，这时候他则在瑞士步兵于岸边打鼓吹号助兴下，在湖上悠游了数个小时。此外，他更进一步寓私乐于公务之中，抽空探视住在城堡的女儿费莉斯和女婿，同时查看该城堡的防务。尽管有这些不相干的行程，大军出发不到两个星期，却已拿下文布里亚的陡峻山丘和深谷，推进到第一个目标（高踞山顶而有城墙环绕的佩鲁贾城）的攻击范围内。

过去数十年里，佩鲁贾一直受巴里奥尼（Baglioni）家族统治。这个残暴的家族，即使放在血迹斑斑的意大利政治斗争史里，也仍是佼佼者。他们屠戮多次，其中一次之血腥残忍，让佩鲁贾大教堂不得不在事后用葡萄酒进行清洗，并重新予以祝圣，以求血腥之气不致缠扰该城。但即使是杀人如麻的巴里奥尼家族，也不想和教皇交锋。因此，佩鲁贾领主詹保罗·巴里奥尼迅即归顺教皇，九月十三日开城投降，尤利乌斯兵不血刃夺下一城。在教堂钟声和群众欢呼声中，教皇和随行人员进了佩鲁贾城。尤利乌斯感觉像是返回故里，因为年轻时他就在佩鲁贾任牧师之职。凯旋门迅即搭起。尤利乌斯坐在教皇宝座上，由人扛到大教堂举行圣餐礼。人民涌上街头欢呼，此刻的尤利乌斯是不折不扣的胜战英雄。

兵不血刃的胜利让教皇乐昏了头，竟开始想着率领十字军直捣君士坦丁堡和耶路撒冷。但眼前得先把其他任务完成。他在佩鲁贾仅待了一个星期，就往波隆纳进发。大军向东穿过亚平宁山脉山口，向亚得里亚海岸挺进。因天气变坏，前进缓慢。至九月底，文布里亚山峦的峰顶已罩上厚雪，下雨时穿行山谷的狭窄道路变得危险万分，驮运物资的马因此走得跌跌撞撞，一向在罗马养尊处优的枢机主教、教皇随从则士气低落。有一段路因为泥泞又陡峭，尤利乌斯不得不下马，徒步走上去。跋涉二百四十公里后，他们终于抵达佛利，不料就在这儿，教皇的骡子竟被当地小偷偷走，大煞教皇的威风。不久，线报传来，自封为波隆纳统治者的乔瓦尼·本蒂沃里奥（Giovanni Bentivoglio）和他的众儿子们已闻风逃到米兰。

要说本蒂沃里家族和巴里奥尼家族有什么区别的话，就是前者比后者更残暴，更桀骜不驯。尽管如此，他们却很得波隆纳民心。数十年前，敌对势力发动政变，结果本蒂沃里奥的支持者将一干谋反者捕获、杀害，并将他们的心脏钉在本蒂沃里奥豪宅的门上。但如今面对教皇大军压境，波隆纳人民毫不迟疑，立即开城门迎接。进城场面的盛大热烈，比起两个月前进佩鲁贾时有过之而无不及。教皇再度高坐在宝座上，由人扛着巡行过街，头上戴着镶满珍珠的高耸三重冕，身上穿着紫色法衣，法衣上绣有许多金线，镶有闪闪发亮的蓝宝石、绿宝石。一如在佩鲁贾，街上立起了数座凯旋门，群众挤上街头庆祝，燃起了数堆篝火，前后热闹了三天。"战士教皇"的传奇故事就此诞生。

教皇抵达波隆纳后，有人用灰泥做了他的塑像，竖立在波德斯塔①宫前面。但教皇希望竖立更长久的纪念物，因此打算建造一座巨大的青铜像，立在圣佩特罗尼奥教堂门口，借此向波隆纳人民宣示该城已纳入其辖下。而要塑造这么大的青铜像（预计有 14 英尺高），他自然想到了米开朗琪罗。尤利乌斯推断，如果这位雕塑家不愿画西斯廷礼拜堂的拱顶，或许会愿意接这件雕像。

于是，教皇再度派人赴佛罗伦萨发出召令（第四次召令），不过这次是要米开朗琪罗到波隆纳向教皇报到。

35

---

① 波德斯塔（Podestà）：中世纪意大利城邦最高地方司法和军事长官。

注释

[1] 欲一睹波吉亚宫廷的腐败堕落，可参见 *At the Court of the Borgias, being an Account of the Reign of Pope Alexander VI written by his Master of Ceremonies*, Johann Burchard, London：The Folio Society, 1963, Geoffrey Parker 编订、翻译，第 194 页。

[2] 切里尼：《切里尼自传》，第 54 页。

[3] 《米开朗琪罗书信集》，第一卷，第 15 页。

[4] 引自帕斯托尔：《教皇史》第六卷，第 508～509 页。

[5] 同上书，第 509 页。

第四章　补　赎

教皇最信赖的亲信暨盟友是帕维亚枢机主教佛朗切斯科·
阿利多西。自多年前阿利多西破坏了罗德里戈·波吉亚欲毒死
教皇的诡计之后，这位三十九岁的枢机主教就一直是尤利乌斯
面前的红人之一。不过英俊、长着鹰钩鼻的阿利多西在罗马却
少有朋友和支持者，主要因为盛传他行为不检。许多敌人都说
他和妓女过从甚密，做女人打扮，勾引男孩，接触神秘学。米
开朗琪罗是他在罗马的少数几位支持者之一，因为米开朗琪罗
在罗马信得过的人不多，阿利多西就是其中之一。阿利多西热
爱艺术，大力促成米开朗琪罗于一五〇五年来罗马接下教皇陵
的案子。在尔虞我诈的梵蒂冈政坛，他似乎将阿利多西当作靠
山和盟友。[1]

米开朗琪罗不肯回罗马的原因之一，就是担心回罗马后无
法如教皇所承诺的那样，"不受任何身心伤害"。他是否真的
担心布拉曼特会对他不利，这点无法确知，但他的确有充分的
理由担心教皇的报复。因此，在这年夏天结束前，他已通过这
位教皇亲信，得到了一份保障他人身安全的书面保证。

随尤利乌斯远征的这位枢机主教，照米开朗琪罗所请，给
了他一份书面保证。米开朗琪罗带着这份文件和索德里尼的亲
笔信函，终于前往北方的波隆纳。索德里尼在信中盛赞他是
"杰出的年轻人，他所从事的艺术，在意大利，甚至全世界，

都无人能出其右"。[2] 不过，索德里尼也在信中提醒道，米开朗琪罗"很有个性，必须用亲切、鼓励的态度对待，才能让他发挥所长"。

十一月底，教皇在波隆纳接见了米开朗琪罗，此时距他逃离罗马已过了七个多月。乞求尤利乌斯饶恕不是一件愉快的事，尤利乌斯的敌人不久之后也会有同样的体会。教皇从轻发落，但两人重逢时的气氛都十分紧张。圣佩特罗尼奥教堂正举行弥撒时，一名教皇掌马官发现了米开朗琪罗，带他穿过广场，来到位于塞迪奇宫内的教皇下榻处。这时教皇正在用膳。

"你早该来见我们"，一脸不高兴的教皇咆哮道，"却一直等着要我们去看你。"[3]

米开朗琪罗跪了下来，乞求宽恕，并解释说他生气完全是因为从卡拉拉回来后受到的冷遇。教皇不发一语，这时有个主教跳出来打圆场，替这位雕塑家说话。索德里尼托他在教皇跟前替米开朗琪罗美言几句。

他告诉尤利乌斯，"陛下大人不计小人过，他是出于无知才会冒犯您。画家一出了自己的艺术领域，都是这样"。[4]

"这种天赋异禀之人的本性"或许叫教皇火冒三丈，但作为艺术家的赞助者，他可不接受艺术家全是粗鄙无知的说法。"你才是无知兼笨蛋，不是他。"他向这位主教吼道，"滚出去，滚得远远的！"主教吓得动也不动，"教皇侍从刺了他几下"，才把他赶出去。[5]

艺术家和赞助者就这样言归于好。但还出了个小问题。米开朗琪罗不愿做那尊青铜巨像。他告诉教皇，用青铜铸像不是他的专长。但尤利乌斯不想听任何借口。他命令这位雕塑家，"去干活吧，失败了就重铸，直到成功为止"。[6]

　　青铜浇铸并不容易，像湿壁画一样，需要丰富的经验。铸 38
造一尊等身大的作品，可能得花上许多年，如安东尼奥·德·
波拉约洛（Antonio del Pollaiuolo）花了九年才完成西克斯图斯
四世墓，更何况这尊青铜像高 14 英尺。首先必须用经干燥处
理的黏土制成模子，作为铜像的核心，然后在表面涂上腊。艺
术家在腊面雕出细部，然后用以牛粪、烧化的牛角等材料调成
的涂料，在腊面上涂上数层。接着用铁箍箍住巨像，放进火炉
烘烤，直到黏土干硬、熔腊从雕像底部挖的洞（铸模出气口）
流出为止。接着通过另一套管子（浇道），浇进熔融的青铜，
取代腊面。覆盖黏土的青铜变硬后，敲开牛粪、牛角构成的外
壳，雕像即成型。再经过雕凿、磨光，大功便告成。

　　但上面所说的只是理论，实际制作时很容易出现多种失误
和时间上的失准。黏土种类必须用对，而且干燥处理必须得当
才不会龟裂，青铜加热也必须符合正确的温度，一度都不能
差，否则青铜就会凝结。达·芬奇替米兰大公鲁多维科·斯福
尔札制作青铜骑马像时，试了多次都未成功，失败原因有好几
个，而青铜像体积庞大正是其中之一。但至少达·芬奇曾在佛
罗伦萨的顶尖金匠安德烈亚·德尔·韦罗基奥（Andrea del
Verocchio）的工作室待过多年，受过青铜浇铸方面的训练。与
之相对，米开朗琪罗说青铜浇铸不是他的专业，可一点儿都不
夸张。他可能在圣马可学苑学过些许金属铸造技术，但至一
五〇六年，他只完成过一件青铜像，即一五〇二年受法国元帅
罗昂之托而制作的 4 英尺高《大卫像》①。换句话说，他在青

----

　　①　这件作品差不多和那件更大、更出名的大理石《大卫》同时间完成，完
　　　　成后被送到法国，最后下落不明。大概和过去千百年来无数青铜雕像一
　　　　样，于战时被送进熔炉改铸成大炮。

铜浇铸上的创作经验和湿壁画一样欠缺。

一如西斯廷礼拜堂的装饰项目，尤利乌斯根本不操心米开朗琪罗欠缺经验这类枝节问题，他就是要造这尊铜像。不敢再逃的米开朗琪罗只好乖乖听命，进驻教皇替他在圣佩特罗尼奥教堂后面安排的工作室，开始工作。这尊铜像显然是对他的一次考验，考验的不只是他的雕塑技能，还有他对教皇的忠贞。

对米开朗琪罗而言，来年是悲惨的一年。他发现自己得和另外三个男人挤在一张床上，住所空间局促，令他很不高兴。波隆纳市面上的葡萄酒不仅贵，还是劣质品。天气也很不合他意。入夏后他抱怨道，"自从到了这里，只下过一次雨，天气热得我想地球上没有哪个地方能比得上"。[7] 而且他还是认为自己有生命危险，因为到波隆纳不久之后，他就写信给弟弟博纳罗托说道，"任何事都可能发生，而粉碎我的世界"。[8] 他认定的敌人布拉曼特仍在波隆纳，而且他惴惴不安地指出，教廷进驻城里后，匕首业者就一直生意兴隆。波隆纳还充斥着黑帮以及支持本蒂沃里流亡家族而不满教皇的团体，环境险恶。

两个月后，尤利乌斯前往工作室查看黏土模子的制作进度。后来米开朗琪罗在给博纳罗托的信中写道："祈求上帝保佑我工作一切顺利，因为只要一切顺利，我就大有希望博得教皇的恩宠。"[9] 重获教皇恩宠当然就意味着他有机会重新开展教皇陵工程。

但这尊雕像的制作，一开始并不顺利。米开朗琪罗原希望在复活节前达到可供浇铸的程度，但就在教皇来访前后，米开朗琪罗辞退了两名助手，进度因此慢了下来。这两人分别是石刻匠拉波·丹东尼奥和外号"洛蒂"（lotti）的金匠鲁多维科·德尔·博诺。其中年纪较小的四十二岁的佛罗伦萨雕塑家拉波，特别令他恼火。"他是个骗人的饭桶，总是达不到我的要求"，他在给佛罗伦萨的家书中如此写道。[10] 尤其令他不能忍受的是，他的助手竟在波隆纳到处宣扬，他，拉波·丹东尼奥，和米开朗琪罗是完全的伙伴关系。这两人的确有理由视自己为米开朗琪罗的平辈而非下属。两人都大其顶头上司至少十岁，洛蒂还曾在佛罗伦萨艺术大师波拉约洛门下学艺。米开朗琪罗较尊敬洛蒂，洛蒂的经验和技能想必是此案子所不可或缺的。但洛蒂自甘堕落，米开朗琪罗觉得他是被拉波带坏，只好叫他们两人卷铺盖走人。如果拉波、洛蒂就是与他同挤一张床的人，那想必曾有几个晚上，激烈的争吵声从圣佩特罗尼奥教堂后面这间工作室传出。

不久，米开朗琪罗在波隆纳的处境更为艰难。拉波、洛蒂一遭辞退，教皇也以波隆纳水土有害健康为由离开。不久，仿佛是要进一步证实他的看法，真的暴发了瘟疫，叛乱也接踵而来。教皇一踏上返回罗马之路，本蒂沃里家族和其党羽就趁机作乱，试图夺回波隆纳。一般来讲，只要闻到一丝硝烟味，米开朗琪罗就会立刻开溜，但这时候他不得不待在工作室，因为城外已爆发激烈的冲突。他心里想必想过一旦本蒂沃里家族回来，大概不会原谅他替他们的死对头制作雕像。但数星期后，本蒂沃里奥势力被击退。这时候他们开始玩阴谋手段，打算偷偷毒死尤利乌斯，同样未能得手。

七月初，也就是动工后六个月多一点，米开朗琪罗开始铸造他的巨像。因为青铜熔化不当，铸造失败，出来的铜像只有脚和腿，不见身躯、手臂和头。接下来得等火炉冷却，然后拆开，以便拆下已凝固的青铜，然后将青铜重新加热，倒进模子里，进行第二次铸造。这一耽搁又是一个多星期。

米开朗琪罗将这次失败归咎于新助手之一贝纳迪诺，说他未使火炉达到足够高温，"不是出于无知，就是不小心"。[11] 米开朗琪罗四处宣扬贝纳迪诺这件丢脸事，导致他走在波隆纳街上都抬不起头来。

41　　第二次铸造结果较为满意，米开朗琪罗接下来花了六个月予以雕凿、磨光和修整，然后整理圣佩特罗尼奥教堂的门口以备安放该青铜像。这尊雕像应是他的一大成就。高 14 英尺，重约 10000 磅，是自古以来所铸造的最大雕像之一，和拉特兰圣约翰大教堂前面的罗马皇帝马克·奥勒留骑马青铜像（评量所有青铜像的标准），几乎一样大。[12] 此外，他还证明了他有能力完成这尊庞然巨物，让一年前对他心存怀疑者不得不刮目相看。"过去全波隆纳的人都认为我不可能完成"，他向博纳罗托如此吹嘘道。[13] 完成这项任务后，可想而知，他再度博得教皇的欢心。雕像还未完成时，他就开始与他在罗马最有力的盟友和支持者朱利亚诺·达·桑迦洛、阿利多西通信，表示希望能获准继续教皇陵的工程。

　　然而，这尊雕像的造模、铸造工作已耗尽米开朗琪罗的精力。"我在这里过得极不舒服，整个人非常疲累，"完成这项工程时他写信给博纳罗托说，"我其他什么事都没做，只是夜以继日地干，我一直强忍着疲累，现在还是。实在是太累了，如果还得再来一次，我想我大概撑不下去。"[14] 他渴望回到佛罗伦萨，就在亚平宁山的另一边，只有二十四公里的路程。但教皇命令他直到雕像立在教堂门口，才可以离开波隆纳。但是，他的耐心受到了更严厉的考验。最后，教皇的星象学家终于宣布一五〇八年二月二十一日是安放雕像的吉日。这时候米开朗琪罗才获准返回佛罗伦萨，离开之前，他参加了他在波隆纳的助手们为他举办的小型庆功会。骑马经过亚平宁山区时，他不慎跌落马下，但返乡的喜悦未曾损减。[15] 不过，一抵达佛罗伦萨，要他返回罗马的教皇召令也跟着到了，但就如后来的发展，召令并不是让他回去继续教皇陵的工程。

注释

[1] 欲更深入了解此二人关系，可参阅贝克（James Beck）：《枢机主教阿利多西、米开朗琪罗与西斯廷礼拜堂》（"Cardinal Alidosi, Michelangelo, and the Sistine Ceiling"）一文，《艺术与历史》杂志（*Artibus et Historiae*），第 22 期，1990 年，第 63 – 67 页；以及赫斯特（Michael Hirst）：《一五〇五年的米开朗琪罗》（"Michelangelo in 1505"），第 760 ~ 766 页。

[2] 引自帕斯托尔：《教皇史》，第六卷，第 510 页。

[3] 孔迪维：《米开朗琪罗传》，第 38 页。

[4] 同上。

[5] 同上。

[6] 《米开朗琪罗书信集》，第一卷，第 148 页。

[7] 同上书，第 38 页。

[8] 同上书，第 19 页。

[9] 同上书，第 20 页。

[10] 同上书，第 21 页。

[11] 同上书，第 36 页。

[12] 1538 年，米开朗琪罗将此像竖立在罗马坎皮多里奥广场（Piazza del Campidoglio）现址。

[13] 《米开朗琪罗书信集》，第一卷，第 40 页。

[14] 同上。

[15] 参见德·托尔内《米开朗琪罗》，第一卷，第 39 页。

第五章　在湿壁面上作画

　　"一五〇八年五月十日这天，我，雕塑家米开朗琪罗，已收到教皇尤利乌斯二世付给我的五百教皇杜卡特，作为教皇西斯廷礼拜堂顶棚画工程的部分报酬。我也在这天开始该项工程。"[1]

　　米开朗琪罗给自己写下这则摘记时，已是回罗马约一个月后的事。在这约一个月期间，教皇的朋友兼亲信，枢机主教阿利多西，已就该拱顶画拟妥一份合约。在敏感易怒的教皇和同样敏感易怒的米开朗琪罗之间，阿利多西继续扮演调解人的角色。在前述的青铜像上，他与米开朗琪罗联系密切，与他通了许多信，且亲赴圣佩特罗尼奥教堂，监督铜像被安放在教堂门口。[2]教皇很满意阿利多西在波隆纳的办事成果，因此将这个规模更大的新工程的许多杂务也交给这位宠信的枢机主教处理。

　　枢机主教阿利多西所拟但现已遗失的合约上写明，这位雕塑家（米开朗琪罗所急切追求的角色）将收到三千杜卡特，作为顶棚工程的全部报酬，相当于他铸造波隆纳那尊青铜像所得报酬的三倍。三千杜卡特是很优渥的报酬，吉兰达约替新圣母玛利亚教堂托尔纳博尼礼拜堂绘湿壁画，也只拿到这一半的数目。金匠之类合格的艺匠一年也只能赚到这三十分之一的薪水。[3]不过比起雕制教皇陵米开朗琪罗可拿到的报酬，终究还是差了一大截。此外，画笔、颜料，以及其他用料，包括搭脚手架所需的绳子、木头，他都得自掏腰包张罗。再者，他还得自己出钱雇用一批助手，并装修他在鲁斯提库奇广场的房子以安顿他们。这些固定支出很快就会吃掉他的报酬。拿他从尤利乌斯青铜像分到的千枚杜卡特来说，扣除掉材料开销、助手工资、住宿费用，最后净所得只有微薄的 4.5 杜卡特。[4] 而以那尊青铜像十个月的工期来看，西斯廷礼拜堂拱顶湿壁画显然要花上更长的时间。

米开朗琪罗在五月中旬之前都未真正动笔作画。湿壁画的制作，特别是这么一片面积达 12000 平方英尺的湿壁画，动笔之前得先经过充分的规划和构思。湿壁画之所以如此受看重，正因为它是出了名的难以驾驭。它的困难重重从其意大利语表达方式 stare fresco（意为"陷入困境或一团乱"），就可略窥一二。许多艺术天才面对待画的墙壁或拱顶，都会一筹莫展，如达·芬奇都在《昂加利之役》上栽了个大跟头。湿壁画老手瓦萨里说，大部分画家能工于蛋彩画和油画，却只有少数能娴熟完成湿壁画。他断言，这是"其他所有技法中最具男人气概、最明确、最坚决、最耐久的"。[5] 与他同时代的乔瓦尼·保罗·洛马佐（Giovanni Paolo Lomazzo）也认为湿壁画是阳刚味特别重的活动，并说相较于湿壁画，蛋彩画属于"娇弱年轻男子"的领域。[6]

史前一千余年，克里特岛上就已出现在湿灰泥上作画的技法，数百年后的伊特鲁里亚人和之后的罗马人，都用这种方法装饰墙壁和坟墓。但从十三世纪后半期起，随着佛罗伦萨等城镇兴起一股自古罗马时代以来从未见过的建筑热潮，湿壁画艺术在中意大利盛行。光是佛罗伦萨，十三世纪下半叶就有至少

44　九座大型教堂建成或开始兴建。如果说在刚开始兴起建筑热潮的北欧，新哥特式大教堂是以挂毯和彩绘玻璃作为亮丽的装饰物，那么湿壁画就是这时意大利装饰的主流。佛罗伦萨、锡耶纳周遭山丘，到处是湿壁画所需的材料：石灰岩、大理石、沙，以及制作颜料所需的黏土和矿物。湿壁画和用来制作意大利基安蒂酒的桑吉奥维塞葡萄一样，非常适合于托斯卡纳干燥酷热的夏季。

　　文艺复兴时期的湿壁画技法，和伊特鲁里亚人、古罗马人所用的方法大同小异。该技法诞生于一二七〇年左右，但发源地不是佛罗伦萨，而是画家皮耶特洛·代·切洛尼（Pietro del Cerroni）在罗马的工作室。这名外号为"卡瓦利尼"（意为小马）的画家，从事湿壁画和镶嵌画创作的时间极长，声名卓著，且活到百岁年纪（据说冬天时从不盖住头）。他的风格和技法影响了文艺复兴时期第一位湿壁画大师，即佛罗伦萨人乔凡尼·钱尼·迪·佩皮（Giovanni Genni di Pepi）。因为长得丑，他又有个名副其实的外号"契马布埃"（意为牛头）。契马布埃替多座新教堂（包括圣三一教堂、新圣母玛利亚教堂）绘饰过湿壁画和其他画作，以此声名大噪于佛罗伦萨。瓦萨里赞颂他是"促成绘画艺术革新的第一因"。[7] 然后，一二八〇年左右，契马布埃前往阿西西，完成了他的生平杰作，圣方济各教堂上、下院内的湿壁画组画。[8]

　　画家乔托年轻时曾是契马布埃的助手，后来成就更胜于契马布埃。乔托为小农之子，传说契马布埃是在佛罗伦萨通往邻近村落维斯皮亚诺的路上与他结识。契马布埃死后，乔托在圣方济各教堂又加绘了一些湿壁画，甚至搬进他师父位于佛罗伦萨阿列格里街的住所兼工作室。阿列格里街意为"欢乐街"，

那不勒斯兼西西里国王（安茹的查理）来访时，致敬队伍从 45
契马布埃画室扛了一幅画呈给查理看，扛赴途中该街区人民欢
声雷动近乎歇斯底里，因此得名。乔托将学自契马布埃的技法
传授给许多弟子，其中最有才华之一的卡潘纳从艰辛的摸索中
体会到，非有过人毅力者，不适合投身湿壁画这门技艺。瓦萨
里则说"因为在湿壁画用力太甚"而病倒，他少活了不少
年。[9]

　　湿壁画技法说来简单，实际做来却很难。湿壁画原文
fresco 意为"未干的"，缘于画家总在未干的（湿的）灰泥上
作画。这种作画方式需要完善的事前准备和精准的时间拿捏。
作画前用镘刀在已干的灰泥壁上，再涂上一层约 0.5 英寸厚的
灰泥。这层新涂的灰泥名为"因托纳可"（intonaco），系用石
灰和沙制成的平滑灰泥，提供可让颜料渗透的平面。这层灰泥
会吸收颜料，灰泥干后，颜料随之固结在砖石结构中。

　　艺术家在上色作画前，须先用小钉子将草图固定在墙或拱
顶上，以便将草图上的人物或场景转描到这块湿灰泥面上。转
描方式有两种。第一种称为针刺誊绘法（spolvero），即用针循
着草图上的线条刺出数千个细洞，然后将炭粉洒在草图上，或
用印花粉袋拍击草图，使炭粉或印花粉渗进细洞，接着拆下草
图，湿灰泥壁上就会出现图案轮廓，再在轮廓里涂上颜料，即
成湿壁画。第二种方法更省时，艺术家得用尖笔描过草图上的
粉笔线条，以在底下的湿灰泥壁上留下刻痕。

　　湿壁画背后的科学层面，牵涉到一系列简单的化合物。从
化学性质来讲，因托纳可就是俗名熟石灰的氢氧化钙。制作氢
氧化钙的第一步就是将石灰岩或大理石放进窑里加热（许多
古罗马古迹因此灰飞烟灭）。高温驱走石中的碳酸，将石头变

成通称生石灰（氧化钙）的白色粉末。接着将生石灰泡水，也就是所谓的"熟化"，生石灰就变成氢氧化钙。对于文艺复兴时期的画家而言，氢氧化钙是造就湿壁画的神奇原料。将它混合沙子搅拌，并涂上壁面，经过一连串化学转化，会慢慢恢复原来的性质。首先，水从混合涂料里蒸发，接着氧化钙与空气中的二氧化碳发生作用，形成碳酸钙（石灰岩、大理石的主要成分）。因此，湿滑灰泥用镘刀抹在壁上短时间之后，就恢复为石质，从而将色料封在碳酸钙结晶体里。湿壁画家稀释颜料只需用水，简单至极。蛋彩画所用到的各种黏合性原料（蛋黄、胶、黄耆胶，乃至有时用到的耳垢），在此全不需要，因为颜料会固着在因托纳可里。

46

这项技法尽管极为巧妙，但稍为不慎就功亏一篑，因此画家每一步都是战战兢兢。给因托纳可上颜料的时间有限，是湿壁画的一大困难。因托纳可保湿的时间只有十二至二十四小时，长短因天气而异。过了这段时间，灰泥不再吸收颜料，因而涂抹灰泥时只能涂抹湿壁画家一天之内能画完的面积。意大利语将此特定的涂抹面积称为"乔纳塔"（giornata），意为一天的工作量。墙壁或拱顶因壁面大小和形状的不同，可分成十二个至数百个乔纳塔。以吉兰达约为托尔纳博尼礼拜堂画的湿壁画为例，他将宽阔的壁面分成两百五十个乔纳塔，意即他和众弟子一天通常画约 4 英尺 × 5 英尺的面积，相当于一幅大尺寸油画。

因此，湿壁画家每次作画，时间压力都很大，必须赶在灰泥干硬之前完成乔纳塔。也因此，湿壁画的制作和油画、板上画（panel）大不相同，因为后两者可以再修饰，再散漫、再拖延的艺术家都可以做。例如提香画油画总是不断修补，终其一生都在修改、订正，有时候一幅画前后补上四十层颜料、光油，且最后几层用指尖上色、上光，以让画面显得生动有力。

在西斯廷礼拜堂，米开朗琪罗没办法这么从容，这么一改再改。为加快进度，许多湿壁画家作画时双手并用，一只手拿深色颜料的画笔，另一只拿浅色的。据说意大利最快的湿壁画家是阿米科·亚斯佩提尼（Amico Aspertini），他于一五〇七年开始在卢卡替圣佛雷迪亚诺教堂的某个礼拜堂绘湿壁画。特立独行的亚斯佩提尼两只手同时作画，腰间皮带上挂了一瓶瓶颜料。瓦萨里以叫人莞尔的口吻写道："他看起来就像圣马卡里奥见到的那个摆弄小药瓶的魔鬼，戴着眼镜工作时，大概石头见了都会笑。"[10]

然而就连亚斯佩提尼这样的快手，都花了两年多才把圣佛雷迪亚诺中礼拜堂的壁面画完，而其作画面积比西斯廷礼拜堂的拱顶又小了许多。吉兰达约虽然有大批助手，但还是花了将近五年时间才完成托尔纳博尼礼拜堂的湿壁画。这个礼拜堂的壁面面积比西斯廷礼拜堂的拱顶还小，因此米开朗琪罗接下此案时，想必心里有底，得花上更长时间来完成。

米开朗琪罗的首要工作之一，就是将皮耶马泰奥所绘但已受损的湿壁画连同底下的灰泥除去。有时候通过"锤子打毛法"（martellinatura）可以直接在既有的湿壁画上绘上新的湿壁画。其做法就是用锤子（martello）尖的一端将旧湿壁画面打得毛糙，以便新灰泥涂上后能附着在旧湿壁画的灰泥上，然后颜料就可以上在新灰泥面上。但米开朗琪罗未用此法来处理皮耶马泰奥的湿壁画。他制作的整面星空，就快要崩落到地面。

47

打掉皮耶马特奥的旧湿壁画后，整个顶棚被涂上约 0.75
英寸厚的湿灰泥作为底涂层，并借此填平砖石接合处之类的缝
隙和不平整处，使壁面平滑，以便作画时涂上因托纳可。意大
利语称此底涂层为"阿里其奥"（arriccio）。这道工法需要从
礼拜堂打掉数吨的旧灰泥，并运来数百袋沙子、石灰，以调制
阿里其奥。

打掉皮耶马泰奥的湿壁画，然后涂上阿里其奥，米开朗琪
罗将这个重任交付给皮耶罗·罗塞利，也就是替他在教皇面前
仗义执言、反驳布拉曼特中伤的那位佛罗伦萨同乡。三十四岁
的罗塞利既是雕塑家，也是建筑师，他很乐意接手这份工作。
他还是米开朗琪罗的至交好友，在信中以"我最亲爱的挚友"
（charisimo fratello）称呼米开朗琪罗。[11] 米开朗琪罗付给他八
十五杜卡特作为工酬，而他和他底下那群抹灰工为此忙了至少
三个月，七月底才完工。

打掉皮耶马泰奥的星空得用到宽大的高架平台，以便让罗
塞利的工人可以尽快从礼拜堂一头清除到另一头，而不必疲于
爬上爬下。这个脚手架必须有 44 英尺宽，超过 60 英尺高，长
度当然要能覆盖礼拜堂的 130 英尺纵深。米开朗琪罗和他的团
队若要让画笔够得着拱顶的每个角落，势必也需要类似的高架
平台。对抹灰工管用的，对画家显然也管用，因此米开朗琪罗
和他的助手们顺理成章地沿用了罗塞利的脚手架。不过这样的
东西得先设计、建造，因此付给罗塞利的八十五杜卡特中，有
相当部分花在买木料上。

绘湿壁画向来要用脚手架，只是形式不尽相同。通常的办
法是设计出石匠使用的，靠地面支撑，有梯子、斜坡道、平台
的木质脚手架，对墙作画时尤其需要这样的工具。佩鲁吉诺、

吉兰达约等人替西斯廷礼拜堂的墙面绘湿壁画时，必然在窗间壁上建了这样的木质脚手架。西斯廷礼拜堂顶棚就比较麻烦。针对顶棚设计的脚手架必须高约 60 英尺，但又必须腾出走道，以便牧师和信徒在底下举行仪式时使用。由于这个因素，落地式脚手架就不可行，因为其支架必然会堵住走道。

　　此外还得考虑到其他多个实际问题。脚手架必然得够牢固、够宽，以支撑数个助手和所用器材的重压，这些器材包括水桶、重重的沙袋、石灰袋，以及待展开并转描到顶棚上的大草图。安全问题当然不容忽视。礼拜堂顶棚这么高，意味着爬上脚手架的人所面临的职业伤害风险不小。湿壁画这行偶尔会出现死伤，例如十四世纪画家巴尔纳，据说在圣吉米尼亚诺的大圣堂绘湿壁画《基督生平》时，从将近 100 英尺高处摔落身亡。

　　西斯廷礼拜堂的脚手架显然不是寻常的脚手架师傅（pontarolo）搭建得来的，但罗塞利足以担此重任，因为他不仅是雕塑家、建筑师，还是工程师。十年前，他用设计出的由滑轮组和起吊装置做成的机械，从阿诺河里拾回一块大理石，以履行对米开朗琪罗的承诺。但最初教皇属意布拉曼特负责脚手架的工作。米开朗琪罗为此很不高兴，因为他认定布拉曼特处处与他作对，不希望这个讨厌鬼插手他的案子。不过后来布拉曼特未能找到可行办法，米开朗琪罗反倒借机将他大大羞辱了一番。布拉曼特的点子很妙，就是从顶棚垂下绳子，悬空吊住木质平台，但如此一来，顶棚上就得钻许多洞。脚手架不占地面空间的问题或许就可迎刃而解，但会给米开朗琪罗留下更大的难题，即绳子拆掉后难看的洞口该如何填补。布拉曼特不管这个问题，说"他后面会想办法解决，眼前没有其他办

49

法"。[12]

米开朗琪罗认为这个不可行的点子，正是这位建筑师成事不足败事有余的最新证明。他向教皇力陈布拉曼特计划的不可行性，最后教皇告诉他脚手架的事由他全权做主。然后，就在忙着其他准备工作的同时，他解决了脚手架设计的难题。

在工程、营建方面，米开朗琪罗的经验虽远不如布拉曼特，却很有企图心。一五〇六年人生陷入低潮时，他提出建造横跨博斯普鲁斯海峡大桥的案子，就是绝佳的例子。相较之下，横跨西斯廷礼拜堂就显得小儿科。最后，他设计的脚手架果然有点架桥的味道，更详细地说，就是由一连串与窗户同高的人行天桥横跨过礼拜堂。[13]钻孔处紧挨着最顶上檐板的上缘，在三十二尊教皇湿壁画像的头部上方几英尺处，打入砖石结构约 15 英寸深。这些孔用来固定木质短托架，即成排的悬臂梁（意大利建筑界称此为 sorgozzoni，字面意思为对喉咙的击打）。然后配合顶棚的弧度，在托架上架起同样弧度的阶梯，串接成天桥，形成可让画家和抹灰工在其上工作，并够得着顶棚任何角落的桥面。这个脚手架仅覆盖礼拜堂一半的长度，也就是仅跨过前三面窗柱间壁。因此，罗塞利的工人完成礼拜堂前半部的清理工作后，还得拆掉拱状阶梯，移到后半部重组。米开朗琪罗作画时，也得重复这个过程。

这个脚手架一举解决了占用地面空间的难题，且实际使用后证明，比布拉曼特的设计更为经济。据孔迪维的说法，绳子原是针对布拉曼特悬空式平台的设计而购买，但脚手架搭好后，米开朗琪罗发现根本用不着这么多，于是将多余的绳子送给协助搭建的那位"穷木匠"。[14]这位木匠很快将绳子卖掉，将卖得的钱用作两个女儿的嫁妆。这则米开朗琪罗打败布拉曼特的传奇故事，因此有个童话般的圆满结局。

　　米开朗琪罗别出心裁的脚手架不占用地面空间，因此一五〇八年夏，西斯廷礼拜堂的堂内活动一如往常地进行。罗塞利和他的工人在上面打掉旧灰泥，抹上新灰泥，下面照常举行宗教仪式。但这样的安排难保不发生问题，果然，工程才进行一个月，罗塞利的工人就因为干扰到仪式进行而遭新任的教廷典礼官德格拉西斥责。德格拉西为来自波隆纳的贵族，负责西斯廷礼拜堂举行弥撒等仪式前的准备事宜，堂内到处可见他的身影。祭坛上的蜡烛架是否就位，香炉内是否有木炭和香，都属于他的工作。他还负责督导主持仪式的神职人员，使他们按照规定为圣体祝圣，然后高举圣体。

　　德格拉西爱吹毛求疵又没耐性，非常注重细节。神职人员头发太长，讲道太长，他会抱怨；做礼拜者坐错地方或太吵（常见的问题），他也会抱怨。任何人，包括教皇在内，都逃不过他那一丝不苟的无情目光。教皇许多可笑的举动，这位典礼官都很看不过去，但他通常深谙为官之道，只把不满放在心里。

　　六月十日晚，德格拉西从他位于礼拜堂下面的办公室上来，发现施工扬起的尘土，导致圣灵降临节前夕唱颂晚祷曲的仪式无法举行。他在日记里愤怒地写道：“上檐板上面的工程引来漫天尘土，气氛如此肃穆时工人也不停下工作，众枢机主教为此抱怨连连。我亲自跟好几名工人理论过，他们不听。我去找教皇，结果教皇以我没有再一次告诫他们而几乎对我发火，并为这工程辩护。最后教皇接连派出两名名誉侍从要他们停工，他们才勉强放下工作。”[15]

　　如果罗塞利和他的工人干扰到晚祷曲的进行，那么他们的

52

工作时间必定很长，因为晚祷曲向来在日落时唱颂，而在六月中旬，日落都在晚上九点以后。如果真如德格拉西所写，尤利乌斯替抹灰工辩解，那教皇想必是同意这样的施工。罗塞利的工人敢不理会枢机主教和典礼官的命令，这可能是原因所在。

时间想必是至关重要的考虑。阿里其奥必须完全干透才能抹上因托纳可，原因之一在于当时人认为未干的阿里其奥的腐败蛋臭味会危害画家的健康，在密闭空间内危害尤其大。因而，从抹上阿里其奥到开始在湿灰泥上作画，必得隔上数个月。至于是几个月，又因天气而异。罗塞利大概很想尽快完成阿里其奥的涂抹工作，以趁接下来夏天酷热的几个月让它快速干燥，达到米开朗琪罗和教皇的要求。此外，米开朗琪罗也希望最好能在冬天来临前开始作画。冬天一到，刺骨的北风就从阿尔卑斯山往南刮，意大利气温陡降，几乎无法上颜料。因为如果太冷，因托纳可可能会结冻，颜料就无法被充分吸收，随之就会剥落。

如果罗塞利无法在十月或十一月前给拱顶都抹上阿里其奥，米开朗琪罗就得等到二月才能开始作画。急于见到成果的教皇，想必不乐见这样的延宕。因此，一五〇八年夏季，罗塞利和他的工人才会工作到晚上，才会出现敲凿的噪音盖过下面唱诗班美声的现象。

注释

[1] 巴洛基（Paola Barocchi）与裘莉克（Lucilla Bardeschi Ciulich）合编：《米开朗琪罗回忆录》（*I Ricordi di Michelangelo*, Florence：Sansoni

Editore", 1970），第 1 页。

[2] 贝克：《枢机主教阿利多西、米开朗琪罗与西斯廷礼拜堂》，第 66
页。

[3] 米开朗琪罗付给老搞砸事情的拉波每月 8 杜卡特，也就是一年 96
杜卡特，作为帮他在波隆纳完成这尊青铜像的酬劳。

[4]《米开朗琪罗书信集》第一卷，第 41 页。

[5] 瓦萨里：《瓦萨里论技艺》，第 222 页。

[6] 洛马佐两卷本《艺术著作》(Scritti sulle arti, Florence：Marchi &
Bertolli, 1973 – 4），第一卷，第 303 页，洽尔迪 (Roberto Paolo
Ciardi) 编订。

[7] 瓦萨里《画家、雕塑家、建筑师列传》第一卷，第 57 页。瓦萨里
论卡瓦利尼的部分不可靠。他一心要将湿壁画的起源归于托斯卡纳
地区，于是刻意忽略卡瓦利尼的影响，不顾事实将他归为乔托的弟
子。

[8] 圣方济各教堂上院的湿壁画仍有许多幅尚无法确定究出自何人之
手，而有些可能就出自卡瓦利尼本人笔下。有些艺术史家断定该教
堂的两幅湿壁画，《以撒赐福雅各布》(Isaac Blessing Jacob) 和
《以撒与以扫》(Isaac and Esau) 是他的作品，因而封他为"以撒
大师"(Isaac Master)。瓦萨里认为这两幅画出自契马布埃之手，其
他艺术史家则认为应是乔托的作品。

[9] 瓦萨里：《画家、雕塑家、建筑师列传》，第一卷，第 114 页。

[10] 同上书，第 915 页。

[11] 引自华勒斯 (William E. Wallace) 所撰《米开朗琪罗在西斯廷礼
拜堂的助手群》("Michelangelo's Assistants in the Sistine Chapel")，
《美术报》(Gazette des Beaux-Arts)，第 11 期 (December 1987)，第
204 页。

[12] 瓦萨里：《画家、雕塑家、建筑师列传》，第二卷，第 665 页。

[13] 参见哈尔特 (Frederick Hartt) 所撰文章《西斯廷礼拜堂脚手架的
证据》("The Evidence for the Scaffolding of the Sistine Ceiling")，
《艺术史》(Art History)，第 5 期，(September 1982)，第 273 ~ 286
页；以及曼奇内利 (Fabrizio Mancinelli) 所撰《工作中的米开朗
琪罗：弦月壁的绘饰》("Michelangelo at Work：The Painting of the
Lunettes")，收录于霍尔勃顿 (Paul Holberton) 所编：《西斯廷礼

拜堂：米开朗琪罗再发掘》（*The Sistine Chapel：Michelangelo Rediscovered*, *London：Muller*, *Blond & White*, 1986）一书，第 220 ~ 234 页。吉尔勃特（Creighton E. Gilbert）的《西斯廷顶棚各部分的确凿日期》（"On the Absolute Dates of the Parts of the Sistine Ceiling"）一文，《艺术史》（*Art History*），第 3 期（June 1980），第 162 ~ 163 页，以及同作者的《上下于西斯廷顶棚的米开朗琪罗》（*Michelangelo On and Off the Sistine Ceiling*, New York：George Brazilier, 1994）一书，第 13 ~ 16 页，则对脚手架的外观有另一番看法。

[14] 孔迪维：《米开朗琪罗传》，第 101 页。

[15] 引自德·托尔内：《米开朗琪罗》，第二卷，第 219 页。

第六章　构　图

　　皮耶罗·罗塞利率工人打掉皮耶马泰奥的旧湿壁画时，米
开朗琪罗正忙着替新的湿壁画构图。因为教皇对拱顶绘饰有清
楚的腹案，因而他按照教皇的构想进行设计。至于这腹案是出
自教皇本人的想法，还是他咨询顾问后发展出来的，我们不得
而知。米开朗琪罗在个人摘记里写道，他根据枢机主教阿利多
西定下的"条件和协议"行事。[1]这段话表明这位枢机主教无
疑涉入甚深。[2]

　　赞助者决定作品主题的做法司空见惯。画家和雕塑家被视
为艺匠，得完全遵照出钱者的意思制作艺术品。吉兰达约与托
尔纳博尼签的合约就是典型的例子，可以充分说明赞助者委托
艺术家制作大型湿壁画组画时，干涉创作内容和形式到何种程
度。[3]托尔纳博尼是一位有钱的银行家，委托吉兰达约绘饰新
圣母玛利亚教堂内以他的姓氏命名的礼拜堂，委制合约规定的
事项几乎涵盖绘饰的所有细节，吉兰达约少有自由发挥的空
间。合约中不仅言明哪个场景该画在哪面墙，还清楚规定各场
景的作画顺序和画面大小。该用何种颜色，乃至该哪一天动笔
作画，都在规范之列。托尔纳博尼要求将大量人物，包括各种
鸟兽画进各场景。吉兰达约是个勤恳细心的艺匠，很乐于按赞
助者的意思作画。他的湿壁画非常生动活泼，某著名艺术史家
形容他笔下的某些场景，"像画报的版面一样塞了太多东

西"。[4]在某场景中，吉兰达约画了一头长颈鹿。这只异兽大概是根据实物画成，因为一四八七年洛伦佐·德·美第奇的花园养了一只非洲长颈鹿，后来因为不习惯佛罗伦萨狭窄的生活空间，长颈鹿因头猛撞横梁而亡。

因此，米开朗琪罗时代的艺术家绝非如我们今日浪漫想象的那样，个个是孤独的天才，自出机杼创造出富有创意的作品，而不受市场需求或赞助者摆布。只有到了下个世纪，才有萨尔瓦多·罗萨（Salvatore Rosa，一六一五年生）这样的画家敢于傲然拒绝赞助者的指示，并要其中一名太挑剔的赞助者直接"去找制砖工人，因为他们听命行事"。[5]在一五〇八年，米开朗琪罗的地位像个制砖工人，只能遵照赞助者的要求行事。

在这样的时代气氛下，一五〇八年春米开朗琪罗拿到教皇的西斯廷礼拜堂绘饰构想时，绝不会对其构图之详细感到惊讶。尤利乌斯的构想比皮耶马泰奥的星空更为烦琐复杂。他希望礼拜堂窗户上方画上十二名使徒，顶棚剩下的地方则覆上由方形、圆形交织而成的几何形布局。尤利乌斯似乎喜欢这种模仿古罗马顶棚装饰的万花筒式图案。十五世纪后半期已成为热门景点的蒂沃利的哈德良别墅顶棚，就饰有这种图案。同一年，尤利乌斯还以类似的构图委托另两位艺术家绘制装饰画，一个位于平民圣母玛利亚教堂内布拉曼特刚完成不久的高坛拱顶上，承制者是平图里乔（Pinturicchio），另一个位于教皇打算移作他个人图画馆的梵蒂冈宫署名室的顶棚上。

米开朗琪罗努力画了一些素描，希望能画出令教皇满意的图案、人物构图。为了寻得灵感，他似乎还在这时期请教了平图里乔。平图里乔本名贝纳迪诺·迪·贝托，嗜喝葡萄酒，因

装饰风格艳丽而得此称号（意为艳丽画家）。他是罗马最有经
验的湿壁画家之一，五十四岁之前已绘饰过意大利各地许多礼
拜堂。大概也曾在佩鲁吉诺底下当助手，绘饰西斯廷礼拜堂的
墙壁。平图里乔直到一五〇八年九月才真正开始绘饰平民圣母
玛利亚教堂的高坛拱顶，但很可能这时已在画素描，因而米开
朗琪罗才得以在该年夏天看到。总之，米开朗琪罗最初为西斯
廷顶棚画的素描，让人觉得与平图里乔的很类似。[6]

　　不过米开朗琪罗显然仍不满意自己的心血。教皇构图予他
的最大难题在于除了十二个使徒像，他没有多少空间去探索他
所热爱的人体。他在教皇构图里加进了有翼天使和女像柱，但
这些传统人物只是几何布局的一部分，因此与《卡西纳之役》
中肌肉结实、躯体扭转的裸像大不相同，比起之前放弃的教皇
陵案，更让他觉得不值，因为他原希望在教皇陵雕出一系列斗
志昂扬的裸身超人。面对这么一个乏味的构图，米开朗琪罗对
这个承制案想必兴味索然。

　　这时教皇已习惯了米开朗琪罗不断的抱怨，因而该年夏初，
这位艺术家再度当着教皇面表示反对意见时，他想必已不会太
惊讶。米开朗琪罗一如既往地直言不讳，向教皇抱怨说，他所
建议的构图最后会是个 casa povera（"很糟糕的东西"）。[7] 很难
得，尤利乌斯似乎默认，未多说什么。他只是耸耸肩，然后据
米开朗琪罗的说法，让他放手去设计他的案子。米开朗琪罗后
来写道，"他给了我一个新案子，让我尽情发挥"。[8]

　　米开朗琪罗说教皇让他全权负责，这说法不可尽信。尽管
米开朗琪罗是声望崇隆的艺术家，但要教皇将基督教世界这最
重要礼拜堂的绘饰工程，全权交给仅仅一位艺术家，再怎么说
也是不合常理的。这类装饰画的内容，几乎都会参酌神学家的

55

56

意见。西斯廷礼拜堂湿壁画显现出了深厚的神学素养，例如针对摩西、耶稣生平近似之处所绘的一连串对照，说明此设计背后有渊博知识的支撑，而既不懂拉丁文也没学过神学的那群画家绝不可能想出这样的东西。这些湿壁画上方的拉丁铭文，事实上出自学者出身的教皇秘书安德烈亚斯·特拉佩增提乌斯（Andreas Trapezuntius）之手，新成立的梵蒂冈图书馆首任馆长——爱书成痴，外号"普拉蒂纳"的巴尔托洛梅奥·萨奇（Bartolommeo Sacchi），也指导过这支湿壁画团队。[9]

如果说西斯廷拱顶画宏大的新设计图，曾有哪位人士提供意见，那么除了枢机主教阿利多西，最可能的人就是奥古斯丁修会的总会长艾吉迪奥·安东尼尼（Egidio Antonini）。他因生于维泰博而以"维泰博的艾吉迪奥"之名为人所知。[10]三十九岁的他的确胜任这项工作。他娴熟拉丁语、希腊语、希伯来语、阿拉伯语，是当时意大利最博学的人之一。不过真正让他出名的地方，在于他激动人心的讲道。艾吉迪奥面相凶恶，头发蓬乱，蓄着黑胡子，肤色白皙，眼睛炯炯有神，身穿黑袍，是意大利最具魅力的演说家。听讲道十五分钟就会打瞌睡的尤利乌斯，听他慷慨演说两小时，全程非常清醒，由此可见他的口才之好。教皇委制这个顶棚画，就像委制其他案子一样，是为了颂扬自己的统治威权，口才绝佳的艾吉迪奥既是教皇最器重的宣传高手，又善于在《旧约》里找到提及尤利乌斯的预言性字句，因而想必也曾为这项工程贡献心力。

不管出自何人之手，西斯廷顶棚画的设计图都得经过异端裁判官挑剔的审查，也就是获得圣宫官（教皇御前神学家）的同意。一五〇八年，多明我会修士拉法内利出任此职。圣宫官一职向来由多明我会修士担任。由于对教皇忠心耿耿，多明我会修士（Dominican）通常又被人以谐音双关语谑称为domini cane，意为主子的走狗。数百年来，教皇都用他们执行收税、担任宗教裁判官等不讨好的工作。一四八三年西班牙重设宗教裁判所后，将两千多名异教徒用火刑处死的托尔克马达，就是该会恶名昭彰的成员之一。

　　拉法内利的职责在于为西斯廷礼拜堂挑选传道士，必要时审核他们的讲道内容，以及扑灭任何异端邪说。凡是有幸被拉法内利选上在西斯廷礼拜堂讲道者，即便是维泰博的埃吉迪多，都必须事先交出讲稿以供审查。讲道者言词偏离正道时，拉法内利还有权打断讲道，将他赶下讲坛。随时注意有谁违背神学正道的德格拉西，有时也协助拉法内利执行这些职务。

　　想必有某个人，像拉法内利那样关切西斯廷礼拜堂内正统维护的人那样，主动关注米开朗琪罗的设计。即使拉法内利未提供具有创意性的见解，米开朗琪罗想必至少在数个阶段和他讨论过自己的设计，而且有可能曾将素描和草图拿给他过目。但耐人寻味的是，从现有史料来看，向来不会掩饰不满之情的米开朗琪罗，从未不满于圣宫官，或者其他任何可能干涉他设计的神学家。这件事实以及顶棚画上某些有助于我们了解此方面内情的细部，或许正说明了尤利乌斯的确放手让米开朗琪罗做主。 58

　　至于内容复杂而丰富的构图，米开朗琪罗想必比当时大部分艺术家更能胜任。他学过六年左右的语法，虽不是拉丁语法，但老师是来自乌尔比诺的专家；在当时，乌尔比诺是罗马、佛罗伦萨富贵人家子弟就读的著名文化中心。更重要的是，他在十四岁左右进入圣马可学苑后，不仅研习雕塑，还在多位杰出学者的指导下研读神学和数学。这些大学者中有两位是当时最顶尖的哲学家，一位是已将柏拉图著作、赫耳墨斯秘义书（Hermetic texts）译为拉丁文的柏拉图学院院长马尔西利奥·费奇诺（Marsilio Ficino），另一位是曾受教于卡巴拉，著有《论人的尊严》（*Oration on the Diqnity of Man*）的米兰多拉伯爵乔凡尼·皮科（Giovanni Pico）。

但米开朗琪罗与文人学士的交往则不清楚。孔迪维对这方面的记述很模糊，仅提到米开朗琪罗的大理石浮雕《人马兽之战》（*Battleo of the Centaurs*），是在圣马可学苑另一位老师安杰洛·安布洛吉尼（Angelo Ambrogini）的建议下雕成。这座浮雕是米开朗琪罗现存最早的雕塑作品之一，刻画一群裸身、扭曲的人物纠缠混战的情景。安杰洛以笔名波利提安（Politian）而为人所知，十六岁时就将《伊利亚特》前四篇译成拉丁文，即使在大师云集的圣马可学苑，他的学术地位仍极为突出。孔迪维断言波利提安很器重这位年轻的艺术家，"虽然并非职责所需，但他鞭策他学习，一再帮他解说，帮他上课"。[11]然而，这位著名学者和这位少年雕塑家究竟来往到何种程度，仍不明朗。[12]不过，几无疑问的是，米开朗琪罗得到了充分的教育，从而对日后为西斯廷顶棚画构思出新颖构图大有益助。

随着新设计图于一五○八年夏完成，米开朗琪罗对这件案子的兴致想必也增加了不少。他舍弃了由方形、圆形交织而成的抽象构图，改为采用更大胆的布局，以能如创作《卡西那之役》时那样尽情发挥自己在人体绘画上的才华。然而，等着他作画的 12000 平方英尺壁面，比他在佛罗伦萨处理过的平墙更复杂棘手。为西斯廷礼拜堂设计的湿壁画，除了要覆盖整个长长的拱顶，所谓的三角穹隅——位于礼拜堂角落、拱顶与

墙面接合处的四个帆状大区域——也不能漏掉。此外，还包括
凸出于窗户之上的八个面积较小的三角形区域，即所谓的拱
肩。除了拱顶，米开朗琪罗还得画四面墙最顶上的壁面，即位
于窗户上方、人称弦月壁的弧形壁面。这些壁面有的弯，有的
平，有的大，有的小，很不协调。如何将湿壁画铺排在这些难
以作业的次区块上，是米开朗琪罗的一大挑战。

蓬泰利所建的拱顶是以几乎无装饰美感可言的凝灰岩块为
石材。米开朗琪罗让皮耶罗·罗塞利敲掉三角穹隅和弦月壁上
的部分砖石结构，即装饰线条和叶形装饰柱头之类的装饰性小
结构体。然后他开始替湿壁画营造虚构的建筑背景，借此打造
他自己的区隔画面。这个建筑背景由一连串的檐板、壁柱、拱
肋、托臂、女像柱、宝座、壁龛构成，让人想起他为尤利乌斯
教皇陵所做的类似设计。这个虚构背景通常被称为 quadratura，
除了赋予地面观者雕塑性装饰丰富的观感，还将不搭调的三角
穹隅、拱肩、弦月壁与拱顶的其他地方融为一体，让他可以在
一连串区隔分明的画域上画上不同场景。

整个长长的拱顶将由虚拟的大理石肋拱隔成九个矩形画
块，并以一个画就的虚拟檐板将这九个画域和顶棚其他地方隔
开。在这檐板下方，米开朗琪罗设计了一连串人物端坐在壁龛
中的宝座里。这些宝座是最初构图的残遗，因为他原就打算在
这里画上十二使徒。诸宝座下方、窗户上方的空间就是拱肩和
弦月壁，这里为他提供了环绕拱顶基部的一连串画域。

架构确定之后，米开朗琪罗还得敲定新的主题。这时
《新约》的十二使徒主题似乎已迅遭扬弃，而被取自《旧约》
的场景和人物取代。宝座上坐的不是众使徒，而是十二先知，
或者更清楚地说，是《旧约》的七先知和来自异教神话的五

名巫女。这些人物上方，沿着拱顶中央纵向分布的九个矩形画块，则要画上《创世纪》中的九个事件。拱肩、弦月壁要画上基督列祖（相当罕见的题材），三角穹隅则要绘上取自《旧约》的另四个场景，其中之一为大卫杀死巨人歌利亚。

从《创世纪》取材作画，是很叫人玩味的选择。这类图画当时普见于雕塑性浮雕，而米开朗琪罗也很熟悉这方面的一些作品，其中最值得一提的就是锡耶纳雕塑家雅各布·德拉·奎尔查（Jacopodella Quercia）在波隆纳圣佩特罗尼奥教堂宏伟中门上制作的浮雕。大门（Porta Magna）上的浮雕以伊斯特拉产的石材雕成，一四二五年动工，一四三八年完成，同年奎尔查去世。浮雕上刻画了许多取自《创世纪》的场景，包括《诺亚醉酒》《诺亚献祭》《创造亚当》《创造夏娃》。

奎尔查雕刻这些场景的那几年，有位叫洛伦佐·吉贝尔蒂（Lorenzo Ghiberti）的艺术家在佛罗伦萨为圣乔凡尼（圣约翰）洗礼堂铸造两组青铜门中的第二组，而门上的装饰也以《旧约》的类似场景为主题。米开朗琪罗极欣赏吉贝尔蒂的青铜门，据说曾以"天堂门"一名称之。对于奎尔查在大门上的作品，他似乎也同样赞叹不已。一四九四年他第一次看到圣佩特罗尼奥教堂这些浮雕，一五〇七年他在波隆纳铸造尤利乌斯青铜像和后来监督该像安置在大门正上方时，应该更有机会亲炙这些浮雕，从而将它们了然于心。因而在一五〇八年夏设计西斯廷湿壁画时，他的脑海中仍鲜活地记得奎尔查的人物形象，他为西斯廷礼拜堂设计的九个取自《创世纪》的场景，无疑受了奎尔查和吉贝尔蒂作品的启发。他们两人取自《旧约》的场景，事实上是与米开朗琪罗自身构图最相近的先例，而这也进一步证实了米开朗琪罗所言的构图一事他可全权做主。[13]

　　新构图淋漓尽致地展现了米开朗琪罗的雄心壮志，里面将涵盖一百五十余个独立的绘画单元，包括三百多个人物，是有史以来刻画人物形象最多的构图之一。大胆拒绝教皇那个"很糟糕"的构图后，他让自己接下了更为棘手的案子，一个以善于处理庞然艺术作品而闻名的人都倍觉艰难的案子。

注释

［1］《米开朗琪罗回忆录》，第 1 页。
［2］贝克：《枢机主教阿利多西、米开朗琪罗与西斯廷礼拜堂》一文，第 67～74 页，认为阿利多西在此绘饰的构图上扮演了积极的角色。贝克指出几年后的 1510 年，这位枢机主教曾欲请米开朗琪罗画另一件湿壁画，而该湿壁画复杂的构图就出自他本人之手。这意味着他可能在某种程度上参与了西斯廷礼拜堂湿壁画的构图。
［3］关于此合约，可参见米拉内西（Gaetano Milanesi）所撰《未出版的十二至十六世纪托斯卡纳艺术文献》（"Documenti inediti dell'arte toscana dal XII al XVI secolo"），《博纳罗蒂》（II Buonarroti），第 2 期，1887 年，第 334～338 页。
［4］贝兰森（Bernard Berenson）两卷本《文艺复兴时期意大利画家》（Italian Painters of the Renaissance, London：Phaidon, 1968），第二卷，第 31 页。
［5］引自帕斯科里（Lione Pascoli）所著《近代画家、雕塑家、建筑师列传》（Vite de'pittori, scultori ed architetti moderni, 1730）摹本版（Rome：Reale Istituto d'Archaeologia e Storia dell'Arte, 1933），第 84 页。关于艺术家渐渐摆脱赞助者的束缚，可参见克罗南（Vincent Cronin）的《佛罗伦萨的文艺复兴》（The Florentine Renaissance, London：Collins, 1967），第 165～189 页；以及哈斯凯尔（Francis Haskell）的《赞助者与画家：巴洛克时代意大利艺术与社会间关系之研究》修订版（Patrons and Painters：A Study of the Relations Between Italian

Art and Society in the Age of the Baroque, New Haven: Yale University Press, 1980)，第 8 ~ 10 页。

[6] 这一看法由瓦萨里提出，后来，桑史特罗姆（Sven Sandstrom）于《虚构的层级：文艺复兴期间意大利壁画结构与营造之研究》（*Levels of Unreality: Studies in Structure and Construction in Italian Mural Painting during the Renaissance*, Stockholm: Almqvist and Wiksell, 1963）一书，呼应此观点，第 173 页。

[7] 《米开朗琪罗书信集》，第一卷，第 148 页。

[8] 同上。

[9] 欲了解埃拉佩增提乌斯的创作生涯和西克斯图斯四世在位期间罗马的文坛风气，可参见李（Egmont Lee）的著作《西克斯图斯四世与文人》（*Sixtus IV and Men of Letters*, Rome: Edizioni di Storia e Letteratura, 1978）。

[10] 欲概括了解艾吉迪奥的思想和创作生涯，可参见奥马利（John W. O'Malley）的著作《维泰博的吉列斯论教会与改革：文艺复兴思想研究》（*Giles of Viterbo on Church and Reform: A Study in Renaissance Thought*, Leiden: E. J. Brill, 1968），但此书观点认为他未参与西斯廷礼拜堂湿壁画的构图。至于主张他有参与的观点，可参见道森（Esther Gordon Dotson）所撰《奥古斯丁修会眼中的米开朗琪罗西斯廷礼拜堂顶棚壁画》（"An Augustinian Interpretation of Michelangelo's Sistine Ceiling"），《艺术期刊》（Art Bulletin），第 61 期，1979 年，第 223 ~ 256 页和第 405 ~ 429 页。道森认为艾吉迪奥是"这项计划的规划者"，并认为他根据圣奥古斯丁的《上帝之城》（*City of God*）予以规划。但她指出，米开朗琪罗和艾吉迪奥之间的关系未有文献可兹佐证。哈尔特（Frederick Hartt）则提出另一个可能的提供意见者，认为教皇的侄子马可（Marco Vigerio della Rovere）参与了该计划的构图。参见哈尔特的著作《意大利文艺复兴艺术史：绘画、雕塑、建筑》（*History of Italian Renaissance Art: Painting, Sculpture, Architecture*, London: Thames & Hudson, 1987），第 497 页。

[11] 孔迪维《米开朗琪罗传》，第 15 页。

[12] 德·托尔内深信米开朗琪罗在圣马可学苑获益匪浅。他说："这个叫人心智大开的团体，对米开朗琪罗就像是个精神泉源。通过他

们，他形塑出自己的美学观、道德观、宗教观。美学观建立在标举世俗之美为神意之反映上，道德观建立在承认人类尊严为造物之极致表现上，宗教观认为异教和基督教本质上都是普遍真理，只是形之于外有所不同。"（《米开朗琪罗》第一卷，第 18 页）。欲深入了解米开朗琪罗作品中新柏拉图主义的象征手法，可参见帕诺夫斯基的（Erwin Panofsky）《新柏拉图运动和米开朗琪罗》（"The Neoplatonic Movement and Michelangelo"）一文，收录于《图像研究：文艺复兴艺术里的人文主题》（*Studies in Iconography*：*Humanistic Themes in the Art of the Renaissance*，New York：Oxford University Press，1939），第 171～230 页。

[13] 德·托尔内认为米开朗琪罗笔下的圣经纪事画，属于艺术体裁的一种，"源于文艺复兴初期的浮雕作品……但如此大规模的历史'浮雕'出现在顶棚上尚属首见。在那之前，它们仅见于墙和门上。"（《米开朗琪罗》，第二卷，第 18～19 页）另一个可能的影响来自乌切洛（Paolo Uccello）在新圣母玛利亚教堂绿廊（Chiostro Verde）上的湿壁画（现严重毁损）。这些湿壁画描绘了一些和西斯廷礼拜堂一样的场景：《创造亚当》《创造夏娃》《夏娃堕落》《大洪水》《诺亚献祭》《诺亚醉酒》。米开朗琪罗曾跟着吉兰达约在新圣母玛利亚教堂工作过，因而应很熟悉这些图画。

第七章　助手们

62　　一五〇八年五月底，紧邻佛罗伦萨城墙外的圣朱斯托修道院内，托钵修会修士雅各布布·迪·佛朗切斯科，收到米开朗琪罗的来信。雅各布布属于创立于一三六七年的耶稣修会（不同于后来罗耀拉创立的耶稣会）。这座修道院曾是佛罗伦萨最美的修道院之一，拥有佩鲁吉诺、吉兰达约的画作和雅致的花园。这座修道院也曾是工业重镇。耶稣修会修士是勤奋的工人，与摒弃体力劳动的多明我会修士不同。他们埋头蒸馏香水，调制药物，并在牧师会礼堂上面的房间里，用熊熊的火炉烧制彩绘玻璃。他们制作的彩绘玻璃不仅漂亮，质量也好，销售网遍及意大利各地教堂。

　　但墙边圣朱斯托修道院还有一项产品比彩绘玻璃更有名，那就是颜料。他们制作的颜料是佛罗伦萨质量最好、最受欢迎的颜料，尤其是蓝色颜料。佛罗伦萨的许多代画家历来都向这座修道院购买石青和群青两种颜料，达·芬奇就是该院最近的顾客之一。他承制《博士来拜》（*Adoration of the Magi*，一四八一年动笔）的合约里就写明，只能用耶稣修会生产的颜料。

　　米开朗琪罗似乎和雅各布布修士有交情。数年前他为多尼
63　绘制《圣家族》（*Holy Family*）时，很可能就已和耶稣修会往来，因为他用石青为天空上色，用鲜艳的群青为圣母玛利亚的袍子上色。[1]他从罗马写信给雅各布布修士索要蓝颜料样本，

信中解释说，"我这里有些东西得叫人上色"，需要"一些高质量的天蓝色颜料"。[2]

"有些东西得叫人上色"这句话，说明了米开朗琪罗打算对顶棚湿壁画的实际上色作业持不插手的态度。他给雅各布布的信表明，初期他打算将顶棚画的许多工作交给助手或学徒负责，做法就和吉兰达约差不多。米开朗琪罗心里仍想着教皇陵案，回罗马后不久他写了一份个人摘记，上面说他希望教皇立刻付他四百杜卡特金币，以及随后每个月固定付他一百杜卡特。[3]他所企盼的钱不是西斯廷顶棚湿壁画的报酬，而是教皇陵的报酬。值得注意的是，就在枢机主教阿利多西替他草拟西斯廷顶棚项目的承制合约时，他还在想着教皇的巨墓。由于对教皇陵念念不忘，他来罗马还带着协助他完成波隆纳青铜像的雕塑家乌尔巴诺。[4]

米开朗琪罗在同一份摘记里写道，他在等其他数名助手从佛罗伦萨赶来（他可能盘算着要将顶棚画的许多绘制工作分派给这些人）。即使米开朗琪罗决定更积极投入，他也需要助手，因为湿壁画绘制向来靠团队作业。此外，将近二十年没碰湿壁画，他需要一组助手帮他熟悉各种流程。

米开朗琪罗生性爱独立作业，很不喜欢有助手帮忙，经历了在波隆纳与拉波的风波，他更是这么觉得。因此，他把招募助手的工作全权交付给交情最深的朋友，佛罗伦萨画家佛朗切斯科·格拉纳齐（Francesco Granacci）。交友非常谨慎的米开朗琪罗，最看重格拉纳齐的看法。"那时候，他（米开朗琪罗）最愿意与之一起讨论自己作品或分享艺术见解的人，就是他。"瓦萨里如此写道。[5]米开朗琪罗和格拉纳齐相交很久，两人同在圣克罗奇教堂附近的本蒂科尔蒂路长大，后来又同在

64

吉兰达约门下、圣马可学苑研习。年纪较长的格拉纳齐先拜吉兰达约为师，因他的推荐，米开朗琪罗也进入吉兰达约门下。在形塑米开朗琪罗的个人生涯上，格拉纳齐可说是功不可没。

格拉纳齐是吉兰达约最得意的门生之一，但至这时，三十九岁的他却迟迟未能闯出名号。在米开朗琪罗以一件又一件的杰作重新界定雕塑的创作潜能时，格拉纳齐却只是勉强完成了一系列技术纯熟但缺乏新意、大部分仿吉兰达约风格的板面画。最后才在剧戏布景、游行用凯旋门、船旗、教堂和骑士团锦旗的绘饰上，找到自己的一片天。

65　　格拉纳齐未能闯出名号，原因可能在于他松散、欠缺企图心，甚至懒惰的性格。瓦萨里写道，"他很少为事情操烦，很好相处，乐天开朗"。[6] 他生活讲究安闲舒适，厌恶不舒服的体力劳动，从他几乎只画蛋彩画和油画，从不碰较难的湿壁画就可见一斑。

淡泊名利加上无忧无虑的个性，正合米开朗琪罗的意。更有才华、野心更大的艺术家，例如达·芬奇、布拉曼特这样的劲敌，让米开朗琪罗觉得如芒刺在背，而格拉纳齐乐于接受他的指挥，且如瓦萨里所说的，"无比用心、无比谦卑，（竭力）要随侍这位伟大天才左右"，[7] 自然让米开朗琪罗感到放心。在西斯廷礼拜堂的绘饰案上，米开朗琪罗需要的就是这种忠心耿耿、彻头彻尾的支持。他不需要格拉纳齐帮他画湿壁画，这工作自有其他助手可以帮忙。他所冀求于格拉纳齐的，无非是当他可靠的副手，当这整个工程的副指挥官，不仅负责物色助手，支付助手工酬，还负责监督皮耶罗·罗塞利，帮米开朗琪罗料理各种琐碎杂事，例如颜料等必需品的采购。

决定帮老朋友后，格拉纳齐也收起了懒散的习性。米开朗琪罗回罗马不久，格拉纳齐就送来四名有意襄助西斯廷礼拜堂案的画家人选，分别是巴斯提亚诺·达·桑迦洛、朱利亚诺·布贾迪尼（Giuliano Bugiardini）、亚纽洛·迪·董尼诺（Agnolo di Donnino）、雅各布布·德尔·泰德斯科（Jacopo del Tedesco）。他们的才华虽不如二十年前绘饰西斯廷礼拜堂墙壁的那群画家，但能力、经验都不缺。可想而知，这四人都出身佛罗伦萨画家吉兰达约或科西莫·罗塞利门下，意味着在湿壁画制作上受过充分训练。他们还在托尔纳博尼礼拜堂的绘饰工程有过实地经验。最重要的是，他们不久前才制作过湿壁画，而这正是米开朗琪罗所欠缺的经验。这种种因素，加上是多年旧识，米开朗琪罗当然接纳了他们。

　　这个团队的第一批成员大概在春末，皮耶罗·罗塞利开始打掉拱顶旧灰泥壁之前不久，住进了位于鲁斯提库奇广场的工作室。不过，这批画家中年纪最轻，只有二十七岁的艺术家暨建筑师巴斯提亚诺·达·桑迦洛，这时可能已人在罗马。巴斯提亚诺是朱利亚诺·达·桑迦洛的侄子，因长相与某尊亚里士多德古代半身像颇为相似，而有"亚里士多德"的外号。因为这层关系，他大有可能早经朱利亚诺·达·桑迦洛引荐，进入米开朗琪罗工作室。他年纪太轻，无缘跟吉兰达约（死于一四九四年）习艺，倒是跟该画家儿子里道尔夫学了一段时间，然后投入米开朗琪罗对手之一的佩鲁吉诺门下。

　　巴斯提亚诺在佩鲁吉诺身边当助手的时间不久。一五〇五年，他随佩鲁吉诺绘制某祭坛画时，见到了在新圣母玛利亚教堂展出的米开朗琪罗《卡西那之役》草图。草图高超的手法，当场让他觉得佩鲁吉诺的作品迂腐落伍。佩鲁吉诺的画作向来以"天使般的气质和无比的悦目"而著称，[8]但在《卡西那之

66

役》狂暴贲张、肌肉鼓胀的人像里，巴斯提亚诺知道自己已
窥见未来的绘画趋势。他沉迷于米开朗琪罗大胆的新风格，毅
然离开佩鲁吉诺工作室，开始临摹米开朗琪罗的这幅草图。佩
鲁吉诺在佛罗伦萨的承制案不久告吹，一年后，五十六岁的他
离开该城，从此再未回来。他的离开标志着十五世纪那种甜美
优雅的风格式微，被米开朗琪罗所引领的那种魁梧强壮的新形
式所取代。①

　　离开佩鲁吉诺工作室后，巴斯提亚诺却投入米开朗琪罗另
一位劲敌门下。他的兄弟乔凡·佛朗切斯科（Giovan
Francesco）是建筑师，这时正在罗马负责为圣彼得大教堂开采
石材、烧制石灰。于是巴斯提亚诺搬到罗马与兄弟同住，并开
始学习建筑，先后跟乔凡·佛朗切斯科、布拉曼特习艺（讽
刺的是，布拉曼特替新圣彼得大教堂拟的设计图，就是通过他
的叔叔朱利亚诺·达·桑迦洛的关系才获得采用）。尽管与布
拉曼特有过这段渊源，但米开朗琪罗似乎并不在意。巴斯提亚
诺的湿壁画经验不如团队中的其他成员，因而米开朗琪罗可能
因他的建筑专才而予以重用。米开朗琪罗希望将建筑上的错觉
手法融入他未来的湿壁画中，而建筑师的加入正有助于完成这
一构想。

　　布贾迪尼也是出身于吉兰达约门下。他和米开朗琪罗年纪
一样大，因而有机会跟着吉兰达约绘饰托尔纳博尼礼拜堂。如

① 巴斯提亚诺临摹了米开朗琪罗草图中央部位，此举也惠及后人。三十年
　后，米开朗琪罗的草图遗失许久之际，巴斯提亚诺（显然在瓦萨里的提
　议下）以自己临摹的草图，为法国国王弗朗索瓦一世绘制了一幅油画。
　如今，我们所能知道的《卡西那之役》的内容，完全拜这幅油画之赐
　（现藏于英国诺福克的霍尔克姆府第）。

果才质平庸的格拉纳齐不致让米开朗琪罗感到威胁，那布贾迪尼更可以叫他放心。以曾受吉兰达约调教来看，他应该画艺不差，但瓦萨里称他是差劲的艺术家，甚至是个蠢蛋。据瓦萨里的描述，可怜的布贾迪尼替米开朗琪罗画肖像时，竟将米开朗琪罗的一只眼睛画到太阳穴上。后来，据说他为构思一幅描绘圣凯瑟琳殉道的祭坛画，绞尽脑汁至少五年，米开朗琪罗还教他该如何以前缩法呈现人物，最后还是搞砸了。

　　布贾迪尼之所以能得到米开朗琪罗的青睐，就和格拉纳齐一样，不是靠艺术才华，而是因性格合米开朗琪罗的意。据瓦萨里记述，他"禀性颇敦厚，生活简单，不惹人忌，不招人怨"。[9]由于性情敦厚，米开朗琪罗替他取了外号"贝亚托"（Beato），意为快乐之人或有福之人。更有才华（但同样好脾气）的托斯卡纳画家安杰利科修士，在他身上也有外号"贝亚托"，这外号可能也带有嘲讽意味。

　　四十二岁的亚纽洛·迪·董尼诺出身科西莫·罗塞利门下。两人亦师亦友，交情一直维系到罗塞利六十八岁去世，而亚纽洛也在好友去世一两年后辞世。他在这四位画家中年纪最大，可能早在一四八〇年十四岁时就跟着罗塞利习艺，因而可能曾襄助罗塞利绘饰西斯廷礼拜堂的墙壁湿壁画。不过，亚纽洛在湿壁画上还有更新近的实地经验，那就是替佛罗伦萨的圣博尼法齐奥育婴院绘了数幅湿壁画。他作画极为用心，素描不合意就不断重画，画就的素描少有真正拿去作画，这导致他穷途潦倒而终。他因嗜赌而有外号"发牌者"，这或许是他工作迟缓、死时一文不名的另一个原因。但这也说明他和好逸恶劳的格拉纳齐、性情敦厚的布贾迪尼一样，人缘好而擅交际。

68

　　格拉纳齐提及的第四名助手是雅各布布·迪·桑德罗，有时又名雅各布布·德尔·泰德斯科或"德裔"雅各布布。他父亲的名字为桑德罗·迪切塞洛，虽是不折不扣的意大利人名，但"德裔"的外号显示他有条顿血统。早年生平不详，但在这之前至少已投身画坛十年。格拉纳齐提及他时只称名而略姓，意味着他和其他三人一样与米开朗琪罗相熟。但与其他三人不同的是，对于前来罗马接下礼拜堂这份助手工作，他答应得并不是很干脆，而曾心存疑虑。格拉纳齐写道，"雅各布布显然很想知道可以拿到多少报酬"。[10]

　　事实上，每个人都可以拿到二十杜卡特的优渥报酬，若来了罗马之后决定不帮米开朗琪罗，不管出于什么原因，都仍可以拿到其中十杜卡特作为车马费补助。但这样的价钱并不是非常吸引人。米开朗琪罗付给他在波隆纳时的助手拉波·丹东尼奥每月八杜卡特的工资。因而，二十杜卡特是一般水平之上的艺匠几个月就能赚得的数目。不算高的报酬，意味着米开朗琪罗无意全程雇用这批助手，因为整个工程至少得花数年才能完成。他打的如意算盘似乎是仅雇用他们一段时间，在初期阶段利用他们的专业知识，一旦工程开始，就代之以较廉价的劳工。

　　因此，雅各布布·德尔·泰德斯科犹豫不决也是有其道理的。毕竟离开佛罗伦萨，放弃其他承接机会，到罗马另起炉灶，而且只是作为众多助手之一，薪水又不算顶级优渥，还可能只是短期工作，牺牲可谓不小。

69 　　不过，不久之后雅各布布还是放下所有疑虑——他和米开朗琪罗都将为此而后怕——于一五○八年夏和其他助手就位准备工作。格拉纳齐紧接着来到罗马，开始帮米开朗琪罗处理杂务。

注释

[1] 参见布采戈里（Ezio Buzzegoli）：《作为色彩画家的米开朗琪罗，维护〈圣家族与圣约翰〉画作时之所见》（Michelangelo as a Colourist, Revealed in the Conservation of the Doni *Tondo*），《阿波罗》（*Apollo*），1987年12月，第405~408页。

[2]《米开朗琪罗书信集》：第一卷，第45页。

[3]《米开朗琪罗回忆录》：第1页。这份文献保存于佛罗伦萨洛兰齐亚纳－美第奇图书馆（Biblioteca Laurenziana-Medici）的博纳罗蒂档案室（Buonarroti Archive），据赫斯特（Michael Hirst）断定写于1508年4月。参见《一五〇五年的米开朗琪罗》，第762页。

[4] 关于乌尔巴诺参与西斯廷礼拜堂顶棚案，可参见华勒斯的《米开朗琪罗在西斯廷礼拜堂的助手群》，第208页。

[5] 瓦萨里：《画家、雕塑家、建筑师列传》，第二卷，第51页。

[6] 同上书，第54页。

[7] 同上书，第51页。

[8] 引自德·托尔内：《米开朗琪罗》，第一卷，第31页。

[9] 瓦萨里：《画家、雕塑家、建筑师列传》，第二卷，第310页。

[10] 引自西摩（Charles Seymour）编订的《米开朗琪罗：西斯廷礼拜堂顶棚》（*Michelangelo：The Sistine Chapel Ceiling*, New York：W. W. Norton & Co.，1972），第105页。

第八章　博纳罗蒂家族

　　米开朗琪罗得自父亲的，几乎只有疑病（病态的自疑患病）、自怜自艾，以及坚信博纳罗蒂家族为贵胄世家之后的自命不凡心态。米开朗琪罗甚至坚信自己是卡诺萨贵族之后。[1]这主张非同小可。卡诺萨贵族最显赫的先祖，有"伟大女伯爵"之称的托斯卡纳的玛蒂尔达（Matilda of Tuscany），可是意大利历史上赫赫有名的人物。这位有钱又有学识的伯爵夫人，精通意大利语、法语、德语，用拉丁文写信，搜集手稿，领土覆盖意大利中部大部分地区。她嫁给了"驼背的戈佛雷"，丈夫遇害之前，一直住在雷吉奥·埃米利亚附近的城堡里。一一一五年去世后，她所拥有的大片土地全依她的遗嘱送给罗马教廷。米开朗琪罗晚年非常珍视当时的卡诺萨伯爵（事功大不如玛蒂尔达）写给他的一封信，别有居心的伯爵在信中表示他与艺术家确有亲缘关系，称他是"米凯列·安基罗·博纳罗托·德·卡诺萨阁下"。[2]

　　米开朗琪罗年老时信誓旦旦说他人生唯一的目标，就是为重振博纳罗蒂家族雄风尽份心力。若真是如此，那为恢复家族往日荣光而努力不辍的他，倒是不断被自己的四个兄弟乃至父亲鲁多维科那些小丑般的行径扯后腿。但在鲁多维科眼中，米开朗琪罗干什么不好，偏偏决定投身艺术创作，这就已经危害到博纳罗蒂家族的名声。据孔迪维记述，米开朗琪罗刚开始画画时"常挨父亲和叔伯没来由的毒打，他们不懂艺术的卓越与尊贵，厌恶艺术，认为家中出现艺术有辱门风"。[3]

当时的人认为画画这个行业不是有身份有地位者所应为，鲁多维科发现家里出了艺术家后会这么惊骇，原因就在此。画家靠双手工作，因而当时人们认为他们与工匠无异，地位和裁缝师或制靴匠一样。画家多半出身寒微。安德利亚·德尔·萨托的父亲是裁缝师（萨托 Sarto 意为裁缝师），金匠安东尼奥·德尔·波拉约洛的父亲养鸡（波拉约洛 Pollaiuolo 意为鸡贩）。安德烈亚·德尔·卡斯塔纽（Andrea del Castagno）家里是牧牛的，而年轻的乔托（Giotto）被契马布埃发掘时，据推测正在放牛。

正因为这种种连带含义，自认出身贵胄的鲁多维科，很不想让孩子去跟画家习艺，即使是像吉兰达约这样有名望的画家。因为吉兰达约在忙着完成十五世纪最大的湿壁画时，也还要靠做更卑微的工作，如替篓箍上色作画，贴补生计。

但到了一五〇八年，破坏家族名声的不是米开朗琪罗，而是他的众兄弟，特别是三十一岁的博纳罗托和二十九岁的乔凡西莫内。这两兄弟在羊毛作坊做苦工，社会地位卑微，让米开朗琪罗抬不起头。去年，他已答应买个作坊给两个兄弟经营。在过渡期间，他督促他们把这一行学精，自己当老板才能成功。但博纳罗托和乔凡西莫内野心更大，希望二哥帮他们在罗马找个好差事。

在炎热的初夏当头，乔凡西莫内前往南方的罗马，心里就打着这个算盘。一年前，他就打算到波隆纳找米开朗琪罗，但米开朗琪罗拿瘟疫横行和政局不稳为借口（不尽然是夸大不实的借口），打消了他的念头。而这一次似乎挡不了他来。

　　乔凡西莫内想必觉得到了罗马就可以出人头地，因为他二哥这时是教皇跟前的红人之一。但我们不清楚他希望米开朗琪罗替他安排什么差事。佛罗伦萨因羊毛贸易繁荣而发达，罗马没有羊毛工业，少有适合他的工作。这时的罗马市以神职人员、信徒、妓女居多。在尤利乌斯治下，罗马或许已是艺术家、建筑师汇集之地，但乔凡西莫内没有这两方面的经验，更别提这两方面的才华。这位缺乏定性的年轻人，野心虽大却游移不定，做什么事都不投入。他未婚，仍住在父亲家里（给家里的生活费极少），与父亲、兄弟们时起冲突。

　　可想而知，乔凡西莫内的罗马之行空手而回，而且还惹得二哥不高兴。米开朗琪罗正忙着为西斯廷礼拜堂顶棚画素描和做其他准备工作，乔凡西莫内的出现只是让他觉得碍手碍脚。更糟的是，乔凡西莫内来罗马没多久就生重病，米开朗琪罗担心他得了瘟疫。他写信给父亲说，"如果他听我规劝，我想他很快就会回佛罗伦萨，因为这里的空气和他不合"。[4]后来，罗马恶劣的空气就成了他现成的借口，用来赶走他不想见到的家人。

　　乔凡西莫内康复后，禁不住米开朗琪罗催促，返回了佛罗伦萨。但他一离开，博纳罗托就吵着也要来罗马。十年前米开朗琪罗雕制《圣殇》时，他已来过罗马两次，而罗马给他的印象想必很好，因为接下来几年，他决心在罗马找个差事，或者应该说是让米开朗琪罗帮他找个差事。一五〇六年初，他已写信给二哥，请他帮忙"找个空缺"。米开朗琪罗泼了他冷水，很不客气地回复说，"我怎么知道可以找到什么差事或该去找什么差事"。[5]

73　　博纳罗托比乔凡西莫内更值得信赖，是米开朗琪罗最喜欢的兄弟。米开朗琪罗给兄弟写信，就属写给他最频繁，且信上称他为"博纳罗托·迪·鲁多维科·迪·博纳罗托·西莫内"，非常庄重。米开朗琪罗在罗马时每隔几个星期给家里写信一次，通常都写给博纳罗托或父亲。两人将这些信细心保存，信末署名一律是"雕塑家米开朗琪罗在罗马"。当时意大利还没有公共邮递服务，这些信全是托人转送，转送者不是欲前往佛罗伦萨的友人，就是每个星期六早上离开罗马的骡车队。寄给米开朗琪罗的信不是寄到他工作室，而是寄到罗马的巴尔杜奇奥银行，他再去领取。他很珍视家中的音讯，常责怪博纳罗托疏于通信。[6]

博纳罗托最后听劝，打消了来罗马的念头，因为米开朗琪罗告诉他说，需要他在佛罗伦萨代为料理一些事，包括购买一盎司的胭脂虫红（用发酵的茜草根制成的颜料）。博纳罗托重游罗马的梦想，就像自己开家羊毛作坊的梦想一样，短期之内不可能实现。

一五○八年夏让米开朗琪罗心烦的亲人，不只是他的兄弟。该年六月，他接到消息说伯父佛朗切斯科·博纳罗蒂去世。佛朗切斯科是米开朗琪罗决定投身画坛之后揍他的众位叔伯之一，一生成就并不突出。他以货币兑换为业，在奥尔珊米凯列教堂外摆张桌子做生意，生意一般，下雨时就把桌子移进附近的一家裁布店里。鲁多维科娶米开朗琪罗母亲的前后，他与卡珊德拉成婚，两兄弟婚后共住一个屋檐下。佛朗切斯科一死，卡珊德拉就宣布打算控告鲁多维科及其一家，以讨回她的嫁妆，嫁妆大概相当于四百杜卡特。[7]

对米开朗琪罗而言，这场官司给他的感觉就像是遭自己的代理孕母背叛一样，对他父亲而言，则是一记不乐见的经济打

74

击。经济拮据的鲁多维科很想保住这些嫁妆，但他嫂子依法有权取回。[8]在佛罗伦萨一如在其他地方，丈夫一死，嫁妆向来归还妻子，好让她有意再婚时能寻得归宿。以卡珊德拉的年纪，再婚的可能性微乎其微，[9]因而自己过日子想必比留在博纳罗蒂家族更合她的意。过去十一年里，她一直是博纳罗蒂家族中唯一的女人，丈夫一死，她显然无意再和叔侄住在一块。

　　为嫁妆打官司在当时司空见惯，而寡妇有法律支持，几乎每打必赢。鲁多维科因此告诉米开朗琪罗，作为他伯父的继承人之一，万一他们败诉，他必须宣告放弃对佛朗切斯科遗产的继承权，否则就得负起佛朗切斯科的债务，包括归还卡珊德拉嫁妆。

　　就在米开朗琪罗忙着设计礼拜堂拱顶壁画、筹组助手时，乔凡西莫内来访而后生病、伯父去世、婶婶打官司，这些事一再干扰他的工作进度。乔凡西莫内一康复，米开朗琪罗身边突然又多了个病号。除了乌尔巴诺，他还有一名从佛罗伦萨带出来并且一直跟着他的助手——皮耶罗·巴索（Piero Basso）。巴索（外号为"矮子"）是个木匠，但什么事都能干上一手，受雇于博纳罗蒂家族已有很长时日。[10]他生于塞提尼亚诺，出身寒微，在博纳罗蒂田里工作了许多年，一身肩负多项职责（最重要的就是监督主人房舍的营造工程），一般来讲，相当于鲁多维科的管家。米开朗琪罗于四月时带他来到罗马，希望他帮忙构建脚手架，可能也希望他协助皮耶罗·罗塞利清除拱顶上的旧灰泥。在米开朗琪罗工作室，他的角色同样重要，担任家仆，帮主人料理事务、跑腿。

75　　但巴索已经六十七岁，身体很不好。和乔凡西莫内一样，受不住罗马骄炙的艳阳，七月中旬就已病倒。米开朗琪罗不仅难过于巴索病倒，更苦恼于这位老人家一能走动，就奔回佛罗伦萨，为此他深深觉得自己被家里这位老仆摆了一道。

"我要告诉你，"他一肚子火地写信给博纳罗托，"巴索生病了，且于星期二离开了这里，完全不管我怎么想。这件事让我很不高兴，因为他把我一个人丢在这里，还因为我担心他可能死在路上。"因此，他让博纳罗托找个人替补巴索，"因为我不能没有人帮，此外，这里没有人可以信任"。[11]

米开朗琪罗当然并不孤单，因为还有乌尔巴诺和另外四名助手在罗马。但他仍需要人帮他料理家务，即帮忙采买吃的、料理三餐、维持工作室顺利运作之类的卑下工作。所幸博纳罗托找到了一名小男孩替补这项工作，但姓甚名谁史上未留记载。画家或雕塑家在工作室雇个跑腿的小男孩，在当时很普遍。意大利语称这种杂役为 fattorino，供食宿而不支薪。但这名小男孩很不寻常的地方在于，年纪就么小就离家到遥远的罗马。米开朗琪罗明显偏爱用佛罗伦萨人，不信赖罗马人，连杂役这么低下阶层的职务也不例外。

这名杂役离开佛罗伦萨几天后，博纳罗托所物色的另一人也离开该城前往罗马。话说在这之前不久，米开朗琪罗收到一封署名为乔凡尼·米奇的自荐信，表示如有需要，他很愿意效犬马之劳，做任何"有益而可敬"之事。米开朗琪罗赶快寄了封信给博纳罗托，让他转交给米奇。博纳罗托适时找到他，确认他的确有空帮忙，于是告诉米开朗琪罗，米奇一把在佛罗伦萨的事情办完，三四天内就会动身。

米奇生平不详，大概学过绘画，因为一五○八年他在圣洛伦佐教堂工作（可能是北耳堂的湿壁画），而且他的确与佛罗伦萨的艺术圈有往来。[12]但与其他助手不同的是，他不为米开 76

朗琪罗所知，据推测格拉纳齐也没有听说过他。[13]不过米开朗琪罗很愿意冒这个险，于是米奇在八月中旬来到罗马，整个助手团队自此齐备。

　　七月底，病弱的巴索回佛罗伦萨之时，米开朗琪罗收到父亲的一封来信。鲁多维科已从乔凡西莫内那儿约略知道，自己能干的二儿子正忙得焦头烂额，也知道儿子心中的焦虑。担心儿子健康出问题，鲁多维科写了这封信给米开朗琪罗，说他很难过米开朗琪罗接了这么一件繁重的工作。他说："我觉得你好像太过操劳。我知道你身体不好，人很不快乐。真希望你避开这些案子，因为人一忧虑、不快乐，就做不好事。"[14]

　　这可能都是实情，但这时候西斯廷计划案已顺利进行，无法"避开"。助手们就位后，格拉纳齐即回佛罗伦萨采购更多的颜料样品。动身前他付了皮耶罗·罗塞利最后一笔款子。这时，拱顶上的旧灰泥已清除干净，而且涂上了新灰泥。不到三个月，罗塞利和他的工作团队已建了一座脚手架，打掉顶棚上12000平方英尺的灰泥，并涂上一层新的阿里其奥，工作速度之快着实惊人。这项重大任务完成后，西斯廷礼拜堂拱顶就随时可以上色作画了。

注释

[1] 参见孔迪维：《米开朗琪罗传》，第 5 页。
[2]《米开朗琪罗信函集》：第二卷，第 245 页。
[3] 孔迪维：《米开朗琪罗传》，第 9 页。

［4］《米开朗琪罗书信集》：第一卷，第 45 ～ 46 页。

［5］同上书，第 13 页。

［6］同上书，第 39 页。

［7］鲁多维科的第一任妻子，即米开朗琪罗的母亲，佛朗切斯卡
（Francesca），出嫁时带了 416 杜卡特的嫁妆。1485 年再娶时，则得
到一笔更大的嫁妆，600 弗罗林。

［8］关于佛罗伦萨一地的嫁妆，可参见克拉皮舍 - 楚伯（Christiane
Klapische-Zuber）的著作《意大利文艺复兴时期的女人、家庭、仪
式》英译本（*Women*, *Family and Ritual in Renaissance Italy*, Chicago：
University of Chicago Press, 1985），译者 Lydia Cochrane，第 121 ～ 122
页。

［9］三十几岁丧夫的妇女，只有百分之十一再嫁，因而可以大胆推断过
了四十岁就几无再嫁的机会。参见上书，第 120 页。

［10］参见华勒斯的《米开朗琪罗在西斯廷礼拜堂的助手群》，第 204 ～
205 页。

［11］《米开朗琪罗书信集》：第一卷，第 46 页。

［12］曼奇内利（Fabrizio Mancinelli）曾推断米奇是个雕塑家（《工作中
的米开朗琪罗：弦月壁的绘饰》，第 253 页），几年后却收回这项
看法，而说"事实上，没有任何证据可指出他从事什么行业"。后
一论点参见《米开朗琪罗助手群的问题》（"The Problem of
Michelangelo's Assistants"）一文，收录于德维奇（Pierluigi de
Vecchi）与默斐（Diana Murphy）合编的《西斯廷礼拜堂：值得称
颂的修复》（*The Sistine Chapel: A Glorious Restoration*, New York：
Harry N. Abrams, 1999），第 266 页，第 30 条注释。不过米开朗琪
罗在某信中说米奇曾在圣洛伦佐教堂工作（《米开朗琪罗书信集》
第一卷，第 46 页），为该教堂绘饰北耳堂，由此推断他似乎是湿
壁画家。

［13］米奇向米开朗琪罗毛遂自荐时，还提到别人也希望来罗马西斯廷
礼拜堂工作，这人名叫拉斐利诺（Raffaellino del Garbo），是来自
佛罗伦萨的画家。但就现有史料来看，米开朗琪罗并未采用。
德·托尔内则认为拉斐利诺似乎不大可能在西斯廷顶棚上作过画，
因为他的画作带有"鲜明的腓力比风格"（他师父腓力比诺·利
比的风格），但在这面顶棚上没有任何这种风格的痕迹。参见《米

开朗琪罗》第二卷，第 115 页。不过，华勒斯指出米奇的信函写于这项工程刚开始之时，"这时米开朗琪罗和格拉纳齐正积极寻觅助手"，因而拉斐利诺若是助手群一员，也不是完全不可能（《米开朗琪罗在西斯廷礼拜堂的助手群》，第 216 页）。瓦萨利和孔迪维均未提到拉斐利诺曾参与此工程，这或许意味着他未参与。但确实为米开朗琪罗效力的米奇，以及作品有确凿史料可兹佐证的米开朗琪罗的其他助手，这两位传记作家也均未提及。

[14] 引自德·托尔内：《米开朗琪罗》，第二卷，第 9 页。

第九章　大渊的泉源

　　湿壁画作画前有许多准备阶段，而素描决定全画构图，将
素描转描到壁上，是最关键、最不可或缺的阶段之一。真正在
西斯廷礼拜堂拱顶作画之前，米开朗琪罗得先在纸上作业，画
好数百张素描，确定每个人物的肢体语言和每个场景的整体构
图。他笔下许多人物的姿态，包括手部姿势和脸上表情，都需
要经过六七次试画才能敲定，这意味着他可能为这项湿壁画工
程画了上千张素描。这些素描小者只是草草数笔的简图，即意
大利语称为 primo pensieri（最初构想）的简笔素描，大者如
数十张巨细靡遗、造型夸张的草图。

　　米开朗琪罗用包括银尖笔在内的多种媒材为这面顶棚绘素
描，但留存至今的不到七十幅。银尖笔作画法是在吉兰达约门
下习得，以尖笔在特制材质打底的纸上刻画，纸面有薄薄数层
混合铅白和骨粉的涂层，各涂层间以胶水固结，骨粉来自厨余
里的骨头。尖笔划过毛糙的纸面，笔上的银随之刮落，银屑快
速氧化，在所经之处留下细细的灰线。这种媒材作业缓慢，而
且必须非常小心，因为画上就擦不掉，因此碰上需要快速完成
的素描，米开朗琪罗就用炭笔和名为比斯特尔（bistre）的褐
色颜料。比斯特尔以煤烟调制而成，用羽毛笔或刷笔蘸来画。
他也用红粉笔（赤血石）来画更精细的素描。红粉笔是新媒
材，十年前达·芬奇在试画《最后的晚餐》中的使徒像时率

先使用，性质硬脆，特别适合用来画精细的小型素描。红粉笔的暖色调提供了宽广的表现空间，让达·芬奇得以在使徒像脸上画出意味深长的表情。米开朗琪罗也以同样精湛的技法利用了这项特性，在肌肉虬结处表现出渐层变化的色调。

皮耶罗·罗塞利忙着准备为拱顶作画时，米开朗琪罗正忙着画第一批素描。他似乎在九月底左右已完成第一阶段的素描，至此他已花了四个月时间在构图上，与他在面积小许多的《卡西那之役》花的构图时间一样。这时候他大概只画好最前面几个场景的素描。他在西斯廷礼拜堂的作业习惯，是在最后一刻，即真的需要素描和草图时，才动手去画这些东西。为顶棚一部分画好构图并绘上湿壁画后，他才会再拿起画板，画下一个部分的素描和草图。[1]

十月的第一个星期，米开朗琪罗终于完成作画准备。这时候，送绳子和帆布到西斯廷礼拜堂的制绳匠马尼尼，拿到了三杜卡特的报酬。马尼尼也是佛罗伦萨人，但在罗马讨生活。帆布悬铺在脚手架下方，主要用来防止颜料滴落到礼拜堂的大理石地板上，但在米开朗琪罗眼中，帆布更重要的作用在于不让在礼拜堂走动的人看到未完成的作品。他理所当然担心舆论反应，因为他的《大卫》搬出他在大教堂附近的工作室后，就遭人掷石抗议。一五〇五年，他在圣昂诺佛里奥的个人房间完成《卡西那之役》草图，也是这么严防他人窥视，除了最可靠的朋友和助手，其他人都不准进入房间。他位于鲁斯提库奇广场后面的工作室，据推测也有这样的管制规定，除了助手和可能获准探视的教皇、圣宫官，任何人不得窥探素描内容。米开朗琪罗自认时机一到，就会让他的湿壁画公之于世，在这之前他不想让罗马人民了解其内容。

每天上工时，米开朗琪罗和助手们都得爬 40 英尺长的梯子，抵达窗户的上端，然后跨上悬臂梁最低的支撑板，再走 20 英尺的阶梯，到脚手架最顶端。脚手架上可能设有栏杆以防坠落，而悬铺在脚手架下方的帆布也有同样的作用，防止他们直坠 60 英尺到底。拱状工作台上散落着他们吃饭的家伙，包括镘刀、颜料罐、刷笔，以及已先用绞车拉上脚手架的水桶、沙袋、石灰袋。照明则来自窗户采光，以及皮耶罗·罗塞利的工人天黑赶工时用的火把。在他们头上几英尺处，就是礼拜堂弧状的拱顶，等着他们动笔挥洒的一大片灰白色空间。

80

每天上工后的首要工作，无疑就是涂抹因托纳可。搅拌灰泥这个棘手的工作，很可能被交给罗塞利底下的某个人负责。画家在学徒阶段就学到怎么调制、涂抹灰泥，但实际作业时，这项工作还是大部分交给专业的抹灰工（muratore），原因之一在于调制灰泥是不舒服的例行工作。举例来说，生石灰腐蚀性很大，因此尸体下葬之前会洒上生石灰，加速尸体分解，减少教堂墓地散出的恶臭。此外，生石灰掺水熟化时很危险，因为氧化钙膨胀、分解过程中会释放出大量热气。这项工作至关紧要，生石灰如果熟化不当，不仅会危害湿壁画，还会因其腐蚀性危及拱顶的砖石结构。

氢氧化碳（熟石灰）一旦形成，接下来就纯粹是累人的体力工作。这时必须用铲子不断搅拌混合物，直到块状消失，成为膏状物或油灰。膏状物经捏揉、掺和沙子后，还要再搅拌，直到整个变成如油膏一样的东西。接下来，灰泥搁置期间还要再搅拌，以防出现裂隙。

抹灰工以镘刀将因托纳可涂在画家指定要作画的区域。涂上后，抹灰工用布，有时是里面绑有亚麻布，擦拭新涂的灰泥面，以抹去镘刀痕迹，并把泥面弄得略微毛糙，以利于颜料固着。接下来再擦拭一遍新涂的灰泥面，这一次用的是丝质手帕，且动作更轻，以除去泥面上的沙粒。涂抹一两小时后，因托纳可形成可上颜料的壁面，此时便可以将草图上的图案转描上去。

在上色作业初期，米开朗琪罗扮演的角色想必类似工头，负责将工作指派给各个助手。脚手架上随时可能有五六个人，两人磨颜料，一些人展开草图，还有一些人拿着画笔待命。脚手架似乎给了他们宽敞而便利的工作空间。它依着拱顶弧度而建，每处距拱顶都有约 7 英尺，因而他们工作时可挺直身子。涂因托纳可或上颜料时，只需微微后仰，把手臂往上伸。

因此，米开朗琪罗并未如一般人所认为的那样仰躺着画湿壁画。这种深入人心的看法其实不符史实，就像牛顿坐在苹果树下悟得地心引力一样无稽。世人之所以有这一错误认知，肇因于《米开朗琪罗传》这本小传中的某个用词。这本书写于约一五二七年，作者是诺切拉主教保罗·乔维奥（Paolo Giovio）。[2] 乔维奥以 resupinus 一词形容米开朗琪罗在脚手架上的工作姿势，resupinus 意为往后仰，但此后一再遭人误译为"仰躺着"。米开朗琪罗和他的助手们用这种姿势作画，实在是匪夷所思，更别提罗塞利一群人要如何在狭窄的空间里，以仰躺姿势打掉 12000 平方英尺的灰泥壁。米开朗琪罗制作这面湿壁画时，确实面临许多障碍和不便，但脚手架不在其中。

米开朗琪罗及其团队作画时大体上是由东向西画，从入口附近开始，向至圣所（sanctum sanctorum）移动，至圣所是专供教皇礼拜团成员使用的西半部。但他们的起画点不在紧邻入口上方的壁面，而在入口西边约15英尺处，从大门算来第二组窗户上方的顶棚部分。米开朗琪罗打算在这里画上《创世纪》第六章至第八章所描述的启示性故事：诺亚的大洪水。

米开朗琪罗先画《大洪水》（*The Flood*）出于多个理由，而最重要的理由或许是它所在的位置很不显眼。他欠缺湿壁画经验，因而一开始刻意挑较不突出的地方来下手，也就是访客一进来可能不会注意到的地方，或更贴切地说，是教皇坐上至圣所的宝座时不会注意到的地方。另外，这个场景无疑是他颇感兴趣的场景，因为他先前的作品（特别是《卡西那之役》）已帮他做好绘制这幅场景的准备。他早有绘制这幅场景的打算，所以才会在八月中旬时汇钱到佛罗伦萨，向墙边圣朱斯托修道院的耶稣修会修士购买预订的天蓝色颜料（他后来用来为上涨洪水上色）。

82

米开朗琪罗的《大洪水》刻画上帝创造天地后不久，就开始后悔创造人类的故事。由于人类一心为恶，上帝决定摧毁所有人，只留下诺亚这位"正义、完美之人"，已高寿六百岁的农民。他让诺亚用歌斐木建造一艘船，船长三百肘尺，宽五十肘尺，三层楼高，开一扇窗和一道门。搭上这艘船的除了诺亚本人及其妻子、儿子、媳妇，还有世上各种动物各雌雄一对。然后，圣经记载道，"大渊的泉源都裂开了……四十昼夜降大雨在地上"。[3]

《大洪水》里的人物、动作和《卡西那之役》明显类似，意味着他构思《大洪水》时，心里仍深深念着这件早期作品。甚至，《卡西那之役》中一些姿势只是被稍作变动，然后重现在《大洪水》中。[4]对一五〇八年开始构思顶棚的米开朗琪罗来说，既然《卡西那之役》三年前曾轰动一时，而且沿用早期的一些姿势可稍稍减轻繁重的工作量，那么动用自己早期的创作经验自然是顺理成章的事。米开朗琪罗还沿用了另一件早期作品里的人物，因为《大洪水》中那个努力想登上这艘已拥挤不堪的小船的裸身男子，其屈体姿势和十五年前的雕刻作品《人马兽之战》里某个战斗人物的姿势一模一样。

《大洪水》和前述两件早期作品一样挤满了人体。画面里洪水漫漫，狂风大作，景象凄凉，数十个裸身人体，有男有女有小孩，四处逃难。在画面左边，有些人秩序井然地登上了高地；有些人栖身在岩岛上临时搭设的帐篷里，帐篷被风吹得飘摇不定；还有些人带着梯子，竭力想冲上方舟。方舟位于背景处，是长方形的木船，上覆斜屋顶，蓄胡穿红袍的诺亚倚在船上唯一的窗口往外望，似乎浑然不觉周遭的惨剧。

米开朗琪罗热爱以夸张、肌肉紧绷的姿势，表现成群劫数难逃的人物，《大洪水》正好可以让他尽情发挥，尽管如此，他也在那些抢救寒微家当的人物身上，赋予较为平实的笔触。画中有名妇女，头顶着倒过来的凳子在走，凳子里满是面包和陶器、刀叉之类的餐具，附近则有两名裸身男子，一个扛着一捆衣服，另一个挟着一捆衣服和一口煎锅。米开朗琪罗无疑在台伯河或阿诺河泛滥成灾时，看过类似的逃难场景。台伯河设有堤岸防护，河水时常溢出河岸，几小时内周遭地区就水乡一片，深达数码。米开朗琪罗本人也有在洪水里抢救个人物品的亲身经历，那是一五〇六年一月，他正在梵蒂冈下游约三公里处的里帕港卸下平底船上的大理石，但台伯河因数场暴雨而泛滥，大理石没入水中。

尽管助手都有湿壁画专技，但西斯廷顶棚湿壁画开始时似乎并不顺利，因为这幅场景一完成不久，就有大片面积必须重做。这种修改措施，意大利人有个古怪说法叫"悔改"
（pentimenti），而对湿壁画家而言，"悔改"向来表示碰上了大
麻烦。以油彩或蛋彩作画，画坏了只要在原处涂上颜料盖过即
可，但湿壁画家悔改可没这么容易。如果是因托纳可干之前就
发现画坏，可以刮掉灰泥重涂，再画一遍；但如果因托纳可已
干，就必须用锤子和凿子将整面乔纳塔（画家一天的作画区
域）敲掉，而米开朗琪罗正是这么做的。更具体地说，他清
掉了至少十二面乔纳塔，打掉该场景一半以上，包括左半部全
部，然后重画。[5]

　　为何要打掉一半以上，原因不详。米开朗琪罗或许不满意
左半边人物的构图，也或许开始作画几星期后，他的湿壁画技
巧有所改变，或有所提升。但不管怎样，这都表示将近一个月
的心血就此毁于锤凿之下，相关人士想必很沮丧。

　　这面湿壁画唯一完整保留的，就是一群人惊恐万分地挤缩
在岩岛上帐篷里的部分。这些人因而是现存该顶棚湿壁画中最
早完成的部分。这一部分由多人共同完成，表明在早期阶段米
开朗琪罗毫无保留地重用助手们，只是如今难以断定哪个部分
出自哪人之手。《大洪水》里唯一确知出自米开朗琪罗之手
的，就是该岩岛边缘的两个人，即健壮的老者和他双手抱着的
已无生命气息的年轻男子躯体。在这整幅场景中，米开朗琪罗
亲绘的仅占极小部分。

　　重画《大洪水》左半部用了十九面乔纳塔（即十九个工
作日）。若加上因节日和弥撒导致的停工，这项工作想必用了
将近四个星期，完成时已接近十一月底。而这时已逼近众枢机
主教戴起毛皮衬里兜帽，以及若天气变坏，湿壁画就得停工数
星期的季节。

84

《大洪水》的工作进度慢得叫人泄气。不计算毁掉重做所花的时间，这幅场景总共用了二十九面乔纳塔。这些乔纳塔面积不大，每个平均不到 7 平方英尺，大约是在托尔纳博尼礼拜堂时一般日工作量的三分之一。这幅场景里最大的乔纳塔，也不过是 5 英尺长 ×3 英尺高，比起吉兰达约工作室的平均工作量，仍差得远。

进度如此缓慢，除了因为米开朗琪罗没有经验，还因为《大洪水》里人物众多。就湿壁画而言，画人体比画风景要花时间，如果人物姿势复杂、罕见，且力求符合人体结构，就会更费时。脸部特别费工。转描时使用刻痕法，即用尖笔描过草图上的线条，以在底下的湿灰泥壁上留下刻痕的做法，较为省时，可用于转描场景里较大、较不要求细部刻画的局部，例如臂、腿、衣纹。但转描脸部时，湿壁画家几乎都是通过较精准但更费时的针刺誊绘法，即用炭粉洒在草图上已用针刺过的图案线条上，将图案轮廓转印在底下的湿灰泥上。但让人不解的是，尽管冬天快速逼近，米开朗琪罗和他的团队绘制《大洪水》时却全程使用针刺誊绘法，而不用刻痕法。[6]

在米开朗琪罗眼中，洪水一直含有某种鲜明的意涵。他信教极诚，向来认为天候上的骤变是上帝发怒施予的惩罚。许多年后，佛罗伦萨和罗马因数场秋雨而水患成灾时，他就哀叹道，"因为我们的罪行"，意大利人受到这浩劫般气候的鞭笞。[7]这种人终将堕入地狱永受火刑的悲观，以及创作《大洪水》背后的灵感，无疑部分源自他年少易感时多明我修士吉洛拉奥·萨伏纳罗拉（Girolamo Savonarola）加诸的影响。

萨伏纳罗拉最著名的事迹，大概就是发起所谓的"焚烧虚妄"运动，即在领主广场中央，堆起 60 英尺高的"虚妄之物"和"奢侈之物"，放一把火烧掉。① 他于一四九一年从费 86
拉拉来到佛罗伦萨，担任多明我会圣马可修道院的院长，时为三十九岁。当时佛罗伦萨在洛伦佐·德·美第奇治下，颂扬古希腊罗马文化。时人翻译、研习柏拉图著作，大学里讲授希腊语，牧师于讲坛讲道时引用古罗马诗人奥维德的句子，老百姓时常到古罗马式澡堂泡澡，波提切利之类的艺术家以异教而非基督教作为创作题材。

　　古典文化的发皇和众人对该文化的着迷，令萨伏纳罗拉不满。他认为这股上古世界的狂热把佛罗伦萨的年轻人变成罪恶深重之人，他在讲坛上大声疾呼："听我说，抛弃你们的情妇，你们的年少无知。听我说，抛弃那已惹来上帝惩罚于你们的可恶罪行，否则，就会大祸临头！"[8]他解决这问题的办法很简单，将罪恶深重之人与虚妄之物一起烧掉。而他所谓的"虚妄之物"不只是棋、纸牌、镜、时髦衣服、香水。他还鼓励佛罗伦萨市民，将乐器、挂毯、绘画，佛罗伦萨三大文豪但丁、彼特拉克、薄伽丘的著作，都丢进他的"焚烧虚妄"之火。

　　正值青春期的米开朗琪罗，很快就成为这位狂热分子的忠实信徒，且终身奉他的训诫为圭臬。据孔迪维的记述，米开朗琪罗"一直很仰慕"萨伏纳罗拉，且数十年后说他仍听得到这位修士的声音。[9]一四九二年大斋节期间，瘦削、苍白、黑发、浓眉、绿色眼睛炯炯有神的萨伏纳罗拉，在圣母百花大教堂的讲坛上，讲述他所见到的那令人毛骨悚然的幻象，佛罗伦

---

　　① "焚烧虚妄"事实上有两场，一场在一四九七年二月七日，一场在来年的二月二十七日。

萨全城随之震惊在他惊悚的布道里。他说他在幻象里看到，佛罗伦萨城笼罩在阴暗天空下，雷声大作，匕首和十字架出现在他眼前。这些幻象清楚地告诉世人，佛罗伦萨人若不修正生活方式，将遭愤怒的上帝惩罚。总是自比为《旧约》中之先知的他，以先知的口吻高声叫道："噢！佛罗伦萨，噢！佛罗伦萨，因为你的罪恶，因为你的残暴，你的贪婪，你的淫欲，你的野心，你将遭受许多痛苦和磨难！"[10]

结果，这位修士的预言果真应验。两年后，一心要夺下那不勒斯王位的法国国王查理八世，率领三万余人的部队挥师越过阿尔卑斯山，入侵意大利。萨伏纳罗拉将这支入侵大军（当时有史以来踏上意大利领土的最大一支入侵部队），比拟为漫漫洪水。一四九四年九月二十一日早上，他在讲坛上高声说道："瞧！我将放水淹没大地！"他自比为诺亚，大声说道佛罗伦萨人若要躲过这些洪水，就必须避难于方舟，即圣母百花大教堂。

这场布道激起了全佛罗伦萨人的惊恐。当时有人写道，萨伏纳罗拉的布道"极尽恐怖与惊骇，哭喊与伤恸，以致每个人茫然若失、不发一语，行尸走肉般地在城里四处游走"。[11] 萨伏纳罗拉追随者那种惊惶的举止，使他们有了"哭哭啼啼者"（Piagnoni）的绰号。美第奇家族不久就遭驱逐，十一月，萨伏纳罗拉口中的"天谴代行者"，矮小、瘦削、鹰钩鼻、姜黄色胡子的查理八世，骑马进入佛罗伦萨城。查理在这里待了愉快的十一天，受到热情款待，然后前往罗马，会晤腐败堕落之程度让佛罗伦萨人相形见绌的教皇亚历山大六世。仿佛真如上天所安排的，这时的罗马城里台伯河泛滥成灾，在有心人眼中，这再次证明了上帝不满罗马人的所作所为。

因而，在米开朗琪罗眼中，洪水是寓意深远的意象，是强有力的警示，但警示的不是大自然的力量，而是萨伏纳罗拉布道中生动描述的《旧约》中暴怒上帝的威力。后来西斯廷顶棚上其他一些形象的出现，也受自这些布道文的启发；整面湿壁画的主要内容从以《新约》为题材（十二使徒像），转变为一系列《旧约》故事，可能也缘于这些布道文的影响（其中有些故事正是该修士最骇人听闻的布道中的主要情节）。[12] 在这之前两百年里，意大利艺术家主要着墨于《新约》题材，例如天使报喜、耶稣诞生、圣母升天……柔和、优美的场景描述上帝恩典和人类经由基督获得救赎的光明故事，让观者对人生更觉乐观。米开朗琪罗虽然制作过圣母子题材的浮雕和板上画，也完成了他最著名的《新约》题材作品《圣殇》，却对这类主题兴趣不高。他着迷的是充满悲剧与暴力，具有吊死、瘟疫、赎罪、砍头的场景，描述罪与罚的故事，例如他不久后就要在西斯廷礼拜堂拱顶上所绘的湿壁画。报复心切的上帝、劫数难逃的罪人、旷野里呼喊的先知，这些骚动不安的形象，无疑都有萨伏纳罗拉的影响。[13]

88

萨伏纳罗拉最后以悲剧收场。他在某场布道上高谈火刑、愤怒、报应，结果戮及自身，死时遭到同样的命运。他写了一本书——《预知真相的对话》，书中宣称上帝仍如《旧约》时代一样派遣先知行走人间，并说他，吉洛拉莫修士，正是这样一位代传神谕者。他深信他所见的幻象是天使介入的结果，他的布道和对话解释了最近的历史事件如何应验他那些悲观而劫数难逃的预言。但这些预言反倒成了他失势的导火线，因为根据教会的正统观念，圣灵只跟教皇说话，而不会跟来自费拉拉、蛊惑人心的修士讲话。因此，一四九七年，亚历山大六世命令萨伏纳罗拉不准再布道、预言，但他我行我素，结果被教皇逐出教会。尽管已被开除教籍，他仍不改其志，继续布道，最后被教皇命人拘捕，一四九八年五月吊死在领主广场中央。尸体还遭火刑焚毁，骨灰丢入阿诺河，成为史上一大嘲讽。

    当时米开朗琪罗在卡拉拉开采《圣殇》所需的大理石，但很快就会知道萨伏纳罗拉的下场，尤其是从哥哥利奥纳多那儿，因为身为多明我会修士的利奥纳多于萨伏纳罗拉遭处决后不久就到罗马探望米开朗琪罗，且因为是萨伏纳罗拉信徒而受牵连，被免去圣职。刻画圣母怀抱基督尸体的《圣殇》，生动体现了《新约》的基督教救赎精神，[14]但十年后，随着开始绘制西斯廷礼拜堂的湿壁画，米开朗琪罗已能够更自由地发挥受萨伏纳罗拉形塑的想象力，描绘更具世界末日恐怖意味的景象。

注释

[1] 关于这个工作习性，可参见赫斯特（Michael Hirst）的《米开朗琪罗与其素描》（*Michelangelo and His Drawings*, New Haven：Yale University Press, 1988），第 35 ~ 36 页；以及惠斯勒（Catherine Whistler）的《米开朗琪罗与拉斐尔所绘素描》（*Drawings by Michelangelo and Raphael*, Oxford：Ashmolean Museum, 1990），第 34 页。

[2] 参见巴洛基编订的三卷本《十六世纪艺术著作》(*Scritti d'arte del cinquecento*, Milan and Naples：Ricciardi, 1971 – 7），第一卷，第 10 页。

[3]《创世纪》第七章第十节。所有引自圣经的句子，除非另行注明版本，皆出自修订标准版（Revised Standard Edition, London：William Collins, 1946)。

[4] 欲了解细部作业，可参见德·托尔内的《米开朗琪罗》第一卷，第
218 页和第二卷，第 29 页。他认为这面湿壁画背景处的某些人物，
"系仿自他《卡西那之役》中那些沐浴的士兵人物而有所修正"
（第二卷，第 29 页）。

[5] 参见曼奇内利《米开朗琪罗助手群的问题》，第 52 ~ 53 页。

[6] 班巴赫（Carmen C. Bambach）《意大利文艺复兴画室里的素描和绘
画：理论与实际，1300 – 1600 年》（*Drawing and Painting in the
Italian Renaissance Workshop: Theory and Practice, 1300 – 1600*,
Cambridge: Cambridge University Press, 1999），第 366 页。

[7] 《米开朗琪罗书信集》，第二卷，第 182 页。

[8] 引自厄斯特马克 - 约翰森（Lene Østermark – Johansen）著作《温柔
与刚强：英国维多利亚时代晚期对米开朗琪罗的接受》（*Sweetness
and Strength: The Reception of Michelangelo in Late Victorian England*,
Aldershot, Hants: Ashgate, 1998），第 194 页。

[9] 孔迪维：《米开朗琪罗书信集》，第 105 页。

[10] 引自里多尔菲（Roberto Ridolfi）著作《萨伏纳罗拉的一生及其时
代》英译本（*The Life and Times of Girolamo Savonarola*, London:
Routledge & Kegan Paul, 1959），第 80 页，译者 Cecil Grayson。

[11] 引自温德（Edgar Wind）的《帕尼尼与米开朗琪罗：对萨伏纳罗
拉继承者之研究》（Sante Pagnini and Michelangelo: A Study of the
Succession of Savonarola）一文，《美术报》（*Gazette des Beaux –
Arts*），第 26 期，1944 年，第 212 ~ 213 页。

[12] 关于萨伏纳罗拉几乎只引用《旧约》，可参见韦恩斯坦（Donald
Weinstein）著作《萨伏纳罗拉与佛罗伦萨：文艺复兴时期的预言
与爱国心》（*Savonarola and Florence: Prophecy and Patriotism in the
Renaissance*, Princeton: Princeton University Press, 1970），第 182
页。

[13] 关于萨伏纳罗拉对米开朗琪罗艺术创作影响的探讨，可参见克拉
茨科（Julian Klaczko）著作《罗马与文艺复兴：尤利乌斯任职教
皇期间》英译本（*Rome and the Renaissance: The Pontificate of Julius
II*, London: G. P. Putnam's Sons, 1903），第 283 页，译者 John
Dennie；德·托尔内（Charles de Tolnay）著作《米开朗琪罗的艺
术与思想》（*The Art and the Thought of Michelangelo*, New York:

Pantheon，1964）；隆纳德·M. 史坦伯格（Ronald M. Steinberg）
著作《萨伏纳罗拉修士、佛罗伦萨艺术、文艺复兴史学》（*Fra
Girolamo Savonarola，Florentine Art，and Renaissance Historiography*，
Athens，Ohio：Ohio University Press，1977），第39～42 页；克罗南
（Vincent Cronin）著作《佛罗伦萨的文艺复兴》 （*The Florentine
Renaissance*），第 296 页。例如克罗南认为萨伏纳拉罗拉的著作和
布道影响了波提切利、西纽雷利等一些佛罗伦萨艺术家，透过他
们形成某种"倒退"（retrograde）艺术，这种艺术从报复、恐怖、
惩罚的角度看待基督教。德·托尔内也在米开朗琪罗的艺术作品
里发现萨伏纳罗拉观念"深沉的回响"，第 62～63 页。但史坦伯
格对于萨伏纳罗拉的影响，态度较保留，认为米开朗琪罗的宗教
人物形象与萨伏纳罗拉布道词之间的直接关系因缺乏证据而难以
论断。原因之一在于我们无从得知米开朗琪罗在神学上的师承，
以及他本人对此主题未表示个人看法。关于萨伏纳罗拉透过其在
圣马可教堂的继承者帕尼尼（Sante Pagnini）所可能产生的影响，
可参见温德《帕尼尼与米开朗琪罗》一文，第 211～246 页。

[14] 帕奥鲁奇（Antonio Paolucci）认为，甚至就连梵蒂冈那尊透着
"纯洁之美"的《圣殇》，都受到萨伏纳罗拉教义的影响。参见帕
奥鲁奇著作《米开朗琪罗：诸〈圣殇〉像》 （*Michelangelo：The
Piètas*，Milan：Skira，1997），第 16～17 页。

第十章　竞　争

　　米开朗琪罗和助手们开始绘制湿壁画时，教皇正忙于处理
国事。自一五〇七年从波隆纳返回罗马后，尤利乌斯就一直在
筹谋进一步的征讨计划。他或许已收回佩鲁贾和波隆纳，但威
尼斯人仍握有他认为应属于教会的领土。为和平解决该问题，
他已派他的主要拥护者艾吉迪奥前往威尼斯，索回法恩札。但
即使是雄辩的艾吉迪奥，也无法说服威尼斯议员交出他们的不
当所得。威尼斯人还自命主教，触怒教皇。更严重的是，他们
收容波纳隆的前当权者本蒂沃里家族，并拒绝将他们转交给教
皇。尤利乌斯受了这些羞辱，怒不可遏。"不把你们打回原来
的穷渔民身份，绝不罢休"，他向威尼斯使节咆哮道。[1]

　　事实上，威尼斯还惹了比教皇更不好惹的敌人。该共和国
过去几年掠夺了多块土地，已使法国和它反目。法国和尤利乌
斯一样，希望威尼斯交出原属法国的采邑，包括布雷西亚、克
雷莫纳等城市。尤利乌斯不信任法国国王路易十二，因为路易
十二对意大利的领土野心令罗马教廷忧心。但如果威尼斯人坚
决不让步，尤利乌斯也表明不惜和法国结盟。

　　政治上的尖锐斗争并未让教皇就此疏于个人事务，也就是
他私人居所的装饰。自当选教皇以来，尤利乌斯竭尽所能地欲
将他所痛恨的波吉亚家族名字从历史中抹除。他已命人将梵蒂
冈所有文献上的亚历山大六世名号拿掉，波吉亚家族人的肖像

全盖上黑布，并命人撬开这位已死教皇的坟墓，将遗骸运回西班牙。一五〇七年十一月，他更是昭告天下，不想再以梵蒂冈二楼楼上亚历山大住过的那套房间为官邸。德格拉西记述道，教皇"再也无法住在那里，终日面对那段邪恶而可耻的回忆"。[2]

这些房间位于梵蒂冈宫北翼，饰有平图里乔于十二年前制作的湿壁画。平图里乔以圣经和诸圣徒生平为题材，为天花板和墙壁饰上湿壁画。画中圣徒之一的圣凯瑟琳，就是以金发的卢克蕾齐亚·波吉亚为模特画成的。平图里乔也在各面墙上绘上亚历山大肖像和波吉亚家族的盾徽，因而这些房间的装饰也不为尤利乌斯所喜。德格拉西建议将这些墙上的湿壁画打掉，但教皇认为这有辱圣物，不妥。[3]最后，他决定往上搬，搬到该宫三楼上一套相通的房间，从那里望出去，布拉曼特新设计的观景庭院更是美不胜收。教皇住进之前，这些房间（其中包括后来辟出的觐见厅和图书馆）自然先得装饰美化一番。

一五〇四年皮耶罗·索德里尼找上米开朗琪罗作为达·芬奇在大会议厅的友好竞争对手时，或许是想借此良性竞争激励达·芬奇如期完成工作，因为达·芬奇的拖延是出了名的。[4]一五〇八年，教皇可能也对米开朗琪罗用了类似的手段。不管是否真有此动机，米开朗琪罗一动手绘饰西斯廷礼拜堂，就知道不远处也有一项已开展的重大装饰工程。继四年前与达·芬奇在佛罗伦萨交手之后，米开朗琪罗再度被推入公开的竞赛。

91   米开朗琪罗的新竞争对手不是一个人，而是一个团队，且个个身手不凡。这位教皇向来只雇请最优秀的艺匠，这次他所齐集的湿壁画家，更是自皮耶罗·佩鲁吉诺领军绘饰西斯廷礼

拜堂墙壁以来，罗马出现过的阵容最强大的湿壁画团队。佩鲁
吉诺再度名列这支新团队之中，此外还包括至少六位经验丰富
的湿壁画家，例如现年五十八岁的西斯廷礼拜堂墙壁湿壁画另
一位制作老手卢卡·西纽雷利，以及曾在波吉亚居室制作过令
当今教皇不悦的湿壁画，但尤利乌斯仍予重用的平图里乔。

　　米开朗琪罗想必知道这些人的湿壁画技术是他团队里任何
一人都无法企及的，尤其是他本人。由于米开朗琪罗痛恶佩鲁
吉诺，所以这场竞争更为白热化。数年前在佛罗伦萨时，两人
就曾公开羞辱对方，最后甚至对簿公堂，在佛罗伦萨治安官瓜
尔迪亚面前互相指控，关系之恶劣由此可见一斑。[5] 更让米开　　92
朗琪罗心惊的是，这群画家是布拉曼特替教皇招募来的，布拉
曼特与他们私交深厚，其中有些画家最初就是由布拉曼特带来
罗马而进入画坛的。[6]

　　布拉曼特团队里的其他画家，米开朗琪罗不太熟悉，但也
都是有名号者，例如因向恩师致敬而外号为"小布拉曼特"
的巴尔托洛梅奥·苏亚尔迪（Bartolomeo Suardi），以及现年三
十一岁，外号索多玛的伦巴第人安东尼奥·巴齐（Antonio
Bazzi）。小布拉曼特的本事尤其为人称道。现年四十三岁的
他，画人物极为逼真，有人因此称他笔下的人物除了不会讲
话，和真人没什么两样。这支团队还具有国际色彩，延聘了荷
兰艺术家约翰纳斯·鲁伊希和以彩绘玻璃设计著称的法国人马
西拉。还有一位成员是前途看好的威尼斯年轻画家洛伦佐·洛
托（Lorenzo Lotto），他更早一阵子就来到罗马。

　　比起米开朗琪罗，这支团队工作起来想必更有干劲、更为
从容，因为他们在四个房间所要绘制的湿壁画面积，不及米开
朗琪罗在西斯廷礼拜堂所要绘饰的一半。此外，各房间的顶棚

距地板不到 30 英尺，从人力、物力的调配上看，也比较容易。他们的脚手架无疑是由布拉曼特设计，而且这次他的设计大概比他为西斯廷礼拜堂所设计的更为成功。值得注意的是，各室拱顶上色彩艳丽的神话、宗教场景的构图也出自他之手。[7]

布拉曼特参与这项重大工程，还有更进一步、更为深远的影响。这四个房间的绘饰工程在新一年年初一展开，该建筑师的另一位门生，也是团队中最年轻的一员，便开始绘制这些梵蒂冈的湿壁画。他是意大利画坛熠熠耀眼的新神童，现年二十五岁且天赋过人的拉斐洛·桑蒂（Ratfaello Santi）。

93　　　拉斐洛·桑蒂就是拉斐尔（Raphael，画上落款名），这时在佛罗伦萨的名气越来越大，米开朗琪罗应已知道有这号人物。拉斐尔来自佛罗伦萨东方一百二十公里处的山顶城市乌尔比诺，与布拉曼特同乡。这支梵蒂冈团队里，就属他前途最被看好且最有企图心。他出身良好，与农家出身的布拉曼特不同。父亲乔凡尼·桑蒂是乌尔比诺公爵费德里戈·达·蒙特费尔特罗的宫廷画师，这位公爵财力雄厚，热衷于赞助艺术，且有艺术眼光。乔凡尼于拉斐尔十一岁时去世，生前将儿子托付给助手埃凡杰利斯塔调教。[8]埃凡杰利斯塔画艺平庸，但丝毫无碍于这位男孩不久后崭露头角。拉斐尔十七岁时拿到第一件承制案，受聘为卡斯泰洛城圣奥古斯丁教堂绘制祭坛画。卡斯泰洛为小型要塞城，距离乌尔比诺四十公里。[9]

拉斐尔早慧的才华，很快就被一位比埃凡杰利斯塔更出色
94　的画家注意到。约一五〇〇年，佩鲁吉诺正在故乡佩鲁贾为银行同业行会会馆的湿壁画大工程做准备。佩鲁吉诺有识人之明，善于物色具有天分的年轻人并纳入门下，已调教出多位出

色画家，例如曾在西斯廷礼拜堂当他助手的平图里乔。佩鲁吉诺还有一位得力助手，来自阿西西的弟子安德雷亚·路易基，因画艺精湛而被妒羡者取了外号"天才"。不幸安德雷亚的似锦前程因眼盲而成为泡影，在这之后，佩鲁吉诺发掘到来自翁布里亚山区的另一位神童，当时的他想必十分激动。

佩鲁吉诺替银行同业行会会馆绘湿壁画时，似乎已邀请拉斐尔到佩鲁贾和他一起工作。[10]这项工程完成后不久，该城巴里奥尼和奥迪这两个世仇家族，争相聘请这位画坛的青年才俊为自己效力。两大家族的残暴不仁，反倒为画家带来生意。奥迪家族的女族长马达莲娜夫人，雇请拉斐尔为他们家族举行丧礼的某礼拜堂绘制一幅祭坛画。十年前，该家族有一百三十人遭巴里奥尼家族屠杀，其中某些人的遗骨就安放在这座礼拜堂内。他一完成这件作品，巴里奥尼家族的女族长就跟着请他绘制一幅埋葬图，好挂在圣方济教堂内，弥补儿子的罪过。她儿子在某场婚礼后趁众人熟睡之时杀死四名族人，酿成史称"猩红婚礼"的屠杀事件。即使就佩鲁贾视人命如草芥的标准来看，这仍是一场骇人的屠杀。

但拉斐尔无意委身于佩鲁贾这两个杀伐不休的家族，而是要寻找地位更崇高的赞助者，也无意留在佩鲁吉诺门下，而是要投身更有名的大师。一五〇四年，他在锡耶纳帮平图里乔绘制皮科洛米尼图书馆的湿壁画时，得知达·芬奇和米开朗琪罗正在替领主宫的墙壁绘湿壁画，立即离开平图里乔，前往北方的佛罗伦萨，希望能观摩这两位前辈艺术家的作品，并在欧洲人才荟萃、眼光最高的艺术圈里寻找发迹机会。

欲在佛罗伦萨闯出一片天，就得先得到该共和国政府领导人索德里尼的关爱。因此，他决定利用已故父亲与蒙特费尔特

95 罗家族的交情，请费德里戈女儿乔凡娜·费尔特利亚替他写封引荐信。拉斐尔并未因此得到索德里尼的垂青，但接下来的四年里，他在佛罗伦萨接到许多委制案，替许多有钱商人画了许多作品。这些画作大部分以圣母子为主题而略作变通，即画中都有这两人，但旁边或伴随一只黄雀，或一只羔羊，或将它们画在草坪上、华盖下、两位圣徒之间等。画中圣母皆是贞静安详的形象，深情看着害羞爱玩的幼年基督。他也展现了与父亲一样的专业技能，替多位佛罗伦萨权贵人士画了惟妙惟肖的肖像画，其中之一的多尼是羊毛商人和古董收藏家，一年前才请米开朗琪罗画了《圣家族》。

尽管有这些案子，拉斐尔仍希望接到索德里尼的大案子，也就是类似达·芬奇、米开朗琪罗所承制的大会议厅那种叫人拍案叫绝的案子。因此，一五〇八年春，他再度走后门，请叔伯说动乔凡娜·费尔特里亚的儿子佛朗切斯科·马里亚写信给索德里尼，表示应给拉斐尔机会，替领主宫的一面墙绘制湿壁画。这项请托的内容不详，但拉斐尔可能希望完成大会议厅那两幅被中途搁置的湿壁画中的一幅，甚或两幅都揽下。[11] 若是如此，那可真是大胆的请求，显示了这位年轻画家过人的雄心抱负。至这时为止，他所完成的作品除少数例外，绝大部分是画在板上，而且媒材不是油彩就是蛋彩。他和米开朗琪罗一样，湿壁画经验不丰，这时的名声完全建立在另一种媒材上。虽曾跟着佩鲁吉诺和平图里乔制作过多幅湿壁画，独力制作的湿壁画却只有一件，即佩鲁贾圣塞维洛修道院内圣母堂一面墙壁的湿壁画。这幅作品于一五〇五年左右动工，进展似乎颇为顺利，但经过约一年断断续续的工作，最终却未能完成，原因至今不详。不过，这座圣母堂位于小教堂内，且小教堂又属于籍籍无名的修道会，地处偏僻的佩鲁贾，为这样的圣母堂绘饰一面墙壁，根本不是他所希望的那种叫人肃然起敬的案子。

拉斐尔这次请托和四年前通过乔凡娜·费尔特里亚请托一样无疾而终，原因可能就出在托斯卡纳沙文主义作祟。索德里尼是佛罗伦萨爱国主义者，领主宫是佛罗伦萨共和国的政治中枢，宫内的墙壁绘饰工程怎么可能交给非托斯卡纳出身的艺术家。艺术家再有才华，若出身不正确，也不大可能有此机会。[12]但当教皇有意聘用这位年轻艺术家时，能不能在佛罗伦萨接到大案子也就变得无关紧要了。拉斐尔之所以获得尤利乌斯垂青，可能因为不只一层关系。乔凡娜·费尔特里亚的丈夫是尤利乌斯的兄弟，因而尤利乌斯可能通过她或她儿子佛朗切斯科·马里亚得知拉斐尔这个人。但同样不无可能的是，借助布拉曼特的介绍，教皇知道了有这样一位才华洋溢的青年画家。[13]据瓦萨里的说法，这位建筑师与拉斐尔还有亲戚关系。

不管实情如何，一五〇八年秋，拉斐尔应教皇之召来到罗马，不久就得到布拉曼特的忠实支持，与布拉曼特成为亲密战友。拉斐尔住在圣彼得大教堂附近的无骑者之马广场，距米开朗琪罗的工作室不远。他将在此大展身手，完成他在佛罗伦萨一直无缘承接的那种叫人肃然起敬的大案子。[14]

注释

[1]引自帕斯托尔：《教皇史》，第六卷，第308页。

[2]引自克拉茨科：《罗马与文艺复兴》，第151页。

[3]同上。

[4] 这观点出自勒维（Michael Levey）著作《佛罗伦萨：一幅肖像画》（*Florence：A Portrait*，London：Pimlico，1996），第 265～266 页。

[5] 关于这个故事，参见瓦萨里《画家、雕塑家、建筑师列传》，第一卷，第 593 页。夏斯特尔（André Chastel）指出，这则佩鲁吉诺轶事"未有任何警方数据或司法记录可予证实，但也几无理由不可相信"。参见夏斯特尔著作《意大利文艺复兴绘画编年史》英译本（*A Chronicle of Italian Renaissance Painting*，Ithaca：Cornell University Press，1984），第 137 页，译者 Linda and Peter Murray。

[6] 关于布拉曼特如何培养梵蒂冈这支团队里的个别艺术家，可参见布鲁斯基（Arnaldo Bruschi）的《布拉曼特》，第 178 页。

[7] 关于布拉曼特参与这件绘饰案的情形，参见上书，第 166 页。

[8] 拉斐尔的师承和习艺的详细过程，艺术史界向来没有定论，特别是在哪里、从哪位艺术家那儿习得透视画法上。他运用透视法构图的功力超越佩鲁吉诺甚多，因而评论家推断他应还有一位师父。

[9] 关于拉斐尔在卡斯泰洛城的早期创作生涯，可参见亨利（Tom Henry）《拉斐尔在卡斯泰洛城的祭坛画赞助人》（"Raphael's Altarpiece Patrons in Citta di Castello"）一文，《勃林顿杂志》（*Burlington Magazine*），2002 年 5 月号，第 268～278 页。

[10] 拉斐尔是否参与了银行同业公会会馆的湿壁画工程，艺术史界向来没有定论。关于正方论点，可参见温图里（Adolfo Venturi）的十一卷本《意大利艺术史》（*Storia dell'arte italiana*，Milan：Ulrico Hoepli，1901－39），第七卷，第二部，第 546～549 页。关于持保留意见者，可参见马拉博蒂尼（Alessandro Marabottini）等人合编的《年轻拉斐尔与卡斯泰洛城》（*Raffaello giovane e Città di Castello*，Rome：Oberon，1983），第 39 页。

[11] 他或许也想完成百合花厅（Sala dei Gigli）未完成的湿壁画。佩鲁吉诺、吉兰达约、波提切利完成西斯廷礼拜堂的绘饰工程后，立即展开此厅的湿壁画绘饰，但未完成。

[12] 此前一个世纪，佛罗伦萨洗礼堂（the Baptistery）的大门雕饰竞赛，也可见到托斯卡纳沙文主义作祟，参见勒维《佛罗伦萨：一幅肖像画》，第 120 页。

[13] 据布鲁斯基（Amaldo Bruschi）的说法，拉斐尔之所以能到罗马发展，布拉曼特"有推动之功"（《布拉曼特》，第 178 页）。

[14] 拉斐尔抵达罗马的精确日期不得而知。依据史料记载，他在 1509
年 1 月之后才确定出现在罗马，但前一年 9 月他说不定就已经在
当地，因为那个月他写信给艺术家佛朗奇亚（Francesco Francia），
信中提到他承接了一件"令他时时忧心如焚的"的案子。有些艺
术史家推断，这个案子就是梵蒂冈教皇居室的绘饰案。但第一批
记录索多玛、佩鲁吉诺等艺术家工作情形的报告，他并未名列其
中，因此他很可能是后来才加入这支团队。关于拉斐尔在 1508 年
之前就已来过罗马的观点，可参见席尔曼（John Shearman）的文
章《拉斐尔、罗马、埃斯科里亚尔藏画集》（Raphael, Rome and
the Codex Excurialensis），《大师素描》（*Master Drawings*），1977 年
夏季号，第 107～146 页。席尔曼推断拉斐尔可能早在 1503 年就来
过罗马，后来在 1506 年或 1507 年又来了一次。

第十一章　不知怎么办才好

经过秋天数场暴雨，罗马在新一年之初刮起了寒冷刺骨的北风（tramontana）。这种风除了让意大利气温陡降，还刮得人身心疲惫，意气消沉。就湿壁画的绘制而言，这是最不利的气候，但米开朗琪罗和其团队咬紧牙根苦撑，一心要将《大洪水》完成。不过，一月时出现了大麻烦，湿壁画面发霉，并且因为盐结晶而起霜，画中人物因此模糊不清，几乎无法辨识。"不知怎么办才好，"米开朗琪罗在画面起霜后写信给父亲，"我的工作似乎不顺利，因为这工作本身就难，也因为这不是我的专业。结果，白忙一场。"[1]

就湿壁画的绘制而言，这是最不幸的开始，偏偏就给米开朗琪罗和助手们碰上。整个工程才刚开始，湿壁画面就出现盐结晶，这对接下来的工作显然不是好兆头。这项伤害最可能的祸首大概是硝酸钙，硝酸钙通常因受潮而起，是湿壁画家的梦魇。雨水渗进拱顶并不容易，但一旦渗进，雨水所挟带的盐分就会一路以溶滤的方式渗进灰泥，分解碳酸钙晶体，造成颜料起泡、剥落。偶尔还会出现比雨水更可怕的渗透。佛罗伦萨和罗马时常为洪水淹没，洪水使教堂地底下饱含水分，使尸体腐化所产生的硝酸钙释出，进而将硝酸钙带到墙上的湿壁画，然后硝酸钙就像癌细胞一样，在湿壁画上大肆扩散。

为防止湿壁画受潮，被盐、硝酸盐毁于一旦，画家无不想方设法进行防范。乔托在比萨替大教堂广场墓地（Composanto）的正门立面绘饰时，就深知这种危险。正门立面迎海而立，他深知湿壁画势必难逃潮湿闷热的南风（sirocco）挟带的海盐侵袭，于是他在阿里其奥和因托纳可里掺进磨碎的砖粉，以克服这个问题，结果无效，因托纳可不久就开始剥落。有时候湿壁画家在墙上铺上芦苇草垫，再涂上阿里其奥，以此保护作品免于受潮，同样无济于事。与乔托同时代但年纪更轻的布法尔马可（Buffalmaco），在该墓地绘制《死神的胜利》（*Triumph of Death*）时，就用了这些草垫，以保护作品免受含盐海风侵袭，结果反倒加速灰泥崩解。对湿壁画家而言，布法尔马可是个叫人沮丧的前车之鉴。薄伽丘和吉贝尔蒂盛赞他是技术精湛的大师，不幸的是，他的作品抵不住自然力的摧残，竟无一留存。

米开朗琪罗似乎用了另一种方法防范湿壁画受潮。他和助手们调制因托纳可时不掺沙子，而是以名叫波措拉纳（pozzolana）的火山灰混合石灰调制而成。波措拉纳常见于罗马的营建工程，但由佛罗伦萨人组成的米开朗琪罗助手群，对它大概是一知半解，因为他们的师父吉兰达约和托斯卡纳地区的大部分湿壁画家一样，以沙子而不以火山灰调制灰泥。但米开朗琪罗可能看中波措拉纳的特性而用了它。这种火山灰稍带黑色，来自维苏埃火山，是古罗马人建造大型拱顶和穹顶时不可或缺的材料，也是这么多这类建筑历经千余年得以大致完好无缺的原因。罗马建筑工人在砌砖用的灰浆里掺入火山灰，借此调制出坚固、凝结快速而又几无渗水之虞的混凝土。传统灰泥只在石灰与空气中的二氧化碳起作用时才会变硬实，波措拉纳则为这些调和物加进了另一种成分，即二氧化硅或

氧化铝的化合物。这些化合物直接作用于氧化钙（生石灰），
99 不受氧化钙是否与空气接触的影响，因而产生在水里也能凝
固的快速黏结剂。

随着寒冷北风从阿尔卑斯山横扫而下，罗马的天气变得多
雨潮湿，而波措拉纳应当有助于调制出适合这天气的灰泥。不
过，这时候，情况已明显失控。

饱受打击的米开朗琪罗觉得，眼前的麻烦正是他无力完成
这项任务的具体证明。他甚至以起霜为借口，丢下画笔，罢手
不干。"老实说，陛下，这不是我的专长，"他告诉教皇，"我
已经搞砸了，你如果不信，可以派人来看看。"[2]

尤利乌斯于是派建筑师朱利亚诺·达·桑迦洛去西斯廷礼
拜堂察看。他关注的焦点可能不只是米开朗琪罗的湿壁画，很
可能怀疑礼拜堂的屋顶本身有严重问题，甚至是数年前毁掉皮
耶马泰奥湿壁画、危及整座礼拜堂的结构瑕疵再度出现也说
不定。

一五〇四年的加固工程，即安插十二根铁条，暂时抑制该
礼拜堂南墙移动的工程，主事者就是桑迦洛。一五〇九年检视
拱顶的任务自然落到他头上。但教皇派他出马还出于另一个原
因，即桑迦洛是米开朗琪罗在罗马所信任的少数人之一。鉴于
米开朗琪罗扬言罢手不干，尤利乌斯知道若要安抚他，除了桑
迦洛，大概找不到第二人选。

这时候西斯廷礼拜堂很可能已经因为屋顶有问题而有水汽
渗进，因为几年后的一五一三年，屋顶就进行整修，更换了
130 平方英尺的屋顶。[3] 但米开朗琪罗的问题就如桑迦洛所见，
没那么严重。桑迦洛虽生于佛罗伦萨，且在该城习艺，但已在
罗马居住工作多年。他修复过圣安杰洛堡，建过数座教堂，且

替尤利乌斯建过一座大宫殿，因而比米开朗琪罗更熟悉罗马人的建材。西斯廷礼拜堂用以调制因托纳可的石灰，在这之前一直是用石灰华（travertine）制成。石灰华是稍带白色的石灰岩，采自罗马东方三十二公里处的蒂沃里附近。米开朗琪罗那群佛罗伦萨助手，不了解石灰华一如不了解波措拉纳，因而熟化生石灰时用了大量的水，添加波措拉纳后，也立即用大量水调制出可塑性足以涂抹的灰泥。但波措拉纳硬得快，石灰华干得慢许多。米开朗琪罗和其助手们不知这个道理，在灰泥还太湿时就拿来涂在墙上。因而，盐霜的祸首主要是助手调制灰泥时加进的大量水，而非外部渗进拱顶的水。经桑迦洛指正，这个问题就解决了。

100

　　米开朗琪罗面临的另一个麻烦——拱顶发霉——则不同。霉大概集中出现在某些特定区域，即灰泥已干之后，借胶或油之类固着剂涂上颜料的区域。众所周知，湿壁画家与蛋彩画家、油彩画家不同，一般只用水来稀释颜料。颜料会随着灰泥干化而固着在墙上，因而不需要进一步的黏合剂。

　　但有时湿壁画家会想用干壁画法（secco），即以掺和固着剂的颜料，在已干的灰泥面上作画。干壁画法的优点在于色彩表现范围较广，特别适合朱砂、铜绿、群青之类较鲜亮的矿物基颜料。湿壁画家的色彩运用则有所限制，因为许多鲜亮色料承受不住富含石灰的因托纳可的腐蚀。例如，蓝色颜料石青（有时又称德国蓝）与灰泥中的水汽接触后会渐渐转绿（湿壁画之所以常见到绿色天空，原因就在此）。变化更为剧烈的是白铅，它会氧化变黑，将最亮处变成阴暗处，雪白袍服变成黑袍，白皮肤变成黑皮肤，种种变化不一而足。这种逆转作用使湿壁画变成类似本身的负像。

因而，湿壁画家若想用石青或铜绿之类的鲜亮色料，就会选在因托纳可干后涂上。但这种方法有个大问题。充当固着剂的胶（用动物的皮、骨、蹄等熬制而成）和树胶，固着力不如坚硬无比的因托纳可，因此用干壁画法画上的颜料总是第一个剥损。瓦萨里曾提醒世人注意这项技法的风险，指出"颜色因那润饰而变暗，不久即转黑。因此，那些有志于在壁上作画者不妨大胆去画湿壁画，而不要用干壁画法润饰，因为这本身既不可取，也有损画面的生动"。[4]

至米开朗琪罗时代，凡是想展现高超技艺并测试自己艺术能力者，都必须能做到只以真正湿壁画法（buon fresco）作画，即不以干壁画法做任何添笔润色。赞助者常要求承制艺术家，绘制较耐久的真正湿壁画。例如托尔纳博尼与吉兰达约的委制合约里写明，新圣母玛利亚教堂的湿壁画应完全以真正湿壁画法完成，而吉兰达约工作室以高超技法实现了这项要求。[5]米开朗琪罗的工作团队里，虽有一些画家在吉兰达约门下学过这项高超技艺，但他和助手们在绘制《大洪水》时，仍用了不少干壁画笔法。[6]做过墙报的人都知道，霉往往长在裸露易受潮的黏合剂处，西斯廷礼拜堂这支画家团队苦恼的也是同样的问题。霉必须立刻清除，否则会像盐分一样毁了湿壁画。桑迦洛适时施以援手，指导米开朗琪罗如何清除霉，然后命令这位艺术家继续工作。[7]米开朗琪罗要摆脱在罗马的合约义务，并不容易。

起霜、发霉的插曲或许让米开朗琪罗对助手们心生不满。传说他不满意他们的工作表现，开工不久就把他们都辞掉，然后一肩挑下所有工作。这传说其实与史实不符，始作俑者大体

上就是替他写传的友人瓦萨里。瓦萨里记述道，有天，助手们
前来上工，米开朗琪罗突然锁上礼拜堂门，不让他们进来。瓦
萨里写道："他们觉得这玩笑未免开得太过火，于是摸摸鼻
子，很没面子地回了佛罗伦萨。"[8]然后，套用孔迪维的说法，
米开朗琪罗继续绘饰顶棚，"没有任何帮助，甚至连替他磨碎
颜料的人都没有"。[9]

　　这则故事就像声称米开朗琪罗仰躺着绘拱顶的故事一样吸 102
引人，一样牵强不可信。瓦萨里所描述的这件事不可能发生，
更何况在初期阶段，米开朗琪罗急需各种援助和专业人才。[10]
可以确定的是，这群佛罗伦萨助手无一人全程参与西斯廷礼
拜堂的顶棚工程。格拉纳齐雇用他们时，双方已有非正式协
议，即米开朗琪罗觉得不需要他们时，就会予以辞退。每人
二十杜卡特的丰厚报酬背后，正隐含着这一协议精神。时机
到了，就会有一群较不知名的艺术家取代他们。但他们离开
罗马，完全不如瓦萨里说的那么戏剧性，那么不光彩，最重
要的原因在于他们之中大部分人离开后，仍与米开朗琪罗维
持了多年的友好关系。

　　不过，确实有个助手很不光彩地离开了罗马，那人就是一
月底前往佛罗伦萨就没再回来的雅各布布·德尔·泰德斯科。
他的离去，米开朗琪罗不觉难过。"他犯的错不计其数，我对
他的不满罄竹难书"，米开朗琪罗在写给父亲鲁多维科的信中
如此恨恨说道，并提醒父亲若泰德斯科说他什么坏话，绝不要
听信。[11]他担心这个满腹牢骚的助手，会像几年前的拉波、洛
蒂一样，在佛罗伦萨诋毁他的名声。这两名金匠在波隆纳被米
开朗琪罗开除后，就直奔鲁多维科那儿数落他的不是，导致他
挨了父亲一顿骂。这一次，米开朗琪罗先发制人，告诉父亲

"随他怎么说，别听他的"，免得泰德斯科拿一堆类似的谎言破坏他的名声。

泰德斯科犯的无数错之一，就是抱怨圣卡特利娜教堂后面这间工作室的生活条件很差。泰德斯科在波隆纳时就抱怨过同样的问题，但这次米开朗琪罗对他毫不谅解。这位助手的问题似乎就在于他的性格和永不满足于现状的米开朗琪罗太像。

泰德斯科抱怨罗马生活条件太差，倒也非无的放矢。这群人除了得在脚手架上紧挨着工作，回到鲁斯提库奇广场附近的工作室，还得在几乎和米开朗琪罗在波隆纳的住所一样狭促的空间里一起吃住。这间工作室瑟缩在高耸的城墙下，狭窄的陋巷中，毗邻圣安杰洛堡沼泽般的护城河，四周住着在圣彼得大教堂、观景庭院工作的石匠、木匠们，无法为居住者提供舒适或安宁的生活环境。而在秋冬两季期间，随时可能演变成活生生大洪水的大雨，也无助于纾解他们抑郁的心情。

工作室里的生活无疑有欢乐快活的时候，但落实到物质层面，想必是寒酸、刻苦，谈不上舒适。米开朗琪罗大有理由自认为博纳罗蒂家族是王公之后，但他本人的生活一点儿也不阔绰，而是正好相反。他曾向忠心的徒弟孔迪维颇为自豪地说道，"阿斯坎尼奥（孔迪维），不管本来可能多么富有，我一直过得像个穷人"。[12] 例如他吃东西不讲究，饮食是"为了填饱肚子而非为了享乐"，[13] 常常只以一块面包和一些葡萄酒果腹。有时边工作边以粗粝的食物果腹，例如边素描或作画，边啃面包皮。

米开朗琪罗除了生活俭省，个人卫生更叫人吃惊，或者说根本不讲究个人卫生。乔维奥在为他所写的传记里写道，"他天性粗野鄙俗，因而生活习惯邋遢透顶，也因此没有人投他门下习艺"。[14]米开朗琪罗这个习性，无疑是谨遵父亲的教诲。"千万别洗澡，"鲁多维科如此告诫他儿子，"擦洗可以，但别洗澡。"[15]就连孔迪维都不得不在目睹以下情景后，承认米开朗琪罗有些生活习惯叫人作呕：他"睡觉时往往就穿着他那八百年没脱过的衣服和靴子……有时候因为穿了太久，脱靴时皮就像蛇蜕皮一样，跟着靴皮一起脱落"。[16]尽管当时人顶多一个星期才到公共澡堂洗一次澡、换衣服，这种景象还是叫人难以忍受。

但更糟糕的或许应是米开朗琪罗孤僻、不爱与人来往的习性。他有能力交到志同道合的朋友，这是毋庸置疑的。他那群佛罗伦萨助手之所以会来罗马，正是因为与他有长久的交情。但米开朗琪罗常不爱与人交往，因为他天性孤僻而忧郁。孔迪维坦承，米开朗琪罗年轻时，就以"不爱群居"这种"古怪而匪夷所思"（bizzarro e fantastico）的性格出名。[17]据瓦萨里的说法，这种孤僻并非傲慢或厌恶人世的表现，而是创作伟大艺术作品的先决条件，因为他认为艺术家都应"逃避社会"，以专心投身于个人事业。[18]

104

这有益于米开朗琪罗的艺术创作，却有害于他的个人关系。他的友人詹诺蒂说，有次邀米开朗琪罗来家中作客，结果遭他回绝。米开朗琪罗希望朋友别为难他，但詹诺蒂坚持要他出席，并说米开朗琪罗参加一场晚宴，让欢乐气氛稍稍缓解一下俗务尘虑，又有何妨。米开朗琪罗仍不为所动，心里很不高兴地想着这世界既然充满苦痛，又何必去寻欢作乐。[19]还有一次，他竟接受了朋友的宴会邀请，"原因是忧郁，或者更确切地说，悲伤，暂时离开了我"。[20] 然后他讶然发现，他竟真的可以乐在其中。

天佑米开朗琪罗，泰德斯科离开时，他已添了另一名助手。这人当然与泰德斯科大不相同。一五〇八年秋末，外号"靛蓝"、现年三十二岁的画家雅各布·托尔尼，加入这支团队。靛蓝也出身吉兰达约门下，虽无赫赫名声，但能力出众，和格拉纳齐、布贾迪尼一样健谈、爽朗，与米开朗琪罗相知已有十余年，米开朗琪罗自然乐于任用。事实上，靛蓝是米开朗琪罗的知交之一。瓦萨里写道："再没有人比这个人更能让他高兴或与他合得来了。"[21]

105　　走了脾气坏、让人头痛的泰德斯科，换上开朗诙谐的托尔尼，想必是米开朗琪罗所乐见的。靛蓝尽管易于相处，但就西斯廷礼拜堂绘饰案而言，并不是理想人选。十年前他首次来罗马，跟着平图里乔一起绘制了令尤利乌斯大感不快的波吉亚居所湿壁画。那之后，他在纳沃纳广场附近的圣奥古斯丁教堂，绘制了他自己的湿壁画。但最近，他的作品少得可怜。瓦萨里写道，"雅各布布在罗马工作多年，或者更确切地说，在罗马居住多年，很少工作"。[22] 即使是在不爱工作的格拉纳齐看来，靛蓝也是好逸恶劳的家伙，"若非不得已"，绝不工作。[23] 靛蓝本人宣称，只有工作没有玩乐，绝不是基督徒该过的生活。

在工作室或脚手架上，特别是在工作如此不顺利的当头，这种人生观或许有助于缓解紧绷的心情，但就一个即将帮米开朗琪罗绘制 12000 平方英尺顶棚湿壁画的人而言，这似乎不是恰当的行事准则，更何况米开朗琪罗所面对的赞助者，是像尤利乌斯这样坏脾气而严苛的人。

注释

［1］《米开朗琪罗书信集》，第一卷，第 48 页。

［2］孔迪维：《米开朗琪罗传》，第 57 页。

［3］席尔曼（John Shearman）《西克斯图斯四世礼拜堂》（"The Chapel of Sixtus IV"），收录于霍尔勃顿（Paul Holberton）所编《西斯廷礼拜堂：米开朗琪罗再发掘》（*The Sistine Chapel：Michelangelo Rediscovered*，London：Muller，Blond & White，1986）一书，第 33 页。接下来四百年，屋顶渗漏不断，直到 1903 年全部改建，1978 年整修后才解决。

［4］《瓦萨里论技艺》，第 222 页。

［5］参见罗特根（Steffi Roettgen）两卷本《意大利湿壁画》英译本（*Italian Frescoes*，New York：Abbeville Press，1997），第二卷《文艺复兴盛世，一四七〇年至一五一〇年》（*The Flowering of the Renaissance*，1470 - 1510），第 168 页，译者 Russell Stockman。利比替新圣母玛利亚教堂的斯特罗齐礼拜堂（Strozzi Chapel）绘饰湿壁画时（1487 - 1502），也遵照与斯特罗齐（Filippo Strozzi）的合约规定，只以真正湿壁画法作画。薄苏克（Eve Borsook）认为，至 1500 年时，真正湿壁画法已成为"偏离实际的面子问题……在瓦萨里和其他许多人眼中，通过湿壁画的考验，就是拥有不凡的即兴创作速度与能力的艺术家"。参见博苏克《托斯卡纳的壁画家》（*The Mural Painters of Tuscany*，Oxford：Clarendon Press，1980），第 xxv 页。

［6］曼奇内利《米开朗琪罗助手群的问题》，第 52 页。

［7］瓦萨里：《画家、雕塑家、建筑师列传》，第二卷，第 667 页。

［8］同上书，第 666 页。

［9］孔迪维：《米开朗琪罗传》，第 58 页。

［10］关于瓦萨里这一说法的合理修正，可参见华勒斯《米开朗琪罗在西斯廷礼拜堂的助手群》，第 203～216 页。

［11］《米开朗琪罗书信集》：第一卷，第 48 页。

［12］孔迪维：《米开朗琪罗传》，第 106 页。

［13］同上。

［14］《十六世纪艺术著作》，第一卷，第 10 页。

［15］引自德·托尔内：《米开朗琪罗》，第一卷，第 5 页。

［16］孔迪维：《米开朗琪罗传》，第 106 页。

［17］同上书，第 102 页。

［18］瓦萨里：《画家、雕塑家、建筑师列传》，第二卷，第 736 页。

［19］德坎波斯（Deoclecio Redig de Campos）所编《姜诺蒂对话集》（*Dialogi di Donato Giannotti*，Florence：G. C. Sansoni，1939），第 66 页。

［20］《米开朗琪罗信函集》，第三卷，第 156 页。

［21］瓦萨里：《画家、雕塑家、建筑师列传》，第一卷，第 607 页。

［22］同上。

［23］同上。

第十二章　剥玛尔叙阿斯的皮

如果说米开朗琪罗是个邋遢而有时忧郁、孤僻的人，拉斐 106
尔则正好相反，他是有教养人士的绝佳典范。当时无人不竖起
大拇指称赞他彬彬有礼、性情温和、为人宽厚。就连以恶意诽
谤他人名声而著称的诗人兼剧作家彼得罗·阿雷蒂诺（Pietro
Aretino），也找不出坏字眼来批评他。他写道，拉斐尔的生活
"阔绰不像一般老百姓，凡是有需要的文科学生，他都不吝给
予精神和金钱上的帮助"。[1]教皇副文书之一的卡尔卡尼尼则盛
赞拉斐尔虽有过人天赋，却"一点儿也不高傲；事实上，他为
人和善有礼，不排斥任何建议，也乐于聆听他人意见"。[2]

与拉斐尔不是直接认识的瓦萨里也称赞拉斐尔品格高尚无
瑕。他说在拉斐尔出现之前，大部分艺术家显得"有些粗俗，
甚至野蛮"（米开朗琪罗无疑也在他此一评价之列）。[3]瓦萨里
将拉斐尔和蔼、有礼的特质，归因于他是由母亲马姬雅·洽尔
里一手带大，而未送到乡下由奶妈带大。瓦萨里认为，若是由
奶妈带大，他很可能"在农民或一般人家里"，耳濡目染到
"较不文雅甚至粗俗的生活方式和习性"。[4]拉斐尔在母亲亲自
哺育下，发展出圣人般的高洁性格，据说连动物都乐于与他亲
近（不由得让人想起来自翁布里亚山区而同样圣洁的人
物——阿西西的圣方济，据说鸟兽也爱与他为伍）。除了讨人 107
喜欢的性格，俊美的相貌更为拉斐尔增添魅力。修长的脖子、

椭圆的脸、大大的眼睛、橄榄色的皮肤，非常俊秀，扁鼻、招风耳的米开朗琪罗相形之下更显望尘莫及。[5]

米开朗琪罗努力解决《大洪水》问题时，拉斐尔也开始在梵蒂冈教皇住所的绘饰工作。应聘与他合作的既不是佩鲁吉诺，也不是平图里乔（两者都曾是他师父），而是巴齐。这两人搭档实在叫人大出意外，因为巴齐这个人比米开朗琪罗更"古怪而匪夷所思"。他的湿壁画制作经验丰富，刚在锡耶纳附近的橄榄园山修道院花了五年时间完成以圣本笃生平为题的大型组画。他还是齐吉这个有钱的银行业家族最欣赏的艺术家。但比起画作，他不合流俗的怪异行径更为人所知。最古怪的行为无疑是他在家里养了多种动物，包括獾、松鼠、猴子、母矮脚鸡，以及他会教其讲话的渡鸦。他还一身奇装异服，例如凸花纹紧身上衣、项链、色彩浓艳的帽子，以及瓦萨里所大为不屑的、"只有小丑和江湖郎中才会穿戴的类似饰物"。[6]

巴齐小丑般的怪诞打扮，让橄榄园修道院的僧侣看得目瞪口呆，因而为他取了外号"疯子"（Il Mattaccio）。修道院以外，他则以"索多玛"（Sodoma）之名而为人所知。索多玛意为鸡奸者，据瓦萨里的说法，"他身边总有男孩子和脸上白净的小伙子为伴，而且对他们的爱有失礼俗"，[7]因此有了这个外号。若考虑到文艺复兴时期一般画家的性倾向，为何独独巴齐有这外号，就有点令人费解。在罗马，鸡奸者得受火刑处死，索多玛既然有个公然带有鸡奸者的外号，却不仅活得好好的，还功成名就，个中原因为何，实在叫人费解。无论如何，他不仅不排斥，还乐于使用这个外号，"以三行诗节隔句押韵法（terza rima）撰写以它为题的诗歌，并和着鲁特琴音，流畅唱出这些诗歌"。[8]

拉斐尔、索多玛受命绘饰的那间房间，距尤利乌斯寝室只有几步之遥。这间房间曾充作教皇法庭（Signatura Graziae et Iustitiae），因而在十六世纪下半叶有了"署名室"的称呼。但尤利乌斯当时打算用来作为私人藏书室。[9] 他不是爱读书之人，却费心搜罗了二百二十卷的可观书籍，并凭借这些珍藏辟成名头颇为显赫的伊尤利亚图书馆。这些书籍由博学的人文主义学者托马索·因吉拉米（Tommaso Inghirami）保管，他也是藏书更丰富的梵蒂冈图书馆馆长。[10]

图书馆的装饰风格，自中世纪起就一直依循标准格式。拉斐尔应已从当时的多个图书馆，包括乌尔比诺公爵费德里戈·达·蒙特费尔特罗的图书馆，熟悉此类装饰的布局。图书馆的墙或天花板上，饰上四个寓言中的女性人物，分别代表图书分类的四大主题，即神学、哲学、法学、医学。画家通常还会加上在各特定领域卓然有成的男女人物肖像。署名室的装饰构图谨遵这项传统，但诗学取代了医学，这无疑是因为尤利乌斯偏爱诗人甚于医生。每面墙上各绘一幅场景阐述一个主题，墙上方的拱顶上则对应四主题，画上四名女神，女神画在圆形或方形框里。这种几何形外框构图正是尤利乌斯原属意在西斯廷礼拜堂顶棚上呈现的构图，后来摒弃未用，却在此得以实现。[11] 绘饰时，书籍装箱，成排堆放在地板上。

这个构图在拉斐尔抵达罗马前就已定案，拉斐尔加入绘饰行列前，索多玛已开始在拱顶作画。但署名室绘饰工程初期的分工情形，就和西斯廷礼拜堂初期一样不详。瓦萨里在索多玛的传记里说，这位怪人艺术家花太多心思在养动物上，延宕了拱顶工作进度，教皇不满，才找来拉斐尔。不管是否属实，拉斐尔开始绘饰署名室顶棚角落的矩形画，最后完成了这四幅画

中的三幅。[12]这四幅画均是 3.5 英尺宽，4 英尺高，面积不算

109 太大，有经验的湿壁画家用一个乔纳塔就可画完。

完成的第一幅是《伊甸园里的诱惑》（*Temptation in the Garden*）。拉斐尔应已从多处他人作品，包括马索里诺在佛罗伦萨布朗卡奇礼拜堂所绘的作品，熟悉了这个题材。在拉斐尔笔下，夏娃拿小果给亚当，蛇则盘绕在智慧树树干上，从粗枝后面探头看。蛇作女人相，长发，裸露胸脯（堪称是不带鳍而盘卷身子的美人鱼），符合中世纪厌恶女人的传统。

但夏娃这个形象比蛇还有意思。裸像是当时人们品评大艺术家水平高低的标准，而这幅场景正给了拉斐尔机会，在湿壁画上画出一对裸像。他笔下的夏娃赤身裸体，只有重点部位靠灌木枝叶遮住，臀部和肩膀分别转向不同方向，全身重量靠右脚支撑，使左半身拉长，右半身缩短。这种非对称姿势，通称"对应"（contrapposto），是起源于古希腊的人体表现手法，一个世纪前经多纳泰罗等雕塑家之手而重新勃兴。以多纳泰罗为例，他使人物的臀部轴线、肩膀轴线形成对比，以此营造出动态幻觉。拉斐尔这时很可能已见过多纳泰罗的早期著名作品——佛罗伦萨奥尔珊米凯列教堂外壁龛里的《圣马可像》（*St. Mark*）。不过，他的夏娃形象的创作灵感不是来自多纳泰罗，而是来自另一位艺术家的作品。过去四年，这位艺术家的影响力就像仰之弥高的巨像时时笼罩着他。

一五〇四年拉斐尔搬到佛罗伦萨，以便欣赏米开朗琪罗和达·芬奇的湿壁画竞技。他们两人的宏大草图在新圣母玛利亚教堂一起展出时，拉斐尔和佛罗伦萨每个上进心切的艺术家一样，将两幅草图都依样画了下来。但当时，达·芬奇似乎比米开朗琪罗启发他更多，且他研究达·芬奇风格之仔细，比几年

前他研究佩鲁吉诺的风格更甚。他所受的影响显然不仅来自
《昂加利之役》，因为达·芬奇其他素描、画作的主题，很快
也出现在他自己的作品里。达·芬奇的《圣母子与圣安娜》
(Virgin and Child with Saint Anne) 草图（一五〇一年在佛罗伦　110
萨首度公开展出），教他将人物以金字塔状布置，以此平衡构
图，让成群人物显得紧凑且井然有序。拉斐尔在佛罗伦萨期间
所画的许多幅圣母子画作均竭尽所能探索此一构图的不同布
局，因而有艺评家称它们是"根据达·芬奇某一主题所做的
种种变化"。[13]

　　同样，从大概绘于一五〇四年左右的《蒙娜丽莎》(Mona
Lisa) 上，拉斐尔找到了肖像画的姿势典范，这体现在他所绘
的一些佛罗伦萨人物肖像画上。肖像画通常以侧面像呈现画中
人，此一手法有可能仿自古代奖章、钱币上的侧面人像。但
达·芬奇笔下的乔康达夫人，脸几乎正对观者，双手交叠，背
景处诡异的风景以空气透视法呈现。这种姿势的出现其实是一
大创新，但因为后来在人像上屡见不鲜，致使今人不识其深远
意义。拉斐尔于一五〇六年替马达莲娜·斯特罗齐绘制肖像
时，几乎全盘照用这种姿势。

　　约与《蒙娜丽莎》同时，达·芬奇在佛罗伦萨完成了另
一件杰作，即遗失已久的《勒达与天鹅》(Leda and the
Swan)。这件作品完成后立即被送往法国，一百五十年后被付
之一炬，下令烧毁者据推测是路易十四的第二任妻子曼特侬夫
人。这位令人敬畏的夫人，以多种倒行逆施的措施（包括大
斋节期间禁止歌剧演出），改革凡尔赛宫廷的道德风气。达·
芬奇的这件作品因被她认为有伤风化，而遭此噩运。不管是否
有伤风化，这件今人只能通过仿作了解的作品是达·芬奇少有

的裸像作品之一。裸身的勒达采取对应姿势，双手放在使劲高举的天鹅脖子上。

达·芬奇虽然很提防后辈艺术家，特别是米开朗琪罗，却似乎允许拉斐尔阅览他的一些素描，原因可能在于这位年轻艺术家与他的好友布拉曼特有交情。① 无论如何，拉斐尔见到了达·芬奇为《勒达与天鹅》所绘的草图，并素描了下来，后来根据此作品，确立了署名室中夏娃的姿势。拉斐尔的夏娃其实并不是原样照搬达·芬奇的勒达，而是如镜中影像般左右对调其局部后呈现，这是艺术家为免遭人识破抄袭而常用的手法。

署名室顶棚上四幅矩形画的最后一幅，《阿波罗与玛尔叙阿斯》（*Apollo and Marsyas*），大部分艺术史家同意系出自索多玛而非拉斐尔之手。这幅画以音乐竞技为主题，对一五〇八年至一五〇九年冬的罗马而言是很贴切的题材，对索多玛而言，事实证明也是很适合发挥的题材。

玛尔叙阿斯与阿波罗较量音乐的故事，历来被包括希罗多德、奥维德等多人谈过。这场竞赛实力悬殊，一方胜算不大，一方拥有无上权力。阿波罗是大神，掌管包括音乐、射术、预言、医学在内的众多事物；玛尔叙阿斯属于西勒诺斯（级别较低的森林之神），即长相丑陋、类似萨梯（森林之神）的动物种族，在艺术家笔下，常被画成长着驴耳朵的样子。

根据神话，玛尔叙阿斯拣到阿西娜发明的笛子。话说阿西娜为模仿蛇发女怪美杜莎遇害后另两名蛇发女怪发出的凄切恸

---

① 没有证据显示拉斐尔和达·芬奇在佛罗伦萨或其他地方见过面，但一五〇二年，达·芬奇以切萨雷·波吉亚之军事工程师的身份走访翁布里亚时，两人或许见过面。

哭声，制作了这支笛子。它的确逼真再现了这悲伤的声音，但这位爱慕虚荣的女神用它来吹奏曲子时，从水中倒影发现自己长相变丑，愤而将它丢掉。玛尔叙阿斯有了笛子后很快就成为吹笛高手，于是自信满满地向阿波罗叫战，要以笛子挑战他的弦乐器里拉。玛尔叙阿斯此举实在鲁莽，因为阿波罗曾以大胆向他挑战射箭为由，杀了自己的孙子欧律托斯。阿波罗同意应战，但附加了可怕的条件，谁输了就任由对方处置。

结果一如预期。在众缪斯神作为裁判下，阿波罗和玛尔叙阿斯使出浑身解数，一时分不出高下，但阿波罗巧妙倒转里拉，继续弹奏，无法如法炮制的玛尔叙阿斯立即技穷。获胜的阿波罗随后行使他赢得的权利，将玛尔叙阿斯吊在松树上，活活剥皮致死。林中动物为他的惨死而号哭，泪水化作米安德河支流玛尔叙阿斯河。笛子随河水漂流而下，最后被一个牧童从水中拾起。牧童颇识时务，将笛子献给也掌管牛羊的阿波罗。玛尔叙阿斯的皮则成为博物馆展示品，据说古时候放在位于土耳其境内的凯莱奈展出。

千百年来，世人赋予这则神话多种诠释。柏拉图在《理想国》一书中说，这故事阐述了笛子所激起的阴沉、狂暴的激情如何为阿波罗较平静的里拉琴声所征服。基督教的道德家一样不同情玛尔叙阿斯的遭遇，认为这场竞赛如同一则寓言，说明了人类的狂妄自大如何在更高明者面前灰飞烟灭。

索多玛这幅画描绘的是阿波罗获胜的那一刻。阿波罗接受月桂冠，同时向落败的玛尔叙阿斯伸出食指左右摇动，轻蔑地啧啧感叹。玛尔叙阿斯被绑在柱子上，阿波罗的一名心腹站在他身旁，手拿着刀子在这位落败者鼻子下面，急切等着主子的命令，准备一刀割下。

113

　　索多玛画这幅画时，赫然发觉上天仿佛跟他开了个大玩笑，与才华洋溢的拉斐尔共事的他竟就像那位处于劣势的玛尔叙阿斯一样，那份嘲弄，想必是点滴在心头。在梵蒂冈工作的这些画家，不仅要和西斯廷礼拜堂的米开朗琪罗及其团队竞争，团队内彼此之间显然也在竞争。就像达·芬奇、米开朗琪罗所发现的，赞助者常在他们所聘的湿壁画团队里安排内部竞赛。举例来说，一四八○年代佩鲁吉诺和其团队绘饰西斯廷礼拜堂墙面时，教皇西克斯图斯四世决定颁奖给他认为最优秀的艺术家，结果却让众人跌破眼镜，竟由被认为是这里面最差的科西莫·罗塞利获得。

114　　梵蒂冈这场竞赛的条件，在某种程度上，比西克斯图斯所定的条件更无情。索多玛和其他艺术家一样，已拿到五十杜卡特的报酬，作为他绘饰这个房间的前金。[14] 这笔钱约相当于六个月的工资，因而他想必明白合约期满后，自己大概不会再获续聘，且深知教皇有意要他和拉斐尔以及其他艺术家一较高下，以在布拉曼特找来的众艺术家中，找出最胜任各室绘饰工作的湿壁画家。

　　索多玛就和玛尔叙阿斯一样，不久就落败了。《阿波罗与玛尔叙阿斯》是他为梵蒂冈宫所绘的最后一幅画，因为一五○九年初他就被拿掉职务，被拉斐尔取代，原因非常简单，拉斐尔在构图和执行上都比他出色。在索多玛还常采用干壁画法时，这位年纪较轻、较无经验的艺术家就已展现出出色的真正的湿壁画法功力。[15]

　　被请出梵蒂冈的不只索多玛，包括佩鲁吉诺、平图里乔、小布拉曼特、鲁伊希在内的该团队其他人也遭免去承制权，他们半完成的湿壁画则注定要被全部刮掉，以腾出空间让拉斐尔恣意挥洒。教皇惊叹于拉斐尔在署名室的表现，于是下令将梵蒂冈各房间的绘饰工作全交给这位来自乌尔比诺的画家，他与米开朗琪罗的对抗因此更为白热化。

注释

[1] 引自戈尔齐奥（Vincenzo Golzio）著作《文献中、当时人记述中、该时代文学作品中的拉斐尔》（*Raffeello nei documenti，nelle testimonianze dei contemporanei，e nella letteratura del suo secolo*，Vatican City：Panetto & Petrelli，1936），第 301 页。

[2] 同上书，第 281 页。

[3] 瓦萨里：《画家、雕塑家、建筑师列传》，第一卷，第 710 页。

[4] 同上书，第 711 页。瓦萨里对拉斐尔教养的描述不可尽信，因为他把马姬雅·洽尔里的去世年份弄错了十年。

[5] 拉斐尔的俊秀相貌，千百年来引来众多探讨。数位德国生理学家仔细检查他自画像里的英俊脸庞，以找出有助了解他性格和过人天赋的线索。其中之一的卡鲁斯（Karl Gustav Carus）兴味盎然地谈到，"他官能的、动脉的、气体的性情特质"，正反映在他和谐的颅骨比例上。参见费舍尔（Oskar Fischel）著作《拉斐尔》英译本（*Raphael*，London：Kegan Paul，1948），第 340 页，译者 Bernard Rackham。这颗比例匀称的头颅，或者据说是拉斐尔本人的头颅，在欧洲各博物馆展出数十年，直到 1833 年，有人到万神殿该画家的墓，开棺取出包括颅骨在内的遗骸，才揭露这场骗局。取出的骨骸送交罗马大学的临床外科教授检查，发现这位画家有个大喉。因此，拉斐尔除了已有的众多魅力之外，又多了磁性男中音的特点。

[6] 瓦萨里：《画家、雕塑家、建筑师列传》，第一卷，第 422 页。

[7] 同上书，第 418 页。

[8] 同上。

[9] 没有确凿无疑的史料可以证明这间伊尤利亚图书馆与署名室有关系。大部分（但非全部）学者同意这两个场指的是同一个房间，而

这大体是根据该房间的装饰图案推断出来的，因为该装饰似乎是配合图书馆而施设。欲了解明确支持此说的观点，可参见席尔曼的《梵蒂冈诸室：功用与装饰》（"The Vatican Stanze: Functions and Decoration"）一文，《不列颠学会公报》（*Proceedings of the British Academy*, London: Oxford University Press, 1973），第 379~381 页。席尔曼以有力证据指出，尤利乌斯在位时，署名室位于隔壁房间，即今日称为火灾室的房间，第 377 页。

[10] 关于尤利乌斯私人图书室的藏书内容，可参见多雷斯（Léon Dorez）《教皇尤利乌斯二世的私人图书室》（La bibliothèque privée du Pape Jules II），《图书馆评论》（*Revue des Bibliothèque*），第 6 期，1986 年，第 97~124 页。

[11] 关于这些象征性人物与下方墙上湿壁画内容之间的关系的研究，可参见龚布里希（Ernst Gombrich）的《拉斐尔的署名室与其象征手法之本质》（"Raphael's Stanza della Segnatura and the Nature of its Symbolism"），收录于《象征形象：文艺复兴艺术之研究》（*Symbolic Images: Studies in the Art of The Renaissance*, London: Phaidon, 1972），第 85~101 页。

[12] 最近在署名室进行的保护工作，未能探明究竟是拉斐尔和索多玛同时绘饰拱顶，还是索多玛绘饰拱顶时，拉斐尔开始绘饰墙面，然后在索多玛完成其区块时，再介入拱顶绘饰。关于这个问题，参见巴塔里尼（Roberto Bartalini）的《索多玛、齐吉家族、梵蒂冈诸室》（Sodoma, the Chigi and the Vatican Stanze），《勃林顿杂志》（*Burlington Magazine*, September 2001），第 552~553 页。

[13] 克拉克（Kenneth Clark）著作《达·芬奇》（*Leonardo da Vinci*, London: Penguin, 1961），第 34 页。

[14] 关于索多玛的报酬，参见霍格伟夫（G. I. Hoogewerff）的文章 "Documenti, in parte inediti, che riguardano Raffaello ed altri artisti contemporanei", *Atti della Pontificia Accadmia Roma di Archeologia, Rediconti 21* (1945–6)，第 250~260 页。

[15] 关于风格上的差异，可参见巴塔里尼的《索多玛、齐吉家族、梵蒂冈诸室》，第 549 页。

第十三章　真　色

佩鲁吉诺在和索多玛等该团队其他人一样，遭遽然解除梵
蒂冈职务时，他的创作生涯可能已开始走下坡。但约三十年
前，他曾是西斯廷礼拜堂墙面绘饰团队中最杰出的成员。吉兰
达约和波提切利都未在这个礼拜堂完全发挥潜能，佩鲁吉诺却
明显更胜一筹，他在该礼拜堂北墙完成了一件公认的杰作
（十五世纪最出色的湿壁画之一），《基督交钥匙给圣彼得》
（ *The Giving of the Keys to St Peter* ）。因而，米开朗琪罗深知自
己的拱顶湿壁画完成后，必会有人拿它来和这件杰作评高下。

《基督交钥匙给圣彼得》就在《大洪水》正下方 30 英尺
处，属于西斯廷礼拜堂北墙上以基督生平为题的六幅画作之
一。该画阐述《马太福音》第十六章第十七至十九节的事件，
基督授予圣彼得独一无二的祭司之权，使他成为第一任教皇。
在佩鲁吉诺笔下，基督身着蓝袍，将"通往天国的钥匙"交
给跪受的弟子。两人和身边的其他弟子位于文艺复兴风格的大
广场中央，广场边有座八角形神殿、两座凯旋拱门，作为整幅
画的背景，所有人物的呈现完美符合透视法。佩鲁吉诺的湿壁
画含有为教皇宣传的微妙意涵，因而彼得身上的衣着以蓝、金
黄两色（罗维雷家族的颜色）呈现，以强调此作品的赞助
者——教皇西克斯图斯四世——是彼得衣钵的承继者之一。

佩鲁吉诺的湿壁画极受推崇，以至于完成后不久，此画就

带有神秘意涵。西斯廷礼拜堂是枢机主教举行秘密会议选出教皇的地点（今日仍是），堂内筑有数排木制小房间，使礼拜堂犹如一栋宿舍。在小房间内，枢机主教可以吃、睡、密谋策划。秘密会议举行前数天，以抽签方式分派房间，但有些房间被认为较吉利，特别是《基督交钥匙给圣彼得》下方的那间小房间，原因大概在于该画的主题。[1] 这则迷信或许不是毫无根据，因为一五〇三年十月三十一日开始举行的秘密会议，抽中佩鲁吉诺湿壁画下面房间的正是朱利亚诺·德拉·罗维雷，即该会议后来推选出的教皇尤利乌斯二世。

米开朗琪罗每次爬梯子上脚手架，都会经过佩鲁吉诺的杰作，以及吉兰达约、波提切利和该团队其他人的作品，这些画想必有个地方令他印象深刻，即用色的鲜艳。这些湿壁画用了许多金色和群青色，营造出大片华丽甚至华丽得有些俗气的色彩。据说西克斯图斯四世惊叹于科西莫·罗塞利使用这些颜料后的效果，下令其他艺术家如法炮制，以营造出辉煌的效果。

据瓦萨里的说法，米开朗琪罗决心要向世人证明，"那些在他之前在那儿（即西斯廷礼拜堂）作画的人，注定要败在他的努力之下"。[2] 他向来鄙视那些作画时涂抹大片鲜亮色彩之徒，谴责"那些眼中只有浓艳的颜色，关注绿、黄或类似之强烈色彩更甚于展现人物灵魂与动感的傻瓜"。[3] 但他也深知这些傻瓜会拿他的作品和佩鲁吉诺与其团队的作品相提并论，因而他似乎有所妥协，在礼拜堂的拱顶上用了许多令人目眩的色彩。

在拱肩和弦月壁，即位于礼拜堂诸窗户上方和周边且最接近墙壁的拱顶边缘地区，这种强烈的设色特别显著。一五〇九年初《大洪水》完成后，米开朗琪罗的绘制脚步未往门口回

推，因为他显然仍对在顶棚上较显眼部位工作有所顾虑。因 117
此，完成中间那幅《创世纪》纪事场景后，他反倒着手画两
侧的部分，而这也成为他往后绘饰西斯廷顶棚的习惯。[4]

　　米开朗琪罗打算以基督列祖的肖像，即《新约》开头几
节所列、作为亚伯拉罕后代而为基督先祖的诸位人物的肖像，
来装饰拱肩和弦月壁。每个画域里将各画上数个人物，里面有
男有女，有大人有小孩，构成一系列家族群像，并在弦月壁的
姓名牌上标出各人的身份。这些肖像最后将出现在窗间壁面上
方几英寸处，窗间壁上则已有佩鲁吉诺和其团队以极华丽鲜艳
的色彩所绘的三十二位教皇肖像湿壁画（其中有位教皇身穿
带有橙色圆点花纹的袍服）。米开朗琪罗打算以同样鲜亮的服
饰为基督列祖打扮。为了不让自己的作品失色于前代画家，他
需要顶级颜料。

　　艺术家的水平高低无疑取决于所用的颜料。当时最好、最
有名的颜料，有些来自威尼斯。从东方市场载着朱砂、群青之
类外国原料返航的船只，第一泊靠的港口就是威尼斯。画家有
时和赞助者商定，亲自跑一趟威尼斯，以购得所需的颜料。平
图里乔承制皮科洛米尼图书馆湿壁画的合约里，言明拨出两百
杜卡特金币作为这方面的开销。[5]到威尼斯购买颜料虽得费些
旅费，但少掉了中间的运送物流成本，价格也比较便宜，也就
抵销了旅费开销。

　　但米开朗琪罗一般来讲选择从佛罗伦萨购买颜料。他是无
可救药的完美主义者，自然对颜料质量颇为挑剔。有次他寄钱
托父亲买一盎司的胭脂虫红，言明"务必是佛罗伦萨所能买
到的最好的颜料。如果买不到最好的颜料，宁可不买"。[6]这

种质量管控的确有必要，因为许多昂贵颜料掺了廉价品。当时
118 人建议欲购买朱红（用朱砂制成的颜料）者，要买块状，而
不要买粉状，因为粉状朱红里常掺了廉价替代品铅丹。

　　米开朗琪罗会选择从故乡而非威尼斯进颜料，并不令人奇
怪，因为他在威尼斯没什么熟人。佛罗伦萨有约四十间画家工
作室，[7]许多修道院、药房都为这些工作室供应颜料。最著名
的颜料制造商，当然非耶稣修会修士莫属。但要买颜料不必非
得亲自跑一趟墙边圣朱斯托修道院不可。佛罗伦萨的画家属于
药房与医师同业行会的成员。将艺术家纳入该行会的理由在
于，药房贩卖许多颜料与固着剂的原料，而这些原料有许多同
时充作药物使用。举例来说，黄蓍胶既为治疗咳嗽、嗓音粗
哑、眼皮肿痛的处方药，也是画家广泛用来使颜料均匀消散于
液体中的材料。茜草根除了可以制胭脂虫红，还是当时人大力
提倡的坐骨神经痛治疗药。颜料与药物的共通现象，曾在帕多
瓦艺术家瓦拉托里身上引发一件趣事。话说有次他边接受医生
护理，边画湿壁画。服完药剂准备上工时，他闻了一下药液味
道，突然将画笔浸入药罐中，然后拿起蘸了药液的画笔在墙上
大涂特涂（对湿壁画和他自身健康显然都无害）。[8]

　　颜料制造是棘手而极专业化的行业。例如，米开朗琪罗在
《大洪水》里用来为天空和洪水着色、耶稣修会修士所制颜料
之一的苏麻离青（smaltino），是用含钴的玻璃粉制成。苏麻离
青制造困难甚至危险，因为钴既具有腐蚀性，且含有带毒的砷
（砷毒性很强，因而过去也用作杀虫剂）。但以彩绘玻璃闻名
全欧的耶稣修会修士，处理钴很拿手。他们将钴矿放进炉内烘
烤（smaltino原意为熔炼，因此得名），然后将因此形成的氧
化钴加进熔融的玻璃里。替玻璃上色后，修士将玻璃压碎，以

制造颜料。以苏麻离青上色的作品，若用显微镜观察其横断
面，可以看到这些玻璃粉末。即使是低倍率显微镜，也可看到
玻璃碎片和小气泡。

119

　　艺术家买进的苏麻离青之类的颜料未经精炼，必须在画室
里经过特别配制之后，才能加进因托纳可。孔迪维说米开朗琪
罗亲自磨碎颜料，极不可信，因为配制颜料向来需要至少三
人。对米开朗琪罗来说，还需要助手们的建议。他和大部分助
手一样，曾在吉兰达约门下学过这门技术。但西斯廷礼拜堂顶
棚所需的颜料，有许多他已将近二十年没碰过，必得借助格拉
纳齐之类人士的经验。

　　配制工作因颜料种类而异。有些颜料得磨成细粉，有些制
成较粗的颗粒，有些则得加热，以醋分解，或不断冲洗、过
滤。颜料的色调一如咖啡的口味，取决于磨细的程度，因此确
保一致的研磨程度至关紧要。例如，苏麻离青若是粗磨，颜色
是深蓝；若细磨，颜色是淡蓝。此外，苏麻离青若只到粗磨程
度，就必须在灰泥仍湿而有黏性时加入。因此，苏麻离青总是
第一个上的颜色，但几小时后可再涂一层以加深颜色。这类技
巧攸关湿壁画的成败。米开朗琪罗最近一次执笔作画（《圣家
族》）时未用到苏麻离青，因此一旦真要配制这种颜料，势必
要大大仰仗助手不可。

　　西斯廷顶棚上所用的大部分其他颜料，都比较容易配
制。[9]许多颜料是用黏土和其他泥土调制而成，而这些土全从
意大利多个地方挖来，托斯卡纳在这方面储藏特别丰富。一三
九〇年代琴尼诺·琴尼尼（Cennino Cennini）为画家所写的
《艺人手册》（*Il Libro dell arte*），就提到该地土壤的多种颜色。
琴尼尼小时候，父亲带他到锡耶纳附近埃尔萨河谷的某个小山

山脚。后来他写道，在那儿"我用铲子刮峭壁，看到多种不
120 同颜色的土层，有赭色、深绿和浅绿、蓝色和白色……在这
里，还有一层黑色的。这些颜色出现在土里的方式，就和男女
脸上出现皱纹的方式一样"。[10]

历代的颜料制造者都知道从哪里可以找到这些黏土，以及
接下来如何将黏土制成颜料。锡耶纳附近的丘陵出产富铁的黏
土，名叫锡耶纳土（terra di Siena），可制作褐中带点黄的颜
料。这种黏土放进火炉加热后，产生褐中带点红的颜料，名叫
锻黄土（burnt sienna）。色泽较深的富锰棕土（raw umber）用
富含二氧化锰的土制成；红赭石（red ochre）则是用另一种从
托斯卡纳山区挖出的红土制成。圣约翰白（Bianco
sangiovanii）是佛罗伦萨本地生产的白色颜料，因该城的主保
圣人而得名。这种颜料系将生石灰熟化后，埋入洞中数星期，
直到转为浓膏状后，在太阳下曝晒成坚实块状。

其他颜料来自更远的地方。绿土（terra verte）以绿中带
灰的海绿石（glauconite）制成，海绿石采自佛罗伦萨北方一
百六十公里处的威洛纳附近。群青的原料来自更遥远的地方。
诚如其意大利文 azzurro oltramarino（海那边的蓝）所示，群青
是来自海另一头的蓝色颜料，海另一头指的就是天青石的产地
阿富汗。耶稣修会修士制作这种昂贵颜料的方式，是先将这种
蓝色石头在铜钵里磨成粉，再混入蜡、树脂、油，然后放入陶
罐并融成糊状物。接着用亚麻包住该糊状混合物，放入盛有温
碱液的容器里，如面团般揉捏。碱液一旦饱含颜色，就将碱液
倒入釉碗。然后再将新的碱液倒入放有这面团状物的容器里，
待碱液饱含蓝色，再将碱液倒入第二个碗里，如此重复做，直
到这软块再也无法使碱液显色为止。最后，将各碗里的碱液倒

掉，留下蓝色残余物。

这套工法可生产出数个层次的群青。第一次捏揉产生的粒子最大、最蓝，接下来搜集到的粒子，质量越来越差。米开朗琪罗向雅各布布·迪·佛朗切斯科索要"一些高质量天蓝色颜料"时，要的很可能就是来自第一次捏揉的蓝颜料。若是如此，价钱想必不低。群青每盎司值八杜卡特，价值几乎和黄金一样，是次蓝颜料石青（azurite）的三十倍，相当于佛罗伦萨一间大工作室半年多的租金。[11]因为群青非常昂贵，佩鲁吉诺替墙边圣朱斯托修道院回廊绘饰湿壁画时，院长坚持只要用到该颜料，他就要在场监看，以防佩鲁吉诺顺手牵羊。佩鲁吉诺是个老实人，但院长大有理由保护他的群青，因为无耻的艺术家会拿石青代替群青，赚取中间差价。佛罗伦萨、锡耶纳、佩鲁贾三地的同业行会，均严禁这种欺诈行为。

当时群青几乎都以干壁画法加上去，即在因托纳可干透后，借助固着剂涂上去。但在这之前，也不乏在真正湿壁画上涂群青的例子，吉兰达约在托尔纳博尼礼拜堂的绘饰作品就是最著名的例子。米开朗琪罗挑上这群佛罗伦萨助手的原因之一，可能就在于他们出身吉兰达约门下，学过如何在真正的湿壁画上敷设群青之类的鲜亮颜料。不过，他在这拱顶上使用群青似乎不多。[12]经济考虑无疑是原因之一，因为后来他向孔迪维得意说道，西斯廷礼拜堂的颜料开销，他只用了二十或二十五杜卡特（这笔钱只能勉强买到三盎司群青，更别提买其他颜料了）。[13]其他传统上以干壁画法添上的矿物基颜料（石青、朱砂、石绿），他即使有用，也用得不多。解决了《大洪水》的发霉问题后，他和助手们主要以较不易坏但也较困难的真正湿壁画法作画，不过偶尔也用干壁画法添上几笔。[14]值得注意

121

的是，基督列祖像将几乎全以真正湿壁画法画成。

位于《大洪水》两边，突出于窗户之上的拱肩，面积虽
小，却不容易作画。米开朗琪罗必须在这两片拱状的三角形壁
上，表现他所拟画的人物。[15]不过工作似乎进展颇快。《大洪
水》花掉一个多月，这两面拱肩却各用了八天就完成绘饰。[16]
米开朗琪罗及其团队先画位于北侧的拱肩，并穿插运用针刺誊
绘法和尖笔刻痕法，将草图誊绘上去。轮到姓名牌上写着
"约西亚　耶哥尼雅　撒拉铁"[17]的南侧拱肩时，米开朗琪罗
显然更有自信，以针刺誊绘法转描各人物头部后，就弃草图不
用，在灰泥上径自上色，画了起来。想想当初画《大洪水》
时因为出了差错，导致不得不打掉灰泥，重新再来，这次不转
描就直接画起来，不可谓不大胆。不过，这招似乎颇管用，顺
利完成，既不用重画，也无须用干壁画法添笔。这面拱肩呈现
三个人垂头弯腰坐在地上，画面不大，位于顶棚上不显眼的地
方，却标志着米开朗琪罗迈入了一个重要阶段。经过数月工
作，他似乎终于摸到了窍门。

两面画完成后，米开朗琪罗走下脚手架几步，准备绘饰弦
月壁。他在西斯廷的作画习惯是，每次以中央的《创世纪》
场景为起点，接着绘饰两边拱肩，最后完成两边的弦月壁，从
而完成一条横向画带。如此逐条完成所有横向画带。他发现弦
月壁比上方15~20英尺处的拱顶，要容易作画许多。拱顶绘
饰时人不得不往后仰，画笔必须举到头上方，但弦月壁不同，
作画面是垂直、平坦的壁面。弦月壁作画实在容易，因此他再
度采用先前的罕见做法，完全不靠草图，在灰泥壁上径自画了
起来。

122

　　不需要花时间在工作室里画草图，不用将草图转描到壁上，米开朗琪罗工作速度快了许多。第一面弦月壁只花三天就画好，第一个乔纳塔完成方形金边姓名牌，第二个完成窗户左边的人物，第三个完成右边的人物。这面弦月壁上的人物各有7英尺高，由此看来，米开朗琪罗可说是进展神速，比起湿壁画界的快手也不逊色。姓名牌由助手用尺和线制成，所有人像则无疑由米开朗琪罗亲手绘成。

　　由于心急，有时灰泥还太湿，米开朗琪罗就开始在上面作画。画笔擦过壁面，把湿壁画赖以在其上作画的脆弱薄膜也划破。用松鼠或白鼬毛做成的画笔无法承受因托纳可里石灰的腐蚀，因此他几乎只用猪鬃做的画笔。有时画得太快太顺，笔上的猪鬃还被留在灰泥里。

123

　　画弦月壁时，米开朗琪罗先参考早先完成的小素描，以细笔蘸深色颜料，在因托纳可上勾勒出列祖轮廓。接着改用较粗的笔，蘸上名叫莫雷罗内（morellone）的颜料，画出列祖周遭的背景。莫雷罗内学名三氧化二铁（iron sesquioxide），颜色粉红中带点紫，是以硫酸混合明矾，放入炉中加热，直到转为淡紫色为止而制成。炼金术士很熟悉这种东西，称它是 caput mortuum（渣滓），因留在烧杯底部的残余物而得名。

　　完成背景后，米开朗琪罗回头处理人物，设色赋予他们血肉，先画暗部，再画中间色调，最后处理最亮处。湿壁画家习艺时，师父通常教他们要让画笔饱蘸颜料，然后用拇指、食指紧捏笔毛，掐除多余的水。但米开朗琪罗画弦月壁时，笔毛很湿，上色时涂层薄而多水，以致有些地方呈现出类似水彩画的半透明效果。

　　鲜黄、鲜粉红、鲜紫红、鲜红、鲜橙、鲜绿，米开朗琪罗绘饰拱肩和弦月壁时，以湿壁画领域这些最鲜亮的颜色作画，颜色间的搭配极为出色，有些部位因此呈现类似闪色绸的效果。举例来说，《大洪水》下方的某面拱肩，描绘一名橙发妇女坐在年老丈夫旁边，妇女身穿亮眼的粉红兼橙色衣服，男人则是一身鲜红袍服。这些绚丽色彩直到最近才重见天日。经过五百年蜡烛、油灯烟熏，画表面积了数层油垢，加上历来无数次的不当修复，整片湿壁画被涂上了数层厚厚的胶和亚麻籽油清漆，拱肩和弦月壁变得暗淡且污秽不堪。二十世纪最伟大的米开朗琪罗研究者，匈牙利裔的查尔斯·德·托尔内，因此称它们是"幽暗与死亡的苍穹"。[18] 直到一九八〇年代，梵蒂冈找来更专业的文物保护人士，除掉湿壁画表面的层层污垢，米开朗琪罗所敷设的颜色才得以本来面目示人。

　　对于如此执着于自己家世的米开朗琪罗来说，决定画基督的列祖列宗，或许不足为奇。但在当时的西方艺坛，基督列祖并非常见的主题。在这之前，乔托已在帕多瓦的斯科洛维尼礼拜堂拱顶上，画了数条同主题的湿壁画饰带，法国数座哥特式大教堂的正门立面上，也有同主题的装饰。不过，比起先知或使徒等圣经上的其他人物，基督列祖一直不太受青睐。此外，米开朗琪罗还选择以别出心裁的方式，即文学或艺术上都前所未有的方式，刻画这不寻常的题材。在这之前，救世主耶稣的先祖向来是以头戴王冠、手持节杖的王者形象呈现。耶稣先祖起于亚伯拉罕，终于约瑟，中间包括了戴维、所罗门等以色列、犹大两国国王，家族显赫，以王者形象呈现的确适当。乔托甚至为他们加上头顶光轮。但米开朗琪罗打算以平凡许多的形象呈现。

　　这种特有的诠释手法，可见于米开朗琪罗所绘的首批列祖像之一。约西亚是《旧约》里最伟大的英雄人物之一，故事见于《列王纪下》。这位犹大国王推行多项改革，包括开除崇拜偶像的祭司、烧毁他们的偶像、终止以儿童献祭的仪式、禁绝灵媒和男巫、拆掉男妓邪教的房子。在位三十一年，一生多彩多姿，最后在与埃及人的小战斗中中箭伤不治，英勇死在战场上。圣经上写道："在约西亚以前，没有王像他……在他以后，也没有哪个王像他。"（《列王纪下》第二十三章第二十五节）

　　米开朗琪罗以设计、雕塑男性英雄人物而著称。但他描绘约西亚时，这位大举迫害男巫、偶像崇拜者和男妓的国王，完全不见其令人敬畏的形象。弦月壁上呈现的似乎是家庭小口角的场景，丈夫努力想制服在他腿上吵闹的小孩，愤怒而又无奈地望着妻子，而妻子则抱着另一名扭动不安的小孩，生气转过身去不理他。在这弦月壁上面的拱肩上，则描绘了一名妻子抱着小婴儿坐在地上，丈夫懒散坐在她身旁，闭目垂头。他们那有气无力的身躯不仅与圣经中约西亚活力十足的形象大不相同，也与他们头上几英尺处那些魁梧的裸像大异其趣。米开朗琪罗在脚手架上运笔疾挥，一两天就画成拱肩、弦月壁上的一位人物，他的从容自信也与这些人像的呆滞大相径庭。

125

　　米开朗琪罗后来画基督列祖的其他人物，手法类似，最终一共画了九十一人，在整排窗户上方形成了丰富多彩的饰带。他为此准备的草图里，到处是垂着头、手脚颓然落下、无精打采地或坐或靠的人物，姿势一点也不像是"米开朗琪罗风格"。其中许多人做着单调的日常琐事，例如梳头发、缠纱、剪布、入睡、照顾小孩或照镜子。这些动作让基督列祖像几乎可以说是米开朗琪罗一生绝无仅有的异类作品，因为日常生活形象在他作品里极为少见。列祖像值得注意之处还不止于此。他所画的九十一位神情呆滞、消极的人物里，有二十五位是女性，这在历来所绘的基督列祖像里，除了圣母玛利亚这位基督最亲的直系女性亲人，几乎是前所未闻、前所未见。[①]

在这些世俗场景里加入女性人物，有助于米开朗琪罗将列祖像转化为数十个家族群像。由于父－母－子的布局，他笔下的人物其实较类似于圣家族，不太像前人所绘的列祖像。数年后，提香甚至以"约西亚耶哥尼雅撒拉铁"弦月壁中的某些人物，作为诠释圣家族题材的模板，而在约一五一二年绘成《逃往埃及途中的歇脚》（*The Rest on the Flight into Egypt*）。[19]

"圣家族"是较新的艺术题材，从圣母子画像发展而来，往往强调"道成肉身"（Incarnation，与上帝同在的基督通过童贞女玛利亚而取肉身成人）里的凡人、家庭层面，以自然写实的手法呈现约瑟、玛利亚为特色。画中的他们表现出寻常生活姿态，令观者倍觉亲切。拉斐尔在佛罗伦萨画了数幅圣母子，其中为卡尼贾尼所绘的那幅，慈祥的约瑟倚着拐杖，望着坐在地上休息的圣母和圣伊丽莎白，她们两人的儿子则在草地上嬉戏。米开朗琪罗的《圣家族》绘于约一五〇四年，描绘玛利亚坐在地上，大腿上放了本书，白胡子约瑟将小孩基督抱到她手上。

圣家族画像常是私人委制品，作为委制者家中的祈祷之物。它们被挂在家中或先祖礼拜堂里，作用是将画中亲爱和睦

---

① 圣经所列的四十位基督先祖里，共有五位女性，除了圣母玛利亚，还有他玛、拔示巴、拉赫、路得。但米开朗琪罗并未将她们的名字刻在姓名牌上。

的夫妇和亲子作为家人的榜样，以塑造和强化家族认同。[20] 米开朗琪罗的《圣家族》也不例外。该画是多尼娶进马达莲娜·斯特罗齐时请米开朗琪罗绘制的，为这对新人提供了天伦和乐的家庭生活典范，作为他们携手共度未来时互勉的榜样。[21]

几年后，米开朗琪罗画出了与此大不相同的家居生活场景。西斯廷礼拜堂的拱肩和弦月壁上，一对对陷入争执而疲惫不堪的夫妇，比起圣家族体裁作品里一贯慈爱的约瑟、一贯怡然自得的圣母，米开朗琪罗呈现的是更不和谐、更不幸的婚姻生活面貌。米开朗琪罗的列祖像未呈现作为家庭伦理榜样的和乐的家居生活，反倒表现出多种较不为人所乐见的情绪，例如愤怒、无聊、无精打采。这些少了生命冲劲而陷入口角的人物，诚如某艺术史家所说的，生动刻画了"不幸的家庭生活"，[22] 因而不由让人怀疑，他们是否和米开朗琪罗本人不和乐的家庭所带给他的不满、挫折有关。他或许和父亲、兄弟往来密切，但博纳罗蒂家族仍然争吵频频、分裂对立、叫人烦心，且索求和抱怨不断。思索拱肩、弦月壁的构图时，正有婶婶官司和兄弟不成材之类的家庭问题烦恼着他，因而米开朗琪罗似乎将某精神分析学家所谓的"对自己先祖混乱而矛盾的情感"，[23] 画进了湿壁画里，而将基督的家族画成和自己家族一样的不幸，充满争执和对立。

127

注释

[1] 参见钱伯斯（D. S. Chambers）《西斯廷礼拜堂的推选教皇秘密会议

与预言性神秘色彩》（"Papal Conclaves and Prophetic Mystery in the Sistine Chapel"），《沃伯格与考陶尔德协会会刊》（*Journal of The Warburg and Courtauld Institutes*），第 41 期，1978 年，第 322～326 页。

[2] 瓦萨里：《画家、雕塑家、建筑师列传》，第二卷，第 666 页。

[3] 引自克莱蒙茨（Robert J. Clements）所编《米开朗琪罗：一幅自画像》（*Michelangelo：A Self-Portrait*, New York：New York University Press, 1968），第 34 页。

[4] 关于米开朗琪罗这种从中央往弦月壁横向推进，逐个完成横向画带的工作习性，可参见曼奇内利《工作中的米开朗琪罗：弦月壁的绘饰》一文，第 241 页。米开朗琪罗绘饰弦月壁是与拱顶其他部位同时进行，还是将弦月壁统纳入另一工作项目，日后一起画，学界对此向来未有定论。1945 年，德·托尔内主张米开朗琪罗直到 1511 年至 1512 年，拱顶湿壁画的其余部位都画完，才开始绘饰弦月壁（《米开朗琪罗》，第二卷，第 105 页）。更晚近，这个观点得到吉尔勃特（Creighton E. Gilbert）采用（《西斯廷顶棚各部分的确凿日期》，第 178 页）。其他艺术史家，例如曼奇内利，则不表认同，他认为弦月壁并未移入另一工作项目，挪后完成，而是与拱顶其他部位同时绘饰，参见曼奇内利《米开朗琪罗的绘画技巧：西斯廷礼拜堂首批弦月壁清理工作摘记》（"The Technique of Michelangelo as a Painter：A Note on the Cleaning of the First Lunettes in the Sistine Chapel"），《阿波罗》（*Apollo*），1983 年 5 月号，第 362～363 页。曼奇内利这篇文章的论点，即"弦月壁的绘饰应与整个顶棚的工作进展有关"，且"这两个阶段密切相关，并非各自独立进行"。，第 363 页，代表他修正了先前在《西斯廷礼拜堂》（*The Sistine Chapel*, London：Constable, 1978），第 14 页所表达的看法，即弦月壁的绘饰通通移到后面、1512 年才一起完成的看法。曼奇内利修正后的观点呼应了韦尔德（Johannes Wilde）早期的推测，即"弦月壁和拱状三角壁（拱肩）之绘饰未晚于顶棚上与它们相对应的中央部位"。参见《西斯廷礼拜堂的装饰》（"The Decoration of the Sistine Chapel"）一文，《不列颠学会公报》（Proceedings of the British Academy），第 54 期，1958 年，第 78 页，注释 2。韦尔德编订的绘饰时间表，获得以下著作的采用：佛里德伯格（Sidney Freedberg）

的《文艺复兴时期罗马与佛罗伦萨的绘画》（*Painting of the High Renaissance in Rome and Florence*，Cambridge，Mass.：Harvard University Press，1972），第 626 页；同作者的《一五〇〇年至一六〇〇年意大利绘画》（*Painting in Italy*，1500 – 1600，Penguin，1971），第 468 页；赫斯特的《牛津的米开朗琪罗顶棚素描册》（"Il Modo delle Attitudini"：Michelangelo's Oxford Sketchbook for the Ceiling），收录于霍尔勃顿（Paul Holberton）所编《西斯廷礼拜堂：米开朗琪罗再发掘》（*The Sistine Chapel*：*Michelangelo Rediscovered*，London：Muller，Blond & White，1986）一书，第208 ~ 217 页；以及乔安妮尼德斯（Paul Joannides）的《谈西斯廷礼拜堂顶棚的绘饰顺序》（"On the Chronology of the Sistine Chapel Ceiling"），《艺术史》（*Art History*）杂志，1981 年 9 月号，第 250 ~ 252 页。

[5]　盖吉（John Gage）著作《色彩与文化：从古代到抽象的实践与意义》（*Colour and Culture*：*Practice and Meaning from Antiquity to Abstraction*，London：Thames & Hudson，1993），第 131 页。

[6]　迦尔登（Robert W. Garden）所编《米开朗琪罗：他的个人书信与文件里所谈到的个人生活记录》（*Michelangelo*：*A Record of His Life as Told in His Own Letters and Papers*，London：Constable & Co.，1913），第 57 ~ 58 页。

[7]　韦尔奇（Evelyn Welch）著作《文艺复兴时期的意大利艺术》（*Art in Renaissance Italy*，Oxford：Oxford University Press，1997），第 84 页。

[8]　梅里费尔德（Mary Merrifield）著作《湿壁画艺术》（*The Art of Fresco Painting*，London，1846；重印版 London：Alec Tiranti，1966），第 110 页。

[9]　关于米开朗琪罗的颜料使用，参见曼奇内利《工作中的米开朗琪罗：弦月壁的绘饰》，第 242 页；以及同作者的《米开朗琪罗的西斯廷礼拜堂湿壁画》（"Michelangelo's Frescoes in the Sistine Chapel"），收录于奥迪（Andrew Oddy）所编《文物管理员的艺术》（*The Art of the Conservator*，London：British Museum Press，1992），第 98 页。

[10]　琴尼尼（Cennino Cennini）著作《艺人手册》英译本（*Il Libro dell'arte*：*The Craftsman's Handbook*，New Haven：Yale University Press，1933），第 27 页，译者 Daniel V. Thompson。

[11] 以佩鲁吉诺之类备受肯定的画家为例，在佛罗伦萨租一间工作室的租金是一年十二弗罗林金币，参见库宁（A. Victor Coonin）所撰《关于佩鲁吉诺佛罗伦萨工作室的新文献》（"New Documents Concerning Perugino's Workshop in Florence"），《勃林顿杂志》，第96期，（February 1999），第100页。

[12] 关于吉兰达约在真正湿壁画法上使用群青，可参见罗特根《意大利湿壁画》，第二卷，第164页。自1980年至1989年米开朗琪罗的湿壁画经历争议性修复以来，西斯廷礼拜堂拱顶是否有用群青，一直是辩而未决的问题。担任梵蒂冈拜占庭、中世纪、现代艺术品管理人而在1994年死于任上的曼奇内利，统筹此次的修复工程。他针对群青所发表的一些相互矛盾的主张，更使上述问题显得疑云重重。问题的症结在于那些满怀热情要让湿壁画焕然一新的修复者，他们所清除掉的干壁画法笔触（包括涂了群青的细部），究竟是米开朗琪罗加上去的，还是说这些干壁画法笔触（其中许多已让颜色变暗）是先前修复者的杰作。米开朗琪罗是否用了群青，如果用了，他是否以干壁画法加上，对这两个问题，曼奇内利游移不决，前后看法差异颇大。1983年，他主张有些蓝色部位（他未指明哪个部位）其实是以干壁画法加上。1986年，他看法丕变，宣称米开朗琪罗绘顶棚湿壁画时完全未用到干壁画法，而是以真正湿壁画法加上群青。来年在伦敦的一场座谈会上，他重申这个观点。1991年，修复完成的两年后，他又改变看法，断定顶棚上的蓝色颜料不是群青，而是苏麻离青。但1992年，曼奇内利又来次大逆转，主张还是有用到群青。从这些相互矛盾的主张来看，要判定米开朗琪罗是否在西斯廷顶棚上用了群青，几乎不可能。不过许多证据显示，顶棚许多地方用了群青，例如撒迦利亚领子上以干壁画法加上的地方。

关于曼奇内利的不同看法，可参见以下文章（按出版顺序）：《米开朗琪罗的绘画技巧：西斯廷礼拜堂首批弦月壁清理工作摘记》，第362~367页；《工作中的米开朗琪罗：弦月壁的绘饰》，第218~259页；《米开朗琪罗的西斯廷礼拜堂湿壁画》，第89~107页。关于西斯廷礼拜堂修复工程所受到的批评，可参见贝克（James Beck）与达里（Michael Daley）合著的《艺术修复：文化、商业、丑闻》（Art Restoration：The Culture，the Business and the

Scandal, London：John Murray, 1993）。

[13] 孔迪维：《米开朗琪罗传》，第 58 页。

[14] 参见科拉鲁奇（Gianluigi Colalucci）所撰《西斯廷顶棚湿壁画技巧》（"The Technique of the Sistine Ceiling Frescoes"），收录于德维奇与默斐合编的《西斯廷礼拜堂：值得称颂的修复》，第 34 页。科拉鲁奇主张米开朗琪罗以干壁画法加添的一些地方，"规模不大而难以察觉"。

[15] 关于弦月壁绘饰的完整探讨，可参见曼奇内利《工作中的米开朗琪罗》，第 242～259 页。

[16] 关于这个工作天数以及针刺誊绘法、尖笔刻痕法的相关信息，可参见斑巴赫《意大利文艺复兴画室里的素描和绘画》附录二 "米开朗琪罗西斯廷礼拜堂顶棚用到的草图转描技巧"（"Cartoon Transfer Techniques in Michelangelo's Sistine Ceiling"），第 365～367 页。

[17] 拱肩、弦月壁上所画的人物，身份断定并不容易。艺术史家有时认为弦月壁上姓名牌上的第一个人名，指的就是上方拱肩里所画之人。但由于有些姓名牌只列出两个名字，其他则只列出一个名字，这个断定法显然就不管用。如今学界普遍同意，姓名牌上的名字和拱肩、弦月壁上的个别人物，彼此间没有一一对应的关系。例如，有个姓名牌上有国王大卫的名字，但在拱肩、弦月壁上却找不到大卫这个人。因此，莉萨·庞（Lisa Pon）认为，"要具体断定每个人的身份是不可能的事。因此只有将这些人物视为一个整体，并结合这一连串的名字，他们才能呈现出基督的家谱"。参见庞的《漫谈西斯廷礼拜堂基督列祖像》（"A Note on the Ancestors of Christ in the Sistine Chapel"），《沃伯格与考陶尔德协会会刊》，第 61 期，1998 年，第 257 页。

[18] 德·托尔内：《米开朗琪罗》，第二卷，第 77 页。

[19] 乔安妮尼德斯（Paul Joannides）《一五一八年前的提香》（*Titian to 1518：The Assumption of Genius*, New Haven：Yale University Press, 2001），第 161 页。这幅画藏于英国韦尔特郡的隆里特馆（Longleat House），1995 年遭窃，2002 年在伦敦找回。

[20] 参见帕尔默（Allison Lee Palmer）的《十五世纪佛罗伦萨艺术作品里母性洋溢的圣母：父权制家庭里的社会性典范》（"The Maternal

Madonna in Quattrocento Florence: Social Ideals in the Family of the Patriarch"),《根源:艺术史里的脚注》(*Source*: *Notes in the History of Art*, Spring 2002),第 7~14 页。帕尔默认为这些人像"在家庭行为的形塑上起了积极作用",第 7 页。

[21] 同样地,卡尼贾尼在 1507 年娶卢克蕾齐亚·佛雷斯科巴尔迪(Lucrezia Frescobaldi)时,委托拉斐尔绘制了《圣家族》,完成之后,画就挂在他们的婚礼室里。

[22] 德·托尔内:《米开朗琪罗》,第二卷,第 77 页。

[23] 利伯特(Robert S. Liebert)的《米开朗琪罗:对其一生和其人像的精神分析研究》(*Michelangelo*: *A Psychoanalytic Study of His Life and Images*, New Haven: Yale University Press, 1983),第 28 页。

第十四章　锡安的民哪，
应当大大喜乐

一五〇九年五月十四日，威尼斯军队于北意大利的阿尼亚德罗被法军击败。一万五千多名士兵不是被俘就是被杀，威尼斯最高指挥官达尔维亚诺也成了俘虏（一五一三年获释）。对威尼斯共和国而言，这是一场重大挫败，也是四五二年进军罗马的匈奴王阿提拉沿途劫掠意大利城镇以来，威尼斯在陆上的第一场败仗。而这一次，情势显示，另一支跨越阿尔卑斯山而来的敌人，似乎也准备要横扫这一半岛。

路易十二，当时欧洲最强国的领袖，派兵四万入侵意大利，一心要收复他所认为的法国失地。他此举得到了教皇的祝福。三周前，尤利乌斯以威尼斯共和国不愿交出罗马涅，将该共和国逐出教会。战事爆发前，教皇宣称威尼斯人既像狼一样狡诈，又像狮一般凶恶，而威尼斯讽刺作家则回敬以他是同性恋、恋童癖者和酒鬼。

尤利乌斯不仅开除威尼斯教籍，一五〇九年三月，还公开表示加入康布雷联盟。此联盟于一五〇八年十二月成立，表面上是路易十二和神圣罗马皇帝马克西米利安一世为发动十字军对抗土耳其人而签订的协议，实际上还包含一项秘密条款，要求两方联合尤利乌斯和西班牙国王，逼迫威尼斯交出其掠夺的土地。得知该联盟的真正目的后，威尼斯人赶紧表示愿将法恩札、里米尼归还教皇。但这一表态来得太晚，路易十二大军已开进意大利。阿尼亚德罗战役之后几星期，尤利乌斯侄子佛朗切斯科·马里亚（新任乌尔比诺公爵）率领教皇部队，于法军之后扫荡了残余反抗势力，在罗马涅所向披靡，收复该地诸城和要塞。

威尼斯人大败，罗马人在圣安杰洛堡上空放烟火大肆庆祝。在西斯廷礼拜堂，名字听来像是皇室出身的传道士马库斯·安东尼乌斯·马格努斯，发表演说盛赞法军大胜和教皇顺利收回失土。但教皇本人却没有一点儿欣喜之情。不到十年前，法国国王查理八世才率军入侵意大利，在这半岛上烧杀劫掠，迫使教皇亚历山大逃入圣安杰洛堡避难。一五〇九春，历史似乎重演。

四十七岁的路易十二是查理八世的堂兄弟。一四九八年，查理八世在昂布瓦兹堡头撞到矮梁，伤重不治，由路易十二继位为王。他身材消瘦，体质虚弱，望之实在不似人君，且还有个颐指气使的王后。但因为王室血统，他自认比尤利乌斯更高一等。"罗维雷家族是小农人家，"他曾不屑地向佛罗伦萨某特使如此说道，"除了他身后那根棍子，没有什么东西能让这位教皇循规蹈矩。"[1]

尽管罗马各界热闹庆祝，尤利乌斯却大有理由忧心忡忡。他声称，阿尼亚德罗之役一结束，他就"时时刻刻在期盼法国国王离开意大利"。[2]

亲眼看到罗马欢庆威尼斯兵败阿尼亚德罗的那些人，脑海里想必会浮现教皇收服佩鲁贾、波隆纳后凯旋的庆祝场景。当时，尤利乌斯和他的众枢机主教骑马走在盛大游行队伍里，从平民门走到圣彼得大教堂，足足走了三个小时。在这座半毁的大教堂前，已仿君士坦丁拱门搭起一座同样尺寸的拱门，抛向群众的钱币上，刻了 IVLIVS CAESAR PONT II（尤利乌斯·恺撒教皇二世）几个字，大剌剌地将这位胜利教皇比为与他同名的古罗马独裁者尤利乌斯·恺撒。① 科尔索路上搭起了数座凯旋门，其中一座上面甚至写着"Veni, vidi, vici"（我来，我见，我征服）。

教皇不只是以恺撒再世自居，他还刻意挑选在棕榈主日（复活节前的星期日）回到罗马。该日系为纪念耶稣骑驴进入耶路撒冷那一天，群众掷棕榈树叶于基督行经之路以示欢迎，因此得名。为让众人了解这层含义，尤利乌斯凯旋时，在自己前头安排了一辆马拉战车，车上有十名少年作天使打扮，持棕榈叶向他挥舞。尤利乌斯·恺撒钱币的反面印了棕榈日的圣经经文："奉主之名前来的人有福了。"耶稣进入耶路撒冷时狂喜民众就呼喊这句话。如此赤裸裸的狂妄，想必就连教皇最忠心的支持者都不禁要怀疑是否不妥。

基督骑驴进入耶路撒冷一事，就和弥赛亚（犹太人盼望的复国救主）其他许多作为一样，在《旧约》中就有预示。"锡安的民哪，应当大大喜乐！"先知撒迦利亚写道，"耶路撒冷的民哪，应当欢呼！看哪！你的王来到你这里！他是兴高采烈的，获胜的，谦谦和和骑着驴，就是骑着驴的驹子。"（《撒迦利亚书》第九章第九节）

犹太人结束在巴比伦的长期流放重返耶路撒冷之时，撒迦利亚预见到基督来到耶城。公元前五八七年，巴比伦国王尼布

131

---

① 　当时有恺撒情结的领袖不只尤利乌斯一人，之前的切萨雷·波吉亚就以 Aut Caesar, aut nibil（要就当恺撒，不然就当个无名小卒）作为座右铭。

甲尼撒攻陷并摧毁耶路撒冷，推倒该城城墙，烧掉城中宫殿，夺走所罗门神殿里包括熄烛器在内的所有东西，并将犹太人掳到巴比伦。七十年后，犹太人回到饱受摧残的故城之时，撒迦利亚不只预见到一名弥赛亚骑着驴驹进城，还预见到神殿的重建："看哪，那名称为大卫苗裔的，他要在本处长起来，并要建造耶和华的殿。他要建造耶和华的殿，并担负尊荣，坐在位上掌王权。"（《撒迦利亚书》第六章第十二至十三节）

《旧约》七位先知中，撒迦利亚是第一位被画上西斯廷礼拜堂拱顶者。画中他高 13 英尺，身上穿着深红暨绿色袍服，上身穿着橙黄色上衣，露出鲜蓝色衣领，手上拿着一本书，书封面以莫雷罗内颜料绘成。西斯廷礼拜堂是按照所罗门神殿的长宽高比例建成，撒迦利亚像坐落在该堂入口正上方的显眼位置，正符合他预言该神殿重建的角色。投入湿壁画工程约六个月后，米开朗琪罗终于对自己的能力有了信心，开始在礼拜堂大门上方作画。

撒迦利亚像下方，大门上方，放有罗维雷家族盾徽。盾徽之所以放在大门上方这个显眼位置，是出于教皇西克斯图斯四世的安排。罗维雷字面意思为矮栎，罗维雷家族的盾徽也带有相关意涵，以一棵枝桠交错、长出十二颗金色栎实的栎树呈现。诚如路易十二所不假辞色指出的，罗维雷家族并非贵族出身。西克斯图斯四世袭用了都灵某贵族的盾徽，这贵族亦姓罗维雷，但与西克斯图斯没有亲缘关系。因此，就如某评论家所说的，"罗维雷家族教皇声称矮栎为其家族盾徽的说法虽有杜撰之嫌，他们却是一有机会就会搬出这盾徽"。[3] 西斯廷拱顶上的湿壁画，给了尤利乌斯堂而皇之展示盾徽的机会。在某些《创世纪》场景的边界，以栎树叶和栎实构成的茂盛华饰之处，频频可见到暗指该盾徽（和该礼拜堂两大赞助者）的图饰。

米开朗琪罗在西斯廷顶棚画里向尤利乌斯致意之处，并不只有这些绿色垂饰。他为教皇所制的青铜像安放在圣佩特罗尼奥教堂大门上方刚过一年，就又在西斯廷礼拜堂大门上方，替他的赞助者画了一幅肖像。撒迦利亚不仅位于罗维雷盾徽上方几英寸处，还穿上带有罗维雷家族色（蓝、金）的衣服。此外，他的光头、鹰钩鼻、鲜明五官、严峻面容，都更像是尤利乌斯的翻版。米开朗琪罗笔下的撒迦利亚与教皇本人极其相似，有幅该先知头部的黑粉笔习作，因此直到一九四五年都被视为尤利乌斯肖像画的预拟素描。[4]

将赞助者画入湿壁画中，在当时艺术界很常见。吉兰达约将乔凡尼·托尔纳博尼和他太太画进托尔纳博尼礼拜堂的绘饰里。平图里乔绘饰波吉亚居所时，将教皇亚历山大和他的小孩大剌剌地画进湿壁画，而令后来的尤利乌斯大为不悦。但如果说撒迦利亚像真是刻意照尤利乌斯本人形貌而绘，那米开朗琪罗大概是心不甘情不愿的。自一五〇六年那几件事之后，这位艺术家和其赞助者的关系就一直未像过去那么好，因为米开朗琪罗仍为陵墓案深感遗憾。这幅人像的存在，几乎表示了有旁人插手这幅画的构图，因为要他将他认为迫害他的人画入画中流芳百世，可能性实在不大。最起码这幅画表明，不是教皇就是教皇身边的顾问，向他下了明确的指示或要求。

一般认为，撒迦利亚的预言最后由索罗巴伯实现。公元前五一五年，索罗巴伯完成神殿重建。但尤利乌斯在位期间，不无可能出现另一种诠释。这位以抽条树枝为盾徽的教皇，既不怕天下人耻笑，以恺撒和基督再世自居，大概也会认为撒迦利亚的预言在自己身上应验，更何况他着手修葺西斯廷礼拜堂，

133

重建圣彼得大教堂。

　　教皇的官方宣传家、善于在《旧约》诸预言中找出暗指尤利乌斯之处的艾吉迪奥，就带有这么点狂妄自大。一五〇七年十二月，他在圣彼得大教堂布道，描述乌西雅王死去后，先知以赛亚于所看到的"主坐在高高宝座上"的灵象。艾吉迪奥深信这位先知表达得不够明确。他告诉听讲会众："他的意思是说，'我看到教皇尤利乌斯二世，既继承了已故的乌西雅，并坐在日益壮大的宗教王国宝座上'。"[5]就像艾吉迪奥在布道中所阐明的，尤利乌斯是主派下来的救世主，是生来实现134　圣经预言与上帝意旨之人。因此，他会在三月时规划这些富象征意味的棕榈日庆祝活动，也就不足为奇了。

　　对于教皇这项光荣使命，米开朗琪罗没有这些不切实际的幻想。他不支持教皇的军事野心，曾写了首诗哀悼尤利乌斯治下的罗马。他语带挖苦地写道，"他们用圣餐杯造剑或头盔，在这里一车车卖基督的血，十字架与荆棘成了盾，成了刀"。[6]诗末署名"米开朗琪罗在土耳其"，讽刺性对比了尤利乌斯治下的罗马与奥斯曼苏丹（基督教世界最大的敌人）治下的伊斯坦布尔。若米开朗琪罗深信尤利乌斯是新耶路撒冷的缔造者，就不大可能有这样的感叹。

　　西斯廷礼拜堂大门上方的教皇画像，并非一五〇九年梵蒂冈出现的唯一一幅尤利乌斯画像。拉斐尔与索多玛完成署名室拱顶绘饰后，在一五〇九年头几个月，开始绘饰他的第一个墙上湿壁画。有几位助手辅助，但这些助手的姓名已不可考。[7]这面大湿壁画面积约 400 平方英尺，日后画将在尤利乌斯神学藏书架后面的墙上，因此以宗教为主题。自十七世纪起，这幅画就被通称为《圣礼的争辩》（*The Dispute of the Sarament*），但它描绘的重点其实不在争辩上，反倒赞美或颂扬了圣餐和整个基督教。

拉斐尔所要绘饰的区域，是个底部宽约 25 英尺的半圆形墙面。比起米开朗琪罗绘饰的弧形壁面，这片平坦的墙面较容易作画，也因高度较低，上下轻松许多。和所有湿壁画家一样，拉斐尔从最上面画起，然后逐渐往下画，脚手架也逐渐往下拆，画最下方区域时离地只有几英尺。艺术史家均同意，这面湿壁画大部分是拉斐尔亲手绘成。叫人不解的是，和蔼可亲且好交朋友的拉斐尔，开始这件湿壁画时为何外来援助这么少；与之相对，在西斯廷礼拜堂，孤僻而沉默寡言的天才，却有一群闹哄哄的助手供他调度。

135

拉斐尔将花上六个多月的时间规划、绘制《圣礼的争辩》。据某项估计，他为此画了三百多幅预备性素描，且与米开朗琪罗一样，在这些素描中勾勒出各个人物的姿势和面貌。[8]画中共有六十六位人物，群集在祭坛周遭和上方，最大的人像高 4 英尺多一点。这些人物阵容强大，由众多名人组成。基督和圣母玛利亚身边环绕着圣经上的其他许多人物，例如亚当、亚伯拉罕、圣彼得、圣保罗。另一群意态生动的人物，包括基督教史上许多家喻户晓的人物：圣奥古斯丁、阿奎纳、但丁和多位教皇，乃至侧身背景处的萨伏纳罗拉。还有两位人物同样一眼就可认出，因为拉斐尔将布拉曼特和化身为格列高利一世的尤利乌斯二世教皇，也画了进去。

尤利乌斯一点也不排斥自己化身为艺术家笔下的人物，但他和布拉曼特之所以被画进《圣礼的争辩》中，不只是为了虚名。一如在米开朗琪罗的湿壁画中，尤利乌斯在拉斐尔笔下，也是以耶和华神殿的建造者或重建者的形象出现。《圣礼的争辩》左侧，背景远处，有座教堂正在兴建，外墙上架了鹰架，几个身形渺小的人在工地里走动。但在另一侧，数块半修整的大理石块耸立在群集的诗人、教皇身后，仿佛正要动工兴建某个雄伟建筑。右侧这一建筑场景，使画中人物看来就像是在圣彼得大教堂半完工的支柱间活动（一五〇九年时该教堂应已施工到此进度）。

因此，拉斐尔这幅以罗马教会为题材的画，隐含了颂扬该教会的雄伟建筑和其两位主要建造者（尤利乌斯教皇和他的御用建筑师）的意图。这一意图，就和撒迦利亚画像一样，带有艾吉迪奥的认可。在艾吉迪奥眼中，新圣彼得大教堂的兴建（艾吉迪奥希望高耸"直达天际"）是上帝计划里重要的一环，而且是尤利乌斯实现其教皇使命的象征。[9]

136　　布拉曼特入画，或许意味着他和教皇居所的绘饰工程关系密切。但更可能的情况是，他已将墙面湿壁画的构图责任交给别人。拉斐尔友人并替拉斐尔立传的诺切拉主教乔维奥写道，《圣礼的争辩》的构图，和教皇居所的其他湿壁画一样，都是尤利乌斯本人的心血结晶。[10]教皇大概勾勒出主题和人物的大要，且无疑是让萨伏纳罗拉入画的推手，因为他们两人在反对教皇亚历山大六世上的立场一致，尤利乌斯一直很认同萨伏纳罗拉的革命目标。事实上，萨伏拉罗拉遭处决的原因之一，在于招认（尽管是在刑囚下招认）他和流亡的朱利亚诺·德拉·罗维雷串谋杀害亚历山大。[11]

但这面湿壁画的更细节处，例如拉丁铭文，绝非由教皇或不识拉丁文的布拉曼特所决定。事实上，画中详细的历史场景势必是拉斐尔和某位顾问合力构思出来的，而依据最合理的推测，这人应是艾吉迪奥的弟子，尤利乌斯的图书馆长，三十八岁、外号"菲德罗"的托马索·因吉拉米（Tommaso Inghirami）。菲德罗是梵蒂冈较勇于创新的人士之一，不仅是图书馆长、学者，还是演员、讲说家。有次演出塞内加（Seneca）的悲剧《菲德拉》（Phaedra）时，菲德罗身后一块布景突然塌下，舞台工作人员赶紧上去更换，就在更换的当头，他当场即兴念出押韵的对句，因此赢得罗马最伟大演员的美名，"菲德罗"这一外号也不胫而走。无论如何，菲德罗很快就与拉斐尔交好，几年后，拉斐尔替他画了幅肖像，画中的他圆脸、肥胖，作大教堂教士打扮，双眼往上斜瞟，右拇指戴了枚戒指。[12]

这面湿壁画的绘制并非一帆风顺，开头几次失败，延宕了拉斐尔的进度。现存的构图性素描显示，这位年轻艺术家曾努力摸索合适的构图，拟出多种布局和透视图，但不久之后还是全部弃之不用。他和米开朗琪罗一样，努力想在这个创作经验有限的困难媒材上，开辟出自己的一片天，而且这件出乎意料落在他肩上的工作，工程之浩大、之动见观瞻，无疑叫他有点不安。《圣礼的争辩》有许多笔触需以干壁画法画上，这意味着拉斐尔和米开朗琪罗一样，刚开始对真正湿壁画很没把握。

仿佛《圣礼的争辩》还不够难、不够看似的，拉斐尔来罗马不久，还接了数个案子兼着做。刚开始制作这面湿壁画时，他就受教皇之请，着手画一幅圣母子［后来的《洛雷托的圣母》（Madonna di Loreto）］，以挂在平民圣母玛利亚教堂。不久，他又接受乔维奥委托，着手绘制所谓的《阿尔巴圣母》（Alba Madonna）。乔维奥打算将此画送到诺切拉帕加尼区的奥里维塔尼教堂悬挂。署名室绘饰工作之所以进展缓慢，这些作

137

品的牵绊是原因之一。

　　不管在构图和绘制《圣礼的争辩》上曾遭遇什么样的小挫折，拉斐尔以最后的成果证明了教皇没看错人。他在 25 英尺宽的墙面画上姿态生动而优雅的各式人物，不仅展现了完美的透视和精湛的绘画空间运用，且证明了他绘画功力之高超，的确是那群因他而黯然退出教皇居所绘饰工程的湿壁画家所望尘莫及的。拉斐尔超越了佩鲁吉诺、索多玛之类的资深艺术家。《圣礼的争辩》里数十名人物在一个空间里各安其位，彼此毫不扦格，相形之下，米开朗琪罗在数月之前画成的《大洪水》，不由显得笨拙而杂乱。拉斐尔技惊四座，崭露头角，把米开朗琪罗甩在了后头。

注释

[1] 引自帕斯托尔的《教皇史》，第六卷，第 285 页。

[2] 引自萧的《尤利乌斯二世》，第 246 页。

[3] 哈尔特（Frederick Hartt）所撰文章《中伊甸园的愈疮木：艾里奥多罗室与西斯廷顶棚》（"Lignum Vitae in Medio Paradisi：The Stanza d'Eliodoro and the Sistine Ceiling"），《艺术期刊》（Art Bulletin），第 32 期，1950 年，第 130 页。

[4] 这幅素描现藏于佛罗伦萨乌菲齐美术馆（Uffizi），系德·托尔内所鉴认。参见《米开朗琪罗》，第二卷，第 55 页。米开朗琪罗替撒迦利亚加了胡子，因为尤利乌斯直到 1510 年下巴才长出胡子。

[5] 参见奥马利（John W. O'Malley）的《教皇尤利乌斯二世治下基督教黄金时代的实现：一五〇七年维泰博的吉列斯某篇讲道的本文》（"Fulfilment of the Christian Golden Age under Pope Julius II：Text of a Discourse of Giles of Viterbo"，1507），《授予》（Traditio）杂志，第 25 期，1969 年，第 320 页。这段经文来自《以赛亚书》第六章第

一节。关于艾吉迪奥的先知史观，可参见里夫斯（Marjorie Reeves）的文章《枢机主教维泰博的艾吉迪奥：对历史的先知性诠释》（"Cardinal Egidio of Viterbo: A Prophetic Interpretation of History"），收录于里夫斯所编《文艺复兴盛期预言盛行的罗马》（*Prophetic Rome in the High Renaissance Period*, Oxford: Clarendon Press, 1992），第91～119页。

[6] 《米开朗琪罗诗全集和书信选集》英译本（*Complete Poems and Selected Letters of Michelangelo*, Princeton: Princeton University Press, 1980），第8页，译者 Creighton E. Gilbert。有些编订者断定这首诗写于1496年米开朗琪罗第一次到罗马之时。但莱恩（Christopher Ryan）认为"尤利乌斯任职教皇期间，直接参与军事事务，因而这期间似乎比较吻合该诗主题"。参见《米开朗琪罗：诗集》（*Michelangelo: The Poems*, London: J. M. Dent, 1996），第262页。因此，莱恩断定这首诗写于1512年，但从该诗中其他地方语带不满地提及胎死腹中的皇陵案（莱恩将其中某短句译为"如今我的工作已遭卸下"）以及好战教皇来看，1506年或1508年应较可能。无论如何，这首诗控诉的对象似乎是尤利乌斯二世，而非亚历山大六世。

[7] 曼奇内利表示，拉斐尔"几乎是独力"绘饰署名室。参见透纳（Jane Turner）所编34卷本《艺术辞典》（*The Dictionary of Art*, London: Macmillan, 1996），第26卷，第817页。不过，他几乎可以确定有一些助手和学徒，只是不多。例如席尔曼认为，绘饰署名室的开头一两年，除了最低下的琐事，拉斐尔大概不需要帮助；参见《拉斐尔和工作室》（"Raffaello e la bottega"）一文，收录于穆拉托雷（Giorgio Muratore）所编《梵蒂冈的拉斐尔》（*Raffaello in Vaticano*, Milan: Electa, 1984），第259页。后来加入他工作室的助手（朱里奥·罗马诺、乌迪内、朋尼、瓦迦、莫德纳）在这初期阶段，极不可能在他身边。例如1509年时，朱里奥·罗马诺才十岁大。

[8] 席尔曼（John Shearman）《拉斐尔工作室的组织》（"The Organization of Raphael's Workshop"），《芝加哥艺术协会百周年庆演讲集》（*The Art Institute of Chicago Centennial Lectures*, Chicago: Contemporary Books, 1983），第44页。

[9] 引自奥马利的《维泰博的吉列斯：一位宗教改革者对文艺复兴时期

罗马的见解》（Giles of Viterbo: A Reformer's Thought on Renaissance Rome），收录于《罗马与文艺复兴：文化与宗教之研究》（*Rome and the Renaissance: Studies in Culture and Religion*, London: 重印集注本, 1981），第 9 页。

[10] *Raphaelis Urbinatis Vita*, in Vincenzo Golzio, *Raffaello nei documenti*, p. 192。也有人主张《圣礼的争辩》构图出于艾吉迪奥的决定。参见普费佛（Heinrich Pfeiffer）*Zur Ikonographie von Raffaels Disputa: Egidio da Vitirto und die christliche-platonische Konzeption der Stanza della Segnatura*（Rome: Pontificia Universitas Gregoriana, 1975）。

[11] 关于萨伏纳罗拉与朱利亚诺·德拉·罗维雷间的关系，参见温德《帕尼尼与米开朗琪罗：对萨伏纳罗拉继承者之研究》，第 212 ~ 214 页。

[12] 关于主张因吉拉米参与了署名室绘饰的观点，可参见罗兰（Ingrid D. Rowland）《〈雅典学园〉的知识背景：探索尤利乌斯二世治下罗马的神的智慧》（"The Intellectual Background of *The School of Athens*: Tracking Divine Wisdom in the Rome of Julius II"），收录于霍尔（Marcia B. Hall）所编《拉斐尔的〈雅典学园〉》（*Raphael's 'School of Athens'*, Cambridge: Cambridge University Press, 1997）一书，第 131 ~ 170 页。

第十五章　家族事业

罗马逐渐步入炎夏之时，拉斐尔看来仍将继续保持优势。
米开朗琪罗和助手们回拱顶中轴，画更难且面积更大的《诺亚醉酒》（*The Drunkenness of Noah*）（顶棚上九幅《创世纪》故事画中最东面的一幅）后，先前画首批拱肩与弦月壁上基督列祖像的利落与自信，也随之消失。这幅画位于礼拜堂大门上方壁面，共用了三十一个乔纳塔，五六个礼拜完成，绘制时间比《大洪水》还长。

这位教皇当然不是有耐心之人。据瓦萨里的记述，建观景庭院时，尤利乌斯急得希望它"不用盖就立刻从土里冒出来"，[1]负责督造的布拉曼特为此压力甚大，连夜将建材运到工地，就着火把的光亮卸下。西斯廷礼拜堂的湿壁画，尤利乌斯同样急于完成，而米开朗琪罗进度缓慢，无疑令他不满。米开朗琪罗绘饰这面拱顶时，不断因教皇不耐地催促而恼火，偶尔还挨教皇的怒声斥责，两人关系因此每况愈下。孔迪维记录了这样一个例子。他写道，"有一天教皇问米开朗琪罗什么时候可以完成礼拜堂绘饰，教皇的催促妨碍到他的工作，他于是答道，'我能的时候'。教皇听了大为光火，回道，'你是不是 要我把你从脚手架上丢下去'"。[2]

还有一次，据瓦萨里记述，教皇对米开朗琪罗的进度迟缓和回应放肆非常恼怒，用棍子痛打了他一顿。米开朗琪罗希望回佛罗伦萨过节，但尤利乌斯以他进展太慢，厉声驳回他的请求。"很好啊！但请问你什么时候可以完成礼拜堂工程？""我会尽快完成，陛下。"米开朗琪罗答道。尤利乌斯听了，拿起棍子就打米开朗琪罗。"尽快完成！尽快完成！你是什么意思？我很快就会有办法要你完成。"

这段故事最后以教皇致歉收场。教皇要米开朗琪罗相信，打他是"出于好意，是关爱的印记"。教皇还很聪明地给了这位艺术家五百杜卡特，"以免他有什么意外之举"。[3]

五百杜卡特的赏赐可能是瓦萨里捏造的，因为尤利乌斯向来很小气。但棒打一事至少有几分真实。廷臣、仆人不合他意，常会挨到类似的"关爱的印记"，或者遭他推倒、拳打。[4]但教皇心情好时，靠近他也不一定就没事。收到前方传来捷报或其他好消息时，尤利乌斯会猛力拍打下属肩膀，因而有人说要靠近他得先穿上盔甲。

尤利乌斯令米开朗琪罗恼火之处，不仅在于强迫他回答何时可完工，还在于教皇想亲临现场看他作画。米开朗琪罗坚持不让自己的作品曝光，因此这一特权他特别不想答应。署名室的气氛则全然相反，尤利乌斯爱什么时候来看就什么时候来看，丝毫不受限制。拉斐尔绘饰的房间与教皇寝室只隔了两间房间（不到二十码），作为这面湿壁画主题的催生者之一，教皇想必花了很多时间在这间房间，查看拉斐尔的工作进度并提供建议。

在西斯廷礼拜堂，教皇甭想受到同样的优遇。据瓦萨里记述，尤利乌斯对米开朗琪罗的隐秘作风非常恼火，有一晚就贿赂助手们让他溜进礼拜堂一睹工程进度。米开朗琪罗早就怀疑教皇可能乔装打扮，混上脚手架偷看。因此，这一次，听到风声之后，他就躲在脚手架上，一看到有人侵入，就拿起木板往那人头上砸。尤利乌斯破口大骂，愤愤逃离现场，米开朗琪罗不由担心教皇震怒之后会怎么对付他。担心性命不保的他，于是从窗户爬出，逃回佛罗伦萨避风头，等教皇那著名的脾气消下来。[5]

这故事很可能有所夸大，甚至根本就是瓦萨里杜撰出来的。不过，不管如何可疑，终究是因为米开朗琪罗和赞助者之间已无好感，给了他人大做文章的机会。主要问题似乎在于米开朗琪罗和尤利乌斯两人的脾气实在相近。"他的急躁和脾气惹火每个跟他在一起的人，但他叫人生起的是害怕而不是恨，因为他的所作所为全从大处着眼，绝非出于卑鄙的自私心。"[6]被尤利乌斯折磨得身心俱疲的威尼斯大使如此形容他，而这段话用在米开朗琪罗身上大概也很贴切。尤利乌斯最常被人形容的个性就是"恐怖"。但尤利乌斯本人也用这个字眼来形容米开朗琪罗。在罗马，敢昂然面对他的人不多，而米开朗琪罗正是其中之一。

让米开朗琪罗及其团队备感吃力的《诺亚醉酒》，取材自《创世纪》第九章第二十至二十七节。这段插曲描述诺亚在大洪水退去后种了一园葡萄，然后过度沉溺于自己的劳动成果。"他喝了园中的酒便醉了，在帐篷里赤着身子"，圣经上这样记载。诺亚赤身裸体、不省人事地倒在地上，儿子含碰巧进来，看到父亲失态的模样，就到外边叫两名哥哥，还嘲笑这老人家。闪和雅弗对喝醉的大家长较为尊敬，拿件衣服倒退着走进帐篷，替父亲盖上，同时背着脸，以免看见父亲的丑态，保住父亲的尊严。诺亚酒醒后，得知小儿子曾嘲笑他，于是不留情面地诅咒含的儿子迦南。迦南日后不仅成为埃及人的祖先，

141

还是索多玛、蛾摩拉城居民的先祖。

老父任由三个儿子摆布，还遭到其中一个儿子的无情嘲笑，这番情景和一五○九年春米开朗琪罗家中的情况十分相似。那时候米开朗琪罗写了封信给鲁多维科，"至敬的父亲，从你上一封信，我知道家中情形，也知道乔凡西莫内多么可恶。那一晚读你的信，我收到这十年来最坏的消息"。[7]

家庭问题再一次干扰了米开朗琪罗工作，而且问题又是出自那不受教的乔凡西莫内。自乔凡西莫内来罗马、生病，然后回羊毛店而让米开朗琪罗感觉如释重负以来，已过了将近一年。米开朗琪罗仍希望博纳罗托和乔凡西莫内好好做羊毛生意，前提是两人肯学乖，且用心学这门生意。但实际情形仍让米开朗琪罗大为失望。鲁多维科来信告知他们两人不学好后，他怒不可遏地回信给父亲，"我知道他们的所作所为让人大失所望，乔凡西莫内尤其糟糕，由此，我知道帮他根本是白费力气"。

乔凡西莫内到底犯了哪些错，惹得米开朗琪罗在信中又气又憎，如今仍不详。这错绝对比他在家里无所事事混日子还严重。他似乎偷了父亲鲁多维科的钱或东西，然后事迹败露时还打了父亲，或至少恐吓说要打父亲。不管是哪种错，人在罗马的米开朗琪罗一接到消息，就怒不可遏。"如果可以的话，接到信的那一天，我会骑上马赶过去，然后这时候，问题应该都已解决，"他要父亲放心道，"虽然没办法这么做，但我会写信好好教训他。"

而这真不是一封普通的信。他痛骂乔凡西莫内，"你是个畜生，而我也要用畜生的方式来对待你"。他的反应就如过去家里出了问题时一样，扬言要回佛罗伦萨，亲自摆平问题。

"如果再让我听到你惹出一丁点儿麻烦，我会快马奔回佛罗伦萨，当面教训你犯了什么错……你别以为过了就算了。我如果真的回到家里，我会让你哭得一把鼻涕一把眼泪，让你知道自己是多么放肆无礼。"[8]

142

信的最后，米开朗琪罗语带哀怨地痛骂了弟弟一番，而老挨他骂的乔凡西莫内，想必早已习惯他的这种口气。米开朗琪罗写道："二十年来，我走遍意大利各地，生活凄惨。我受过各种羞辱，吃过各种苦，被各种工作折磨得不成人形，冒过的生命危险数不胜数，一切只为了帮助家里。如今，就在我让家里开始有些改善的时候，你却偏偏要搞破坏，一个小时之内把我这么多年来历尽这么多艰辛挣来的成果毁掉。"

乔凡西莫内的恶行迫使米开朗琪罗重新评估他为家人的规划。他不想再帮这个年轻人开店立业，反倒信誓旦旦地对父亲说："这混蛋不想有出息就让他去吧！"他谈到要拿走羊毛店的钱，转给当军人的幺弟西吉斯蒙多。接着，他要将塞提尼亚诺那块农地和佛罗伦萨三栋相接的房子租出去，租金则用来帮鲁多维科和一名仆人找个理想的房子住。他向父亲保证，"等拿到我要给你的东西，你就可以过得像上流人士一样"。至于他那些给赶出祖田和房子的兄弟，则只能自食其力。他甚至提到要把鲁多维科接来罗马同住，但后来又突然打消这念头。"季节不对，因为这里的夏天你挨不了多久"，他这么说，再度提及罗马不适人居的气候。

屋漏偏逢连夜雨，米开朗琪罗在六月病倒，原因大概是过于劳累，加上罗马有害的空气。病情最后非常严重，以致佛罗伦萨那边不久就接到消息说这位大艺术家已撒手人寰。为此，他不得不写信要父亲放心，说他已死的消息完全是不实的谣言。

他告诉鲁多维科,"这件事不值得挂怀,因为我还活着"。[9]但他

143 也告诉父亲,他的情况并不好。"我在这里过得不如意,不是很宽裕,工作繁重,却没人来帮我处理,且没钱。"

米开朗琪罗的第二幅巨幅湿壁画,和《大洪水》一样算不上很出色。他应已看过奎尔查在圣佩特罗尼奥教堂门廊的浮雕版《诺亚醉酒》,但他笔下的作品却比较类似于另一件他同样熟悉的作品,即吉贝尔蒂在佛罗伦萨天堂门上同主题的青铜浮雕。从米开朗琪罗从吉贝尔蒂作品汲取灵感来看,他仍大体上从雕塑而非平面构图的角度来思考,只注意勾勒个别人物,而忽略了人物在画面上的位置或人物间的互动。因此,《诺亚醉酒》里的四个人物,缺乏《圣礼的争辩》里人物的优雅与生动。后一作品里虽有数十位人物,但拉斐尔以生动的姿势、流畅的头手动作,使他们均活灵活现;与之相对,《诺亚醉酒》里的四人僵硬而凝滞,如某评论家所说的,是群"石人"。[10]

说到群像构图的栩栩如生,功力最高者当属达·芬奇。他的《最后的晚餐》通过意味鲜明的动作,例如扭曲的脸庞、皱眉、耸肩、手势、内敛的自信表情,展现出唤起所谓的"灵魂热情"的过人天赋。因为这些动作,人物活灵活现,整幅壁画有了整体性和强烈的戏剧性,而拉斐尔在署名室里也精湛捕捉了到这些特质。

吉贝尔蒂和奎尔查呈现的诺亚三儿子,均穿着飘飞的袍服,但在米开朗琪罗笔下,他们却和父亲一样赤身裸体。从故事的寓意来看,这种安排不免叫人吃惊。视裸身为羞的主题,使《诺亚醉酒》放在西斯廷礼拜堂大门上方,虽显奇怪却不

失当。在这之前没有哪幅湿壁画有这么多的肉体呈现，更别提在如此重要的礼拜堂的拱顶上呈现。裸像虽在十五世纪期间光荣重返欧洲艺坛，但即使在米开朗琪罗创作生涯的巅峰之际，仍是颇受争议的艺术题材。如果说对古希腊罗马人而言，裸像是性灵美的象征，那么在基督教传统里，裸像几乎只限于在地狱里受折磨的裸身罪人。例如乔托在帕多瓦的斯科洛维尼礼拜堂《最后的审判》（*The Last Judgement*）里的裸像，与古希腊罗马艺术里高贵而理想化的人体大相径庭。这幅绘于一三○五至一三一一年的湿壁画，描绘了一群赤身裸体的人，承受中世纪人所能想象得到的某些最可怕的折磨。

144

　　直到十五世纪开头几十年（即挖掘、搜集上古艺术品的时代），多纳泰罗等佛罗伦萨艺术家重拾古典时代的审美典范，裸像才重获青睐。即使如此，裸像欣赏并非毫无限制。"大家应时时谨守礼法，心存正念，"阿尔贝蒂在其为画家所写的手册《论绘画》（一四三○年代问世）里如此呼吁，"人体上猥亵的部位，以及看了叫人难堪的所有部位，应以布或叶或手遮住。"[11]米开朗琪罗雕塑大理石像《大卫》时，忽略了这项要求，导致委制该雕像的大教堂工程局坚持加上二十八片无花果叶构成的华饰，以遮住私处。①

　　米开朗琪罗当学徒时，对着裸体模特儿作画已是画室最看重的练习之一。有志投身画坛者，刚开始先对着雕像、湿壁画画草样，接着晋升为素描真人模特儿，也就是轮流摆姿势，包

---

①　五百年后，米开朗琪罗的裸像作品仍引来争议。一九九五年，以色列王国建都耶路撒冷三千周年，耶城当局拒绝了佛罗伦萨致赠《大卫》复制像的好意，理由是该像一丝不挂。后来该城领袖勉强接受，但接受前该像已被套上内裤遮住私处。

括裸身的和穿衣的姿势，给同门师兄弟画素描，最后再对着模特儿上色作画、塑像。例如达·芬奇曾劝画家"要以自己作品里已定案的姿势，要人摆出同样的穿衣或裸身姿势"。他还相当体贴地建议道，只在暖和的夏季几个月才用裸体模特儿。[12]

145　米开朗琪罗绘饰西斯廷顶棚时，当然雇了裸体模特儿。即使画中有穿衣的人物，也是根据裸体模特儿画成素描。阿尔贝蒂提倡这一做法，呼吁艺术家"画裸像……再替它盖上衣服"。[13]当时人认为只有通过这种方法，才能描绘出逼真入微的人物形体和动作。米开朗琪罗以在吉兰达约门下学得的方法设计袍服。拿一块长布浸入湿灰泥里，然后放在支撑物上折成褶状。支撑物若非工作台，就是专为此用途而制的模型。灰泥干后，衣褶随之凝固定型，艺术家就可拿来作为绘制衣纹和起皱袍服的模型。[14]在吉兰达约门下，对着这些衣纹模型画素描是学习课程之一，素描成果随后汇集成册，作为吉兰达约作画时现成的图样范本。[15]米开朗琪罗可能图省事，以这其中的一本图样模板为依据，画了一些衣服，但根据他工作室自制的灰泥模型画成的衣袍，无疑也不少。

弦月壁上的某幅基督祖先像可以说明米开朗琪罗的做法。画中是个金发女子，左脚抬高，左手拿着镜子支在左大腿上，

146　若有所思地望着镜子。湿壁画中这位年轻女子虽身穿绿色、橙色衣服，但在素描里明显一丝不挂，且光是大略瞄一下这张素描，也可看出画中人一点儿也不像女人，反倒是个腹部微凸、臀部下垂的老男人。拉斐尔以女人作模特儿，毫无顾忌，米开朗琪罗则不一样，不管画中人物是男是女，模特儿清一色用男性。

就算米开朗琪罗注意到达·芬奇暖和天气的建议，当他的模特儿想必有时还是得吃苦。顶棚上某些人物的姿势扭曲得很不自然，要模特儿摆出这样的姿势，即使是体态柔软至极者，大概也撑不久。这些叫人骇异的姿势如何摆出来、如何固定不动，以及摆出这些姿势的模特儿到底是谁，仍是米开朗琪罗工作习性上叫人费解的谜团之一。据说为了研究男人身体结构，他曾走访罗马的澡堂（stufe）。[16]这些地下水疗场被辟成一间间蒸汽浴室，原是为治疗风湿病、梅毒之类的疾病而兴起，但不久就成为妓女与寻欢客的流连之地。米开朗琪罗是否为了寻找模特儿和灵感而走访澡堂，我们不得而知，但从他找老人作为弦月壁上这位基督女祖先的模特儿，以及顶棚上无数人物的肥胖身躯来看，显然他不只是拿年轻弟子当模特儿。

米开朗琪罗时代的艺术家，还有另一种方法研究人体，即解剖尸体。艺术家之所以会感兴趣于肌腱、肌肉这些枝微末节，阿尔贝蒂的提倡是原因之一。他认为"画活生生的人物时，先描出骨头……接着添上肌腱、肌肉，最后替骨头、肌肉覆上肉和皮，会很有帮助"。[17]要掌握肉和皮如何包覆骨头、肌肉，艺术家就不能只是粗浅地了解人体如何组成。因此，达·芬奇主张解剖是艺术家必要的基本训练之一。他写道，画家若不了解身体结构，画出来的裸像不是像"装满干果的袋子"，就是像"一捆萝卜"。[18]第一位解剖尸体的艺术家，似乎是一四三〇年左右出生，热衷刻画裸像的佛罗伦萨雕塑家安东尼奥·德尔·波拉约洛（Antonio del Pollaiuolo）。另一位热衷解剖的艺术家是西纽雷利，传说曾夜访墓地寻找人体器官。

这类骇人听闻的活动，或许是一则有关米开朗琪罗的谣言会在罗马传开的原因之一。传说他准备雕刻垂死基督像时，为

147

研究垂死者的肌肉而将模特儿刺死。这种变态的艺术追求，让人想起约翰内斯·勃拉姆斯（Johannes Brahms）也曾遭受的恶意中伤。谣传这位作曲家曾勒死猫儿，以便将它们垂死的叫声编入交响乐里。话说回来，据说模特儿遇害被人发现后，米开朗琪罗逃到罗马东南方三十二公里处帕列斯特里纳的卡普拉尼卡村避风头。这则轶事无疑是杜撰的，① 但也隐隐透露出米开朗琪罗这位喜怒无常、孤僻、追求完美而挑剔成性的艺术家，在罗马人心目中是怎样的一个人。

米开朗琪罗当然研究过尸体的肌肉，但不是死于他刀下的尸体。年轻时在佛罗伦萨，圣斯皮里托修道院院长毕奇耶里尼拨了医院里的一间房间供他使用，他在这里解剖过数具院长给他的尸体。米开朗琪罗这令人毛骨悚然的研究，得到孔迪维的赞扬。孔迪维叙述道，有次院长带他去看一具摩尔人的尸体，那是个"非常俊俏的年轻男子"躺在解剖台上。然后，米开朗琪罗就像个医生一样拿起手术刀，开始描述起"许多罕有听闻、深奥或许是从未有人知道的东西"。[19]

孔迪维的记述有时夸大不实，但这一段无此问题，因为米开朗琪罗的确是个杰出的解剖学家。今日的表面解剖学中有约六百则指称骨骼、腱、肌肉的术语。但据某项估计，米开朗琪罗的绘画、雕塑刻画了至少八百个不同的生理结构。[20]有人因此指控他捏造或歪曲人体结构。事实上，他的作品精确刻画了

148

---

① 没有确凿证据可以证明这件事为真实的，因为有助于拨开疑云的文献，即慈爱圣吉洛拉莫团（在各刑事案里担任公证人的宗教团体）的记录，不是遭部分或全部毁坏，就是失窃。如今，卡普拉尼卡村传说，米开朗琪罗在抹大拉圣母玛利亚教堂留下了绘画、雕刻各一件作品。但卡普拉尼卡有米开朗琪罗的作品这件事，当然不能作为他杀人的证据。

人体幽微难明的结构，以致五百年后，仍有些结构是医学解剖学所不知而必须予以命名的。少数地方他的确篡改了人体本有的结构，例如《大卫》的右手，他正确呈现了约十五处骨头和肌肉，却刻意拉长了小指展肌（abductor digiti minimi）的边缘，只为稍稍放大拿着用来打死哥利亚的石头的那只手。[21]

在西斯廷礼拜堂工作时，米开朗琪罗已暂时停止解剖尸体。据孔迪维所述，他是不得不然，"因为长期摸碰死尸大大坏了他的胃口，让他吃不进也喝不下任何东西"。[22]但在圣斯皮里托修道院恶心的研究，这时派上了用场，他对人体轮廓与结构无人能及的了解，开始在西斯廷礼拜堂拱顶上展现。

注释

[1] 瓦萨里：《画家、雕塑家、建筑师列传》，第一卷，第 663 页。

[2] 孔迪维：《米开朗琪罗传》，第 58 页。

[3] 瓦萨里：《画家、雕塑家、建筑师列传》，第二卷，第 675 页。

[4] 参见萧：《尤利乌斯二世》，第 171 页。

[5] 瓦萨里：《画家、雕塑家、建筑师列传》，第二卷，第 662~663 页。

[6] 引自帕斯托尔：《教皇史》，第六卷，第 214 页。

[7] 《米开朗琪罗书信集》：第一卷，第 50 页。

[8] 同上书，第 52 页。

[9] 同上书，第 49 页。

[10] 德·托尔内：《米开朗琪罗》，第二卷，第 25 页。

[11] 阿尔贝蒂：《论绘画》英译本（On Painting, London：Penguin, 1991），第 76 页，译者 Cecil Grayson，编者 Martin Kemp。阿尔贝蒂于 1436 年将此作品由拉丁文译为意大利文。

[12] 达·芬奇：《绘画论》，第一卷，第 67 页，第 106~107 页。

[13] 阿尔贝蒂：《论绘画》，第 72 页。

[14] 这项技巧为达·芬奇师父维洛吉奥所创，后来为吉兰达约所运用。参见卡多冈（Jean K. Cadogan）所撰《再议吉兰达约素描的某些方面》（"Reconsidering Some Aspects of Ghirlandaio's Drawings"），《艺术期刊》（Art Bulletin），第 65 期，1983 年，第 282 ~ 283 页。

[15] 参见艾姆斯 - 刘易斯（Francis Ames - Lewis）所撰《吉兰达约工作室与吉兰达约早期当学徒时的衣纹"图样"－素描》（"Drapery "Pattern" -Drawings in Ghirlandaio's Workshop and Ghirlandaio's Early Apprenticeship"），《艺术期刊》（Art Bulletin），第 63 期，1981 年，第 49 ~ 61 页。

[16] 劳讷（Lynne Lawner）著作《交际花列传：文艺复兴时期肖像》（Lives of the Courtesans：Portraits of the Renaissance，New York：Rizzoli，1986），第 8 ~ 9 页。

[17] 阿尔贝蒂：《论绘画》，第 72 页。

[18] 达·芬奇：《绘画论》，第 129 页。

[19] 孔迪维：《米开朗琪罗传》，第 99 页。

[20] 艾尔金斯（James Elkins）所撰《米开朗琪罗和人体：他的解剖学知识与应用》（"Michelangelo and the Human Form：His Knowledge and Use of Anatomy"），《艺术史》（Art History）杂志，1984 年 6 月号，第 177 页。

[21] 同上书。《大卫》上其他显然不合解剖学之处，例如不合比例的大头和隆眉，或许是因为该雕像原是要放在大教堂高高的扶壁上而做此设计。

[22] 孔迪维：《米开朗琪罗传》，第 97 页。

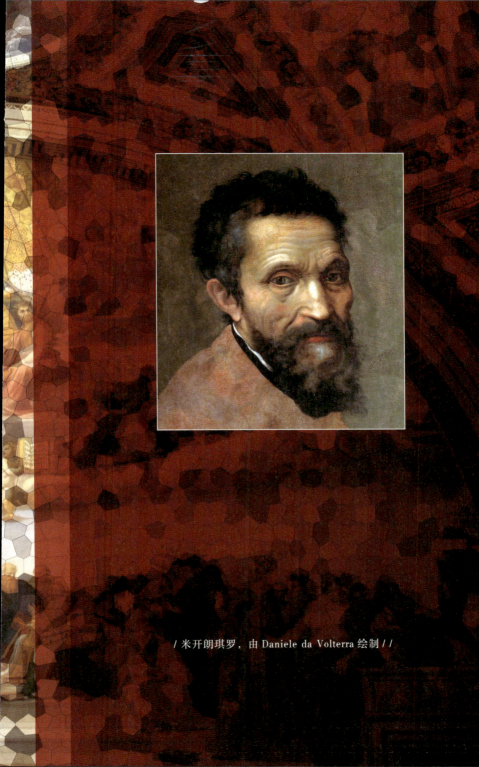

/ 米开朗琪罗，由 Daniele da Volterra 绘制 / /

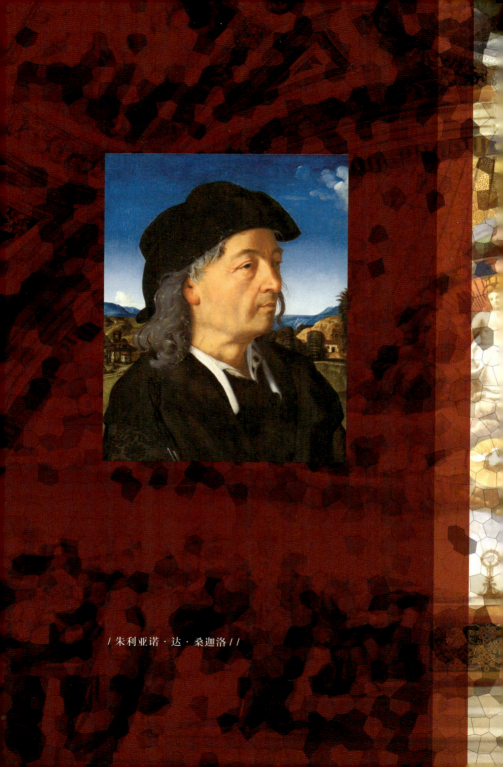

/ 朱利亚诺·达·桑迦洛 / /

/ 多纳托·布拉曼特 / /

/ 西斯廷礼拜堂外观重现 / /

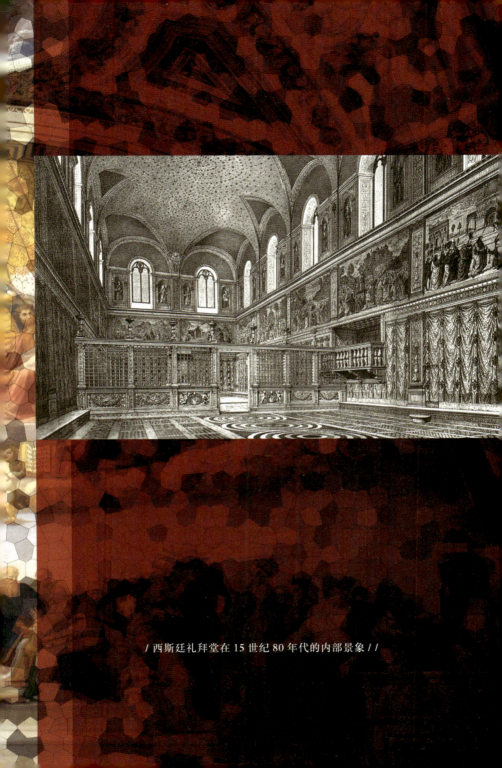

/ 西斯廷礼拜堂在 15 世纪 80 年代的内部景象 / /

/ 佩鲁吉诺《基督交钥匙给圣彼得》/ /

/ 弗朗切斯科·格拉纳齐（左图）//
/ 米开朗琪罗的衣褶素描（右图）//

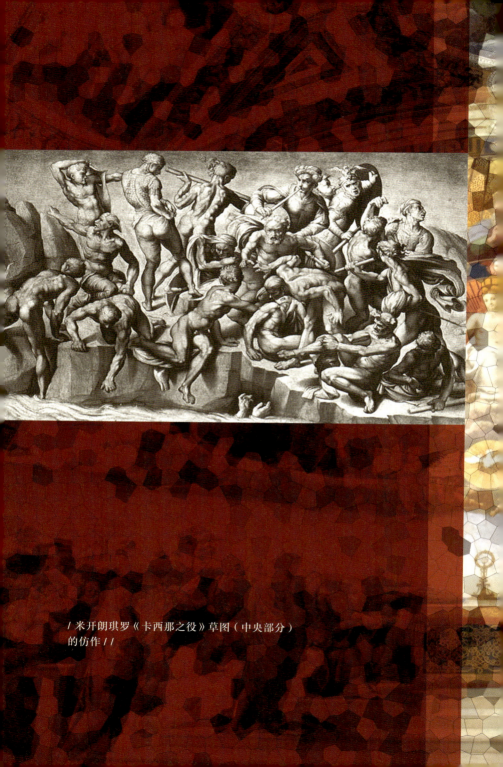

/ 米开朗琪罗《卡西那之役》草图（中央部分）
的仿作 / /

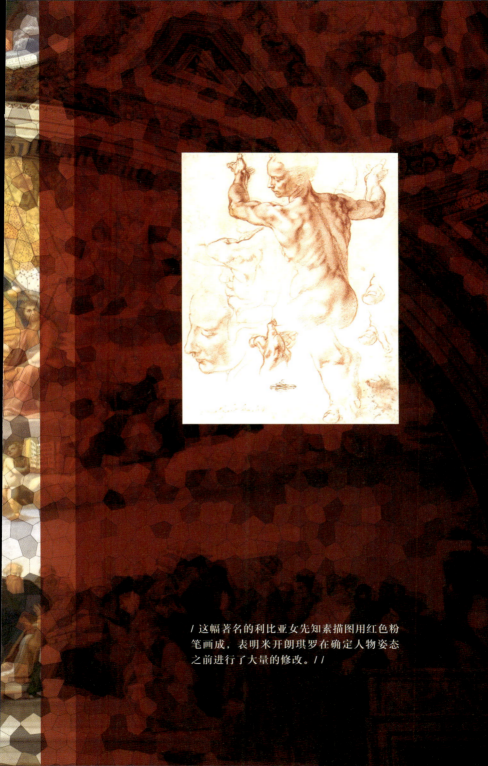

/ 这幅著名的利比亚女先知素描图用红色粉笔画成，表明米开朗琪罗在确定人物姿态之前进行了大量的修改。//

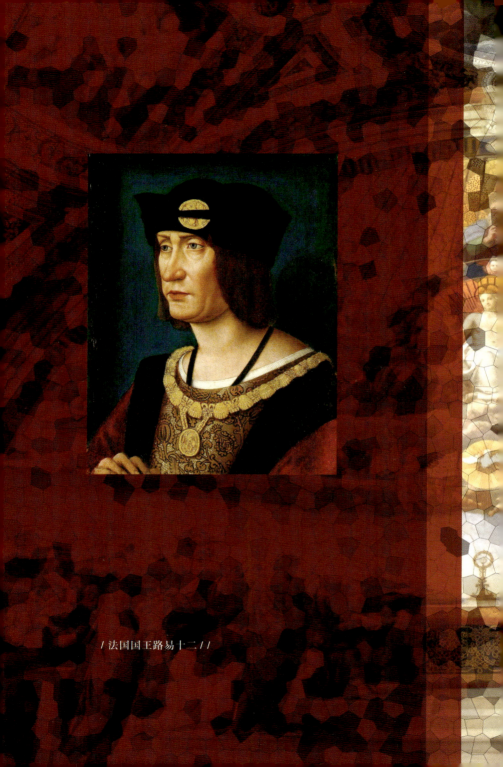

/ 法国国王路易十二 / /

/ 吉洛拉奥·萨伏纳罗拉 / /

／ 阿方索·德·埃斯特，费拉拉公爵 ／／

/ 德西德里乌斯·伊拉斯谟 / /

／米开朗琪罗《人马兽之战》（上图）／／
／达·芬奇《昂加利之役》的仿作（下图）／／

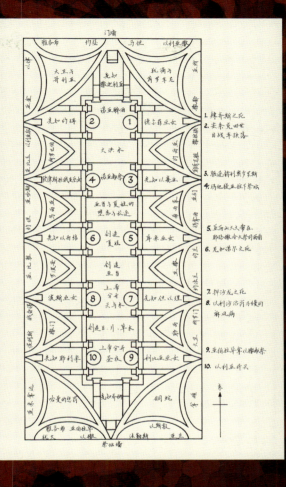

门墙

雅各布　约瑟　与但　以利亚撒

大卫与歌利亚　先知耶利米　犹滴与荷罗孚尼

诺亚醉酒

② ① 德尔菲女先知

大洪水

④ ③ 先知以赛亚

亚当与夏娃的堕落与放逐

⑥ ⑤ 库米女先知

创造夏娃

创造亚当

⑧ ⑦ 先知但以理

上帝分开天与水

创造日·月·草木

⑩ ⑨ 利比亚女先知

上帝分开圣灵

哈曼的惩罚

铜蛇

雅各布　亚伯拉罕　以斯帖
战夫　以撒　法勒斯　亚兰

祭坛墙

东

1. 释斐斯之死
2. 安条克四世自战车跌落

3. 猴逐赫利奥多罗斯
4. 玛他提亚杀手祭坛

5. 塞琉古大大帝在耶路撒冷大祭司面前
6. 先知诺尔之死

7. 押沙龙之死
8. 以利沙治疗乃缦的麻风病

9. 亚伯拉罕举剑以撒献祭
10. 以利亚升天

/ 米开朗琪罗在天花板的作画布局, 由 Reginald Piggott 绘 / /

/ 西斯廷礼拜堂天花板，由 Qypchak 制 //

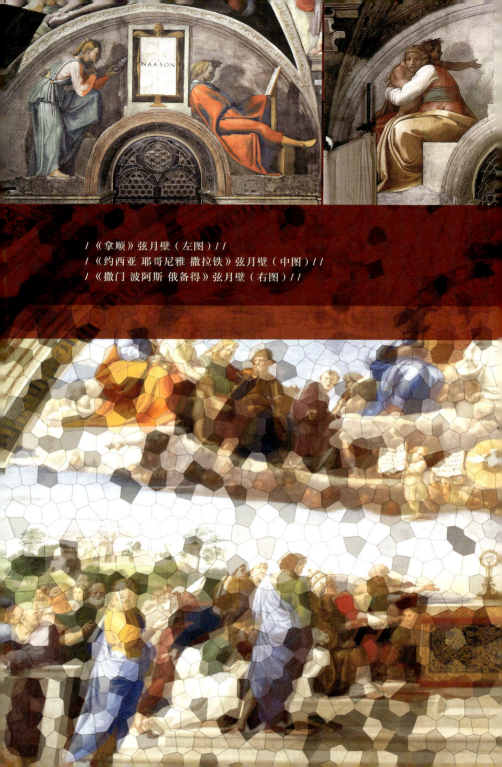

/《拿顺》弦月壁（左图）//
/《约西亚 耶哥尼雅 撒拉铁》弦月壁（中图）//
/《撒门 波阿斯 俄备得》弦月壁（右图）//

SALMON
BOOZ
OBETH

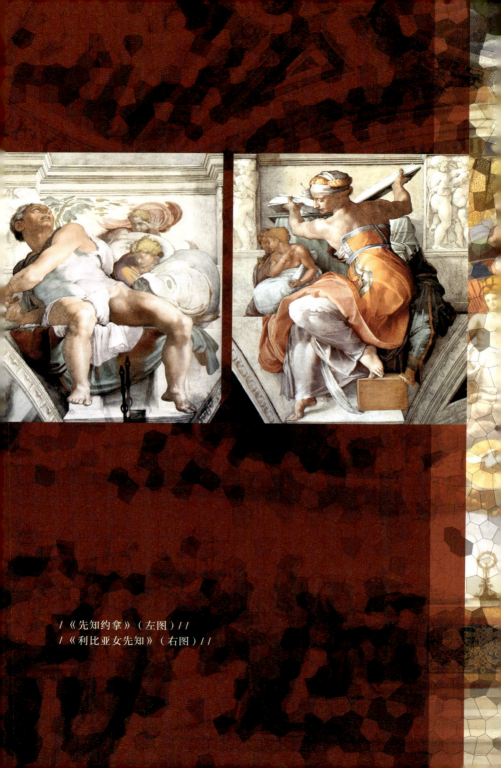

/《先知约拿》（左图）//
/《利比亚女先知》（右图）//

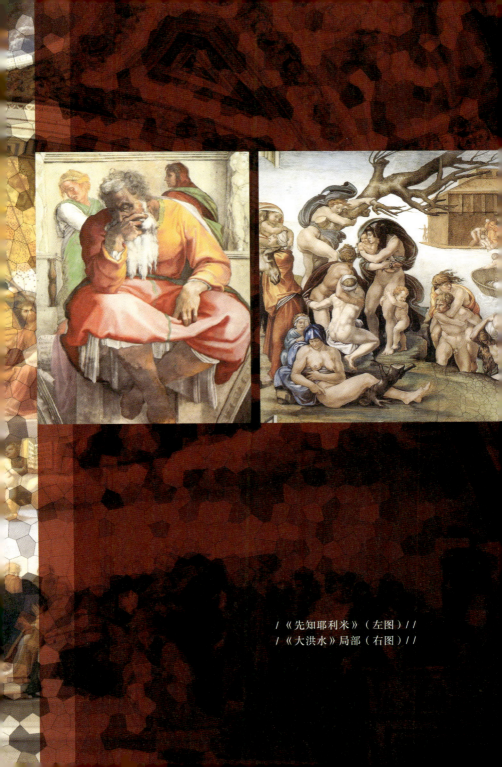

/《先知耶利米》（左图）/ /
/《大洪水》局部（右图）/ /

/《诺亚醉酒》//

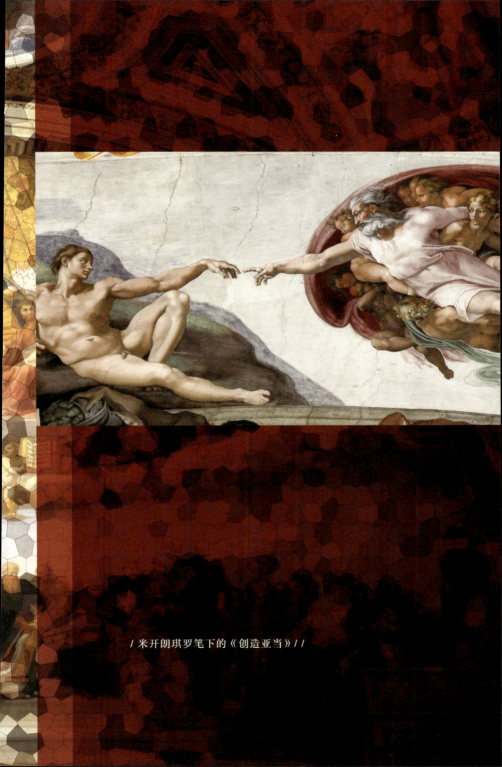

/ 米开朗琪罗笔下的《创造亚当》/ /

/ 米开朗琪罗雕凿的尤利乌斯二世之墓 / /

／拉文纳之役（上图）／／
／乌切洛的《创造亚当》，新圣母玛利亚教堂，佛罗伦萨（下图）／／

/ 拉奥孔 / /

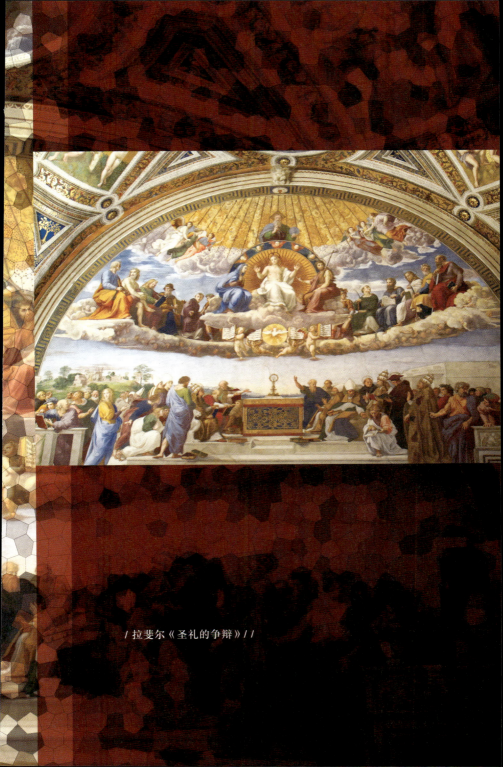

/ 拉斐尔《圣礼的争辩》/ /

/ 拉斐尔自画像 / /

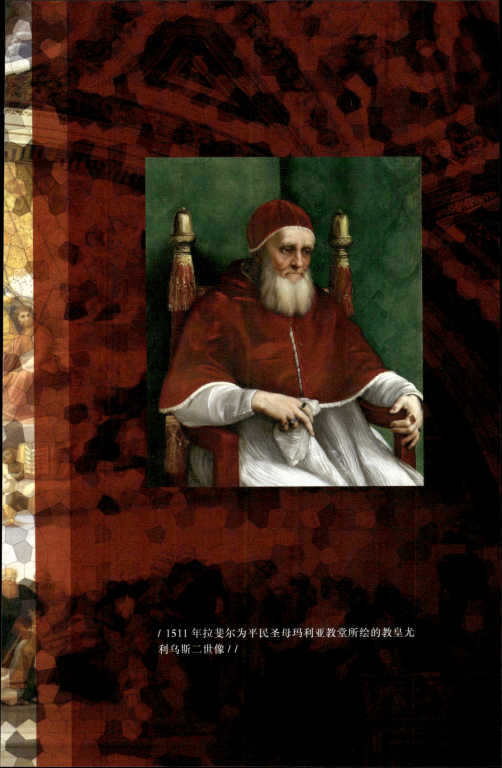

/ 1511 年拉斐尔为平民圣母玛利亚教堂所绘的教皇尤利乌斯二世像 / /

/ 拉斐尔《雅典学园》草图 / /

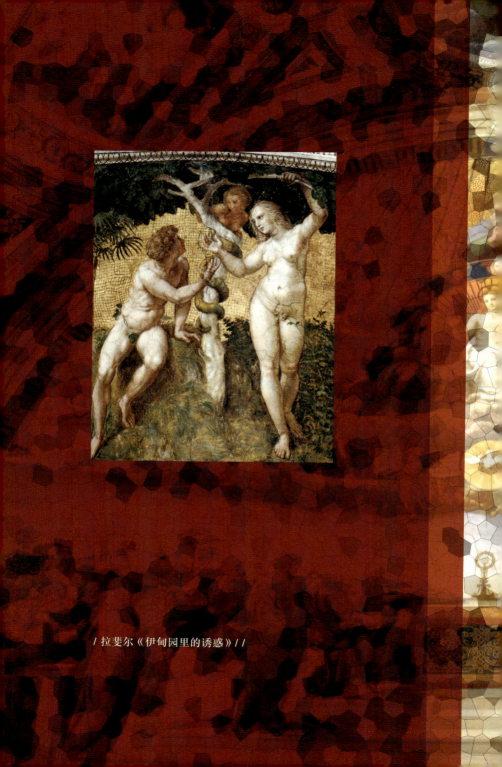

/ 拉斐尔《伊甸园里的诱惑》/ /

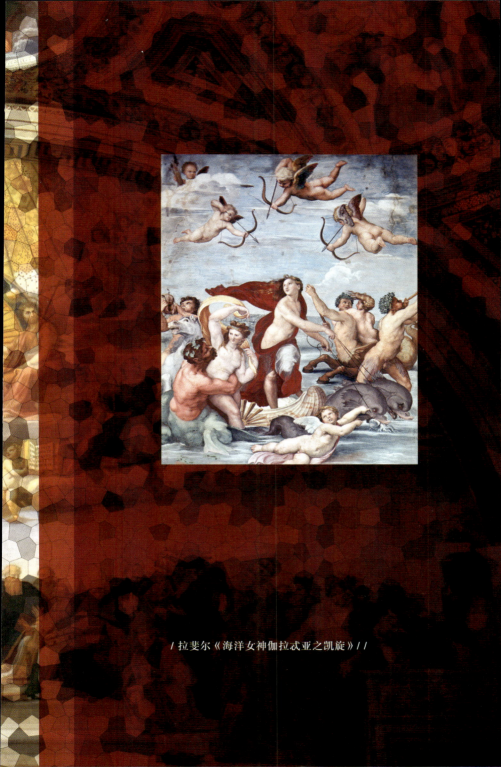

/ 拉斐尔《海洋女神伽拉忒亚之凯旋》//

/ 拉斐尔《驱逐赫利奥多罗斯》（左图）//
/ 拉斐尔《博尔塞纳的弥撒》（中图）//
/ 《雅典学园》（右图）//

/ 马丁·路德 / /

/ 罗多维科·阿里奥斯托 /

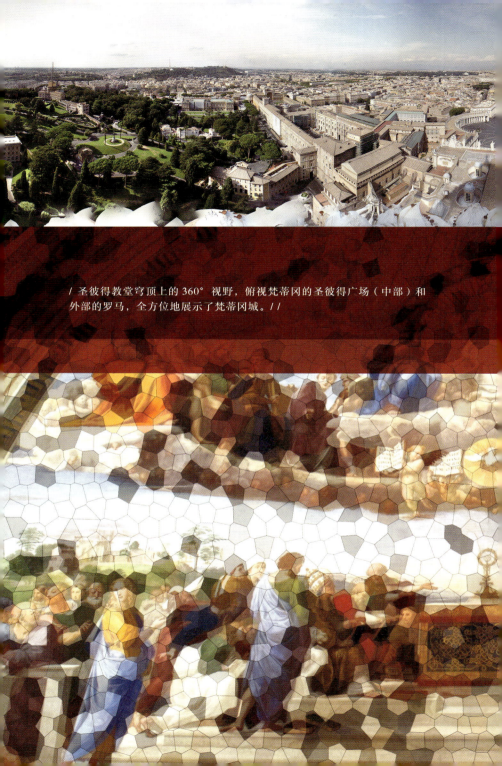

/ 圣彼得教堂穹顶上的 360° 视野，俯视梵蒂冈的圣彼得广场（中部）和外部的罗马，全方位地展示了梵蒂冈城。//

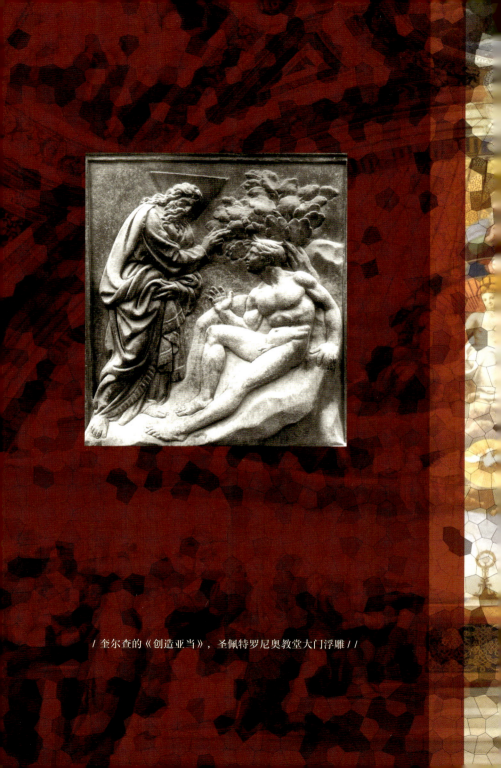

/ 奎尔查的《创造亚当》，圣佩特罗尼奥教堂大门浮雕 / /

第十六章　拉奥孔

一四八一年吉兰达约前来罗马绘饰西斯廷礼拜堂墙面时，
曾带着素描簿走访古迹，寻找可用的题材。素描技艺精湛的
他，很快就完成了数十幅古迹局部速写，题材包括柱子、方尖
碑、水道，以及当然会有的雕像。这些素描中，有一幅画的是
罗马最著名大理石雕像之一——《磨刀人》（*Arrotino*）。这座
雕像为复制品，原作雕于公元前三世纪的帕加马，刻画一名裸
体青年跪着磨兵器。几年后回佛罗伦萨绘饰托尔纳博尼礼拜堂
时，吉兰达约将这素描里的人物照搬进湿壁画，成为《基督
受洗》（*Baptism of Christ*）里跪着脱鞋的裸身男子。

从米开朗琪罗最早期的某些素描来看，他于一四九六年首
度来到罗马后，也曾带着素描簿在街上猎寻题材。罗浮宫里有
幅素描，画的是罗马切希花园里的某个小雕像，一个胖嘟嘟、
肩上扛着酒囊的小孩。还有一座雕像，在他这几次出门猎寻题
材时被画进素描簿，即立于帕拉蒂尼山上的诸神信使墨丘利
像。他和吉兰达约一样，将这些素描汇整成册，成为日后绘
画、雕塑时可资取材的古典姿势宝库。他所素描的大理石像之
一，某古罗马石棺一隅的一尊裸像，甚至似乎是他创作《大
卫》时姿势的灵感来源。[1]

西斯廷礼拜堂的绘饰工程得用到数百种姿势，光靠裸体模　
特儿不敷米开朗琪罗所需。因而，一旦要为湿壁画绘素描，他

想必就会从佛罗伦萨和罗马的古文物中寻找灵感。面对如此浩大的工程，他决定借助（或者艺术史家所谓的援用）古雕像和古浮雕。援用痕迹特别明显的，就是五幅《创世纪》场景两侧的二十尊巨大裸像。米开朗琪罗借用 nudo（裸体的）一词造出新词 Ignudo（伊纽多，裸像之意），以称呼这些高度为6英尺的裸像。

　　顶棚最早的绘饰构想是以十二使徒像为主体的几何状构图，其中有幅构图打算以天使支住大奖章。这整个构想很快就因"很糟糕"而被弃，但天使支住大奖章的想法留了下来。不过米开朗琪罗将这些天使"异教化"，拿掉翅膀，转型为体态健美的年轻裸像，类似于他原欲在尤利乌斯陵墓雕151 刻的奴隶像。部分伊纽多的姿势仿自罗马的希腊化时代浮雕和佛罗伦萨洛伦佐·德·美第奇收藏的上古雕饰宝石。[2] 其中两个裸像，他甚至以当时最著名的古雕刻《拉奥孔》（Laocoön）为蓝本，稍加变化后呈现（当时他获特殊任命负责鉴定这件作品）。[3]

　　这件大理石群像是公元前二十五年由罗得岛上三位艺术家合力雕成，刻画特洛伊祭司拉奥孔和他两个年轻儿子与海蛇搏斗的情景。拉奥孔识出希腊人的木马诡计，竭力阻止特洛伊人打开木马的活板门，阿波罗因此派海蛇前去勒死他们。千古名言"当心送礼的希腊人"，即出自拉奥孔之口。公元六十九年，古罗马皇帝提图斯命人将这件雕刻运到罗马，后来长埋在该城的残垣碎瓦之间达千百年。一五〇六年，这件群像（拉152 奥孔少了右臂）在埃斯奎里内山丘上菲利斯·德·佛雷迪的葡萄园里出土。米开朗琪罗奉尤利乌斯之命，前去该葡萄园协助桑迦洛鉴定该雕像，因而挖掘时人在现场。

　　雕像出土后，尤利乌斯如获至宝，以每年付六百杜卡特金币且支付终身的代价，向菲利斯买下雕像，然后运到梵蒂冈，与《观景殿的阿波罗》（Apollo Belvedere）等其他大理石雕像一同放在布拉曼特设计的新雕塑花园内。当时的罗马正兴起上古艺术品热，这件雕像一出，即风靡全城。运送雕像的车子行经街头时，有教皇唱诗班歌咏欢迎，街旁有大批群众兴高采烈地掷花庆祝，因人潮涌动，车子行进缓慢。各种仿制品随之纷纷出现，材质有蜡、灰泥、青铜和紫水晶。萨托画了它的素描，帕马贾尼诺也是。班迪内利为法国国王雕了复制品，提香画了《猴子拉奥孔》（Monkey Laocoön），学者萨多列托写诗颂扬这雕像。罗马甚至出现饰有拉奥孔群像的锡釉陶盘，当纪念品贩卖。

　　米开朗琪罗和其他人一样着迷于这件上古雕像。他年轻时的浮雕《人马兽之战》，就是以扭动、健美的人物来表现，如今见到《拉奥孔》里痛苦扭动的男性裸像，风格与他遥相契合，他当然深受吸引。雕像一出土，他就将三个被蛇紧紧缠住而死命挣扎的人体素描下来。艺术史界称这类作痛苦扭动状的人像为 figura serpentinata（如蛇扭动的人像），实在贴切。当时米开朗琪罗正埋头于尤利乌斯陵墓，因此画这雕像的素描时，无疑有意将它复制于陵墓的雕饰上。后来，陵墓案被束之高阁，受《拉奥孔》启发的人物造型转而在西斯廷礼拜堂顶棚实现，但在这里，人物亟欲挣脱之物不是蛇，而是由罗维雷家族栎树叶和栎实所构成的巨大华饰。

　　受拉奥孔群像启发的两尊伊纽多位于《诺亚献祭》的下方。米开朗琪罗以诺亚生平画了三幅，《诺亚献祭》是其中最后创作的一幅，描绘这位年迈的族长与其大家庭在洪水退去后以燔祭品（祭坛上焚烧祭神之物）感谢耶和华的情景。[4] 米开朗琪罗和助手们花了一个多月，就画好诺亚诸子在祭坛前搬木头、照料火、挖出小羊内脏等干活场景。媳妇拿火把点燃祭坛，同时用手遮脸以挡住热气，诺亚身穿红袍在旁边看着。这些人像也受了上古雕塑作品的启发。前述的诺亚媳妇直接仿自古罗马石棺（现藏于罗马托尔洛尼亚别墅）上的人物阿西娅[5]，而照料火的那位年轻人，则来自某上古献祭浮雕（此浮雕的素描也是米开朗琪罗某次出门猎寻题材时所绘）。[6]

《诺亚献祭》里的人物虽仿自上古雕塑，整个构成的场景却比前两幅诺亚生平画更为生动有力。米开朗琪罗在此创造出一幅结构紧凑又充满动感的动人画面，画中人物经精心安排而彼此呼应。他们抓住小羊或传递献祭家禽时相对应的肢体语言，平衡了构图，并孕育出《诺亚醉酒》所欠缺的互动气氛。

以诺亚生平为题材的三联画于一五〇九年秋初全部完成，这时候，米开朗琪罗和其团队已画了礼拜堂顶棚三分之一的面积。[7] 进度越来越稳定，在脚手架上工作了一整年后，拱顶上已有约 4000 平方英尺的壁面覆上了色彩艳丽的湿壁画，包括三名先知、七名伊纽多、一对拱肩、四面弦月壁、两处三角穹隅。这一年内实际的工作天数是两百多天，其间曾数次因冬天气候而猝然停下工作，米开朗琪罗也曾在夏天时生病。

但面对这样的成果，米开朗琪罗却高兴不起来。"我在这里过得很焦虑，而且身体极度疲累，"他写信告诉博纳罗托；"连个朋友都没有，也不想有任何朋友。甚至连用餐的时间都不够。因此，不要拿其他烦心事来烦我，因为眼前已够我受的了。"[8]

恼人的家庭问题还是惹得米开朗琪罗无法专心工作。一如预期，鲁多维科输掉了与大嫂卡珊德拉的官司，必须将嫁妆归还她。同样如预期的是，他为支付这笔钱而烦恼不已。过去一年，他一直生活在米开朗琪罗所谓的"恐惧状态"中。[9]得知官司败诉后，米开朗琪罗竭力给心情低落的父亲打气。他鼓励父亲，"别为此而担忧，别为此而意气消沉，因为失去财产不代表失去生命。我会更努力，把你将失去的赚回来"。[10]事实摆在眼前，掏腰包还钱给这位心怀怨恨的寡妇者不是鲁多维科，而是米开朗琪罗。所幸他刚从教皇那儿拿到了第二笔五百杜卡特的报酬。

154

向来让米开朗琪罗放心的博纳罗托，也给他带来"其他烦心事"。博纳罗托不满于在洛伦佐·斯特罗齐的羊毛店的生活，希望拿些钱开个烘焙店，而出钱对象当然找上米开朗琪罗。他是在看到自家农地处理多余农产的方式之后，而产生了改行的念头。家里生产的多余小麦，有时会以低价卖给朋友，生性有点小气的米开朗琪罗并不赞成这么做。一五〇八年大丰收后，鲁多维科把价值相当于一百五十索尔多（当时意大利铜币）的小麦送给友人米凯列之母，为此惹来儿子米开朗琪罗的责骂。因此，博纳罗托决定改行，似乎是为了让多余农产有更高的利润。他兴致勃勃地想展开这项新事业，于是派信差带着一块面包到罗马，请米开朗琪罗尝尝味道。米开朗琪罗吃了觉得很可口，却给他的创业计划泼了冷水。他直截了当地要这位一心创业的弟弟脚踏实地，在羊毛店好好待着，"因为你如果像个男人的话，我希望我回家时看到你自力创业"。[11]

就连米开朗琪罗的幺弟、当军人的西吉斯蒙多，那年秋天也让他头大。一年前，乔凡西莫内怀着美丽的憧憬来到罗马，以为就此前途无量，如今西吉斯蒙多也因为同样的憧憬作祟，打算到罗马闯闯。米开朗琪罗不喜欢有客人在他的住所过夜或暂住，尤其是像西吉斯蒙多这种处处需要代为张罗的人。瘟疫和疟疾的季节都已过去，米开朗琪罗不能再像以前一样拿罗马空气不好当挡箭牌，只好同意这个弟弟前来。但他请博纳罗托提醒幺弟，来了之后别指望他帮忙，并强调说："不是因为我没有兄弟之爱，而是因为我无力帮忙。"[12]如果西吉斯蒙多真的来了罗马，想必没给米开朗琪罗惹来麻烦，因为此后他未再提这件事。

佛罗伦萨传来的唯一喜讯，就是乔凡西莫内终于乖了点。米开朗琪罗在信中大发雷霆，吓坏了这个年轻人。在这之前，乔凡西莫内不是无所事事地待在家里，就是在塞提尼亚诺的农田闲晃，如今终于开始关心前途，展现出自信与企图心。但比起将未来寄托在面包上的博纳罗托，乔凡西莫内的野心更大，希望靠进口舶来品发达致富。他打算买艘船当船东，雇人驾船从里斯本出发，航向印度，带回满船香料。甚至谈到如果这高风险创业一击成功，就要亲自航行到印度（遵循十年前达·伽马所发现的航海路线）。

这条航行路线想必极其危险，而米开朗琪罗势必也知道，如果同意资助他这最新的创业构想，投下去的钱很可能泡汤，且很可能与弟弟就此天人永隔。但乔凡西莫内跃跃欲试，即使丢了性命也要放手一搏。米开朗琪罗曾说，他冒过的生命危险"数不胜数，一切只为了帮助家里"，乔凡西莫内现在这种一往无前的决心，说不定就是被哥哥的这段话激出来的。

　　米开朗琪罗向博纳罗托诉苦说，他"身体极度疲累"，说明了顶棚湿壁画的绘饰令他压力极大。约略在这时候，他写了一首趣味诗给朋友乔凡尼·达·皮斯托依亚，叙述他画这拱顶时身体所受的煎熬，诗旁还附上素描，描绘他拿着画笔高举作画的情形。他告诉乔凡尼，工作时不得不头向后仰，身体弯得像弓，胡子和画笔指向天顶，颜料溅得满脸。由此看来，他在脚手架上画湿壁画时极为吃力，身体之痛苦扭曲和快被勒死的拉奥孔几无二致。在拉奥孔群像里，拉奥孔也是头向后仰，背部弯曲，手臂高举向天：

　　　　胡子朝天，我感觉到后脑
　　　　贴在脖子上，长出哈比①的胸脯；
　　　　画笔总在我脸部上方，
　　　　颜料下滴，把脸滴成大花脸。[13]

　　脚手架虽然别具匠心而且有效率，但因工程浩大，身体吃苦仍是不可避免，毕竟痛苦和不适是湿壁画家必须面对的职业风险。米开朗琪罗曾告诉瓦萨里，湿壁画"这艺术不适合老人家从事"。[14]瓦萨里本人也说，他替托斯卡纳大公宫殿的五个房间绘饰湿壁画时，不得不造支架，以在作画时撑住脖子。"即使如此，"他诉苦道，"这工作还是让我视力大损，头部受伤，至今仍觉得不舒服。"[15]彭托莫也身受此害，一样严重。他在一五五五年的日记里写道，"在佛罗伦萨圣洛伦佐教堂的诸王公礼拜堂画湿壁画时，不得不长期弓着身子硬撑"。结

①　哈比是希腊罗马神话中的怪物，脸及身躯似女人，翼、尾、爪似鸟。

果，当然导致背部剧烈疼痛，有时甚至痛到无法进食。[16]

米开朗琪罗最严重的症状之一，就是出现眼睛劳损这种怪病。眼睛长期往上看，导致他看信或研究素描时，必须放在头上方一定距离处才看得到。[17]这一退化现象持续了数个月，势必影响到他画素描和草图。但瓦萨里说米开朗琪罗毫不退缩，承受了工作上的种种艰辛和痛苦。他说，"事实上，对这份工作的执着使他越做越有干劲，娴熟与精进让他信心大增，因此，他丝毫不觉疲累，把不舒服都抛到了九霄云外"。[18]

他是否真如此一往无前，身体上的苦痛全不放在心上，从他写给博纳罗托那封诉苦的信中，我们找不到什么证据。在脚手架上非人般地工作了一年，加上家庭困扰，似乎让米开朗琪罗身心俱疲。可能还有其他因素导致他心情低落，因为他也说他觉得了少精神支持。"连个朋友也没有"，他在信中诉苦道。如果格拉纳齐、靛蓝和布贾迪尼还在，他大概不会哀叹身边没有朋友。他亲自挑选的助手，到了一五〇九年夏或秋，也就是为这项工程效力一年后，因任务已了，大概大部分都已离去。因而，接下来的三分之二部分，米开朗琪罗只能和新助手们合力完成。

注释

[1] 关于这一论点，参见德·托尔内的《米开朗琪罗》，第一卷，第7页。这幅素描现也藏于罗浮宫。德·托尔内指出，米开朗琪罗"脑海里贮存了一整套古典姿势和人像，并以无穷的混合和变形予以运用"。

[2] 关于伊纽多像所援用的古代作品，可参见德·托尔内的《米开朗琪

罗》，第二卷，第 65～66 页。

[3] 关于这些伊纽多像与拉奥孔群像的相似之处，参见上书，第 65 页。目前艺术界认为，这件雕像不是原作，而是希腊化时期末期的仿作。

[4] 或者说，至少现今大部分艺术史家都同意，这幅画画的是诺亚献祭。不过孔迪维和瓦萨里却认为，该画画的是《创世纪》第四章第三节至八节所描述该隐和埃布尔献祭的场景。他们两人之所以会有此误解，原因在于米开朗琪罗画诺亚生平三画时，并未按照事件发生先后安排所画位置。最早画的《大洪水》，本应放在从门口算来第三幅的位置，也就是后来《诺亚献祭》所在的位置，但米开朗琪罗将这两个场景调换顺序，以让他笔下那些慌乱、受困洪水的人群能有较大的施展空间（3 米×6 米），而把面积较小的第三块空间（1.8 米×3 米）留给《诺亚献祭》。因此，出现了诺亚在大洪水发生前就筑坛感谢耶和华这种不合理的情形，进而导致孔迪维和瓦萨里断定，画中献祭者是存在年代无疑更早于诺亚的该隐和埃布尔。瓦萨里于 1550 年版的《米开朗琪罗传》中正确识出了画中场景，但到了 1568 年版，听信孔迪维的看法，做出上述论断。

[5] 龚布里希（Ernst Gombrich）《米开朗琪罗〈诺亚献祭〉中援用古典艺术之处》（"A Classical Quotation in Michelangelo's *Sacrifice of Noah*"）一文，《沃伯格协会会刊》（*Journal of the Warburg Institute*，1937），第 69 页。

[6] 关于这项援用，可参见史坦曼（Ernst Steinmann）两卷本著作《论西斯廷礼拜堂（*Die Sixtinische Kapelle*，Munich：Verlagsanstalt F. Bruckmann，1905），第二卷，第 313 页正反面。

[7] 霍伊辛格（Lutz Heusinger）写道，至 1509 年秋，米开朗琪罗已完成"前三面大湿壁画，以及相邻所有部分"。参见曼奇内利与霍伊辛格合著的《西斯廷礼拜堂》（*The Sistine Chapel*）第 14 页。关于工作天数，可参见班巴赫《意大利文艺复兴画室里的素描和绘画》一书附录二，第 366～367 页。

[8] 《米开朗琪罗书信集》，第一卷，第 54 页。

[9] 同上书，第 48 页。

[10] 同上书，第 53 页。

[11] 同上书，第 54 页。

［12］同上。

［13］关于此诗英译，可参见《米开朗琪罗诗全集和书信选集》，第5～6页。

［14］引自班巴赫：《意大利文艺复兴画室里的素描和绘画》，第2页。

［15］瓦萨里：《画家、雕塑家、建筑师列传》，第二卷，第669页。

［16］梅里费尔德：《湿壁画艺术》，第112～113页。

［17］孔迪维：《米开朗琪罗传》，第58页。

［18］瓦萨里：《画家、雕塑家、建筑师列传》，第二卷，第669页。

第十七章　黄金时代

　　米开朗琪罗相信灵异之说。有一次，以弹诗琴（lute）为业的朋友卡迪耶雷告诉他梦见异象，他信以为真。[1] 异象出现在一四九四年，即查理八世率军入侵意大利那年。卡迪耶雷梦见洛伦佐一世的幽魂一身破烂地出现在面前，并要这位诗琴弹奏家前去警告他儿子皮耶罗·德·美第奇，佛罗伦萨的新统治者，除非改变作风，否则王位不保。米开朗琪罗让饱受惊吓的卡迪耶雷把梦中所见告诉傲慢而昏庸的皮耶罗，但卡迪耶雷担心挨皮耶罗骂，不同意前往。几天后，卡迪耶雷又来找米开朗琪罗，神情更为惊恐。洛伦佐又现身在他面前，还因为他未照吩咐办事，打了他一耳光。米开朗琪罗再次请这位诗琴弹奏家把所见幻象告诉皮耶罗。最后，卡迪耶雷终于鼓起勇气面见皮耶罗，结果惹来皮耶罗嘲笑，说他父亲绝不会自贬身价，找个卑贱的诗琴弹奏者显灵。不过米开朗琪罗和卡迪耶雷对这预言深信不疑，迅即逃往波隆纳避祸。不久，皮耶罗·德·美第奇果然被拉下台。

　　相信梦境与兆头者不只米开朗琪罗。当时，社会各阶层的人狂热着迷于灵异兆头，从幻象、星象到"畸胎"和蓄胡隐士的叫嚷等各种怪现象，他们都认为隐含了某种预兆。即使是马基雅维利这种持怀疑立场的思想家，也接受预言和其他凶兆的深层意涵。他写道，"城里或地区里发生的大事，无一不是已由占卜者、天启、奇事或天象所预告"。[2]

凡是能预知未来者，必然可在罗马之类的城市引来大批信众，而街头上也多得是预言家和自命为圣人者，碰上肯听他们一言者，就大谈眼前之人大难将如何临头。一四九一年，罗马出现了这么一则当世神谕。一名不知打哪来的乞丐，在街头、广场上流浪，大喊："罗马人，我告诉你们，一四九一年，会有许多人要哭泣，苦难、杀戮、流血会降临你们身上！"[3] 一年后，罗德里戈·波古亚膺选为教皇。然后城里又出现一名这样的预言家。他的预言较为乐观（"和平，和平"），引来大批市井小民信从，称他是"以利亚"（公元前九世纪以色列的先知）再世，最后被当局掷入狱中。[4]

从当时迷信预言的现象来看，米开朗琪罗在顶棚湿壁画里画了五位身形巨大的巫女，显然有其时代背景。这些巫女是预言家，住在神祠，受神灵启示后在发狂状态下预卜未来，所发之言常是谜语或离合诗①之类晦涩的语句。古罗马史学家利瓦伊写道，巫女的预言集受祭司保护，元老院在需要时前去查阅。一直到四〇〇年，古罗马人还利用预言集来断定吉凶，但不久之后，大部分毁于汪达尔人首领斯提利科的焚毁令。但从这些典籍的灰烬中，当时的人又发现大批新预言，而且声称是巫女智慧的显现。米开朗琪罗在世时，这些预言性著作流通甚广，其中包括一部人称《巫女神谕集》（*Oracula Sibyllina*）的手抄本。这本书其实并非巫女所作，而是犹太教和基督教作家的著作合集，内容杂乱而虚妄，但一五〇九年时少有学者怀疑

---

① 离合诗（acrostic）：短诗一种，每行诗句中特定位置的字母，例如首字母，可组合成词或词组。这种诗实际上是一种字谜。——译者注

其真实性。

　　基督教礼拜堂里出现异教神话的人物似乎颇为突兀，但早 160
期基督教教会里制定教义、仪礼的学者拉克坦提乌斯和圣奥古
斯丁，已赋予了巫女在基督教世界的崇高地位。他们宣称巫女
的预言的确预示了圣母诞生、基督受难、最后审判之类的事
件，因而理应获得尊敬，并认为她们替异教世界做好准备，以
迎接基督降临，就像《旧约》中的先知替犹太人做好准备一
样。因此，对那些有志调和异教神话与正统基督教教义的学者
而言，巫女和她们的预言性著作是值得探究的对象。她们巧妙
弥合了这两个世界的隔阂，以令人信服的方式，将神圣与凡
俗，将罗马天主教会与神秘难解又令艺术家、学者着迷的异教
文化连接起来。

　　有些神学家，例如阿奎纳，认为这些巫女的能力比不上
《旧约》中的先知，但到了中世纪，她们在基督教艺术里的地
位已屹立不摇。德国乌尔姆大教堂内十五世纪雕制的唱诗班座
位上，大胆将她们与女圣徒、《旧约》中的女英雄并置作为装
饰。在意大利艺术里，她们几乎无所不在，锡耶纳大教堂的正
门立面上、皮斯托伊亚和比萨两地的教堂讲坛上、吉贝尔蒂为
佛罗伦萨洗礼堂雕制的青铜门上，都可见到她们的身影。她们
也是湿壁画常见的题材。吉兰达约在圣三一教堂萨塞蒂礼拜堂
拱顶上画了四名巫女后，平图里乔也在波古亚居所如法炮制，
画了十二名巫女搭配十二名《旧约》中的先知。不久，佩鲁
吉诺在佩鲁贾的银行同业行会会馆，各画了六名巫女和先知。

　　米开朗琪罗在西斯廷礼拜堂画的第一个巫女，就是以告知
俄狄浦斯注定要弑父娶母而著称的德尔菲巫女。德尔菲巫女住
在德尔菲神示所里，这个神示所是希腊最具威信的神示所，位

于帕纳塞斯山坡上的阿波罗神庙内，庙的正门立面上刻有箴言——了解自己。巫女发出的神谕晦涩难解，需要祭司代为解读。吕底亚国王克罗索斯就碰上这么一个模棱两可的神谕而反受其害。神谕告诉他攻击波斯后，将摧毁一个强大的帝国。他果真率兵进攻，结果惨败，自己的王国反倒灭亡，这时才知道神谕中的帝国是自己的王国。《巫女神谕集》里的预言就没有这么模棱两可，据说精准预测到基督会遭出卖，落入敌人手中，遭士兵嘲笑，并被戴上荆棘冠，钉死在十字架上。

一五〇九年秋，米开朗琪罗和助手们花了十二个乔纳塔画成德尔菲巫女，花费的时间和稍早之前完成的撒迦利亚像差不多。米开朗琪罗将她画成年轻女子像，微微张嘴，双眼圆睁，带着一丝苦恼，仿佛刚被哪个冒失鬼吓到。巫女以狂乱疯癫著称，但在他笔下，几乎没有这样的特质。她其实是米开朗琪罗数个圣母像的集大成者。以苏麻离青绘成的蓝色头巾，与《圣殇》《布鲁日圣母》（Bruges Madonna）这两尊圣母雕像上的头巾类似。《布鲁日圣母》为圣母子像，完成于一五〇一年，佛兰德斯一布商家族买下后，将它安放在该家族位于布鲁日的礼拜堂里。德尔菲巫女的头部和姿态，让人想起米开朗琪罗《皮蒂圆雕》（Pitti Tondo，约一五〇三年完成的大理石浮雕）中的圣母，而多褶的衣服和九十度弯曲的结实臂膀，则来自他为多尼绘制的《圣家族》。[5]

"米开朗琪罗记性绝佳，"孔迪维如此说道，"因此，尽管画了数千个人物，长相和姿势却各不相同。"[6]正因为记性绝佳，他才能在短短时间内，为西斯廷礼拜堂顶棚创造出数百个姿态各异的人物。

米开朗琪罗接着会在拱顶上再画上四名巫女，包括古罗马最著名的女预言家，库米城的巫女。据神话记载，库米巫女住在罗马南方一百六十公里处那不勒斯附近阿维努斯湖边的岩洞里。据说埃涅阿斯，古罗马诗人维吉尔所写的史诗《埃涅阿斯纪》（*Aeneid*）中的主人公，就是在这里看到她陷入可怕的恍惚状态，听到她发出"神秘而可怕的言语"。[7] 在米开朗琪罗所处的时代，这个散发硫黄味的深邃湖泊旁的恶臭洞穴，仿佛成了宗教圣地，前来朝圣的学者络绎不绝。这个洞穴大概是古罗马宰相阿格里帕所开凿的隧道，作为尤利乌斯港的一部分。但这些有学问的信徒却来这个地方——埃涅阿斯及其特洛伊友人与库米巫女交谈后直下冥府的地方——做无边的怀想。

162

　　巫女既是意大利艺术里很受欢迎的题材，米开朗琪罗将库米巫女和其他古代女预言家画进顶棚，也就不必然是出于艾吉迪奥之类顾问的要求。西斯廷礼拜堂所绘的巫女，正好是拉克坦提乌斯在其《神圣教规》（*Divine Institutions*）里所列十名巫女的前五位，这意味着米开朗琪罗说不定翻阅过该著作，然后做出如此选择。不过艾吉迪奥可能是促成米开朗琪罗画进这些巫女并予以显著呈现的推手，因为他极感兴趣于巫女的预言，特别是库米巫女的预言。[8] 他曾亲赴阿维努斯湖边的巫女洞穴，大胆下到洞里，而后表示洞里恶臭的地下空气会让人产生如埃涅阿斯所见到的那种恍惚状态和幻觉。[9]

　　库米巫女有则预言，艾吉迪奥觉得饶富深意。在维吉尔的《牧歌》（*Eologues*）中，她预言将诞生一个小孩，这个小孩将促成世界和平，回归黄金时代："公义回归人间，黄金时代／重现，而其第一个子女降临自天上。"[10] 对圣奥古斯丁之类的神学家而言，以基督教观点诠释该预言，而将这"第一个子女"视为耶稣，显然是再自然不过的事。心思机敏的艾吉迪奥附会更甚，在圣彼得大教堂演说时宣称，库米巫女所预言的新黄金时代其实就是尤利乌斯二世所开启的时代。[11]

当时意大利的预言者有两类，一类是预言末日逼近，劫数难逃，如萨伏纳罗拉；另一类是以较乐观态度前瞻未来，例如艾吉迪奥。艾吉迪奥深信上帝的意旨正通过尤利乌斯二世和葡萄牙王马努埃尔逐渐实现，因而抱持乐观心态。例如，一五〇七年，马努埃尔写信给教皇，宣布葡萄牙发现马达加斯加，并征服远东数处。尤利乌斯接到这喜讯，在罗马大宴三天以示庆祝。在这些庆祝活动中，艾吉迪奥登上讲坛，宣布在世界彼端发生的这些大事（加上国内的其他盛事，特别是圣彼得大教堂的重建），再一次证明了尤利乌斯正逐步实现上帝所赋予他的使命。在向教皇的讲道中，他兴奋地说道："看看上帝以何许多的声音，何许多的预言，何许多的丰功伟绩召唤你。"[12]审视过这些成就后，他深信圣经和库米巫女的预言确实正逐渐应验，而全球拜服基督教下的黄金时代就要到来。[13]

罗马并非人人都同意艾吉迪奥的观点。若说库米巫女就是预言黄金时代将由尤利乌斯开启的先知，那西斯廷礼拜堂顶棚上的库米巫女形象显然与此不合，让人觉得古怪。米开朗琪罗将她画成丑陋的庞然大个，手长，二头肌和前臂粗壮，肩膀宽厚如亚特拉斯（以肩顶天的巨神），头部相形之下变得很小，体形之怪异骇人在整个拱顶上并不多见。这幅明显带有贬义的人像，还将她画成远视眼，因为画中看书的她把书拿得颇远。眼力不好当然不代表眼光见识不佳。事实正好相反，因为根据某些版本的提瑞西阿斯神话，他因看到阿西娜洗澡而瞎了眼睛，于是得到预卜未来的法力作为补偿。库米巫女视力不佳，或许也可解读为具有灵视眼力的迹象。[14]同样，米开朗琪罗说不定也在借此表明，她的灵视和她的肉眼视力同样不可靠。不管何者为真，他对这位干瘪的丑老太婆和其预言的看法，似乎由她身旁两位裸童之一的手势概括表露出来。这位男童对她"比出了将拇指夹在食指与中指之间的手势"，意涵就和今日的比中指一样。这一粗鄙动作曾出现在但丁笔下，至今仍为意大利人所熟知。[15]

米开朗琪罗在其湿壁画里加入了一些不大见得了光的玩笑，上述猥亵动作就是其中之一，但在摄影术和望远镜问世之前，从地上靠肉眼是看不出这些蹊跷之处的。这位艺术家虽然性情乖戾，却以话中带刺的妙语而著称。例如有次他开玩笑说某艺术家画牛画得很好，因为"画家都善于画自己"。[16]裸童在库米巫女后面比出不雅手势，显示他终究不失幽默风趣。但就像他那首关于十字架与荆棘的诗一样，这也代表他对艾吉迪奥热烈称颂教皇和黄金时代颇不以为然。

米开朗琪罗不看好教皇能完成收复教廷领土这所谓的天职，在罗马，持此观点者不只他一人。一五○九年夏天走访罗马的一位大有来头的人物，对尤利乌斯表现出更为强烈的怀疑。这人就是来自鹿特丹、四十三岁的神父德西德里乌斯·伊拉斯谟（Desiderius Erasmus），当时欧洲最受崇敬的学者之一。他在三年前已来过意大利一次，那时是受英格兰亨利七世的御医之聘，前去教导御医几个就要完成海外教育的儿子。当时他在威尼斯和波隆纳两地奔波，而在波隆纳他碰巧目睹了尤利乌斯征服该城后的光荣入城仪式。这次他则是带着新学生，苏格兰国王詹姆斯四世的私生子斯图亚特，来罗马到教皇的表兄弟、富可敌国的枢机主教里亚里奥家做客。这趟来意大利，除

164

165

了教斯图亚特古典文学，伊拉斯谟还希望获得教皇的特许，赦免他当神父的父亲因违反不婚的誓言而犯下的罪过。

伊拉斯谟在罗马受到盛情款待。枢机主教里亚里奥安排他住进自己位于百花广场附近的豪华寓所，并让他在西斯廷礼拜堂的至圣所内参加弥撒，极为尊荣。他见到了艾吉迪奥和同样好读书且聪颖的因吉拉米。和艾吉迪奥一样，他去了一趟阿维努斯湖边，参访库米巫女的洞穴。他还受招待参观了罗马的古迹和多所图书馆里的珍藏，留下了永难忘怀的美好回忆，说不定也获准参观了西斯廷礼拜堂内帆布幕后面正渐具规模的湿壁画。一五〇九年夏，西斯廷礼拜堂顶棚已名列罗马的伟大奇观之一。曾受教于吉兰达约的教士团成员阿尔贝提尼，这时刚完成其罗马城市导览小册子（*Opusculum de mirabilibus novae et veteris urbis Romae*），书中列出罗马最值得一览的古迹和湿壁画。阿尔贝提尼写道，"米凯利斯·阿坎杰利"（米开朗琪罗）正在西斯廷礼拜堂埋头绘饰他的湿壁画。[17]

米开朗琪罗处处提防，不让闲杂人等靠近脚手架，当然不愿让民众看他的湿壁画。但伊拉斯谟受邀登上脚手架，欣赏他的作品，倒也并非全然不可能。伊拉斯谟虽然对书的兴趣远大于绘画，但他大有机会和米开朗琪罗打上照面，特别是如果艾吉迪奥真的涉入顶棚构图的话，就更有可能。他们甚至可能在波隆纳就已认识，因为伊拉斯谟一五〇七年走访该城期间，米开朗琪罗几乎也同时在那里。不过，没有文献或轶事足以证明两人见过面，两位大师如黑夜中的船只悄悄擦身而过，也同样可能。

伊拉斯谟最后如愿以偿，因为尤利乌斯公开宣布这位大学者是"单身汉与寡妇"之子。从字面上讲，这番宣告确属实情，但整件事的争议不只在这里。总之，教皇避重就轻，解决了这件事。教皇的特许帮伊拉斯谟拿掉了私生子的污点，自此有资格任职英格兰的教会。不久，就有人找他出任圣职。邀他回伦敦者正是坎特伯雷大主教，大主教还寄了五百英镑当旅费。他还收到友人蒙乔伊勋爵的信，信中兴奋描述英格兰新国王多么叫人赞赏。亨利七世于一五〇九年四月去世，由其十八岁的儿子继位。新王年轻又英俊，虔敬且有学问。"天国居民开颜，世间众民欢腾，"蒙乔伊为描述新王亨利八世治下写道，"到处是奶与蜜。"[18]

但伊拉斯谟动身前往英格兰却是极不情愿。"若不是忍痛告别，"他后来回忆道，"我绝对下不了决心离开罗马。那儿有惬意的自由、藏书丰富的图书馆、相交甚欢的作家与学者，可欣赏到多种古迹。高级教士圈敬重我，因而我实在想不到还有什么比重游该城更让我心愉快的了。"[19]

不过，罗马并非事事都合伊拉斯谟的意。一五〇九年秋抵达伦敦后，因为长途舟车劳顿和横越汹涌的英吉利海峡引起肾痛，他不得不住进好友托马斯·莫尔（Thomas More）位于切尔西的住处休养一阵子。莫尔曾写诗祝贺亨利八世登基，令新王龙颜大悦。诗中和艾吉迪奥颂扬尤利乌斯一样，称新黄金时代即将降临。由于出不了门，只能和莫尔的众小孩为伍，于是伊拉斯谟花了七天时间写成《愚人颂》（*The Praise of Folly*），从而种下日后声名狼藉的祸因。这件作品表明伊拉斯谟对罗马的看法，比后来所写颂扬该城"惬意的自由"那封信，更敏锐切实。《愚人颂》以毫不留情面的语句，嘲讽贪污的廷臣、肮脏无知的僧侣、贪婪的枢机主教、傲慢的神学家、讲话啰唆的传道士以及那些声称可预卜未来的疯预言家，因而至少在某

166

些部分上，矛头是对准尤利乌斯二世和他的众枢机主教治下的罗马文化。

与艾吉迪奥不同，伊拉斯谟不相信尤利乌斯有意开启新黄金时代。一五〇九年夏，他站在弥漫硫黄味的阿维努斯湖边时，库米巫女的另一项预言想必更合他的意。"我看见战争和战争的所有恐怖，"她在《埃涅阿斯纪》里告诉埃涅阿斯及其同伴，"我看见台伯河都是血，冒着血泡。"[20] 在伊拉斯谟眼中，这则战争即将爆发而血流成河的预言，似乎正在好战的尤利乌斯手中逐渐应验。《愚人颂》批判对象众多，其中包括以天主教会之名发动战争的多位教皇。他写道，"满怀基督教的狂热，他们以火和剑作战……而付出了无数基督徒的血"，[21] 其心中无疑想起威尼斯人的战败。而就在伊拉斯谟抵达英格兰，写出这些语句的几星期后，基督徒再度因教皇而相互杀戮。

尤利乌斯再次和威尼斯发生冲突。威尼斯人兵败阿尼亚德罗后，立即遣使向罗马求和。但背地里又同时求助于奥斯曼苏丹，猛烈反击，夺下帕多瓦和曼图亚，接着挥师指向费拉拉。这时统治费拉拉者，是教皇部队总指挥官暨卢克蕾齐娅·波吉亚的丈夫阿方索·德·埃斯特。威尼斯人乘着桨帆船，他们引以为傲的强大军力的象征，于一五〇九年十二月初溯波河而上。

阿方索已摆好阵势迎敌。这位费拉拉公爵虽然只有二十三岁，却是当时欧洲最出色的军事指挥官之一，战术高明，麾下的火炮部队闻名天下。他对大炮深感兴趣，于是在特殊铸造厂铸造了许多火炮，部署在能重创来敌的有利位置。"大王的恶魔"是他最令人胆寒的武器之一，套用费拉拉宫廷诗人阿里奥斯托的话，这种著名的火炮"从陆、海、空喷火，无坚不摧"。[22]

还不到二十岁，阿方索就受教皇提拔，总管兵符。一五○七年以猛烈炮火将本蒂沃里家族逐出波隆纳。接下来，威尼斯人也要受到他致命炮火的洗礼。他的炮兵将火炮部署在陆地和水上，威尼斯舰队还来不及反击或逃逸，就遭炮火歼灭。这场炮战取胜之快速，战果之惊人，为欧洲前所未见。这一役不仅打掉了威尼斯东山再起的希望，也预示了意大利半岛即将笼罩在疾风暴雨中，将有天翻地覆的变化。

168

伊拉斯谟在《愚人颂》中抨击好战的历任教皇时，措辞谨慎，并未指名道姓。但几年后，他匿名出版的《尤利乌斯遭拒于天国门外》（*Julius Excluded from Heaven*）则毫不留情地批评尤利乌斯，称他是酗酒、亵渎、有断袖之癖且好自我吹嘘之人，一心只想着征伐、贪污、个人荣耀。这本小册子的扉页插画呈现出诙谐的讥刺与敏锐的史实，插画上描绘尤利乌斯穿着血迹斑斑的盔甲，带着一干随从来到天国门口，随从"全是叫人退避三舍的流氓，浑身散发出妓院、酒馆、火药的味道"。[23]圣彼得不让他进去，劝他承认自己犯过的无数罪恶，然后谴责他治下的罗马教廷是"全世界最残暴的政权，基督的敌人，教会的祸根"。[24]但尤利乌斯不为所动，誓言召集更多兵马，强行夺占天国。

注释

[1] 关于卡迪耶雷这件事，参见孔迪维：《米开朗琪罗传》，第 17 ~ 18 页。

［2］《论提图斯·利瓦伊乌斯最初十年》（*Discourses on the First Decade of Titus Livius*），收录于《马基雅维利：主要著作和其他著作》三卷本英译本（*Machiavelli: The Chief Works and Others*, Durham, NC: Duke University Press, 1965），第一卷，第 311 页，译者 Allan Gilbert。

［3］尼科里（Ottavia Niccoli）所撰《十六世纪初罗马上层和下层人士的预言文化》（"High and Low Prophetic Culture in Rome at the Beginning of the Sixteenth Century"），收录于里夫斯所编《文艺复兴盛期预言盛行的罗马》，第 206 页。

［4］同上书，第 207 页。

［5］关于这些比较，参见德·托尔内：《米开朗琪罗》，第二卷，第 57 页。

［6］孔迪维：《米开朗琪罗传》，第 107 页。

［7］维吉尔：《埃涅阿斯纪》英译本（*The Aeneid*, London: Penguin, 1956），第 146 页，译者 W. F. Jackson Knight。

［8］关于艾吉迪奥对巫女的看法，参见奥马利的《维泰博的吉列斯论教会与改革》，第 55 页。

［9］参见温德（Edgar Wind）《米开朗琪罗笔下的先知与巫女》（"Michelangelo's Prophets and Sibyls"）一文，《不列颠学会公报》，第 51 期，1965 年，第 83 页，注释 2。

［10］维吉尔：《牧歌与农事诗集》英译本（*The Eclogues and The Georgics*, Oxford: Oxford University Press, 1963），第四牧歌第 6~7 行，译者 C. Day Lewis。

［11］参见奥马利《教皇尤利乌斯二世治下基督教黄金时代的实现》，第 265~338 页。

［12］引自奥马利的《罗马与文艺复兴：文化与宗教之研究》，第 337 页。

［13］关于文艺复兴期间黄金时代这个观念，可参见龚布里希的《文艺复兴与黄金时代》（"Renaissance and Golden Age"），《沃伯格与考陶尔德协会会刊》，第 24 期，1961 年，第 306~309 页；奥马利的《维泰博的吉列斯论教会与改革》，第 17, 50, 103~104 页，莱文（Harry Levin）的《文艺复兴时期黄金时代迷思》（*The Myth of the Golden Age in The Renaissance*, Bloomington: University of Indiana Press, 1969）。

［14］巴洛尔斯基（Paul Barolsky）就持此观点，认为库米、波斯之类巫女视力不佳，说明了"米开朗琪罗暗暗借由先知肉眼视力的不完美，以相对衬托出她们法眼的高强"。参见巴洛尔斯基的《细探米开朗琪罗笔下的预言家》（"Looking Closely at Michelangelo's Seers"），刊于《根源：艺术史里的脚注》，1977 年夏季号，第 31 页。

［15］关于但丁的相关段落，参见《神曲》三卷本英译本（*The Divine Comedy*，London：The Bodley Head，1948），第一卷《地狱篇》，第 25 章，第二行，译者 John D. Sinclair。

［16］瓦萨里：《画家、雕塑家、建筑师列传》，第二卷，第 743 页。

［17］阿尔贝提尼（Francesco Albertini）所撰"*Opusculum de mirabilis novae et veteris urbis Romae*"，收录于默雷（Peter Murray）所编《早期五本罗马、佛罗伦萨导览》（*Five Early Guides to Rome and Florence*，Farnborough，Hants：Gregg International Publishers，1972）。

［18］亚伦（P. S. Allen）所编十卷本（*Erasmi Epistolae*，*Opus Epistolarum des. Erasmi Roterdami*，Oxford：Oxford University Press，1910），第一卷，第 450 页。

［19］引自希玛（Albert Hyma）《伊拉斯谟传》（*The Life of Desiderius Erasmus*，Assen：Van Gorcum & Co.，1972），第 68 页。

［20］维吉尔：《埃涅阿斯纪》，第 149 页。

［21］伊拉斯谟：《愚人颂与其他著作》英译本（*The Praise of Folly and Other Writings*，New York：W. W. Norton & Co.，1989），第 71 页，编译者 Robert M. Adams。

［22］阿里奥斯托（Lodovico Ariosto）：《疯狂奥兰多》英译本（*Orlando furioso*，Oxford：Oxford University Press，1983），第 25 章，第 15 行，译者 Guido Waldman。

［23］伊拉斯谟：《愚人颂与其他著作》，第 144 页。

［24］同上书，第 168 页。

第十八章　雅典学园

　　圣彼得：你因神学而得享盛名？

　　尤利乌斯：没这回事。我不断在打仗，没时间搞这个。[1]

　　伊拉斯谟如此贬损尤利乌斯二世的学术和宗教成就。在神学研究上，这位教皇的确不如他叔伯西克斯图斯那样杰出，但在奖掖学术上颇有建树。伊拉斯谟贬斥尤利乌斯在任期间的学术成果全是"华而不实的舞文弄墨"，只为讨教皇的欢心[2]，但其他人的看法却较为肯定。教皇提倡设立梵蒂冈图书馆等公共机构，进而重振罗马的古典学术学习，这点特别受其支持者的赞扬。例如一五〇八年的割礼节，诗人暨传道者卡萨利在西斯廷礼拜堂讲道，颂扬教皇奖励艺术和学术功绩卓著。[3]卡萨利慷慨说道："您，至尊的教皇，尤利乌斯二世，当您如起死回生般唤起那一蹶不振的学术界，并下令……重建雅典以及她的露天体育场、剧场、阿西娜神殿之时，您已建造了一个新雅典。"[4]

　　拉斐尔抵达罗马时，距他这篇讲道已过了将近一年。但这位年轻画家后来绘饰署名室第二面墙面湿壁画时，就以尤利乌斯建造新阿西娜神殿的概念为主题。为《圣礼的争辩》投入将近一年时间后，一五一〇年初，他转移到对面墙壁，"哲学缪斯"（Muse of Philosophy）的下面，开始绘制自十七世纪起通称为《雅典学园》的湿壁画（因某法国指南如此称呼而沿用至今）。[5]《圣礼的争辩》以众多杰出神学家为特色，这幅 170 新湿壁画则位于教皇打算放置其哲学藏书的地方的上方墙面上，画了许多希腊哲学家和他们的学生。

《雅典学园》画了包括柏拉图、亚里士多德、欧几里得在内的五十多位人物，群集在古典神殿的花格镶板拱顶下，或讨论，或研读。神殿内部颇像布拉曼特设计的圣彼得大教堂内部。据瓦萨里的说法，布拉曼特曾帮拉斐尔设计这面湿壁画的建筑要素。这位伟大的建筑师这时虽然仍负责督造新大教堂，有数千名木工和石匠归他指挥，但似乎还不至于忙到抽不出时间帮他这位年轻的门生。[6]拉斐尔则以布拉曼特为模特儿，画成欧几里得，回报他的关照，并表示敬意。画中弯着腰，手拿圆规在石板上说明自己发现的定理者，就是欧几里得。

除了布拉曼特，拉斐尔还画进了曾指点过他湿壁画的另一个人。画中的柏拉图（秃头、灰金色头发、长而卷曲的胡子），一般认为就是以达·芬奇为模特儿画成的。为柏拉图套上艺术家的脸庞，此举多少带点嘲讽意味（拉斐尔本人或许正有此意），因为在《理想国》一书中，柏拉图痛斥艺术，将画家逐出他的理想国。不过，将这位才气纵横的艺术家与欧洲最伟大的哲学家合而为一，或许与达·芬奇的学问和成就有关，毕竟一五○九年时他已是全欧洲的传奇性人物。此外，此举也是向仍是拉斐尔灵感来源的这位大画家致敬，因为环绕毕达哥拉斯（画面前景左侧）身边的众人物，都仿自达·芬奇《三贤来拜》（*Adoration of the Magi*）中簇拥在圣母玛利亚身边的那些神情生动鲜明的人物。[7]达·芬奇这幅祭坛画始绘于三十年前，但终未完成。

这面湿壁画向达·芬奇致敬之举，似乎意味着这位伟大贤者就像柏拉图一样，是万人必须师法的导师。有位艺术史家认为，这种师徒关系是拉斐尔创作上的一大特色。[8]《雅典学园》画了多处师生关系场景，可见到欧几里得、毕达哥拉斯、柏拉图之类哲人身边围绕着弟子，此中意味着学得以哲学角度思考事情的过程与拜师学艺懂得作画的过程无异。[9]拉斐尔也把自己画进画里，但颇谦逊自抑，让自己厕身于亚历山大天文学家和地理学家托勒密的弟子群中。不过，以他在署名室的非凡表现，他就要成为当之无愧、望重艺坛的大师，年轻后辈争相拜师请教的对象。瓦萨里曾描述道，这位年轻画家身边总是簇拥着数十个弟子和助手，景象和《雅典学园》相像，仿佛"他每次上朝，一如每次出门，身边必然都会跟着约五十名画家，全是能干而优秀的画家。他们紧随他，以示对他的崇敬"。[10]

因此，和蔼可亲又受欢迎的拉斐尔，正是他在《雅典学园》所描绘的那种群体里很讨人喜欢的一员。他性情宽和仁厚，从他将索多玛画入这幅湿壁画中可见一斑。画面最右边，身穿白袍，肤色黝黑，与琐罗亚斯德、托勒密高兴交谈之人，就是索多玛。[11]索多玛虽已不在署名室工作，但拉斐尔仍将他画入画中，或许是为了对他此前在拱顶上的贡献表示敬意。

这种热切和善的交际气氛（和艺术风格），当然和孤僻、自我的米开朗琪罗格格不入。米开朗琪罗的群体场景，例如《卡西那之役》或《大洪水》，从未见到姿态优雅、温文有礼、讨论学问的群体，相反，总是人人为生存而极力挣扎、四肢紧绷、躯干扭曲。米开朗琪罗身边也从无弟子环绕。据说，有次拉斐尔在大批随从的簇拥下要离开梵蒂冈，在圣彼得广场中央正好遇上一向独来独往的米开朗琪罗。"你跟着一群同伙，像个流氓。"米开朗琪罗讥笑道。"你独自一人，像个刽子手。"拉斐尔回道。

居住、工作地点如此接近，这两位艺术家难免会不期而遇。但米开朗琪罗和拉斐尔似乎刻意各在梵蒂冈的固定角落活动，王不见王。米开朗琪罗对拉斐尔的猜忌之心甚重，认为拉斐尔心怀不轨，一有机会就想模仿他，因而这位后辈艺术家是米开朗琪罗最不愿让其登上脚手架的人士之一。他后来写道，"尤利乌斯与我的不和，全是布拉曼特和拉斐尔眼红我造成的"，并认定这两人一心要"毁掉我"。[12]他甚至坚定不移地认为，拉斐尔曾和布拉曼特合谋，企图溜进礼拜堂偷看湿壁画。据说，米开朗琪罗丢板子砸教皇而后逃往佛罗伦萨这件事，拉斐尔是幕后卑鄙的推手之一。然后，趁着米开朗琪罗不在，他征得布拉曼特同意，偷偷溜进礼拜堂，研究其对手的风格和技法，试图师法米开朗琪罗作品的磅礴气势。[13]拉斐尔好奇想一窥米开朗琪罗的作品是很自然的事，但若说为此而耍这样的阴谋，实在有些无稽。但无论如何，拉斐尔那风靡罗马的魅力，碰上粗鲁而好猜忌的米开朗琪罗，显然完全失灵。

绘制《雅典学园》时，拉斐尔已经开始有师父的架势，底下有一群能干的助手和弟子供他差遣。在一九九〇年代的保护工作中，人们在灰泥里发现多个不同大小的手印，证实他动用了至少两名助手。这些手印是画家在脚手架上扶墙以站稳身子，而在未干的因托纳可上留下的，而且是从开始绘制这面湿壁画时就留下的。[14]

虽有这些助手，但这幅画实际绘制的大部分似乎出自拉斐

172

尔本人之手。这幅画共用了四十九个乔纳塔，也就是约两个月的工期。他甚至在欧几里得的短袖束腰外衣衣领上，刻上了自己的落款 RVSM（Raphael Vrbinus Sua Mano 的首字母简写，意为乌尔比诺的拉斐尔亲笔）。这件作品主要出自何人之手，从这落款来看几乎已毋庸争辩。

拉斐尔为《雅典学园》画了数十张素描和构图，最先画初步略图（pensieri），即寥寥勾勒的小墨水图，再用红粉笔或黑粉笔将其画成更详细的素描。他为那位躺在大理石阶上的第欧根尼所画的银尖笔习作，可以清楚地说明他先在纸上用心试画人物姿势，包括手臂、身躯乃至脚趾等所有细部，一点儿也不马虎。米开朗琪罗的湿壁画高悬在观者头上 15 英尺多的高处，细部不容易看到；相反，拉斐尔的作品得受到观者就近的检视。进入教皇图书馆的学者和其他访客，可逼近到距画中下层人物只有几英尺处观看，因而拉斐尔不得不注意到每个细小的皱纹和手指、足趾。

为五十多位哲学家的脸部和姿态完成无数素描后，拉斐尔运用所谓的方格法（graticolare），将人物放大，并转描到以胶水黏拼成一块的纸张上，构成草图。这种放大转描法相当简单，用尺将素描划分成一定数目的方格，然后用炭笔等易于揩擦的工具，把每一方格的内容转描到放大三四倍的草图上相应的格子内。

这些放大格子如今仍可见于拉斐尔的《雅典学园》草图上。这是署名室和西斯廷礼拜堂唯一存世的草图，[15] 高 9 英尺，宽超过 24 英尺，以黑粉笔绘成，在柏拉图、亚里士多德等人的详细素描底下，可看到用尺画成的放大格子线。耐人寻味的是，草图上完全不见建筑背景（或许这正是建筑细部确由布拉曼特设计的明证[16]）。

　　这幅草图耐人寻味之处不止一个。草图上的图案轮廓线确实经拉斐尔或其助手一针针打过洞，却从未被贴上湿灰泥转描。要把这么大张的草图转描到墙上，即使不是不可能，想必也很困难。在这种情形下，艺术家通常会将草图切割成数张较小、较容易转描的局部草图。但拉斐尔没这么做，反倒大费周章，以针刺誊绘法将草图图案转描到数张较小的纸上，也就是所谓的辅助草图上。[17]然后将辅助草图固定在因托纳可上转描，大张的母草图则搁在一旁不用。这么大费周章，不禁令人纳闷，拉斐尔为何想保存草图，既然草图似乎是为转描上灰泥而画，为何画好了却不作此用途。

　　一直到四五年前，草图都还只是功能性素描，替湿壁画作嫁后就功成身退，几乎不留。草图天生生命短暂，固定在潮湿的因托纳可上，被人用铁笔在其上描痕或用针刺上数百个孔后，就注定要弃如敝屣。但一五〇四年，达·芬奇和米开朗琪罗在佛罗伦萨展示他们的大草图后，草图的命运随之改观。这两幅大素描如此受欢迎，影响力又如此大，从此之后，草图地位逐渐提升，成为自成一格的艺术品。大会议厅这场竞赛虽胎死腹中，但诚如某艺术史家所说，却一举将草图推上"最重要的艺术表现位置"。[18]

　　拉斐尔为《雅典学园》画出一张展示用的草图，此举既是在效法他心目中的两位艺坛英雄，也是在以他们为对手，测试自己素描和构图的功力。他的草图是否被公开展示过，没有史料可佐证，但年轻而雄心勃勃的拉斐尔，一直渴望自己的作品完成后能引起大家的关注，参观者众多。米开朗琪罗不必担心自己在西斯廷礼拜堂的心血结晶揭幕后无人问津，因为届时

174

来参观者不只有教皇礼拜团的两百位成员，还有来自全欧洲各地的数千名信徒。相反，拉斐尔绘饰的教皇私人图书馆，只有最有名望、最有学问的神职人员才得以进出，能欣赏到他心血结晶者也较局限于特定人士。因此，他留下宏伟的草图，用意可能在使自己的作品能为梵蒂冈以外的人士所知，使世人得以拿它和米开朗琪罗、达·芬奇的作品评高下。

175

拉斐尔希望广为宣传《雅典学园》，自有其充分的理由，因为这无疑是他投身艺术创作以来的巅峰代表作。在这幅构图精湛的杰作里，这位年轻艺术家将神情各异的大批人物，巧妙地融入叫人耳目一新的建筑空间里，超越艺术家运用大量姿势、头手动作（祝福、祈祷、崇拜）的惯常手法，而借由想象的头手动作、身体动作、人物间的互动，表达更为幽微的情感。[19]例如环绕欧几里得的四位年轻弟子，姿态、表情各异，借此表现出各自的心情（惊讶、专注、好奇、理解）。整体给人的感觉就是一群各具特色的人，他们优雅的动作在整面墙上跌宕起伏，吸引观者一个一个人物看下去，而这些人物全都被巧妙地融入了虽虚构却生动如真的空间里。简而言之，这幅画展现了戏剧性和统一性，而这两者正是米开朗琪罗在前几幅《创世纪》场景里所未能营造出来的。

注释

[1] 伊拉斯谟:《愚人颂与其他著作》，第 146 页。

[2] 同上书，第 172 页。

[3] 卡萨利讲道词的本文，可见于奥马利（John O'Malley）的《梵蒂冈

图书馆与雅典学园：巴蒂斯塔·卡萨利一五〇八年讲道文》（"The Vatican Library and the School of Athens：A Text of Battista Casali 1508"）一文，《中世纪与文艺复兴研究杂志》（*Journal of Medieval and Renaissance Studies*，1977），第 279～287 页。

[4] 同上书，第 287 页。

[5] 署名室四面墙上湿壁画的创作日期以及作画顺序，艺术史界争议颇大，鲜有共识。大部分艺评家认为最先画的是《圣礼的争辩》，《雅典学园》其次（或第三）。但温讷（Matthias Winner）主张，《雅典学园》才是四幅中最早画的一幅，参见《瓦萨里对梵蒂冈前三个拉斐尔房间的评断》（"Il giudizio di Vasari sulle prime tre Stanze di Raffaello in Vaticano"），收录于穆拉托雷（Giorgio Muratore）所编《梵蒂冈的拉斐尔》一书，第 179～193 页。肯佩尔（Bram Kempers）于《拉斐尔署名室里的国家象征》（"Staatssymbolick in Rafaels Stanza della Segnatura"）也持此观点，《交锋：意－荷研究评论》（*Incontri：Rivista di Studi Italo-Nederlandesi*，1986－7），第 3～48 页。但也有学者认为《雅典学园》最后完成，参见古尔德（Cecil Gould）《拉斐尔诸室的创作年代顺序：修正观点》（"The Chronology of Raphael's Stanze：A Revision"），《美术报》（*Gazette des Beaux-Arts*），第 117 期，（November 1990），第 171～181 页。

[6] 由于毫无文献可依，布拉曼特是否参与《雅典学园》的构图，向来未有定论。二十世纪最顶尖的布拉曼特研究专家布鲁斯基（Arnaldo Bruschi）认为，这种合作关系"不无可能"（《布拉曼特》，第 196 页）。但另一位学者，李伯曼（Ralph Lieberman），态度较保留。他认为瓦萨里提及的合作应从数个地方予以质疑，因为他将这面湿壁画的构图归功于布拉曼特，"似乎是基于圣彼得大教堂与该画之间的隐隐相似，而非确实知悉布拉曼特曾帮拉斐尔制作这面湿壁画"，参见《建筑背景》（"The Architectural Background"），收录于霍尔（Marcia B. Hall）所编《拉斐尔的〈雅典学园〉》（*Raphael's 'School of Athens'*），第 71 页。第一，李伯曼认为画中的建筑构图，可能既根据布拉曼特的圣彼得大教堂设计图，也得益于马克辛奇长方形廊柱大厅式教堂（Basilica of Maxentius），两者的影响不相上下。第二，画中的建筑构图实际上盖不出来，因此，以布拉曼特这么有经验的建筑师，若参与了构图，似乎不会设计出这样的建筑。李伯曼

写道，"以他这个阶段的阅历，研究过十字形教堂的交叉甬道多年，若真设计了这面湿壁画的建筑，却设计出如我们今日所见这么一个叫人难以置信且不合理的甬道"，似乎不大可能（同上书，第73页）。历来有多人试图重现《雅典学园》画中的建筑，例如，可参见曼德里（Emma Mandelli）《梵蒂冈诸室壁画中建筑"画"的真实性》（"'La realtà della architettura 'picta' negli affreschi delle Stanze Vaticane"），收录于史帕涅西（Gianfranco Spagnesi）、丰德利（Mario Fondelli）、曼德里合编的《拉斐尔，建筑"画"：感觉与真实》（*Raffaello*, *l'architettura 'picta': Percezione e realtà*, Rome：Monografica Editrice，1984），第155~179页。

[7] 龚布里希在其《拉斐尔的署名室与其象征手法之本质》一文，第98~99页，已指出这项借用。

[8] 米契尔（Charles Mitchell）所编的奥佩（A. P. Oppé）《拉斐尔》（*Raphael*, London：Elek Books，1970），第80页。

[9] 在这幅最早问世的《雅典学园》版本中，唯一一位孑然一身、无人为伴的哲学家，就是以特立独行而著称的第欧根尼（Diogenes）。他以木桶为家，曾傲慢响应亚历山大大帝的询问。由于他摈弃社会礼法，无视世俗的诋毁，雅典人以狗（Kyon）称他。在拉斐尔笔下，他大剌剌地躺在大理石阶上，衣衫不整，却怡然自得。

[10] 瓦萨里：《画家、艺术家、建筑师列传》，第一卷，第747页。

[11] 这个人物亦有专家断定为佩鲁吉诺。但权威专家贝兰森（Bernard Berenson）在《基督交钥匙给圣彼得》识出佩鲁吉诺的自画像，指出这人和拉斐尔在《雅典学园》里所绘的那个人，头发、肤色、五官无一相同，因而认为《雅典学园》此人不可能是依佩鲁吉诺画成。参见贝兰森《文艺复兴时期意大利画家》，第二卷，第93页。

[12] 《米开朗琪罗书信集》，第二卷，第31页。

[13] 瓦萨里：《画家、雕塑家、建筑师列传》，第一卷，第723页。

[14] 关于这些发现，可参见涅谢尔拉特（Arnold Nesselrath）的《拉斐尔的〈雅典学园〉》（*Raphael's 'School of Athens'*, Vatican City：Edizioni Musei Vaticani，1996），第24页。

[15] 这幅草图现藏米兰的昂布洛西亚纳图书馆（Biblioteca Ambrosiana）。关于拉斐尔的《雅典学园》草图和其在署名室的绘制技巧，可参见

薄苏克（Eve Borsook）的《拉斐尔风格在罗马的技术创新和发展》（"Technical Innovation and the Development of Raphael's Style in Rome"），《加拿大艺术评论》（*Canadian Art Review*），第 12 期，1985 年，第 127～135 页。

[16] 这面湿壁画的上半部分，也有一幅草图作为转描依据，草图里就画了建筑背景，但现已遗失。参见涅谢尔拉特的《拉斐尔的〈雅典学园〉》，第 15～16 页。

[17] 参见费舍尔（Oskar Fischel）的《拉斐尔的辅助草图》（Raphael's Auxiliary Cartoons），《勃林顿杂志》，1937 年 10 月号，第 167 页；以及薄苏克的《拉斐尔风格在罗马的技术创新和发展》，第 130～131 页。

[18] 班巴赫：《意大利文艺复兴画室里的素描和绘画》，第 249 页。

[19] 拉斐尔刻画多种情感的功力，历来引起多人探讨，而于 1809 年达到极致。那一年，英国两位雕刻师，库克与巴士比（George Cooke & T. L. Busby）出版《乌尔比诺拉斐尔的草图》（*The Cartoons of Raphael d'Urbino*）一书，书中有一名为"激情索引"（Index of Passions）的部分，替各特定人物标出具体的情绪状态。

第十九章　禁　果

　　一五一〇年二月的罗马嘉年华会，超乎寻常得欢乐、狂野。叫得出名号的艺人全都出来一展身手。公牛被放出牛栏，奔上街头，由携长矛的骑士当街屠杀。罪犯被拉上平民广场，由一身丑角打扮的刽子手处决。数场比赛在广场南方的科尔索路边举行，包括妓女竞赛。更受欢迎的活动是"犹太人竞跑"，各种年纪的犹太人被迫穿上奇装异服，在街上飞跑，承受两旁群众的羞辱，后面还有战士挺着尖矛骑马急追。残忍、粗俗无以复加。甚至有骑马者与跛子的竞赛。

　　除了这些惯常的娱乐活动，一五一〇年的嘉年华会还有一场备受瞩目的重大活动。恢复威尼斯共和国教籍的官方仪式在旧圣彼得大教堂残留的台阶上举行，大批民众涌入教堂前广场观礼。五名贵族身份的威尼斯使节，全穿着猩红色（圣经中代表罪恶的颜色）衣服，被迫跪在台阶上，俯首于教皇和十二名枢机主教前。尤利乌斯一手拿圣经，一手握金色令牌，高坐在宝座上。五名使节亲吻他的脚，然后跪着聆听赦罪文宣
读。最后，教皇唱诗班突然唱起"求主垂怜"，教皇以令牌轻拍每位使节的肩膀，魔法般赦免他们和圣马可共和国叛教的罪恶。

　　诚如这些下跪使节所听到的，教皇赦免威尼斯的条件很苛刻。除了得放弃罗马涅地区的所有城镇，威尼斯还得丧失大陆

上所有其他领地，以及亚得里亚海的独家航行权。教皇还勒令威尼斯停止向神职人员征税，归还从宗教社团夺来的东西。在兵败阿尼亚德罗和战舰遭阿方索·德·埃斯特全歼之后，威尼斯共和国面对这些索求，几无讨价余地。

法国得悉教皇与威尼斯和解后，既惊又怒。路易十二原来的盘算是完全灭掉威尼斯，如今教皇竟与威尼斯和解，给威尼斯留了活路，路易十二因此大为不满，抗议教皇无异于往他心脏上捅了一刀。尤利乌斯也一样对路易十二不满。他一心要与威尼斯言和，完全是为了遏制日益壮大的法国。路易这时已控制米兰和维罗那，佛罗伦萨和费拉拉受亲法政权统治，而在教皇的故乡热那亚，法国刚建好巨大要塞，以压制反叛的民众。尤利乌斯深知，若灭掉威尼斯，将让法国在意大利北部独大，使罗马难以抵抗法国的支配与攻击。在这之前，路易十二坚持自派主教，干预教会事务，早已令尤利乌斯非常不满。他曾向威尼斯大使高声叫嚷道，"这些法国人竭力想把我贬为他们国王的御用牧师，但我决心当教皇，而他们也将大失所望地认识到这点"。[1]

收回失地并与威尼斯言和之后，尤利乌斯转而致力于实现下一个目标，即将外国人逐出意大利。"蛮族滚出去"（Fuori i barbari）成为他的战斗口号。在尤利乌斯心中，凡是非意大利人，特别是法国人，都是"蛮人"。他竭力争取英格兰、西班牙和日耳曼的帮助，但他们都不想惹法国人，只有瑞士联邦愿意与他结盟。因此，一五一〇年三月，尤利乌斯批准与瑞士十二州签订五年条约，后者同意保卫教廷和教皇免受敌人侵害，并承诺只要教皇需要，愿出兵六千襄助。

瑞士士兵是全欧洲最善战的士兵，但面对驻意大利的四万法国部队，即使瑞士真出动六千名步兵，仍是寡众悬殊。但有

178

这份同盟条约在手，尤利乌斯壮胆不少，开始筹划在瑞士、威尼斯协助下，向法国全线（热那亚、维罗那、米兰、费拉拉）进攻。他任命二十岁的侄子，乌尔比诺公爵佛朗切斯科·马里亚·德拉·罗维雷，为教廷总司令，统领教皇部队。然后他锁定了特定一场战役，即讨伐阿方索·德·埃斯特。

在这之前，费拉拉公爵阿方索·德·埃斯特一直是教皇的好友暨盟友。就在两年前，尤利乌斯还赠以无价之宝金玫瑰。教皇每年均会赐赠此饰物给捍卫教廷利益最有力的领袖，以示嘉许。阿方索就因协助教皇将本蒂沃里家族逐出波隆纳而得到这项赏赐。更晚近，阿方索在波河两岸展示了强大的火力，让威尼斯人俯首称臣。

但此后，阿方索的作为就没这么顺教皇的意。即使和约已签，他仍继续攻击威尼斯人。更糟糕的是，他是应盟邦法国的要求这么做的。最后，他无视教会的独家采盐权，继续开采费拉拉附近某盐沼，使双方关系更加恶化。艾吉迪奥还曾在讲道时公开斥责他的这项犯行。为此，尤利乌斯决心好好教训这位反叛的年轻公爵。

罗马人民似乎支持尤利乌斯的武力恫吓。四月二十五日，圣马可节那天，欢度节日者将纳沃纳广场附近某垫座上的老旧雕像《帕斯奎诺》（*Pasquino*），打扮成砍掉九头蛇的大力神赫拉克勒斯的模样，借此喻指攻无不克的教皇。这尊古雕像据说不久前出土自某位姓帕斯奎诺的校长家的花园里，刻画一男子抱着另一名男子，大概取材自古希腊史诗《伊利亚特》中，斯巴达国王梅内莱厄斯抱着遇害的普特洛克勒斯遗体的情节。《帕斯奎诺》是罗马最受欢迎的景点之一，也是米开朗琪罗绘饰西斯廷礼拜堂所援用的另一尊上古雕像，因为《大洪水》

179

中蓄胡老人抱着已僵硬之儿子躯体的场景（最早画成的场景之一）明显受此雕像启发。

　　但并非每个罗马人都颂扬教皇的新军事行动。那年春天，卡萨利——先前赞扬尤利乌斯为缔造"新雅典"之人——在西斯廷礼拜堂再度登坛讲道。这一次，他没那么谄媚教皇，反倒斥责交相征伐而让基督徒流血丧命的国君和王公。蓄着长发的卡萨利口才一流，聪明过人，这番讲道既针对路易和阿方索，也针对教皇。但言者谆谆，听者似乎藐藐，被米开朗琪罗写诗讽刺正忙着用圣餐杯造剑和头盔的教皇，当然也听不进去。

　　180

　　一五一〇年最初几个月，米开朗琪罗过得并不快乐，原因不只是教皇蓄势待发的战争。四月时，他接到哥哥利奥纳多死于比萨的消息。利奥纳多被免去圣职后再次被多明我会接纳，死前在佛罗伦萨的圣马可修道院住了几年，一五一〇年初搬到比萨的圣卡特利娜修道院，随后死于该院，死因不详，享年三十六岁。

　　米开朗琪罗似乎未回佛罗伦萨家中奔丧，但究竟是因为罗马工作繁忙不能前往，还是因为生前和利奥纳多不和（他在信中几乎未提过哥哥），无从论断。奇怪的是，他和哥哥的关系还远不如和三个弟弟亲近，而这三个弟弟在追求知识和信仰上和他根本不相为谋。

　　这时候，米开朗琪罗已开始画位于《诺亚献祭》旁边、接近拱顶正中央的大画域。在这里，他完成了《亚当与夏娃的堕落与放逐》（*The Temptation and Expulsion*），取材自《创世纪》的最新力作。这幅画的绘制比前几幅都快，只用了十三个乔纳塔，约略是其他作品时间的三分之一。这时，靛蓝、布贾迪尼等老助手已返回佛罗伦萨，复杂的准备和例行工作都靠米开朗琪罗和几名新助手一起完成。在这种情况下能有如此佳绩，实在叫人刮目相看。一五〇八年夏就加入团队的米奇，这段时间仍和米开朗琪罗并肩作战，雕塑家乌尔巴诺也是。[2]新加入的湿壁画家包括特里纽利和札凯蒂，但这两人都不是佛罗伦萨人，而是来自波隆纳西北方八十公里处的雷吉奥艾米利亚－罗马涅区。这两人艺术才华平庸，但后来与米开朗琪罗结为好友。

181   米开朗琪罗这幅最新的《创世纪》纪事场景，分为两个部分。左半边描绘亚当与夏娃在多岩而贫瘠的伊甸园里伸手欲拿禁果，右半边则描绘天使在他们头上挥剑，将他们逐出伊甸园的场景。和拉斐尔一样，米开朗琪罗将蛇画成带有女性躯体和女人头的模样。她以粗厚的尾巴紧紧缠住智慧树，伸出手将禁果交给夏娃，夏娃斜躺在地上亚当的身旁，伸出左手承接。这是他至目前为止构图最简单的《创世纪》纪事场景，画中只有六个人物，每个人物都比前几幅的人物大许多。相比《大洪水》里渺小的身影，《堕落》里的亚当身高将近10英尺。

圣经清楚记载了谁是初尝禁果而导致"人类堕落"的始作俑者。《创世纪》记载道，"于是女人见那棵树的果子好作食物，也悦人耳目，且是可喜爱的，能使人有智慧，就摘下果子来吃了，又给她丈夫，她丈夫也吃了"（《创世纪》第三章第六至七节）。历来神学采用这段经文怪罪夏娃将亚当带坏。夏娃带头触犯天条，不仅被逐出伊甸园，还受到更进一步的处罚，从此得听从丈夫使唤。耶和华告诉她，"你必恋慕你丈夫，你丈夫必管辖你"（《创世纪》第三章第十六节）。

一如古希伯来人，教会根据这段经文，将男尊女卑的伦理合理化。但米开朗琪罗笔下的《堕落》，不同于圣经里的相关经文，也不同于此前包括拉斐尔作品在内的艺术作品。拉斐尔笔下的夏娃体态丰满性感，递禁果给亚当尝，但在米开朗琪罗笔下，亚当更主动许多，伸长手到树枝里，欲自行摘下禁果，而夏娃则在底下，意态更为慵懒、消极许多。亚当贪婪、积极的举动，几乎可以说替夏娃洗脱了罪名。

　　一五一○年时，夏娃重新定位之说甚嚣尘上。米开朗琪罗画此画的前一年，德国神学家阿格里帕·冯·内特斯海姆推出《论女性的尊贵与优越》（*On the Nobility and Superiority of the Female Sex*），书中主张被告知禁食智慧树之果者是亚当，而非夏娃，"因此，犯偷吃禁果之罪者是男人，而非女人；为人类带来死亡者是男人，而非女人；人类之所以有罪，全来自亚当，而非夏娃"。[3] 根据这些理由，阿格里帕断言，不让女人出任公职或宣讲福音，不合公义。原在第戎附近的多勒教授犹太教神秘哲学（cabala）的他，也因为这项开明观点贾祸，立即遭逐出法国。

　　米开朗琪罗有别于传统观点的《堕落》，并未引起如此大的骚动。他的动机主要不在替夏娃脱罪，而在于予亚当一样程度的谴责。他们所犯罪过的真正本质，似乎在画中挑逗性的场景里不言而喻。强壮、紧绷的男体叉开双腿，立在斜倚的女体一侧，充满挑逗意味，而夏娃的脸逼近亚当的生殖器，更是引人遐思。米开朗琪罗还将智慧树画成无花果树，借此更进一步凸显此画的性意味，因为无花果是众所皆知的肉欲象征。长久以来，评论家皆同意"人类的堕落"（原始的纯真在此因女人与蛇的结合而一去不返）亟须从性的角度诠释，[4] 由此称该画隐含上述的情欲意味，也就完全说得过去。如果说肉欲真如当时人所认为的那样是引生罪恶与死亡的祸首，那么历来描绘伊

182

甸园中炽烈而致命之情欲最为生动者，非米开朗琪罗的《堕落》莫属。这幅画完成估近三百年间，一直未有人像顶棚湿壁画的其他部位一样将它复制为雕版画，这一事实佐证了该画的确含有鲜明的性意涵。[5]

米开朗琪罗以禁欲、不安的态度看待性，这点具体呈现在他给孔迪维的一项建议中。他告诉这个弟子，"如果想长命百岁，就绝不要做这档事，不然也尽可能少做"。[6]他刻画《圣殇》中的圣母像时，心里就隐藏着这种禁欲观。雕像里做儿子的已是个大人，做母亲的却还如此年轻，因而引来批评。但米开朗琪罗若听到这样的批评，大概不会接受。他曾问孔迪维，"你难道不知道，处子之身的女人比非处子之身的女人更显青春？淫欲会改变处女的身体，而处女若从无淫念，连一丝丝淫念都没有，那青春还能更长久"。[7]

183 　　米开朗琪罗在这幅画右半边的夏娃身上，则无疑留下了淫欲的印记。在《堕落》中，夏娃年轻的胴体斜倚在石上，双颊红润，姿态撩人（有人说是米开朗琪罗笔下最美的女性人物之一[8]）。但到了右边的场景，遭天使逐出伊甸园的夏娃，变成奇丑无比的老太婆，头发凌乱，皮皱背驼。她缩着身子，双手掩住胸脯，和亚当一起逃出伊甸园，亚当同时伸出双臂，欲抵挡天使挥来的长剑。

米开朗琪罗担心房事会削弱人的身心，可能是受了学者马尔西利奥·费奇诺（Marsilio Ficino）的影响。费奇诺写了篇论文，探讨性如何消耗元气，削弱脑力，导致消化和心脏功能出问题，有害于做学问之人。费奇诺是教会任命的牧师，潜心吃素，以禁欲、独身而著称。但他也与名叫乔凡尼·卡瓦尔坎特的男子谱出恋情（精神式而非肉体之爱），曾写给这位"我挚爱的乔凡尼甜心"许多情书。

米开朗琪罗对性的不安，有时与他自认具有的同性恋特质有关。但由于证据遗失或遭刻意湮灭，米开朗琪罗的性倾向究竟如何，无从研究。此外，同性恋大抵是近代的、后弗洛伊德的一种情欲经验，是中世纪和文艺复兴时期的人用以了解该经验的用语，显然和我们所用的含意并不相同。[9]这些不同的文化实践和信念反映在新柏拉图主义的爱情观中，而米开朗琪罗通过圣马可学苑的教诲对此大概并不陌生。例如，费奇诺造了"柏拉图式爱情"这个新词，形容柏拉图《会饮篇》中所表述的男人与男孩之间心灵的相契。柏拉图在该著作中，颂扬这类结合是贞洁、知性之爱最极致的表现。如果说男女之爱纯粹基于肉欲，导致脑力和消化功能衰退，柏拉图式爱情，根据费奇诺的说法，则是"致力于让我们重返崇高的天顶"。[10]

从同是圣马可学苑出身的皮科·德拉·米兰多拉身上，我们知道文艺复兴时期上流人士的爱情生活是如何叫人难以捉摸。一四八六年，这位年方二十三岁、年轻英俊的伯爵，与税务员的妻子玛格莉塔私奔，逃离阿雷佐，成为轰动一时的丑闻，并引发械斗。数人因此丧命，皮科本人也受伤，随后被拖到地方行政官面前审问。最后，他不得不向那位税务员道歉，并立即归还玛格莉塔。这位作风大胆的年轻人随后搬到佛罗伦萨，结识男诗人贝尼维耶尼，两人形影不离，并以深情的十四行诗互诉衷情。尽管有这断袖之癖，皮科对萨伏纳罗拉的崇拜与支持却丝毫无损，有不少爱"脸上白净小伙子"、暗地搞着"不可告人之恶"者惨遭萨伏纳罗拉迫害。我们绝不能因此说皮科虚伪。皮科虽爱贝尼维耶尼，却明显不认为自己是鸡奸者，或者至少不是萨伏纳罗拉所公开斥责的那种鸡奸者。皮科

184

和贝尼维耶尼最后如夫妻般同葬一墓，长眠于萨伏纳罗拉主持的圣马可修道院的院内教堂。

至于米开朗琪罗的同性恋，历来史家常把他和卡瓦里耶利之间的类似关系作为证据。卡瓦里耶利是罗马年轻贵族，米开朗琪罗约于一五三二年与他邂逅，继而深深着迷于他。但米开朗琪罗是只藏着爱意，还是与他发展到肉体关系，无从论断。他是否曾与哪个所爱的人，不管是男人还是女人，发展到肉体关系，也同样是个谜。[11]纵观一生，他似乎对女人不感兴趣，至少就情爱上来讲是如此。"女人非常不一样，根本就不讨人喜欢/如果她聪明而有男人味，那我当然要为她疯狂。"[12]米开朗琪罗在一首十四行诗里写道。

但他在波隆纳十四个月期间的一段插曲，说不定表明他对女人并非全然无动于心。某些替米开朗琪罗立传者深信，当时正在制作尤利乌斯青铜像的他，可能还抽出时间和一年轻女子谈恋爱。这段异性恋情的证据十分薄弱，只是一首十四行诗。这首诗写在一五〇七年十二月他写给博纳罗托的一封信的草稿背后，是他三百多首十四行诗、爱情短诗中现存最早的作品之一。在这首诗中，米开朗琪罗颇为轻佻，想象自己是盖住少女额头的花冠，紧缚少女胸脯的连衣裙、环住少女腰部的腰带。[13]但即使他真的在制作这尊青铜巨像时还有时间谈恋爱，从诗中精心雕琢的比喻来看，这首诗倒比较像是诗文习作，而不像是对某个真实存在的波隆纳少女赤裸裸地表露爱意。

还有位立传者推测这位艺术家可能得过梅毒，试图借此替米开朗琪罗辟除不举、恋童癖、同性恋之类的谣言。[14]得性病的证据来自友人写给他的一封令人费解的信，信中恭贺这位艺术家已被"治好一种男人染上后鲜能痊愈的病"[15]，但比起在波隆纳与异性热恋的证据，这个证据更为薄弱。米开朗琪罗活到八十九岁，一生未出现眼盲、瘫痪之类与梅毒有关的衰退症状，就是驳斥这一说法最有力的证据。总的来说，他亲身践行对孔迪维所提的禁欲教诲，似乎很有可能。

这种克己精神绝对不常见于拉斐尔工作室。这位年轻艺术家不仅在男人圈人缘极佳，还很爱在女人堆里混，很善于向女人献殷勤。瓦萨里说，"拉斐尔这个人很风流，喜欢和女人混，无时不爱向女人献殷勤"。[16]

如果说米开朗琪罗在罗马刻意自绝于肉体欢愉的机会，拉斐尔则大有机会好好满足他那似乎无可餍足的欲望。罗马有三千多名教士，而教士的独身一般来讲只要不娶妻就算符合规定，因此城内自然有很多娼妓，以满足他们的性需求。当时的编年史家声称，罗马人口不到五万，却有约七千名妓女。[17] 较有钱、较老练的"尊贵交际花"（cortigiane onesti）所住的房子非常醒目易找，因为正门立面饰有俗艳的湿壁画。这些交际花不避人眼目，在窗边和凉廊搔首弄姿，或懒洋洋地躺在丝绒垫上，或以柠檬汁打湿头发后，坐在太阳下，把头发染成金色。"烛光交际花"（cortigiane di candela）则是在较不健康的地方接客，干活地点不是澡堂，就是杰纳斯拱门附近环境脏污、小巷纵横的红灯区（bordelletto）。皮肉生涯最后，不是在西斯托桥（尤利乌斯叔伯所建之桥）下了此残生，就是被关进圣乔科莫绝症医院，接受愈疮木（从巴西某树木提制的药物）的梅毒治疗。

一五一〇年，罗马最著名的交际花是名叫因佩莉雅的女子，住在无骑者之马广场附近，拉斐尔住所就近在咫尺。父亲曾是西斯廷礼拜堂唱诗班歌手的她，住所大概比这位年轻画家的还要豪华，因为墙上挂满金线织图的挂毯，檐板涂上群青，书柜里摆满拉丁文、意大利文精装书，地板上甚至铺了地毯（当时少见的居家装潢方式）。此外，还有一项令人艳羡的装饰，传说拉斐尔和助手们在绘饰梵蒂冈教皇住所时，还抽出时间替她房子的正门立面绘了维纳斯裸像湿壁画。

若说拉斐尔和因佩莉雅见过面，一点儿也不奇怪，因为当时艺术家和交际花时相往来。交际花为画家提供了人体模特儿，而且有钱的赞助者有时还出钱请画家画他们的情妇。举例来说，在这几年前，米兰公爵鲁多维科·斯福尔扎就雇请达·芬奇为他的情妇赛西莉雅·迦莱拉尼画肖像。就连《蒙娜丽莎》的画中人都可能是交际花，因为有人造访达·芬奇书房后声称，看过一幅他所谓的朱利亚诺·德·美第奇之情妇的肖像画。[18]《蒙娜丽莎》画好后未交给朱利亚诺，或其他任何可能的委制者。达·芬奇非常喜欢这件作品，留在身边许多年，后来跟着他移居法国，而为法国国王弗朗索瓦一世买下。但没有证据显示，达·芬奇对这位谜一样的画中人除了审美兴趣，还有其他非分之想。拉斐尔与因佩莉雅的关系则不是如此。两人过从甚密，这位风流倜傥的年轻画家（或许可想而知）最后成了她的众多爱人之一。[19]

注释

[1] 帕斯托尔：《教皇史》，第六卷，第 326 页。

[2] 华勒斯：《米开朗琪罗在西斯廷礼拜堂的助手群》，第 208 页。

[3]《论女性的尊贵与优越》(*De Nobilitate et Praecellentia Foeminei Sexus*)，引用自吉尔勃特《上下于西斯廷顶棚的米开朗琪罗》(*Michelangelo On and Off the Ceiling*, New York: George Braziller, 1994)，第 96 页。

[4] 更晚近也有人著书探讨伊甸园的性意味。例如，特里伯 (Phyllis Trible) 的《上帝与性的语言》(*God and the Rhetoric of Sexuality*, London: SCM, 1992)；菲立普斯 (John A. Phillips) 的《夏娃：某一理念的历史》(*Eve: The History of an Idea*, San Francisco: Harper & Row, 1984)；德律莫 (Jean Delumeau) 的《乐园史：神话与传统中的伊甸园》(*The History of Paradise: The Garden of Eden in Myth and Tradition*, New York: Continuum, 1995)；李奥·史坦博格 (Leo Steinberg) 的《夏娃闲着的手》(Eve's Idle Hand)，《艺术季刊》(*Art Journa*l) 1975 – 1976 年冬季号，第 130 ~ 135 页。但从性角度诠释"人类堕落"，并非始于近代学者。基督降生前就已有人持此观点。库姆兰会社 (Qumrun Community) 的《会众规章》(*Serek ha-'Edâh*)，将希伯来人的"善恶之知"解读为"性成熟"。库姆兰这个犹太教团，于公元前 150 年至公元 70 年，住在死海西北岸的犹太沙漠里。后来斐洛 (Philo Judaeus)、亚历山大的克莱芒 (Clement of Alexandria) 等作家，将蛇视为性欲和邪念的化身。更晚近，学者主张蛇是公元前九或前十世纪，迦南一地盛行之生殖膜拜仪式里的阴茎象征，《摩西五经》(Pentateuch) 中最古老的"人类堕落"版本就在这时期编成。

[5] 李奥·史坦博格：《夏娃闲着的手》，第 135 页。

[6] 孔迪维：《米开朗琪罗传》，第 164 页，注释 128。这项建议写于孔迪维手稿的某个边注中。

[7] 同上书，第 24 页。

[8] 参见德维奇与默斐合编《西斯廷礼拜堂：值得称颂的修复》一书，第 91 页，皮亚托 (Maria Piatto) 为此场景所撰的图说。

[9] 参见福柯 (Michel Foucault)《性史》第二卷《快感的利用》英译本 (*The Uses of Pleasure: A History of Sexuality*, Harmondsworth, Middx: Penguin, 1987)，译者 Robert Hurley；洛克 (Michael Rocke)《不容于世的友谊：文艺复兴时期佛罗伦萨的同性恋与男性文化》(*Forbidden Friendships: Homosexuality and Male Culture in Renaissance Florence*, Oxford: Oxford University Press, 1996) 一书，

特别是第 11 页对折页。

[10]《费奇诺书信集》六卷本英译本（*The Letters of Marsilio Ficino*, London：Shepheard-Walwyn，1975 – 99），第四卷，第 35 页，伦敦经济科学院（School of Economic Science）语言学系人员编译。

[11] 贝克（James Beck）推测米开朗琪罗的"性经验，不管是异性还是同性的，都少之又少，甚至可能完全没有"。《米开朗琪罗的三个世界》（*The Three Worlds of Michelangelo*，New York：W. W. Norton & Co.，1999），第 143 页。

[12]《米开朗琪罗诗全集和书信选集》，第 145 页。

[13] 同上书，第 4 ~ 5 页。

[14] 参见帕皮尼（Giovanni Papini）*Vita di Michelangelo nella vita del suo tempo*（Milan：Gaizanti，1949），第 498 页。

[15]《米开朗琪罗书信集》，第一卷，第 xlviii 页。

[16] 瓦萨里：《画家、雕塑家、建筑师列传》，第一卷，第 737 页。

[17] 劳讷：《交际花列传》，第 5 页。

[18] 同上书，第 111 ~ 114 页。一个世纪后，枫丹白露一份文物清单也称《蒙娜丽莎》画中人是交际花。（同上，第 114 页）。

[19] 关于拉斐尔与因佩莉雅的关系，可参见马松（Georgina Masson）《意大利文艺复兴时期的交际花》（*Courtesans of the Italian Renaissance*，London：Seeker & Warburg，1975），第 37 页。

第二十章　野蛮之众

"我现在工作一如往常，"一五一〇年盛夏米开朗琪罗写
了封家书给博纳罗托，"下个礼拜底我会完成我的画作，也就
是我开始画的那个部分，画作公诸大众之后，我想我可以拿到
酬劳，然后想办法回家休一个月假"。[1]

这是令人兴奋的一刻。经过两年不懈的努力，这支团队终
于画到拱顶中央。[2]虽然一心想保密，但米开朗琪罗还是打算
在动手绘制第二部分之前，拆掉帆布和脚手架，将自己的作品
公之于众。尤利乌斯已下令这么做，但米开朗琪罗本人无疑也
很想知道，从地面看上去湿壁画会呈现什么效果。不过他在写
给博纳罗托的信中，心情出奇低落。"我不知道接下来会如
何，我不是很好，没时间，必须停笔了。"[3]

相对于初期某些时候，近来工作非常顺利。米开朗琪罗以
较短的时间，画了另两组拱肩和弦月壁、先知以西结像、库米
巫女像、另两对伊纽多像，以及第五幅《创世纪》纪事场景
《创造夏娃》（*The Ceation of Eve*）。《创造夏娃》里的三名人
物，只用了四个乔纳塔就画成，速度之快让吉兰达约都要佩服
不已。米开朗琪罗进度能这么快，部分归功于他已开始用针刺
誊绘法和刻痕法双管齐下的方式，将草图转描到因托纳可上，
吉兰达约和助手们在托尔纳博尼礼拜堂用的也是同样的办法。
草图上较细微的局部，例如脸和毛发，一律用针刺孔，然后以

炭笔拍击其上，至于身躯、衣服这些较大的部位，则以尖铁笔描过。这表明米开朗琪罗越来越有信心，或许也表明他越来越急于完成这项任务。

《创造夏娃》就位于大理石祭坛围屏（将神职人员与礼拜堂内其他人员隔开的屏风）的正上方。夏娃在睡着的亚当身后，张着嘴，一脸惊讶，似要倒下般躬身合掌，迎接创造她的耶和华，耶和华则望着她向她赐福，动作颇似巫师在施法术，神情几乎可说悲伤。这是米开朗琪罗第一次画上帝，在他笔下，上帝是个英俊的老者，有着卷曲的白胡，身穿松垂的淡紫色袍服。背景处的伊甸园类似《亚当与夏娃的堕落与放逐》里的伊甸园，乏善可陈。米开朗琪罗不喜欢风景画，曾嘲笑佛兰德斯画家笔下的自然风景，是只适合老妇、少女和僧尼欣赏的艺术作品。[4] 因而，他笔下的伊甸园呈现的是荒凉的土地，点缀以一棵枯树和几块露出地面的岩石。

相较于先前《堕落与放逐》人物处理的老练而富有巧思，《创造夏娃》的人物处理则有些叫人失望。米开朗琪罗的构图大幅借用了奎尔查在波隆纳圣佩特罗尼奥教堂大门上同主题的浮雕，因而显得有点不自然。因为没有使用前缩法，三名人物就缩为只剩几英尺高，从地面看上去难以看清楚。

在旁边的以西结像身上，米开朗琪罗的才华则有更突出的展现。至目前为止，先知像、巫女像以及伊纽多像，一直是顶棚上最出色的部分。如果说要设计出如拉斐尔一样生动流畅而井然有序的场景，米开朗琪罗力有未逮，但单人巨像则让善于刻画壮实巨人的他可以一展所长。工程进行到一半，他已画了七名先知和巫女，个个身形硕大，或聚精会神看书，或如《诺亚献祭》下方的以赛亚，眉头深皱，凝神注视中央，神情类似沉思、忧心的《大卫》。脸庞英俊而头发蓬乱的以赛亚，事实上就是这尊著名雕像的坐姿翻版，左手大得不合比例（《大卫》是右手大得不合比例）。

以西结的加入为这群虎背熊腰的巨人增添了光彩。据圣经记载，他见一异象后，鼓励犹太人重建耶路撒冷神殿，因为这个事迹，以他绘饰西斯廷礼拜堂至为恰当。在异象中，他看见一名测量员带着麻绳和量度的竿出现在他面前，并以竿丈量该建筑的长宽高，包括墙有多厚，门槛多深（西斯廷礼拜堂就完全遵照该殿格局而建）。米开朗琪罗将他画成坐在宝座上，上半身大幅度转向右边，然后前倾，仿佛要面对某人。画中他的头呈侧面，脸上神情专注，眉毛皱起，下巴外伸。

除了以西结和库米巫女，《创造夏娃》两侧还有四尊伊纽多、两面穿了黄丝带的铜色大奖牌。一如顶棚上的建筑性装饰，米开朗琪罗几乎将大奖牌部分全交给助手负责。出自助手之手的大奖牌共有十面，其中至少有一面不仅是助手所画，而且是助手构图。这人很可能是巴斯蒂亚诺·达·桑迦洛，因为风格与被断定出自他之手的一些素描类似。[5]这些大奖牌直径为4英尺，全以干壁画法画成，且画了第一对之后就不再靠草图指引：米开朗琪罗画了素描之后，就由助手徒手转描到灰泥上。古铜色是以锻黄土这种颜料画成，然后再用树脂暨油固着剂（resin-and-oil fixative）贴上金叶。

这十面大奖牌上的场景，灵感全来自一四九三年版《伊斯托里亚塔通俗圣经》（*Biblia Vulgare istoriata*）中的木版插画。这部意大利文圣经是马列米根据通俗拉丁文本圣经译成，一四九〇年出版，为最早印行的意大利文圣经之一。由于极受欢迎，到了西斯廷礼拜堂顶棚开始绘饰时已出现六种版本。米开朗琪罗想必拥有一部这样的圣经，并在画大奖牌的素描时拿来参考。

马列米圣经的风行，意味着米开朗琪罗有意让进入西斯廷礼拜堂参加弥撒的信徒，一眼就认出大奖牌上的情景。但即使是未看过马列米圣经的文盲，无疑也将因为其他地方的同主题艺术作品而熟悉这其中许多情景，就像他们一眼也能认出《大洪水》和《诺亚醉酒》一样。绝大部分艺术家都认识到，艺术创作是为了替未受教育者阐明故事。锡耶纳画家公会的章程明白写着，画家的任务就是"向不识字的愚夫愚妇阐明圣经"。[6] 因此，湿壁画的功用极似《穷人圣经》（供文盲看的图片书）。弥撒可能持续数小时，因此信徒有充裕的时间细细欣赏周遭的壁画。

那么，来自佛罗伦萨或乌尔比诺的信徒会如何理解西斯廷礼拜堂顶棚上的大奖牌？米开朗琪罗对马列米圣经木版画的选用耐人寻味。五面大奖牌仿自《马加比书》——次经（Apocrypha）十四卷的最后两卷——中的插画。次经是圣哲罗姆编译的通俗拉丁文本圣经中，在内容、文字、年代、作者方面有争议的经卷总称，经名 Apocrypha 源自希腊语 apokrupto，意为隐藏的。《马加比书》描述一家族"驱逐野蛮之众，再度收回举世闻名之圣殿"的英勇事迹。[7] 该家族最著名的一员是战士祭司犹大·马加比，他于公元前一六五年率犹太军攻入耶路撒冷，恢复圣殿，犹太教的献殿节至今仍在纪念他的这项功绩。

米开朗琪罗笔下的马加比家族故事画，呈现了犹太人的敌人如何得到应有的报应。在先知约珥像上方、最靠近大门的大奖牌之一，描绘有《马加比书》下卷第九章的场景：叙利亚国王安条克四世率军进逼耶路撒冷，欲征服犹太人，途中耶和华使神力让他从战车上跌落。沿着拱顶更往内、位于先知以赛亚像上方的大奖牌，内容取材自《马加比书》下卷第三章，描绘安条克四世的大臣赫里奥多罗斯，奉命前往耶路撒冷欲掠夺圣殿中的钱财，却在途中被上帝所展现的景象阻碍。景象中一名"可怕的骑士"骑马而来，赫利奥多罗斯不仅遭马践踏，还遭两名男子持棍殴打，大奖牌上呈现的就是这一刻的情景。

191

　　《马加比书》中的这些人、事、物，包括宗教战争、有意掠夺者、受入侵者威胁的城市、在主协助下为人民打败敌寇的战士祭司，对于在尤利乌斯二世治下的动乱年代里走访西斯廷礼拜堂的人而言，大概会觉得别具深意。艺术的目的当然不只在教育民众圣经中的故事，还要肩负重大的政治作用。例如，佛罗伦萨统治者在举兵讨伐比萨之际委制《卡西那之役》（描绘佛罗伦萨击败比萨的一场小冲突），就绝非偶然。西斯廷礼拜堂拱顶上的《马加比书》纪事场景，同样意味着米开朗琪罗（或者应该说某位顾问）汲汲于借此表明教皇的威权。

　　一五一〇年春或夏绘制的某面大奖牌尤其有这方面的意涵。马列米圣经在《马加比书》下卷第一章，放了一幅亚历山大大帝跪见耶路撒冷大祭司的木版画，但画中事件其实不见于次经。亚历山大洗劫耶路撒冷途中，在城外遇见大祭司，大祭司极力警告会有恶果，致亚历山大心生恐惧而放过耶城。大奖牌上刻画头戴王冠的亚历山大，跪在头戴主教冠、身穿袍服的人面前。一五〇七年梵蒂冈委制的一面彩绘玻璃，描绘路易十二跪见尤利乌斯，场景与此类似。这面玻璃和这面古铜色大奖牌均清楚表明，国王和其他世俗领袖都必须听命于教皇之类的宗教领袖。

　　因此，米开朗琪罗颂扬罗维雷家族教皇的用心，不止在于为礼拜堂饰上栎叶、栎实的做法，还在于透过这些古铜色大奖牌上的场景，强化教会的敌人应受到无情制伏这个坚定的信念。不过，米开朗琪罗私底下反对教皇的好战作风，因此，替尤利乌斯的征伐行动宣传似乎非他所愿。对进入此礼拜堂的信徒而言，《马加比书》故事画大概并不陌生，但要从地面上看清楚这些小圆画里画了些什么，大概只有眼力过人者才有办法。画面小，加上周遭还有数百个更大、更显眼的人物，意味着它们的政治影响力必然有限。后来，拉斐尔在署名室隔壁房间的绘饰才让这类富有政治寓意的场景有了较壮观的呈现。

192

如果说开始绘制顶棚湿壁画时，米开朗琪罗对教皇的征战举动是喜恶参半，那么，一五一〇年夏（他准备公开前半部成果之际），他对教皇的支持想必更为低落。

无惧于阿方索·德·埃斯特威猛的战名，也无畏于法国驻意大利的大军，尤利乌斯秣马厉兵，准备一战。他胸有成竹地告诉威尼斯使节，由他来"惩罚费拉拉公爵，拯救意大利摆脱法国的掌控"，是"上帝的旨意"。[8]他说，一想到法国人驻军意大利，他就食不下咽，枕不安眠（对爱美食与睡眠的尤利乌斯而言，这的确非比寻常）。他向这位使节抱怨道，"昨晚，我睡不着，起来在房间里踱步"。[9]

尤利乌斯大概深信惩罚阿方索、驱逐法国人是上帝给他下的使命，但他也深知没有俗世的帮助，不足以成事。因此，他趁着与瑞士联邦结盟的机会，成立精英部队——瑞士侍卫队，并赐队服（黑扁帽，礼刀，深红、绿色条纹的制服）。尤利乌斯几近信教般信赖瑞士士兵，欧洲最叫人丧胆的步兵。在前一世纪，瑞士突破性革新了长矛的运用（这时的长矛长18英

尺），组成数支纪律严明、可随时上场杀敌的部队。为求动作
灵活迅捷，他们作战时几乎不着盔甲，组成一个个紧密的小战
斗单位，集体冲向敌军（至当时为止，这项战术几未吃过败
仗）。一五〇六年讨伐佩鲁贾和波隆纳时，尤利乌斯已雇用了
数千名瑞士军人。那一趟远征，除了在教皇泛舟特拉西梅诺湖
时吹号角伴奏，他们几无表现，但大胜而归似乎让他盲目相信 193
了他们的战斗力。

　　瑞士部队还未越过阿尔卑斯山前来会合，讨伐费拉拉之役
就于一五一〇年七月发动。时值盛夏，绝非开战良机。炙人的
骄阳让长途跋涉的部队叫苦连天，因为身上盔甲重逾二十二公
斤，且几乎不透气。更糟的是，夏季是瘟疫、疟疾、斑疹伤寒
好发的季节，历来这时候出征，死于这些疾病的士兵比死于敌
人之手者还多。偏偏费拉拉周边又环绕滋生疟疾的沼泽，因而
远在阿方索·德·埃斯特的地盘作战，需要克服的危险远不只
该公爵闻名天下的炮手。

　　开战初期教皇部队在佛朗切斯卡·马里亚的带领下顺利挺
进，攻入波隆纳东边的阿方索辖地。鉴于情势逆转，阿方索主
动提议愿放弃他在罗马涅地区的所有土地以求自保，前提是尤
利乌斯就此罢兵，不取费拉拉。他甚至承诺愿补偿教皇这次出
兵的开销。但杀红了眼的尤利乌斯无意协商，并要阿方索驻罗
马大使立即离境，否则就要将他丢入台伯河。这位倒霉的大
使，正是后来以长篇叙事诗《疯狂奥兰多》（*Orlando Furioso*）
著称于世的意大利诗人罗多维科·阿里奥斯托（Lodovico
Ariosto）。这年春夏，他已来回奔走于相距三百二十公里的费
拉拉、罗马五趟。也就在这时候，他埋头撰写他的传世诗
篇——约三十万字、描写查理曼大帝时代骑士与骑士精神的

《疯狂奥兰多》。[10] 黑而卷的头发、锐利的眼神、浓密的胡子、凸出的鼻子，阿里奥斯托看起来颇有诗人样。他还以善战而著称，但他可不想和教皇比试，赶紧逃回费拉拉。

对阿方索而言，更坏的事还在后头。八月九日，教廷以背叛教会之名，将他开除教籍。一个星期后，教皇决定御驾亲征，显然希望重温当年大胆征服佩鲁贾、波隆纳的光荣。这次一如一五〇六年时，除了老朽者，所有枢机主教全奉召入伍，并受命在罗马北边约一百公里处的维泰博集合。与此同时，尤利乌斯先到奥斯蒂亚（一如往常以圣餐作为队伍前导）巡视舰队。然后在那儿搭威尼斯战舰北行到奇维塔维基亚，再改走陆路，于三星期后的九月二十二日抵达波隆纳。

远征军不担心天热，反倒必须和恶劣天气搏斗。德格拉西沮丧地写道，"雨一路紧跟着我们"。[11] 他还抱怨说，车队在烂泥里吃力行进时，所行经的各城（安科纳、里米尼、佛利）人民"照理应欢迎教皇，结果不欢迎，反倒哄然大笑"。[12] 并非所有枢机主教都奉召前来，一些法国高级教士仍忠于路易，而投奔位于米兰的敌营。但至少进波隆纳时场面风光，开场喇叭声一如以前响亮响起，一五〇六年的胜利进城场面于焉再现。波隆纳人的热烈欢迎让这位战士教皇觉得再获胜利似乎指日可待。

注释

[1]《米开朗琪罗书信集》，第一卷，第 54 页。
[2] 并非所有艺评家都同意这一进度认定。尤其值得注意的是，吉尔勃

特主张米开朗琪罗至 1510 年夏已完成整个拱顶画（不包括弦月壁）
（参见《西斯廷顶棚各部分的确凿日期》，第 174 页）。吉尔勃特的
论断基于一项假设，即弦月壁部分是挪到后面一起绘制（关于此主
题，参见本书第十三章注释 4）。乔安妮尼德斯不同意他这个观点，
认为如此惊人的速度"叫人难以置信"（《谈西斯廷礼拜堂顶棚的
绘饰顺序》，第 250～252 页）。

[3] 《米开朗琪罗书信集》，第一卷，第 54～55 页。

[4] 参见克拉克（Kenneth Clark）的《风景进入艺术》（*Landscape into Art*, London: John Murray, 1949），第 26 页。

[5] 德·托尔内:《米开朗琪罗》，第二卷，第 72、76 页。这面大奖牌，"押沙龙之死"，是在整个工程的末期绘成，意味着如果德·托尔内此言不假，巴斯蒂亚诺几乎全程参与了这项工程。

[6] 引自韦尔奇《文艺复兴时期的意大利艺术》，第 137 页。

[7] 次经修订版中《马加比书》下卷第二章第二十二节（Cambridge: Cambridge University Press, 1895）。

[8] 萨努托（Marino Sanuto）五十八卷本《萨努托日记》（*I diarii di Marino Sanuto*, Venice: F. Visentini, 1878 - 1903），第十卷，第 369 栏。

[9] 同上。

[10] 《疯狂奥兰多》于 1516 年首次出版，有四十章; 1521 年推出二版，也是四十章; 但四十六章选定版 1532 年才问世。

[11] 引自帕斯托尔《教皇史》，第六卷，第 333 页。

[12] 同上。

第二十一章　重返波隆纳

195 　　就米开朗琪罗而言，教皇决定御驾亲征实在不是时候。尤利乌斯离开罗马，意味着拱顶前半部绘饰无法揭幕，更糟的是，原答应完成一半就付给米开朗琪罗的一千杜卡特报酬也要落空。米开朗琪罗急于拿到工资，因为距上次教皇付钱给他已过了一年。九月初在写给鲁多维科的家书里他已抱怨道："根据协议，我现在应该拿到五百杜卡特，但教皇还没给。教皇还必须给我同样数目的钱，以便进行剩下的工程。但他就这么走了，没留下任何交代，因此我现在是身无分文，不知道怎么办。"[1]

　　不久米开朗琪罗又碰上其他麻烦，因为传来了博纳罗托病重的消息。他要父亲从他在佛罗伦萨的银行户头提钱，好替弟弟请大夫、买药。日子一天天过去，博纳罗托病情没有好转，而教皇那儿也没指示拨付钱款，米开朗琪罗于是决定亲自出马。九月中旬，他离开在工作室里干活的助手，骑马踏上睽违两年多的北返佛罗伦萨之路。

196 　　返抵位于吉贝里那路的老家时，鲁多维科正准备赴任为期六个月的波德斯塔（Podestà，刑事执法官）一职，管辖地是佛罗伦萨南方十六公里处的小镇圣卡夏诺。这个官不是小官，因为波德斯塔有权定犯人罪并判刑。鲁多维科还将负责该镇防务，握有城门钥匙，若情势需要，还要率民兵上战场。因此，

他觉得有必要打扮得体面点，风光上任。波德斯塔显然不需要
自己下厨、扫地、洗锅盘、烘焙面包，以及干其他各种他在佛
罗伦萨抱怨不停的卑下工作。听到米开朗琪罗好心说可从他户
头提钱帮博纳罗托治病，鲁多维科灵机一动，跑到新圣母玛利
亚医院，从儿子户头提了两百五十杜卡特（够他打扮得体面
且绰绰有余）①。

　　得知父亲挪用存款，米开朗琪罗大为震惊，因为制作湿壁
画的经费已经不足。更糟的是，这笔钱拿不回来，鲁多维科已
经花得差不多了。

　　"动用这笔钱时，我是打算在你回佛罗伦萨前把它补回
去，"鲁多维科后来写信向儿子道歉，"看了你上一封信，我
当时暗自想着，米开朗琪罗要等六或八个月后才会回来，而届
时我应该已经从圣卡夏诺回来。现在，我会卖掉所有东西，竭
尽所能，赔偿我所拿走的。"[2]

　　博纳罗托的病情很快好转，米开朗琪罗觉得没必要再留在
佛罗伦萨，于是动身前往波隆纳，于是在九月二十二日，与教
皇同一天抵达该城。米开朗琪罗对波隆纳的印象并不好，这一
次重游，他还是一样失望，因为他发现教皇身体不好，且脾气
更坏。穿越亚平宁山路途艰辛，让尤利乌斯吃不消，一抵达波
隆纳，就发烧不适。御用星象学家行前已预测会得此病，但尤
利乌斯当时觉得若真发生，也不算什么严重事，因为尤利乌斯
已经六十七岁，且有痛风、梅毒、疟疾后遗症等病痛缠身。

197

---

　　① 新圣母玛利亚医院创立于一二八五年，既是医院也是存款银行。该医院
　　　 靠精明投资获得了巨额收入，把钱存在这里比存在动不动就破产的较传
　　　 统的银行更为保险。因为安全可靠，佛罗伦萨许多有钱人（包括米开朗
　　　 琪罗和达·芬奇）把钱存在这家医院，赚取百分之五的利息。

不过，让尤利乌斯病倒波隆纳的不是疟疾，而是间日热（tertian fever），教皇亚历山大六世就死于此病。除了发烧，尤利乌斯还患有痔疮。御医无疑缓解不了他多少病痛。当时用欧洲毛茛治疗痔疮，而人们之所以认为这种植物有疗效，纯粹是因为它的根长得像扩张后的直肠静脉。这就是当时医学一厢情愿式的错觉。大概是因为排斥医生，加上先天体质壮实，尤利乌斯这时才能健在。他是个很不听话的病人，医生嘱咐不能吃的东西他照吃，还威胁下人若敢告诉医生，就要他们的命。

瑞士部队未履约攻打法军，尤利乌斯收到这个坏消息，身体和心情更是好不了。瑞士军队心不甘情不愿地越过阿尔卑斯山后，突然在抵达科莫湖最南端时折返。瑞士人的背叛对尤利乌斯打击甚大，致使他难以抵挡法军进攻，而这时候，法军进攻似已不可避免。路易十二早先已在图尔召进法国各主教、高级教士和其他有影响力人士共商大计，与会者异口同声地表示，向教皇开战顺天应人。受此鼓舞，法国军队在米兰总督萧蒙率领下，进逼波隆纳，法军后面还跟着矢志报仇雪耻的本蒂沃里家族。教皇虽因发烧而神志混乱，仍誓言宁可服毒自尽，也不愿落入敌人手中受辱。

天佑尤利乌斯，法军未立即发动攻势。九月的豪雨入了十月仍下不停，法军营地变成一片泥淖，泥泞道路妨碍补给运达，迫使法军不得不后撤到波隆纳西北方二十四公里处的艾米利亚自由堡，沿途一路劫掠。

198　　情势转危为安，教皇喜不自胜，就连烧似乎都退了下来。听到波隆纳人民在阳台下高呼他的名字，他还勉强撑着身子走到窗边，摇摇晃晃地向群众赐福。波隆纳人高声喊着效忠陛下，誓言追随他抗敌。助手扶他回床上时，他喃喃地说，"现在，我们已打败法国人"。[3]

　　米开朗琪罗在波隆纳待了不到一个礼拜，九月底离开。但这趟漫长而危险的远行，并非全无收获。他带了佛罗伦萨友人、雕塑家塔那利送的一块奶酪返回罗马；更叫他高兴的是，十月底，拜见教皇一个月后，他终于收到教皇下拨的五百杜卡特，拿到他完成一半顶棚绘饰应得的报酬。这是他拿到的第三笔款子，至此他已赚进一千五百杜卡特，也就是他预期将得到的总报酬的一半。这笔钱他大部分寄给博纳罗托，请他存进新圣母玛利亚医院的户头，借此填补鲁多维科留下的亏空。

　　但他还是不满。他觉得根据枢机主教阿利多西拟定的合约，教皇还欠他五百杜卡特，他打定主意，不拿到这笔钱，拱顶后半工程就不开工。因此，十二月中旬，他再度冒着恶劣天气，踏上难行的路途，要当面向教皇争取自己的权益。除了索讨另外五百杜卡特，他还打算向尤利乌斯面呈文件，要求教皇让他免付租金使用圣卡特利娜教堂后面那间房子和工作室。[4]

　　米开朗琪罗于隆冬之际抵达波隆纳，这时候，他想必和其他每个人一样，惊讶于教皇的改头换面。秋天烧退后，尤利乌斯住进友人马尔维奇的宅第休养。就在这里，在十一月初，众人注意到一个怪现象，教皇竟留了胡子。众枢机主教和大使无不瞠目结舌，不可置信。教皇留胡子是破天荒的奇事。曼图亚的使节写道，没刮胡子的教皇像只熊；还有个看了之后大为震惊的人，将他比拟为隐士。[5]到了十一月中旬，他的白胡子已长到一二英寸长，十二月米开朗琪罗抵达时，尤利乌斯已是满脸络腮胡。

当时的廷臣和艺术家蓄胡并不稀奇。著名外交官卡斯蒂利欧内蓄胡，米开朗琪罗和达·芬奇也是。甚至，威尼斯诸总督之一，死于一五〇一年的巴巴里哥（"大胡子"）也人如其名，留了胡子。但尤利乌斯蓄胡不符教皇传统，甚至违反教会法规。一〇三一年，利摩日公会议经多方审议后断定，第一任教皇圣彼得不蓄胡，因此希望继任教皇也效法。教士不得蓄胡则另有原因。当时人认为胡须会妨碍教士饮圣餐杯里的葡萄酒，且滴下的葡萄酒会留在胡须上，对基督之血不敬。

后来伊拉斯谟在《尤利乌斯遭拒于天国门外》戏称这位教皇留了长长的白髯是为了"易容"[6]，以躲过法军的追捕，但事实上，他蓄胡是在效法与他同名的古罗马独裁者尤利乌斯·恺撒。据历史记载，公元前五十四年，恺撒得悉自己部队遭高卢人屠戮后，蓄胡明志，表示不报此仇，誓不刮胡。尤利乌斯如法炮制，据波隆纳某编年史家记述，教皇蓄胡"为了报仇"，不"严惩"路易十二，将他赶出意大利，绝不刮胡。[7]

因此，米开朗琪罗面见尤利乌斯时，正在马尔维奇宅第休养而元气慢慢恢复的教皇，已留起胡子。休养期间，布拉曼特念但丁著作帮他打发时间，艾吉迪奥也在病房陪他，让他心情好些。不久之后，艾吉迪奥在一场讲道中将尤利乌斯的新胡子比拟为摩西之兄暨犹太教大祭司亚伦的胡子。

生病期间，因对费拉拉的攻势迟无进展，教皇心情一直低落。为打破僵局，十二月时在教皇寝室开了一场作战会议，最后总结出最可靠的突破行动就是攻击米兰多拉，费拉拉西边四十公里处的要塞镇。米兰多拉和费拉拉一样，受法国保护，这主要因为米兰多拉伯爵遗孀佛朗切丝卡·皮科是法军意大利裔

指挥官特里武尔齐奥的私生女。尤利乌斯宣布决意亲自率兵打　200
这一仗，众医生和枢机主教听了吓得面无血色。这主意并不可
行，因为他的烧没有退，天气也异常得冷。

虽然病痛和军务缠身，教皇还是同意再拨款给米开朗琪
罗。这位艺术家之后便回佛罗伦萨过圣诞，得知家里被小偷闯
空门并偷走了西吉斯蒙多的衣服。两星期后，他回到了罗马的
工作室。

教皇远征和一五一〇年底的恶劣天气，也给两位因公前来
罗马的德国僧侣带来不便。两人长途跋涉翻过阿尔卑斯山，于
十二月抵达罗马北门附近的平民圣母玛利亚修道院，却发现他
们修会的会长艾吉迪奥随教皇同赴波隆纳。

在艾吉迪奥的指导下，奥古斯丁隐修会这时正进行会规改
革，欲让修士接受更严格的戒律规范。在这些改革下，奥古斯
丁修士需隐居修道院不得外出，穿制式衣服，舍弃所有私人财
物，不与女人往来。艾吉迪奥和其他"严守传统会规者"
（Observants）推行这些改革，受到修会内主张较宽松戒律的
"变通派修士"（Conventuals）反对。

德国爱尔福特的奥古斯丁修道院，是反对派的大本营之
一。一五一〇年秋，该院公推两名修士，带着变通派的观点，
跋涉一千公里前往罗马，欲向艾吉迪奥请愿。年纪较大的那名
修士，精通意大利语且游历丰富，但因为会规限制，不得独自
出门，连到附近都不行，更别提远行。因此，院方替他安排了
一位旅伴，二十七岁的爱尔福特修道院修士马丁·路德，精悍
而风趣的矿工之子。这是路德唯一一次罗马之旅。一五一〇年　201
十二月，路德一望见平民门就立即趴在地上，大叫道："应受

称颂的你，神圣罗马！"[8]但他的兴奋将持续不了多久。

为得到艾吉迪奥的答复，路德在罗马待了四个星期，在这期间，他带着专为朝圣者写的指南《罗马城奇观》游览罗马各地。前来罗马朝圣者，少有人像他那么虔诚（或者说精力充沛）。七座朝圣教堂，他一一走访，先到墙外圣保罗教堂，最后以圣彼得大教堂为终站。他还到街道底下的早期基督教徒地下墓窟，凭吊狭窄墓道里四十六位教皇和八万名基督教殉教者的遗骨。在拉特兰宫，他登上从彼拉多（主持耶稣审判并下令把耶稣钉死在十字架上的罗马犹太巡抚）家中搬过来的圣梯。他爬上二十八级台阶，念诵主祷文，然后吻过每个台阶，希望借此让祖父的亡灵脱离炼狱。他看到还有太多机会可以为死者灵魂做功德，以至于诚如他后来所说的，他开始惋惜自己父母还在世间。

202

但路德对罗马的憧憬逐渐破灭。教士可悲的无知让他无法视若无睹。许多教士不知道听告解的正确方式，其他教士则如他所写的那样，主持弥撒"仓促马虎，好像在玩杂耍"。[9]更让他看不下去的是，有些教士完全反基督教，宣称不相信灵魂不灭这类基本教义。意大利教士甚至嘲笑德国信徒的虔诚，并且骇人听闻地以"好基督徒"一词指称笨蛋。

在路德眼中，罗马城本身无异于垃圾场。台伯河两岸堆满垃圾，城民随意把垃圾倒出窗外，垃圾随露天污水道（cloaca maxima）流入台伯河。瓦砾似乎到处可见，许多教堂的正门立面成了鞣皮工挂晒兽皮的地方，庄严扫地。空气非常不利于健康，有次路德不小心睡在未关的窗边后，觉得身体不适，还误以为自己得了疟疾。后来，他吃石榴治好了病。

罗马人给他的印象一样坏。后来以淫猥妙语和厕所笑话著

称的路德，很反感罗马人当街小便的行为。为吓阻随地小便，
罗马人得在外墙挂上圣塞巴斯蒂安或圣安东尼之类的圣像，肆
无忌惮的程度可见一斑。意大利人说话时夸张的手势，也让他
觉得好笑。他后来写道，"我不了解意大利人，他们也不了解
我"。[10] 在他眼中，意大利男人要妻子戴上面纱才能出门的作
风，同样让他觉得可笑。妓女似乎无处不在，穷人也是，其中
许多是一贫如洗的修士。这些下层人蜗居在古代废墟里，朝圣
者稍不提防就可能遭他们窜出攻击；相反，枢机主教们住在豪
宅里，生活糜烂。路德发现梅毒和同性恋盛行于神职人员间，
连教皇都染上了梅毒。

因此，返回德国时，路德已看尽神圣罗马的丑态。这趟远 〔203〕
行的任务也没有达成，一心推动改革的艾吉迪奥驳回他的诉
愿。两名修士经佛罗伦萨和充斥法国兵的米兰，于隆冬时节再
翻越阿尔卑斯山，约十星期后抵达纽伦堡。罗马虽没有给他留
下美好的回忆，但后来他仍表示这趟远行让他眼界大开，让他
得以亲眼见识到罗马如何被魔王宰制，教皇又是如何不如奥斯
曼苏丹。

注释

[1]《米开朗琪罗书信集》，第一卷，第 55 页。

[2] 引自默雷（Linda Murray）《米开朗琪罗：其生活、工作与时代》
（*Michelangelo: His Life, Work and Times*, London: Thames & Hudson, 1984），第 63 页。

[3] 引自帕斯托尔《教皇史》，第六卷，第 338 页。

[4] 这份文献刊印在赫斯特《一五〇五年的米开朗琪罗》附录 B，第

766 页。

[5] 欲了解尤利乌斯的胡子及其意涵，可参见祖克尔（Mark J. Zucker）《拉斐尔与教皇尤利乌斯二世的胡子》（"Raphael and the Beard of Pope Julius II"），《艺术期刊》（*Art Bulletin*），第 59 期，1977 年，第 524～533 页。

[6] 伊拉斯谟《愚人颂与其他著作》中之《尤利乌斯遭拒于天国门外》（*Julius Excluded from Heaven*），第 148 页。

[7] 引自帕斯托尔《教皇史》，第六卷，第 339 页注释。

[8] 引自贝梅尔（Heinrich Boehmer）《马丁·路德》（*Martin Luther*，London：Thames & Hudson，1957），第 61 页。

[9] 同上书，第 67 页。

[10] 同上书，第 75 页。

第二十二章　俗世竞逐

　　圣诞节至新年期间，教皇病情没有好转。因为病得不轻，
圣诞节那天他发烧躺在床上，在卧房里举行弥撒。不久之后的
圣史蒂芬节，由于高烧不退，天气更坏，他连到不远处的波隆
纳大教堂都不行。因而，当他的侄子佛朗切斯科·马里亚率领
教皇部队在雪地上吃力向米兰多拉进发时，他仍卧病在床。

　　佛朗切斯科·马里亚吃了大败仗，让他的伯父大失所望。
他是庞大的罗维雷家族里尤利乌斯特意栽培的少数族人之一，
乌尔比诺公爵圭多巴尔多·达·蒙特费尔特罗死后，尤利乌斯
指派他继任其职，后来又提拔他出任罗马教廷总司令。比起残
暴嗜杀的前任总司令切萨雷·波吉亚，佛朗切斯科·马里亚的
军事作为没那么强势。拉斐尔将他画进《雅典学园》，把他画
成毕达哥拉斯旁边之人。画中的他年轻、腼腆，几乎可以说是
带着脂粉味，身穿宽松白袍，金发及肩，望之不似军人。尤利
乌斯挑上他，大概看重他的忠心耿耿，而非看上他有什么领导
统御之才。

　　教皇知道另一位指挥官，曼图亚侯爵佛朗切斯科·贡萨
加，更不能倚仗。即使在顺境之中，贡萨加的带兵才能都叫人
打问号。他曾以所谓的梅毒发作（其实他真有此病）为借口，
逃避上战场。如今，他的效忠面临两难。他的女儿嫁给佛朗切
斯科·马里亚，使他归入教皇的阵营，但他本人娶了阿方索·

德·埃斯特的姊妹，意味着他若效忠教皇，就得攻打自己的舅子。教皇也因此对贡萨加起了疑心，为表态效忠，他不得不在夏天送自己十岁的儿子费德里科到罗马当人质。

日子一天天过去，前线部队依然未攻打米兰多拉。众指挥官的迟疑不前令教皇越来越火大。一月二日，他终于耐不住性子，不顾有病在身和恶劣天气，毅然起身，准备开拔。他打算冒着结冰的道路，亲赴约五十公里外的米兰多拉，包括把他的病床运到前线。"看看我的睾丸（胆识）是不是和法国国王一样大！"他低声说道。[1]

到了一月，西斯廷礼拜堂的绘饰工程已停顿了四个多月。但工作室内并未停工，因为九月时米开朗琪罗收到米奇一封信，信中提到特里纽利和札凯蒂正忙着为该工程画素描。但米开朗琪罗却恼火于未能利用这个宝贵机会作画。教皇和众枢机主教不在罗马，意味着不会有弥撒打断他在礼拜堂的工作，正是绝佳的作画时机。教皇礼拜堂每年约举行三十次弥撒，这时候，米开朗琪罗和其助手均不得登上脚手架。弥撒仪式不仅要拖上数小时，德格拉西督导的事前准备也会占去不少时间。

十年后，米开朗琪罗愤愤回忆道，"拱顶快要完成时，教皇回波隆纳，我于是去了那里两次，索讨该给我的钱，但徒劳无功，浪费时间，直到他回罗马才拿到钱"。[2] 米开朗琪罗说他去波隆纳两趟"徒劳无功"，这话夸大不实，因为圣诞节后的几个星期后，他就拿到了所要求的五百杜卡特，并将其中近一半寄回佛罗伦萨老家。不过，拱顶后半部的绘饰工程直到教皇回来举行拱顶前半揭幕式后才得以开始，却是实情。

这段漫长的停工至少让米开朗琪罗和其助手稍喘口气，暂时摆脱脚手架上累人的工作，也让米开朗琪罗有机会画好更多的素描和草图。一五一一年头几个月，他就专心做这件事，其中有一幅极详尽的素描，以红粉笔画在只有 7.5 英寸 × 10.5 英寸的小纸上，一名裸身男子斜倚着身子，左臂伸出，支在弯曲的左膝盖上，形成如今闻名全球的姿势。米开朗琪罗为著名的《创造亚当》所画的亚当素描，只有这幅流传至今。[3] 奎尔查在波隆纳圣佩特罗尼奥教堂大门上，也制作了《创造亚当》浮雕，米开朗琪罗这幅亚当素描可能就受了该浮雕作品里的亚当像启发。他最近去了两趟波隆纳，其中一趟他可能抽空再去研究了该作品。奎尔查的亚当裸身斜躺在斜坡地上，伸出手欲碰触穿着厚重袍服的上帝。但米开朗琪罗笔下亚当的姿势，其实受吉贝尔蒂的影响更甚于奎尔查的影响，因为佛罗伦萨洗礼堂天堂门上的亚当伸出左臂，左脚弯曲，正是米开朗琪罗素描亚当的范本。

207

米开朗琪罗这幅细腻的素描，沿袭他个人某个伊纽多像的风格，而赋予吉贝尔蒂青铜浮雕里较僵硬的亚当以慵懒而肉感的美感。这幅人像无疑是根据人体模特儿画成。决定采用吉贝尔蒂青铜浮雕里的亚当姿势后，他想必请人体模特儿摆出同样的姿势，然后仔细描画出躯干、四肢、肌肉。亚当像的模特儿说不定和他许多伊纽多像所用的模特儿是同一人。由于正值隆冬，米开朗琪罗大概未遵照达·芬奇只在较暖和天气用人体模特儿的建议。

亚当素描的细腻意味着这很可能是制成草图前最后完成的素描。而它的面积之小当然表示转绘到顶棚上时得放大七八倍。但不管是这幅素描，还是为这顶棚所画的其他素描，都没有留下方格的痕迹，因而米开朗琪罗到底如何放大素描仍是个谜。[4]或许在完成这幅红粉笔素描之后、制成《创造亚当》的草图之前，米开朗琪罗还画了一个用来格放的素描；或者米开朗琪罗画了两幅同样的红粉笔素描，而在其中一幅上面画了放大用的格子，另一幅则留下作为纪念，保留本来的面貌。

不管实情为何，《创造亚当》的草图想必在一五一一年头几个月就已完成，却等了很长一段时间才被允许转描到礼拜堂拱顶上。

"这是可载入全球史册的大事，"重病在床的尤利乌斯奋然起身的几星期后，吃惊的威尼斯使节利波马诺从米兰多拉发出急报，急报上如此写道，"有病在身的教皇，在一月份，冒着这么大的雪、这么冷的天气，竟亲身来到军营。史家将对此大书特书！"[5]

这或许真是历史壮举，但远征米兰多拉一开始却出师不利。众枢机主教和使节仍觉得教皇的计划不妥，劝他三思，但教皇置若罔闻。编年史家圭恰尔迪尼后来写道，"别人劝他以罗马教皇如此尊贵之位，亲自带兵攻打基督徒城镇，实在有失身份，但尤利乌斯不为所动"。[6]于是，在冷冽空气中、号角伴奏下，尤利乌斯于一月六日开拔，往波隆纳进发。开拔之时，尤利乌斯无视教皇身份的庄严，高声喊着粗鄙的言语，粗鄙到教利波马诺根本不想将其写下来。教皇还开始叫喊"米兰多拉，米兰多拉！"惹得众人乐不可支。

阿方索·德·埃斯特以逸待劳。教皇一行人刚经过圣菲利斯，距米兰多拉只有几英里之处，即遭阿方索部队伏击。借助法国一个火炮师傅巧心制作的炮橇，阿方索部队的火炮在厚雪里移动迅捷。尤利乌斯赶紧后撤，移入圣菲利斯的强固城堡里。阿方索的炮兵部队紧追不舍，为免被擒，尤利乌斯顾不得教皇身份，赶忙爬下御舆，帮忙拉起城堡的开合桥。法国某编年史家记道："这是明智的做法，因为只要等上念完一遍主祷文那么长的时间，他大概就性命不保。"[7]

但阿方索部队未乘胜追击，他们一撤兵，教皇再度上路。前行不久，他在米兰多拉城墙外数百码处的农场停住，决定在屋内过夜，众枢机主教则在马厩抢栖身之处。经过短暂的好天气，冬天再度发威。河川结冰，平原上寒风呼号，雪下得更大，佛朗切斯科·马里亚因此无心战斗，瑟缩在被风吹得噼啪作响的帐篷里，与属下打牌消磨，一心想躲着他伯父。但教皇岂是等闲之辈。大冷天里光着头，只穿着教皇袍，骑马来到营地，边破口大骂边叫士兵摆好火炮。"他显然复原了不少，"利波马诺写道，"他有着巨人般的力气"。[8]

围攻米兰多拉始于一月十七日。在这前一天，教皇站在农舍外面时，差点遭火绳枪子弹击中。但他不因此而退缩，反倒更逼近战场，征收了墙脚附近的圣朱斯提纳修道院的厨房，在炮手将火炮瞄准敌人的防御工事时，坐镇该处指挥。这些武器有部分系布拉曼特设计，甚至攻城梯、弩炮也是。这位建筑师放下了罗马的数项工程，除了念但丁著作给教皇听，还忙于发明对围城战"最管用的精巧玩意"。[9]

炮击第一天，教皇再度与死神擦身而过。一枚炮弹砸入厨房，伤了他两名仆人。他感谢圣母玛利亚让这发炮弹射偏，并保留这炮弹作为纪念。落在圣朱斯提纳修道院的炮火越来越多，威尼斯人开始怀疑尤利乌斯部队里，是否有人向米兰多拉城内的炮手泄露了他所在的位置，想借猛烈炮击将他击退。但尤利乌斯宣布，他宁可被击中头部，也不愿后退半步。"他更恨法国人了。"利波马诺说道。[10]

米兰多拉禁不住炮火轰击，受围三天后就投降。教皇大乐，急于想踏进这座攻下的城镇，但守军在城门后堆起的大土丘一时难以移走，他于是坐在吊篮里，由人拉上城墙。旗开得胜，教皇颁令士兵可以自由劫掠作为赏赐，而米兰多拉伯爵夫人佛朗切丝卡·皮科则旋即遭流放。然而，教皇并不因此次得胜而满足。"费拉拉！"他很快又开始叫道，"费拉拉！费拉拉！"[11]

教皇不在罗马期间，署名室的绘饰工程也有所延宕，这或许是让米开朗琪罗感到些许安慰的事。[12]但拉斐尔不像米开朗琪罗那样追着教皇跑，而是趁机接了其他委制案，展现了他创
210 新求变的本事。其中一件委制案是索多玛赞助者暨锡耶纳银行家阿戈斯提诺·齐吉（Agostino Chigi），委托他设计一些托盘。这位蓝眼红发的齐吉家族成员，名列意大利首富行列，除了托盘，还有更大的案子打算委托给拉斐尔。一五〇九年左右，他已开始在台伯河岸为自己兴建豪宅，即法内西纳别墅。这座由佩鲁齐（Baldessare Peruzzi）设计的豪宅，建成之后将拥有数座花木扶疏的庭园、数个拱顶房间、一座供戏剧演出的舞台、一道俯瞰河水的凉廊。[13]罗马最出色的湿壁画，有些也将坐落于此。为绘饰该别墅的墙面和顶棚，齐吉雇用了索多玛和曾受教于乔尔乔涅（Giorgione）的威尼斯年轻画家塞巴斯蒂亚诺·德·皮翁博（Sebastiano del Piombo）。决心只雇用一流艺术家的齐吉，也找来拉斐尔绘饰该别墅一楼宽敞客厅的某面墙。一五一一年，拉斐尔开始为这项绘饰工程做准备，最后完成湿壁

画《海洋女神迦拉忒亚之凯旋》（*The Triumph of Galatea*）。画中有人身鱼尾海神和丘比特各数名，还有一名美丽的海洋女神驾驭一对海豚，行走在海上。[14]

但拉斐尔并未停下他在梵蒂冈的工作。完成《雅典学园》后，他转而去绘饰有窗可俯瞰观景庭园的那面墙，也就是放置尤利乌斯诗集的书架后面的那面墙。这幅湿壁画现今被称为《帕纳塞斯山》（*Parnassus*）。《圣礼的争辩》描绘著名神学家，《雅典学园》描绘杰出哲学家，《帕纳塞斯山》则以二十八位古今诗人，在帕纳塞斯山围在阿波罗身边为特色。诗人中有荷马、奥维德、普罗佩提乌斯、萨福、但丁、彼特拉克、薄伽丘，全都戴着桂冠，且以马丁·路德看不顺眼的丰富手势在交谈。

拉斐尔所画诗人有在世者，也有已作古者，而这些人像，据瓦萨里记述，全根据真人绘成。阿里奥斯托是他所采用的诸多名人模特儿之一，拉斐尔是在他遭威胁要被丢入台伯河而在一五一〇年夏逃离罗马之前，素描了他的人像。[15]阿里奥斯托则在《疯狂奥兰多》里，将拉斐尔刻画为"乌尔比诺的骄傲"，称他是当代最伟大的画家之一，作为回报。[16]

相较于《圣礼的争辩》和《雅典学园》里几乎清一色的男性群像，《帕纳塞斯山》放进了一些女性，包括来自莱斯博斯岛的古希腊伟大女诗人萨福。拉斐尔常以女人为模特儿，这点和米开朗琪罗不同。罗马谣传他曾要求罗马最美丽的五名女子在他面前裸身摆姿，好让他从每位美女身上各挑出最美丽的部位（某人的鼻子、另一人的眼睛或臀部等），以创造出一幅完美女人像（这则轶事让人想起西塞罗笔下一则关于古希腊画家宙克西斯的故事）。不过，据说拉斐尔画萨福时，需要的只是罗马一名美女的面貌，因为传说他笔下的这

211

位伟大女诗人是受他在无骑者之马广场的邻居、著名交际花因佩莉雅的启发而画成。因此，当米开朗琪罗正奔波于意大利结冰的道路上，以向教皇索讨报酬时，拉斐尔似乎正在台伯河边的阿戈斯提诺·齐吉宅第里，过着舒适而又有罗马最美女子相伴的好日子。

拿下米兰多拉后，教皇并未向费拉拉发动攻势。他一如往常地希望亲自带兵攻打，但由于法军增援部队不断沿波河河岸集结，他担心若败北可能被俘。因此，二月七日，他坐着牛拉的雪橇穿过深积雪的大地，回到波隆纳。不久，波隆纳也笼罩在法军威胁之下，一个星期后，他又搭雪橇东行八十公里，到亚得里亚海岸的拉文纳。在这里他待了七个星期，筹划攻打费拉拉的事宜，闲暇时则以看桨帆船迎着强风在沿岸海面上下奔驰为乐。三月时拉文纳发生小地震，众人都认为这是凶兆，但尤利乌斯的斗志丝毫不减。数场豪雨导致水塘外溢，河堤决口，但也未浇熄尤利乌斯的雄心。

少了教皇坐镇督军，对费拉拉的攻势很快就像泄了气的皮球。四月的第一个星期，尤利乌斯回波隆纳，亲自掌理军务。在这里，他接见了神圣罗马帝国马克西米利安皇帝的使节。该使节敦促他与法国言和，讨伐威尼斯，而非反其道而行，结果无功而返。另一个调解努力也是同样下场。尤利乌斯女儿费莉斯提议将她年幼的女儿与阿方索·德·埃斯特年幼的儿子联姻，试图借此让父亲与公爵和好。尤利乌斯回绝她的提议，将她送回丈夫身边，要她乖乖学她的针线活。[17]

五月到来，天气转好。法军再度兵围波隆纳，尤利乌斯再度遁逃拉文纳。佛朗切斯科·马里亚和他的部队也无心恋

战，仓皇狼狈而逃，火炮和行李全来不及搬走而成为法军战
利品。不久波隆纳不战而降，本蒂沃里家族回来重掌政权，
结束了将近五年的逃亡生涯。令人惊讶的是，教皇得知大败，
却未如平常一样勃然大怒，反倒语气平和地告诉众枢机主教，
这次败战他的侄子要负全责，且佛朗切斯科·马里亚将以死
相抵。

　　佛朗切斯科·马里亚却认为该负责者不是他，而是枢机主
教阿利多西。一五〇八年获教皇任命为驻波隆纳使节后，阿利
多西作威作福，跋扈不仁，把自己搞得和在罗马一样不得民
心，人民因而渴望本蒂沃里家族回来。波隆纳易手后，阿利多
西易容逃出城门，怕波隆纳人民更甚于怕法军。

　　枢机主教阿利多西和佛朗切斯科·马里亚奉召前往拉文
纳，当面向教皇说个清楚。两人于五月二十八日比尤利乌斯晚
五天抵达。碰巧的是，两人在圣维塔列路狭路相逢，阿利多西
骑着马，佛朗切斯科·马里亚徒步。枢机主教笑笑向这位年轻
人打招呼，佛朗切斯科·马里亚的回应则没这么友善。"叛
徒，你终于现身了？"他不客气地说道，"接下你的报应！"随
即从皮带抽出短剑，刺向阿利多西，阿利多西中剑落马，一小
时后一命呜呼。死前说："我这是自作自受。"[18]

　　阿利多西死于非命的消息传出，许多地方大肆庆祝以示欢
迎。德格拉西甚至感谢上帝夺走这位枢机主教的性命。"上帝
啊！"他在日记里高兴地写道，"你的判决何其公正，你让这
位虚伪的叛徒得到应有的报应，我们何其感激你。"[19]只有教
皇哀痛这位挚友的死，"悲痛至极，放声大叫，恸哭失声"。[20]
他无心再事征伐，下令班师回朝。

　　但更严重的问题赫然降临。回罗马途中，伤心的教皇在里

213

米尼某教堂门口发现了一份文件，文件上写着路易十二和神圣
罗马帝国皇帝提议召开教会全体会议。这种公会议非比寻常，
参加者包括所有枢机主教、主教和教会里的其他高级教士，是
制定新政策、修改既有政策的重大会议。这种会议很少召开，
但只要召开，常负有重大目标，而且影响非常深远，有时甚至
把现任教皇拉下来。一四一四年召开的康士坦茨公会议，就是
较晚近的例子之一。这场为期四年的会议罢黜了伪教皇若望二
十三世，选出新教皇马丁五世，结束了"教会大分裂"。路易
十二宣称他所提议的公会议，目的在于矫正教会内的弊病，为
发动十字军东征土耳其人做准备，但明眼人都知道真正的目的
是铲除尤利乌斯，另立一位敌对教皇。如果说康士坦茨公会议
结束了"大分裂"，那么这场预定九月一日召开的新公会议，
则可能让教会再度陷入分裂。

波隆纳失守，枢机主教阿利多西死后，教皇身边的顾问没
人敢告知尤利乌斯这个消息。因此，看到教堂门口张贴的开会
通知时，他无比震惊。对波隆纳的世俗威权才刚失去不久，他
突然又面临着宗教威权也可能遭剥夺的险境。

六月二十六日，一行人穿过平民门进入罗马时，个个心情
低落。教皇在平民圣母玛利亚教堂前停下，入内举行弥撒，将
托圣母之福而未落在他身上的炮弹吊挂在祭坛上方的银链上。
214 接着，一行人顶着烈日，左弯右拐，前往圣彼得大教堂。"我
们辛苦而徒劳的远征就此告终。"德格拉西叹息道。[21] 为驱逐
法国人而踏上征途的教皇，终于回到睽违整整十个月的罗马。
穿着全套法衣走在科尔索街上时，他仍留着白色长胡，而且看
起来他短期内不会刮掉。

注释

[1] 引自萧《尤利乌斯二世》，第 269 页。

[2] 《米开朗琪罗书信集》，第一卷，第 148 页。

[3] 大英博物馆现藏有一幅粉笔素描，多年来曾被视为亚当头部习作，但如今经鉴定是米开朗琪罗为皮翁博（Sebastiano del Piombo）的《拉撒路复活》（*Raising of Lazarus*）所画的诸多素描之一。参见戈尔沙伊德（Ludwig Goldscheider）《米开朗琪罗：素描》（*Michelangelo：Drawings*，London：Phaidon Press，1951），第 34 页。

[4] 关于该问题，参见赫斯特（Michael Hirst）《西斯廷礼拜堂素描观察》（"Observations on Drawings for the Sistine Ceiling"），收录于德维奇与默斐合编的《西斯廷礼拜堂：值得称颂的修复》，第 8 ~ 9 页。

[5] 引自萧《尤利乌斯二世》，第 270 页。

[6] 圭恰尔迪尼（Francesco Guicciardini）《意大利史》英译本（*The History of Italy*，London：Collier-Macmillan，1969），第 212 页，编译者 Sidney Alexander。圭恰尔迪尼这段不以为然的记述写于一五三〇年代。

[7] 引自克拉茨科《罗马与文艺复兴》，第 229 页。

[8] 引自帕斯托尔《教皇史》，第六卷，第 341 页。

[9] 瓦萨里：《画家、雕塑家、建筑师列传》，第二卷，第 664 页。布拉曼特可能熟悉达·芬奇的许多武器设计构想，例如蒸汽驱动火炮、开爆式炮弹、机关枪、速射十字弓。

[10] 引自帕斯托尔《教皇史》，第六卷，第 341 页。

[11] 萧：《尤利乌斯二世》，第 271 页。

[12] 古尔德（Cecil Gould）指出，若说"教皇不在罗马的十个月期间，署名室的绘饰工程处于停摆状态"，也是合理的推断（《拉斐尔诸室的创作年代顺序》，第 176 页）。工程不一定完全"停摆"，但光从拉斐尔接下其他委制案来看，几乎可以确定放慢了进度。

[13] 1580 年，该别墅被"大枢机主教"亚列山德罗·法内塞（Alessandro Farnese）买下，自此得名法内西纳别墅。该别墅的建

筑设计有人认为出自拉斐尔之手，例如，参见奥佩的《拉斐尔》，第 61 页。但接受此说法的学者不多，因为别墅可能早在 1506 年就动工兴建，而拉斐尔这时尚未在罗马活动。

[14] 拉斐尔究竟何时画了《海洋女神伽拉忒亚之凯旋》，学界看法分歧颇大。从早自 1511 年，到晚至 1514 年，各种说法都有。但这件委制案似乎出现于 1511 年，即尤利乌斯不在罗马而署名室绘饰工程即将完工之际。齐吉似乎趁着尤利乌斯不在，才敢放胆找拉斐尔作画。

[15] 关于这面湿壁画中阿里奥斯托的身份认定，可参见古尔德的《拉斐尔诸室的创作年代顺序》，第 174 ~ 175 页。

[16] 阿里奥斯托：《疯狂奥兰多》，第三十三章第二行。

[17] 萧：《尤利乌斯二世》，第 182 ~ 183 页。

[18] 引自帕斯托尔《教皇史》，第六卷，第 350 页。

[19] 引自克拉茨科《罗马与文艺复兴》，第 242 页。

[20] 圭恰尔迪尼：《意大利史》，第 227 页。

[21] 引自帕斯托尔《教皇史》，第六卷，第 362 页。

第二十三章　绝妙新画风

一五一〇年七月，米开朗琪罗就写信告诉博纳罗托，西斯廷礼拜堂拱顶的前半部绘饰即将完工，这个星期内就可能揭幕展出。一年后他的期望才终于实现，不过，教皇从拉文纳回来后，米开朗琪罗又足足等了七个星期才盼到他梦寐以求的揭幕仪式。揭幕仪式之所以拖这么久，全因为尤利乌斯选定圣母升天节（八月十五日）举行。这一天对他意义重大，因为一四八三年他担任阿维尼翁大主教时，就是在圣母升天节那天为西斯廷礼拜堂祝圣（这时礼拜堂已饰有佩鲁吉诺团队的湿壁画）。

尤利乌斯无疑已在不同的制作阶段看过拱顶上的湿壁画，因为据孔迪维记述，他曾爬上脚手架巡视米开朗琪罗的工作进展。但拆掉巨大的脚手架后，他才得以首次从礼拜堂地面上欣赏，毕竟这些画本来就是要让人从地面欣赏。将木质托架拆离窗户上缘砖石结构的耳孔，想必弄得尘土飞扬，但教皇毫不在意。急于一睹米开朗琪罗的作品，节日前一天晚上，"拆除脚手架扬起的漫天灰尘尚未落定"，他就冲进了礼拜堂。[1]

十五日早上九点，一场别开生面的弥撒在西斯廷礼拜堂隆重举行。[2]教皇一如往昔在梵蒂冈三楼的鹦鹉室——因室内养了只笼中鹦鹉而得名，穿上礼袍（梵蒂冈鸟禽众多。尤利乌斯从寝室走上楼梯，就可来到四楼的一座大型鸟舍）。着袍仪式后，他坐上御轿（sede gestatoria），由人抬下两段楼梯，抵达国王厅。接着，在两排瑞士卫兵左右随侍下，他和众枢机主教在十字架和香炉之后进入西斯廷礼拜堂。教皇和众枢机主教在地板上的石盘（rota porpyretica）上跪下，接着起身，缓缓穿过礼拜堂东半部，经过大理石唱诗班围屏，进入最后面的至圣所。

礼拜堂内挤满了信徒和其他想抢先一睹顶棚绘饰的人士。孔迪维记述道，"众人对米开朗琪罗的评价和期待，使它成为全罗马注目的焦点"。[3]会众中有一人特别急切。拉斐尔大概被安排在很舒适的座位，可以好好欣赏对手的成果，因为两年前被任命为教廷秘书（scriptor bervium apostolicorum）时，他已是教皇礼拜团的一员。这个荣誉职务很可能是他花了约一千五百杜卡特买来的，但让他有资格在至圣所坐在教皇宝座附近。

看着米开朗琪罗的湿壁画，拉斐尔和罗马其他人一样，为这已成为罗马人话题的"绝妙新画风"惊叹不已。[4]甚至，据孔迪维记述，拉斐尔极欣赏这面湿壁画，以致想抢下这件委制案，完成后半部。孔迪维说，他再度求助于布拉曼特，而圣母升天节过后不久，布拉曼特即代他向教皇请命。"这让米开朗琪罗大为苦恼，他在教皇面前，极力辩驳布拉曼特加诸他的冤枉……将历来受自布拉曼特的迫害一股脑宣泄出来。"[5]

217　　拉斐尔竟会想夺走米开朗琪罗的案子，乍看之下颇叫人难以置信。署名室四面墙壁的湿壁画，他在尤利乌斯回罗马不久后就已完成（总共花了约三十个月时间）。[6]画完《帕纳塞斯山》后，他转而去画该室的最后一面墙，即预定放置教皇法学藏书的位置后面的墙。在该面墙的窗户上方，他画了三位女性，分别代表审慎、节制、坚毅这三种基本美德，且将作为坚毅化身的女性画成手握结有栎实之栎树的模样，以向尤利乌斯致意（在这人生失意时刻，他的确需要这一美德）。窗户两旁各画了一幅纪事场景，右边那幅有个又臭又长的名字《教皇格列高利九世认可佩尼弗特的圣雷蒙德交给他的教令集》，左边那幅《特里波尼安献上〈法学汇编〉给查士丁尼大帝》，名字同样长得叫人不敢领教。前一幅画将格列高利九世画成尤利乌斯的模样，脸上蓄着白胡。由一脸络腮胡的尤利乌斯认可教令集实在够讽刺，因为这部教皇敕令集清清楚楚写着禁止教士蓄胡。

尤利乌斯显然很满意署名室的绘饰，一完工，就再委任拉斐尔为隔壁房间绘饰湿壁画。不过，若孔迪维的说法可信，拉斐尔获委派这项新任务并不算是特别的荣宠。

取代米开朗琪罗完成西斯廷顶棚后半部分绘饰，拉斐尔或许真有这样的念头。他应已认识到，拥有庞大会众的礼拜堂比进出较受限制的署名室，更能展示、宣扬个人的本事。拉斐尔的湿壁画虽然杰出，《雅典学园》也的确比米开朗琪罗任意一幅《创世纪》纪事画还要出色，却似乎未能在一五一一年夏天引来同样的瞩目，也就是未如米开朗琪罗作品那般轰动。拉斐尔刻意留下《雅典学园》草图以供展示，试图借此吸引更多目光，就是为了弥补这一劣势，毕竟教皇的私人住所仍是罗马大部分人的禁域。不过，这幅草图似乎从未公开展示过。

不管要了什么计谋，野心有多大，拉斐尔终究未能拿到西斯廷礼拜堂拱顶西半部的绘饰案。米开朗琪罗的湿壁画揭幕后不久，拉斐尔就开始绘饰署名室隔壁的教皇另一间房间。不过，他先修改了《雅典学园》，显示他受了米开朗琪罗风格的影响，曾被他嘲笑为孤僻"刽子手"的那个人的影响。

218

一五一一年初秋，《雅典学园》完成一年多后，拉斐尔重回这幅画前，拿起红粉笔，在柏拉图与亚里士多德下方已上色的灰泥壁上，速写了一名人物。然后，这人像被反转打样，作法就是用油纸贴在壁上，印下粉笔速写图案。接着将这张印有粉笔线条轮廓的纸转成草图，将待添绘处的因托纳可刮掉，涂上一层新灰泥，然后将草图贴上壁面，将图案转描上去。最后，拉斐尔用了一个乔纳塔，画成独自落寞坐着的哲学家——"沉思者"（pensieroso）。[7]

这名人物（此画中第五十六人）一般被认为是以弗所的赫拉克利特。拉斐尔认为知识是通过师徒来传承的，因而《雅典学园》里到处可见这样的群体，孤家寡人的人物不多，而赫拉克利特正是画中少数之一，身边没有求知心切的弟子环绕。黑发蓄须的他，专注沉思，神情落寞，左手支着头，右手拿着笔在纸上漫不经心地乱涂，浑然不觉身边喧闹的哲学辩论。画中其他哲学家全是赤脚，身着宽松的袍服，只有他脚穿皮靴，上身是腰部系紧的衬衫，打扮相对来讲现代许多。最有趣的是，他鼻大而扁，因此一些艺术史家认为这名人物的原型正是米开朗琪罗，拉斐尔在看过西斯廷拱顶画后将他画进此湿壁画中，借此向他致意。[8]

如果赫拉克利特真是依照米开朗琪罗画成，那这份恭维可真叫人搞不清是褒还是贬。以弗所的赫拉克利特，又名晦涩者赫拉克利特、"哭泣的哲学家"，深信世界处于流变之中。他的两句名言，即"人不可能踏入同一条河两次""太阳每天都是新的"，正可概括这一观点。但拉斐尔会起意将他画成米开朗琪罗的模样，似乎不是因为这一万物不断变化的哲学观，比较可能是因为赫拉克利特著名的坏脾气和对其他哲学家尖刻的鄙视。他冷嘲热讽毕达哥拉斯、色诺芬尼、赫卡泰奥斯等前辈哲学家，甚至辱骂荷马，说这位盲诗人该用马鞭抽打一顿。以弗所居民也不得这位乖戾哲学家的意。他曾写道，以弗所的全部成年人都应当吊死自己。

因此，拉斐尔为《雅典学园》添上赫拉克利特，可能既是在赞美他景仰的米开朗琪罗，也是在拿米开朗琪罗乖戾、孤僻的个性开玩笑。此外，这一举动背后也可能表示，米开朗琪罗西斯廷顶棚画风格的雄浑伟岸（及画中魁梧的人体、健美的姿态、鲜明的色彩），已超越了拉斐尔在署名室的作品。换句话说，米开朗琪罗笔下充满个性、孑然独立的旧约圣经人物，已把帕纳塞斯山和"新雅典"优雅、和谐的古典世界比了下去。

两个半世纪后，爱尔兰政治家兼作家埃德蒙·伯克（Edmund Burke），在其《关于壮美与秀美概念起源的哲学探讨》（*Philosophical Enquiry into the Origin of Our Ideas of the Sublime and Beautiful*，一七五七年发表）中，提出两种审美范畴。这两种范畴有助于我们了解这两位艺术家风格的差异。伯克认为，秀美者具有圆润、细致、色彩柔和、动作优雅等特质，壮美者则包含壮阔、晦涩、强健、粗糙、执拗等让观者心生惊奇甚至恐惧的特质。[9]就一五一一年的罗马人而言，拉斐尔是秀美，米开朗琪罗是壮美。

拉斐尔比任何人更深刻地体会到这份差异。如果说他的署名室湿壁画代表了过去数十年一流艺术（佩鲁吉诺、吉兰达约、达·芬奇的艺术）的极致与巅峰，那么当下他似乎了解到米开朗琪罗在西斯廷礼拜堂的作品，正标志着全新画风的开启。特别是在先知像、巫女像、伊纽多像里，米开朗琪罗将

220

《大卫》之类的雕塑作品所具有的气势、生动、大尺寸，带进了绘画领域。湿壁画艺术已走到转折点，将蜕变出新的面貌。

　　不过，两人就要再度展开较量。拉斐尔带领助手进驻新房间时，米开朗琪罗和团队也开始准备在西斯廷礼拜堂西半部搭起脚手架。经过一年延宕，《创造亚当》终于可以画上去了。

　　情势看来颇为乐观，但就在湿壁画揭幕三天后，教皇发烧，头剧痛，病情严重恶化。御医断定教皇得了疟疾。教皇大限不远的消息传出，罗马城陷入混乱。

注释

[1] 孔迪维：《米开朗琪罗传》，第 57 页。德格拉西在 1511 年 8 月 15 日的日记里写道，教皇在前一晚就已先去看了拿掉遮蔽物后的湿壁画。

[2] 这个弥撒举行时辰系推断出来，但当时圣日和节日的弥撒惯常在早上九点举行。参见十五卷本《新天主教百科全书》（*The New Catholic Encyclopedia*，New York：McGraw-Hill，1967），第九卷，第 419 页。

[3] 孔迪维：《米开朗琪罗传》，第 57 页。

[4] 同上。

[5] 同上。

[6] 1511 年，该铭文写着该年为 *terminus ad quem*（完工期），并具体表示完成于教皇尤利乌斯在位第八年期间，亦即 1511 年 11 月 1 日前某日。

[7] 关于拉斐尔补绘"沉思者"的方法，可参见涅谢尔拉特的《拉斐尔的〈雅典学园〉》，第 20 页。"沉思者"断定为后来补上，根据有二。首先，此人物未出现在拉斐尔的《雅典学园》草图（现藏米兰昂布洛西亚纳图书馆）中。其次，经检查过灰泥壁，证实该人物系画在后来补涂上去的因托纳可上。补绘的确切日期难定，但似

乎很可能绘于他完成署名室的所有绘饰之时，亦即 1511 年夏或秋（同上书，第 21 页）。

[8] 这个有意思的说法首见于坎波斯（Deoclecio Redig de Campos）的《四百年"全球评价"下的米开朗琪罗（1541 ~ 1941）》（*Michelangelo Buonarroti nel IV centenario del 'Giudizio universale' (1541 - 1941)*，Florence：G. C. Sansoni，1942），第 205 ~ 219 页，后来他在《梵蒂冈诸室里的拉斐尔》（*Raffaello nelle Stanze*，Milan：Aldo Martello，1965）重申这一看法。琼斯（Roger Jones）和彭尼（Nicolas Penny）认为这个论点"不合情理"，却未提出有力的反证，参见他们合著的《拉斐尔》（*Raphael*，New Haven：Yale University Press，1983），第 78 页。相对的，罗兰（Ingrid D. Rowland）认为赫拉克利特"同时表现了米开朗琪罗的相貌和米开朗琪罗的艺术风格"，参见《〈雅典学园〉的知识背景》一文，收录于霍尔（Marcia B. Hall）所编《拉斐尔的〈雅典学园〉》，第 157 页。哈尔特也认为赫拉克利特的相貌"无疑就是米开朗琪罗的相貌"（《意大利文艺复兴艺术史》，第 509 页）。

[9] 布尔顿（James T. Boulton）所编伯克的《关于壮美与秀美概念起源的哲学探讨》（*A Philosophical Enquiry into the Origin of Our Ideas of the Sublime and Beautiful*，Notre Dame，Indiana：University of Notre Dame Press，1986），特别是第 57 ~ 125 页。

第二十四章　至高无上的造物主

221　　教皇自六月从拉文纳回来后就一直很忙。七月中旬,他在圣彼得大教堂的铜门上贴上诏书,宣示召开自己的教会全体公会议。这场公会议预定于来年在罗马举行,意在反制路易十二和他身边那群搞分裂的枢机主教们所要召开的同类型会议。接下来,教皇积极拉票、动员,分送教皇通谕,派遣使节到欧洲各地,以壮大自己公会议的声势,孤立对手。当然,在这时候,他仍跟往常一样大吃大喝。

　　为了疏解辛劳,八月初,疲累而忧愁的教皇赴台伯河口的古罗马港口奥斯提亚进行了一天的雉鸡狩猎。教会规章严禁神职人员狩猎,但就像先前对待禁止蓄须令一样,他完全不理会这项规定。他非常喜欢猎雉鸡,据随行参与这次狩猎的曼图亚使节说道,每用枪打下一只,教皇就会抓起血肉模糊的小动物,展示给"身边的每个人看,同时放声大笑,讲话讲得口沫横飞"。[1]但是在八月天,走在奥斯提亚蚊子横飞的沼泽地,猎杀空中的飞鸟,实在不甚明智。回罗马不久,他就出现微烧。几天后复原,但圣母升天节那天,他很可能仍不舒服。湿
222　壁画揭幕几天后,他就病重。

　　相关人士都认识到,教皇这次的病比去年那次要严重许多。"教皇就快要死了,"围攻米兰多拉城时曾目睹尤利乌斯神奇复原的威尼斯使节利波马诺写道,"枢机主教美第奇告诉

我他撑不过今晚。"[2] 他挨过了这一晚，但隔天，八月二十四日，病情却恶化到药石罔效，教皇开始接受临终圣礼。尤利乌斯本人也深知自己大限不远，于是仿佛告别演出般撤销了对波隆纳、费拉拉的开除教籍令，赦免了侄子佛朗切斯科·马里亚。德格拉西写道："我想我的《起居注》大概要就此停笔，因为教皇生命即将走到终点。"[3] 众枢机主教要德格拉西筹备教皇丧礼，准备召开秘密会议选举新教皇。

教皇重病导致梵蒂冈陷入无法无天的混乱。尤利乌斯卧病在床、动弹不得时，他的仆人和教皇内府的其他人员（施赈吏、面包师傅、执事、管葡萄酒的男仆、厨师），全都开始收拾自己在宫中的财物，此外还开始掠夺教皇的东西。众人乱哄哄争抢时，教皇寝室里，有时除了年轻人质，十岁的费德里科·贡萨加，就没有人照顾垂死的教皇。从拉文纳回来后，尤利乌斯就非常喜欢费德里科，而眼前，在他垂死之际，似乎只有这个男孩不会背弃他。

梵蒂冈外的街头，也出现无法无天的场面。"城里一片混乱，"利波马诺报告道，"人人都带着武器。"[4] 科隆纳（Colonna）和奥尔西尼（Orsini）这两个世代结仇的男爵家族，决意趁教皇行将就木之际控制罗马，建立共和。两家族代表赴卡皮托尔山与罗马某些民间领袖会面，宣誓捐弃歧见，共同为建立罗马共和国而奋斗。起事领袖庞贝·科隆纳向群众演说，呼吁他们推翻教士统治（意即教皇统治），夺回古时拥有的自由。震惊的利波马诺写道："历来教皇临终前，从未出现如此刀光剑影的场面。"[5] 眼看大乱就要发生，罗马的警政署长吓得逃到圣安杰洛堡避难。

223

正值准备在礼拜堂西半部搭起脚手架绘制《创造亚当》，米开朗琪罗发现面临着新变量。枢机主教阿利多西在拉文纳遇害后，他已失去一位盟友和保护者。教皇若也死了，他的工程将面临更严峻的阻碍。他深知，湿壁画工程不仅会因西斯廷礼拜堂举行推选教皇的秘密会议而延搁，选出新教皇后，甚至可能完全终止。利波马诺记述说，枢机主教圈已共同认识到，胜利很可能落在"法方"，即选出支持路易十二的枢机主教为新教皇。只要是亲法王者当选，不管谁当选，他的湿壁画都可能要大难临头，因为亲法王的教皇大概不会乐见西斯廷礼拜堂成为罗维雷家族两位教皇的纪念堂。平图里乔在波吉亚居室墙面所绘的旨在颂扬亚历山大六世的湿壁画，尤利乌斯上任后未下令刮除，但新教皇上任后未必如此自制。

就在这一片混乱之际，尤利乌斯奇迹般地出现复原迹象。他一直是个不听话的病人，这次死到临头还是一样。医生嘱咐不可吃沙丁鱼、腌肉、橄榄，以及当然在禁饮之列的葡萄酒，他依然照吃（当然是在他极难得能进食的时候）。御医只好任由他去，心想他不管吃什么、喝什么，终归要死。他还叫人送上水果（李子、桃子、葡萄、草莓），由于果肉吞不下去，他只能嚼烂果肉、吸取汁液，然后吐掉。

就在这奇怪的治疗下，他病情好转，不过御医还是给他开了较清淡的饮食，即原味清汤。他拒喝这种清汤，除非是费德里科·贡萨加端来。"在罗马，每个人都在说如果教皇复原，都是费德里科先生的功劳。"曼图亚使节骄傲地告诉这男孩的母亲伊莎贝拉·贡萨加。[6]他还向她夸耀，教皇已让拉斐尔将费德里科先生画进他的湿壁画里。[7]

到了这个月底，接受临终仪式后一个礼拜，教皇已好到能在房内听乐师演奏，和费德里科下古双陆棋（与巴加门类似的棋戏）。他还开始计划镇压卡皮托尔山上的共和派暴民。得知教皇神奇复原，这些叛乱分子惊恐万分，很快就作鸟兽散。庞贝·科隆纳逃出城，剩下的阴谋作乱者很快自清，否认自己有意推翻教皇。几乎是一夜之间，和平再度降临。看来光是想到尤利乌斯仍活得好好的，罗马这群最无法无天的暴民就不敢为非作歹。

教皇康复想必让米开朗琪罗松了一口气。这时他已获准继续他的工程，礼拜堂西半部的脚手架于九月间搭好，十月一日，他拿到第五笔款子四百杜卡特，至此，他总共拿到两千四百杜卡特的报酬。脚手架重新搭好之后，停笔整整十四个月的他们，于十月四日再度提笔作画。

圣母升天节不仅让罗马人民有机会首次目睹西斯廷礼拜堂的新湿壁画，米开朗琪罗也因为脚手架拆除，首次有机会从地上评量自己的作品。如果说罗马其他人全都叹服于这件作品，米开朗琪罗反倒对自己的手法有些许保留，因为他一开始绘饰拱顶后半部时，风格就明显有别于前半部。

米开朗琪罗主要的疑虑似乎在于许多人物尺寸太小，特别是《大洪水》之类群集场景里的人物。他理解到从地面看上去，这些小人物难以辨识，因此决定增大《创世纪》纪事场景里的人物尺寸。先知像和巫女像后来也做同样处理，因为拱顶后半部的人像画成后，平均来讲比前半部的人像要高约四英尺。弦月壁和拱肩上的人物也同样被放大，数目减少。越靠近祭坛一边的墙壁，基督列祖像里扭动身子的婴儿就越少。

《创造亚当》是依据新观念完成的第一幅画，共用了十六　225

个乔纳塔，也就是两到三个礼拜。米开朗琪罗画这个场景时从左往右画，因此第一个画的人物就是亚当。亚当是西斯廷礼拜堂顶棚上最著名、最易认出的人物，只花了四个乔纳塔就完成。第一天用在亚当的头部和周遭天空上，第二天用在他的躯干和手臂，双腿则各花了一个工作日。米开朗琪罗画亚当的速度，和画个别伊纽多像差不多，毕竟裸身而肌肉紧绷的亚当和伊纽多像极其相似。

亚当像的草图完全以刻痕法转描到灰泥壁上，做法和米开朗琪罗先前几幅《创世纪》纪事场景的转描方法不同，后者的脸、头发这些较细微的部位，他一律用针刺法转描。米开朗琪罗只在湿灰泥上转描出亚当的头部轮廓，然后就以在弦月壁上练就的技法，径自动笔为他画上五官。

绘饰工程被迫中断了一年多，加上教皇随时可能驾崩，教皇讨伐法军失利又引发政局动荡，这时重新动工的米开朗琪罗心里是多了份着急，想尽快完成。继《创造亚当》之后不久画成的一面弦月壁，可进一步证明他的赶工心态。相较于前半部的弦月壁花了三天，刻有"罗波安　亚比雅"这个名牌的弦月壁却只用了一个乔纳塔，说明这一天他几乎是以惊人的速度在赶工。

米开朗琪罗笔下亚当的姿势，类似拱顶上几码外醉倒的诺亚。但米开朗琪罗笔下醉倒的诺亚呈现的是不光彩的形象，相反，这位新诞生的亚当则是完美无瑕而又符合神学观点的人体。在两个半世纪前，以绚丽矫饰的散文而著称的方济各会修士圣博纳温图雷（St Bonaventure），极力称赞上帝所创造的第一个人的肉体之美："他的身体无比优美、奥妙、机敏、不朽，散发出熠熠耀人的光彩，因而无疑比太阳还要

耀眼。"[8]瓦萨里认为这些特质全都淋漓呈现在米开朗琪罗的
亚当身上，而且叹服道："如此美丽、如此神态、如此轮廓之
人，仿佛是至高无上的造物主刚创造出来，而非凡人设计、绘
制出来的。"[9]

226

文艺复兴时期，艺术家最高的追求就是创造出栩栩如生的
人物。薄伽丘说，乔托之所以异于之前历代画家，就在于
"他不管画什么，都能得其神似，而非形似"，因而观他画者
"会将画误以为真"。[10]但瓦萨里对米开朗琪罗亚当像的评论，
不只是称赞他技法高超，能把三维空间的平面形象画得宛如真
人，还说这位艺术家的湿壁画重现而非只是描绘了"人类的
创造"，借此将米开朗琪罗的这件创造性作品及其笔法与上帝
的神旨（"我们要照着我们的形象造人"）相提并论。如果说米
开朗琪罗的亚当就是上帝所造亚当百分之百的翻版，那么米开
朗琪罗就与神无异了。简直再没有比这更高的赞美了，但瓦萨
里在为米开朗琪罗所立的传记中，赋予了更高的推崇。该传开
宗明义说米开朗琪罗是上帝在人间的代表，上帝派他下凡以让
世人了解"绘画艺术完美之所在"。[11]

米开朗琪罗笔下的上帝和亚当像一样，共花了四个乔纳
塔。轮廓虽主要以刻痕法转描到灰泥上，头部和左手（非伸
向亚当的那只手）却带有撒印花粉的痕迹。上帝腾空往亚当
飘去的姿势颇为复杂，但米开朗琪罗所用的颜料却很简略。袍
服用莫雷罗内，发须用圣约翰白和几笔象牙黑（以烧成炭的
象牙制成的颜料）。

米开朗琪罗眼中的上帝，与一年多前画《创造夏娃》时
已有所不同。《创造夏娃》里的上帝，身穿不只一件厚重袍
服，直挺挺地站在地上，右手掌心向上，拿亚当的肋骨凭空变

出夏娃。而在《创造亚当》中，上帝穿得单薄许多，身子悬在空中，身后罩着一面翻飞的斗篷，斗篷里有十名翻滚的二级

227 天使和一名大眼睛的少妇。有些艺术史家认为，这名少妇就是尚未创生的夏娃。[12] 在《创造夏娃》里，上帝是直接召唤夏娃出现；而在《创造亚当》里，上帝则以指尖轻触的方式（如今已成为整面拱顶湿壁画的表征），创生亚当。

这个上帝像带有日后圣像的典型特质，因而五百年后对圣像习以为常的今人，往往未能看出它在当时所代表的新奇意涵。一五二〇年代，乔维奥在这整面湿壁画的诸多人物中，注意到"有个老人，位于顶棚中央，呈现出飞天的姿态"。[13] 这位上帝伸长身子、脚趾和膝盖骨裸露在外的形象，在当时非常罕见，就连诺切拉的主教都不识所画何人。十诫中第二诫严禁为"天上任何东西"造像（《出埃及纪》第二十六章第四节），八、九世纪的拜占庭皇帝因此下令摧毁所有宗教艺术，但在欧洲，为上帝造像从未被正式禁止。不过，早期基督教艺术里的《创世纪》纪事场景，通常仅以一只从天上伸出的巨手来代表造物主（米开朗琪罗笔下那竭力前伸的手指，似乎也在沿袭这种举隅法）。[14]

中古世纪期间，上帝渐渐露出更多肢体，但往往被刻画成年轻人。[15] 今人所熟悉的蓄胡、着长袍的老人形象，直到十四世纪才真正开始现身。这种老爹形象当然并非出于某位圣经权威的指示，而是受了当时可见于罗马的许多丘比特、宙斯上古雕像和浮雕的启发。但这种形象在十六世纪初仍不常见，以致连枢机主教乔维奥这样的专家（有教养的史学家，后来在科莫湖附近的自宅开设了名人博物馆），都看不出这位飞天的"老人"是谁。

也没有哪个圣经权威指出，上帝是以指尖一触的方式创造

亚当。圣经上清楚记载上帝如何创造亚当："耶和华用地上的尘土造人，将生气吹在他鼻孔里，他就成了有灵的活人。"（《创世纪》第二章第七节）早期刻画这一主题的艺术作品，例如威尼斯圣马可教堂内的十三世纪镶嵌画，恪守这项记述，将上帝画成正以土塑造亚当身体的模样，上帝因而成为类似无上雕塑家的角色。其他作品着墨于吹出的"生气"，呈现一缕气息从上帝口中呼出，流入亚当鼻子。不过，艺术家很快就摆脱经文的束缚，以自己的观点诠释这场相遇。在天堂门上，吉贝尔蒂的青铜铸上帝只是抓住亚当的手，仿佛要扶他起来；乌切洛在佛罗伦萨新圣母玛利亚教堂绿廊上所绘的《创造亚当》（一四二〇年代），也采用了这一中心场景。与此同时，在波隆纳圣佩特罗尼奥教堂的大门浮雕上，奎尔查的上帝一手抓住自己宽松的袍服，另一手向裸身的亚当赐福。

228

　　这些场景里的上帝，全直直地站在地上，没有一件表现出伸出食指指尖轻触的动作。[16] 因此，尽管顶棚湿壁画里有许多形象借用了米开朗琪罗在旅行与研究中见过的多种雕像和浮雕，上帝以指尖轻触传送"生气"给亚当的构想，却是前所未见。

229

　　这个独一无二的形象诞生后，不尽然就享有圣像应有的对待。孔迪维认为这个著名手势与其说是在输送生命气息，还不如说是独裁者在挥动手指表示告诫（颇为古怪的见解）。他写道，"上帝伸长手臂，仿佛要告诫亚当什么应为，什么不应为"。[17] 这平凡的一触真正成为焦点，始于二十世纪后半叶。转折点似乎出现在一九五一年。出版商艾伯特·史奇拉（Acaert skira）于该年推出三卷本彩色版"绘画－色彩－历史"（Painting-Colour-History）套书，书中以略去亚当和上帝各自的身躯而只印出两人伸出的手的方式，将米开朗琪罗介绍给无数欧美读者。[18]自此，这一形象的出现频率几乎可用泛滥成灾来形容。

令人倍感讽刺的是，亚当的左手于一五六〇年代被修复，因而整幅画虽出自米开朗琪罗之手，这个重要部位却不是他的真迹。卡内瓦列（Carnevale）这个名字，在百科全书或美术馆里并不显著，但史奇拉套色印图片里引人注目而又影响深远的那只食指，就是这位小人物后来修补重画的。话说到了一五六〇年，曾毁了皮耶马泰奥部分湿壁画的结构瑕疵复发，拱顶上再度出现裂痕。一五六五年，米开朗琪罗去世的来年，教皇庇护四世下令维修，四年后，礼拜堂地基获得强化，南墙得到扶壁加固。结构稳固后，摩德纳画家卡内瓦列受命为裂缝涂上灰泥，并为湿壁画剥落的细部重新上色。除了用镘刀和画笔修补了《诺亚献祭》相当面积的画面，卡纳瓦列还修润了《创造亚当》，因为有条裂缝纵向划过拱顶，截掉了亚当食指和中指的指尖。

指尖修润工作竟落在卡内瓦列这么一位小艺术家身上，说明了在该拱顶湿壁画里，《创造亚当》并不是当时公认最引人注目的地方，不是杰作中的杰作。赞美亚当像画得好的瓦萨里，也不认为这尊斜倚的人像是米开朗琪罗在拱顶上最出色的作品。孔迪维也抱持同样的观点。米开朗琪罗后来画的另一个人物，才是当时立传者公认在构图和上色均属上乘的绝妙之作。

注释

［1］引自克拉茨科《罗马与文艺复兴》，第 246 页。
［2］引自帕斯托尔《教皇史》，第六卷，第 369 页。

［3］同上。

［4］同上。

［5］同上书，第 371 页。

［6］引自克拉茨科的《罗马与文艺复兴》，第 253 页。

［7］他究竟被画进哪幅湿壁画里，历来言人人殊，关于这方面的探讨，
参见本书第 269 页。

［8］引自哈尔特《中伊甸园的愈疮木：艾里奥多罗室与西斯廷顶棚》
（"Lignum Vitae in Medio Paradisi：The Stanza d'Eliodoro and the Sistine
Ceiling"），《艺术期刊》（*Art Bulletin*），第 32 期，1950 年，第 191
页。

［9］瓦萨里：《画家、雕塑家、建筑师列传》，第二卷，第 670 页。

［10］薄伽丘：《十日谈》英译本第二版（*The Decameron*，London：
Penguin，1995），第 457 页，译者 G. H. McWilliam。

［11］瓦萨里：《画家、雕塑家、建筑师列传》，第二卷，第 642 页。

［12］关于这位少妇的身份认定，历来未有定论，可参见李奥·史坦博
格（Leo Steinberg）《米开朗琪罗〈创造亚当〉中人物的身份认
定》（"Who's Who in Michelangelo's *Creation of Adam*：A Chronology
of the Picture's Reluctant Self-Revelation"），《艺术期刊》（*Art
Bulletin*，1992），第 552～566 页。也有人认为这名少妇是圣母玛
利亚和哲人（*Sapientia*）。史坦伯格还在上帝的大斗篷里认出明亮
之星（Lucifer，撒旦堕落以前的称呼）和一名魔鬼的同伴。

［13］《十六世纪艺术著作》（*Scritti d'arte del cinquencento*），第一卷，第
10 页。

［14］例如拉文纳圣维塔列教堂（San Vitale）里，取材自《旧约》的六
世纪镶嵌画。

［15］奥维耶托（Orvieto）大教堂《创世纪》壁柱的天父像雕刻，就是
个例子。这件作品制于十四世纪初，制作者很可能是建筑师麦塔
尼（Lorenzo Maitani）。罗马圣母玛利亚大教堂五世纪《旧约》镶
嵌画里长相年轻的天父，则是更早许多的例子。

［16］有件作品的确呈现上帝伸出食指，且必然为米开朗琪罗所熟悉，
那就是奥维耶托大教堂里的《创世纪》壁柱。但上帝做这手势时
身子直挺挺地站着，且拜倒在他面前的亚当没有反应。

［17］孔迪维：《米开朗琪罗传》，第 42 页。

［18］温图里（Lionello Venturi）和史奇拉 - 温图里（Rosabianca Skira-
Venturi）合著《意大利绘画：文艺复兴》的英译本（*Italian
Painting*：*The Renaissance*，New York：Albert Skira，1951），第 59
页，译者 Stuart Gilbert。此书对今人之认识米开朗琪罗有何影响，
可参见李奥·史坦博格《米开朗琪罗〈创造亚当〉中人物的身份
认定》，第 556～557 页。

第二十五章　驱逐赫利奥多罗斯

　　《创造亚当》大概完成于一五一一年十一月初，这时候外面的局势再度威胁到这项工程的存续。十月五日，礼拜堂绘饰工程复工的隔天，康复的教皇宣布组成神圣同盟。这是尤利乌斯与威尼斯人组成的同盟，目的在于争取英格兰亨利八世和神圣罗马皇帝的帮助，"以最为强大的兵力"将法国逐出意大利。[1]教皇最念兹在兹的就是收回波隆纳，且想方设法地达成这个心愿。除了雇用由那不勒斯总督卡多纳统率的一万名西班牙士兵，教皇还期望一年前让他大失所望的瑞士士兵越过阿尔卑斯山，攻打驻米兰的法军。不过看来这又将是场旷日持久的战役，也就是将与一五一〇至一五一一年那场失败的远征一样，把教皇的资源和心思都带离西斯廷礼拜堂的湿壁画。

　　教皇的敌人也在整军经武。经过两个月延搁，十一月初，主张分裂教会的枢机主教和大主教（法国人居多）终于来到比萨，开起他们的公会议。教皇已开除其中四人教籍作为反制，并扬言另外两人若依然顽固不化，将予以类似惩罚。教皇认为只有教皇有权召开公会议，他们自行召开公会议就是不法。他还停止佛罗伦萨的教权，以惩罚索德里尼同意这个造反会议在佛罗伦萨境内举行。停止教权令一下，该共和国及其人民所享有的教会职责和特权随之中止，而这些特权包括了洗礼命名和临终圣礼，因此只要此禁令未撤销，尤利乌斯此举等于要所有佛罗伦萨人死后都下地狱。

随着冬天降临，战线也一一划定。西班牙人从那不勒斯北进，瑞士人往南越过阿尔卑斯山结冰的山口。与此同时，亨利八世也调度好战舰，准备进击诺曼底沿岸。尤利乌斯动用美食计，才说动亨利八世加入神圣同盟。他知道亨利八世喜欢帕尔玛干酪和希腊葡萄酒，于是命人装了一船这两样美食，送到英格兰。此计果然奏效。船抵达泰晤士河时，伦敦人蜂拥围观教皇旗帜在桅杆上飘扬这难得一见的景象，而和尤利乌斯一样嗜爱美食的亨利八世则欣然接下这份礼物，然后于十一月前签署加入神圣同盟。

不过，瑞士部队再度让教皇伤透了心。这批赫赫有名的战士，尤利乌斯寄以无比厚望的部队，越过阿尔卑斯山，抵达米兰城门后，竟收受路易十二的贿赂，在十二月底打道回府，并且拿天气恶劣和意大利路况很糟这些站不稳脚的理由当借口。

不久，更为不祥的消息传到罗马。十二月三十日，支持本蒂沃里家族的暴民为表示对抗教皇的决心，毁掉了圣佩特罗尼奥教堂上米开朗琪罗所制的尤利乌斯青铜像。他们掷绳套住铜像脖子，将它从门廊上方的垫座上硬拉下来，重约14000磅的大雕像应声倒地，碎成数块，地上还砸出一个深坑。暴民将青铜碎块送给阿方索·德·埃斯特，阿方索将躯干送进铸造厂熔化，改铸成一尊巨炮，并语带双关取名"朱莉雅"（La Giulia），羞辱尤利乌斯（教皇本名朱利亚诺·德拉·罗维雷）。[2]

但教皇和神圣同盟其他成员的决心未受动摇。一个月后的一月底，联军向法军阵地发动攻势，这一次教皇很难得地未投身战场。威尼斯人围攻米兰东方八十公里处、有城墙保护的布雷西亚，卡多纳则率军包围波隆纳。布雷西亚几天之内就被攻下，作为法军驻意大利总部的米兰随之岌岌可危。人在梵蒂冈的教皇收到捷报，喜极而泣。[3]

　　米开朗琪罗绘饰西斯廷礼拜堂顶棚时，极力避免为教皇治绩做毫无保留的颂扬，相反，拉斐尔则打算当个较积极的御用宣传家。从两人处理赫利奥多罗斯遭逐出耶路撒冷圣殿这个故事的手法，就可看出他们在这方面的立场差异。米开朗琪罗将这个纪事场景画在从地上几乎看不到的大奖牌里，拉斐尔则用整面湿壁画来铺陈。他的《驱逐赫利奥多罗斯》（*Expulsion of Heliodorus*）如此出色，以至于署名室隔壁这间房间后来就得名艾里奥多罗室。

　　拉斐尔的《驱逐赫利奥多罗斯》位于房间里唯一一面没有装饰的墙上，为底部宽 15 英尺的半圆形画。西斯廷礼拜堂前半部拱顶壁画揭幕后，拉斐尔为教皇居所又画了数幅湿壁画，这是其中第一幅，画中呈现了赋予米开朗琪罗作品雄浑伟岸之特质的那种魁梧、健美的体态。孔迪维后来说，拉斐尔"不管如何渴望和米开朗琪罗一较高下，有时却不得不庆幸自己与米开朗琪罗生在同一时代，因为他从米开朗琪罗那儿抄袭到某种风格，而这种风格与他从父亲……或恩师佩鲁吉诺那儿学来的风格大不相同"。[4]《驱逐赫利奥多罗斯》呈现骚动不安的人物群像与赫拉克利特像，同为拉斐尔汲取米开朗琪罗风格后的最早作品。不过，一如他先前的作品，这面湿壁画的成功，其实在于他在精心构筑的宏伟建筑背景里，近乎完美的人物布局。[5]

　　《驱逐赫利奥多罗斯》的背景与《雅典学园》的背景类

234　似。圣殿内部，即驱逐事件发生的地点，为古典式建筑，具有柱子、拱券、科林斯式柱头和一个靠大理石大型扶垛支撑的穹顶。这些刻意不合时空的设计，使整个背景散发出和布拉曼特某个建筑设计一模一样的帝王气派，进而在无形中将前基督时代的耶路撒冷转化为尤利乌斯治下的罗马。这种时空错置的现象在画中其他某些细部，有更为鲜明的表现。

　　在画面中央，金色穹顶下面，拉斐尔画了呈祈祷状的耶路撒冷大祭司欧尼亚斯。在前景右边，赫利奥多罗斯和他那群劫掠未成而惊恐万分的手下，倒在一匹前蹄扬起的白马下，骑马者的装扮类似古罗马百人队队长。两名壮实的年轻人，跃至空中，挥舞着棍子，作势要给赫利奥多罗斯一顿毒打。

　　作为政治寓意画，这幅画的意涵呼之欲出。赫利奥多罗斯盗宝失败，抢来的财宝洒在圣殿地板上，历来解读此画者大多认为此场景就是在指喻将法国人逐出意大利一事（拉斐尔制作这面湿壁画时，此事对教皇而言无异于痴心妄想）。赫利奥多罗斯的下场，大概也是在警告路易十二的盟邦和其他破坏教会者，例如本蒂沃里家族、阿方索·德·埃斯特、意欲分裂教会的法国籍枢机主教，乃至庞贝·科隆纳及其在卡皮托尔山上的党羽。在尤利乌斯眼中，这些人全是在觊觎依法属于教皇的东西。

　　拉斐尔不仅替白胡子的欧尼亚斯（耶路撒冷的宗教领袖）戴上教皇的三重冕，穿上蓝、金色袍服，还让尤利乌斯在左前景——有十余人一起看着赫利奥多罗斯悲惨下场之处——再度现身。影射当时局势的用意在此豁然呈现。这名由随从扛在轿上的蓄须者，身穿红色法衣，无疑就是尤利乌斯。他注视着下跪的欧尼亚斯，表情坚毅而严峻，十足"恐怖教皇"的模样。

教会和其最高统治者的无上威权在此淋漓呈现。后来，一五二七年夏劫掠罗马的波旁公爵部队毁损了这面湿壁画，大概并不是出于偶然。

235

此画中的同时代人并不只有教皇。在《驱逐赫利奥多罗斯》中，拉斐尔沿袭他将好友与相识之人画进湿壁画的一贯作风，至少另画进两名同时代的人（两人与他亲疏有别）。前面已说过，教皇卧病在床时，年轻人质费德里科·贡萨加随侍在侧，很得教皇宠爱，教皇因而希望有艺术家将这男孩画入湿壁画。曼图亚公爵派驻罗马的代表向这男孩的母亲伊莎贝拉·贡萨加报告，"陛下说他希望正替宫中某房间绘饰的拉斐尔，将费德里科先生画进该绘饰中"。[6]拉斐尔究竟将费德里科画为哪幅湿壁画的哪个人物，至今仍无法确切断定，但最有可能的人选似乎是《驱逐赫利奥多罗斯》中的某名小孩，这名小孩画成的时间就在教皇提出这个要求后不久。[7]

拉斐尔除了谨遵教皇指示办事，还将与自己私交密切之人画进这幅画里。专家认为画面左边伸长右手的那名女子，就是玛格丽塔·鲁蒂，即风流野史称之为拉斐尔一生挚爱的女人。这名年轻女子为一家面包店店主的女儿，住在特拉斯塔维雷的阿戈斯提诺·齐吉的别墅附近，化身在拉斐尔的多幅作品之中，其中最著名的就是约一五一八年绘成、裸露酥胸的女子油画肖像《芙娜莉娜》（*La Fornarina*）。[8]拉斐尔风流成性，著称于史，为了女人而丢下手边工作偶有所闻。他在法内西纳别墅替阿戈斯提诺·齐吉绘饰普绪刻凉廊时，曾抛下工作，据说就是因为和美丽的玛格丽塔正搞得火热。同样嗜爱女色的齐吉，干脆让玛格丽塔住进别墅，好让拉斐尔可以兼顾。凉廊湿壁画（淫荡的色情作品）因此如期完成。如果拉斐尔早在一五一一年秋就和玛格丽塔·鲁蒂搭上，他们的恋情似乎未妨碍到《驱逐赫利奥多罗斯》的工作进度，因为经过三四个月施作，该画于一五一二年头几个月就完成（但有助手们协助）。

236　　忙碌一如以往的拉斐尔，这期间还替尤利乌斯画了另一幅肖像，画中的教皇与神情坚毅、俯看着赫利奥多罗斯溃败的威权模样大不相同。这幅 3.5 英尺高的油画，系为平民圣母玛利亚教堂而绘，教皇的姿态仿佛正私下接见观画者。六十八岁的尤利乌斯一脸倦容，忧心忡忡地坐在宝座上，"恐怖"的神态几乎全然不见。眼神低视，一手抓着宝座扶手，另一手拿着手帕。除了白胡子，当年在前线领军攻打米兰多拉，打死不退，终至拿下该城的顽强教皇在此几乎消失。过去几个月失去好友阿利多西和罗马涅地区领土，甚至差点失去性命的那个尤利乌斯，似乎反倒跃然纸上。但不管尤利乌斯这时多么虚弱，据瓦萨里记述，这幅肖像挂在平民圣母玛利亚教堂后，由于太逼真，罗马人民一看还吓得发抖不止，觉得教皇就在眼前。[9]

注释

[1] 圭恰尔迪尼：《意大利史》，第 237 页。

[2] 这尊雕像的头部在费拉拉留了一段时间，后来失踪，无疑也被熔铸为火炮。

[3] 帕斯托尔：《教皇史》，第六卷，第 397 页。

[4] 孔迪维：《米开朗琪罗传》，第 94 页。

[5] 一如制作《雅典学园》时，拉斐尔替《驱逐赫利奥多罗斯》画了一幅大比例尺的草图，并完好如初地保留下来（可能想借此让其构图更广为人知）。后来这幅草图当礼物送给了别人，瓦萨里在世时，草图仍存于世。据瓦萨里记述，当时它是在切塞纳 - 马恩省

（Cesena）人马西尼（Francesco Masini）手中。此后下落不明。

［6］展品目录中的摹本文献 Raffaello, Elementi di un Mito: le fonti, la letteratura artistica, la pittura di genere storico（Florence: Centre Di, 1984），第 47 页。

［7］瓦萨里认为费德里科被画进《雅典学园》，但他探讨拉斐尔的梵蒂冈湿壁画时语多混乱而往往不可靠（更叫人存疑的是，他断定《驱逐赫利奥多罗斯》中扛着教皇御轿的某名蓄须男子为朱里奥·罗马诺，而当时朱里奥还是个十二岁的男孩）。古尔德（Cecil Gould）也认为费德里科被画进《雅典学园》，但画成另一人（《拉斐尔诸室的创作年代顺序》，第 176 ~ 178 页）。古尔德的论点，建立在该湿壁画系 1511 年夏过后才画成这个假设上，他认为该画是拉斐尔在署名室四面大湿壁画里最后完成的一幅。

［8］《芙娜莉娜》的画中人是否就是玛格丽塔·鲁蒂，并非全无异议。最初，在该画问世一个世纪后的 1618 年，有人指称画中人是妓女，而断定她是拉斐尔的情妇。后来也有人断定她是因佩莉雅或费拉拉的贝雅特莉齐（也是交际花）或艾伯塔娜（也是交际花）。参见切凯利（Carlo Cecchelli）的《法内西纳的普绪刻》（"La 'Psyche' della Farnesina"），《罗马》（Roma, 1923），第 9 ~ 21 页；拉瓦利亚（Emilio Ravaglia）的《费拉拉的贝雅特莉齐》（Il volto romano di Beatrice ferrarese），《罗马》（Roma, 1923），第 53 ~ 61 页；腓力比尼（Francesco Filippini）的《拉斐尔与波隆纳》（Raffaello e Bologna），《艺术评论》（Cronache d' Arte, 1925），第 222 ~ 226 页。关于此画和种种传说的周延探讨，可参见劳讷《交际花列传》，第 120 ~ 123 页。对芙娜莉娜就是玛格丽塔·鲁蒂一说持怀疑立场的观点，可参见奥佩的《拉斐尔》，第 69 页。

［9］瓦萨里：《画家、雕塑家、建筑师列传》，第一卷，第 722 页。此画现藏于伦敦国家画廊（National Gallery），佛罗伦萨的乌菲齐美术馆（Uffizi）和皮蒂宫（Palazzo Pitti），各藏有十六世纪仿作。

第二十六章　拉文纳的怪物

　　一五一二年春，拉文纳有人生下一名骇人的怪胎。传说他是修士和修女所生，也是过去一连串困扰该城的怪胎（人婴和兽仔都有）中，最新而又最丑怪的一例。拉文纳人认为这些怪物是不祥之兆，拉文纳总督科卡帕尼得知这最新降生的怪胎（人称"拉文纳怪物"）后，大感不安，立即呈报教皇说明他的怪样，并提醒说如此怪胎降生意味将有灾殃降临。[1]

　　科卡帕尼和教皇当然会担心这类凶兆，因为拉文纳是供应神圣同盟军械的军火库所在地。这一因素加上它位处意大利北部，使它极易成为法军的攻击目标。这年冬天，神圣同盟对法军的胜利迅即成为明日黄花（消逝之速差不多和赢得时一样快），而这主要因为法军的年轻将领，路易十二的外甥迦斯东·德·富瓦（Gaston de Foix），一连串高明的调度扭转了局势。迦斯东以迅雷不及掩耳之势率部挺进半岛，一路收回法国多处失土，很快就赢得"意大利闪电"的美称。二月初，他已从米兰挥军南下，打算替波隆纳解危。这时波隆纳正受到卡多纳包围，卡多纳部队以远程火炮猛轰，试图瓦解城内人民抵抗，使之出城投降。迦斯东之进逼波隆纳，未经过已有教皇部队埋伏的摩德纳城，反倒走亚得里亚海沿岸，率部以惊人的强行军越过厚厚的积雪，从反方向逼近。二月四日晚，在大风雪掩护下，他溜进波隆纳城，攻城士兵完全未察觉。隔天，迦斯东增援部队出现在城墙上，卡多纳士兵一见，士气大挫，不久拔营撤军，波隆纳随即解围。

　　如果说教皇得知围城失败后非常愤怒，那么十四天后再收到迦斯东连连告捷的消息更是怒不可遏。趁着卡多纳撤兵，这位年轻指挥官离开波隆纳，率军再度展开迅雷般的大行军，目标指向北边的布雷西亚。威尼斯人固守的布雷西亚难敌其锋，再度落入法国人手中。秋风扫落叶般出人意料的战绩，套句某编年史家的话，使他"威震寰宇，威名之盛史所罕见"。[2]但迦斯东的攻势不止于此。奉路易十二之命，他调头南下，率两万五千名部下往罗马进发。如果说比萨公会议罢黜教皇的企图功败垂成，这次迦斯东看来似乎不会失手。

　　尤利乌斯得悉拉文纳生出怪物后，似乎还不是太担心，但到了三月初，他却基于安全理由，离开梵蒂冈的住所，搬进圣安杰洛堡（历来受围困教皇的最后避难所）。迦斯东离罗马还颇远，但尤利乌斯眼下却有更迫近的敌人待解决。罗马城诸男爵见法军逼近，机不可失，开始武装，准备攻打梵蒂冈。甚至有人阴谋要劫持尤利乌斯作为人质。

　　搬进圣安杰洛堡不久，教皇出人意料地刮掉了胡子。将法国人逐出意大利的誓愿远未实现，但他一心要在复活节召开拉特兰公会议，刮掉胡子似乎表明他打算让自己和罗马教廷都改头换面。并非每个人都欣赏他这一举动。枢机主教毕比耶纳在写给乔凡尼·德·美第奇的信中，不怀好意地说陛下留胡子比较好看。

　　虽有敌人虎视眈眈，教皇并未因此吓得不敢出圣安杰洛堡一步。圣母领报节那天，他离开避难所，前去西斯廷礼拜堂巡　239

视米开朗琪罗的工作进度，这是他刮胡子后首次公开露面。[3]
这次巡视大概让尤利乌斯首次看到了新完成的《创造亚当》，
但他对这幅画有何看法，很遗憾未留下记录，因为报告他这次
行程的曼图亚使节，着墨的重点似乎在教皇刮了胡子的下巴，
而非米开朗琪罗的湿壁画。

　　工程已进行近四年，教皇和米开朗琪罗一样急于见到工程
完成。但一五一二年头几个月，湿壁画绘制进度似乎慢了下来。
一月初，米开朗琪罗写信给博纳罗托，说湿壁画就快全部完工，
"大约三个月后"就会回佛罗伦萨。[4]这项预测超乎寻常得乐观。
他和他底下那群有经验的湿壁画团队，花了将近两年才画完顶
棚前半部，如今他竟会认为花七个月就可以完成后半部，实在
让人觉得不可思议。这句话说明若不是他胸有成竹，就是他欲
完成这件工程的心情已到迫不及待的地步。果然，三个月后，
复活节临近之时，他不得不修正这个进度表。他告诉父亲，"我
想两个月内就会结束这里的工作，然后回家"。[5]但两个月后，
他仍然在为工程埋头苦干，何时完成仍未可知。

　　画完《创造亚当》和其两侧的人物，包括拱肩与弦月壁
里的人物后，他再往里推进，画拱顶上的第七幅《创世纪》
纪事画。这又是一幅"创造"场景，画中上帝以极度前缩法
呈现，飘在空中，双手外伸。画中所描绘的是七日创造中的第
几日场景，未有定论。先前米开朗琪罗从地面看过自己的作品
后，已决定以简驭繁，因此绘制这幅画时，他尽可能减少形体
和色彩的运用，只呈现上帝和几名二级天使翻飞在两色调的浅
灰色天空中。细部描绘的极度欠缺使这幅画的主题极难断定，
有人说是"上帝分开陆与水"，有人说是"上帝分开地与天"，
也有人说是"创造鱼"。[6]虽然手法简约，这幅画却用了二十

240

六个乔纳塔，也就是一个多月的时间，此前完成的《创造亚当》只用了十六个乔纳塔。

米开朗琪罗进度变慢的原因之一，可能在于上帝的姿势。以前缩法呈现的上帝身体，象征了米开朗琪罗手法上的转变。在上帝身上，他用到了仰角透视法这种高明的幻觉技法。米开朗琪罗初接礼拜堂的绘饰工程时，诚如布拉曼特所说，对此技法毫无经验。后来，仰角透视法却成为这位湿壁画家的基本手法之一。这一手法的用意在于借助拱顶上诸人或诸物间的远近关系，让观者感觉头顶上的人物如置身三度空间，栩栩如生。米开朗琪罗已用前缩法呈现过数个人物，例如门墙上两个三角穹隅里的哥利亚和荷罗孚尼。但西斯廷拱顶上的其他许多人物，大体来讲，虽然姿势颇见新意，却让人觉得是平贴着画面，未有跳出来的立体感。换句话说，他们就像是画在平坦、直立的墙上，而不像是画在高悬于观者头上的拱顶。

米开朗琪罗之所以决定尝试这种前缩技法，无疑又是受了前半部拱顶湿壁画揭幕后的影响。先前他已在礼拜堂东端尽头画了一横幅的蓝天，借此营造出跳脱顶上壁面的立体空间幻觉。这是种不算太强烈的错视画法效果，有助于赋予建筑整体失重而几近梦境般的感觉。面对这幅新场景，他认识到必须有更突出的表现。

于是，在这幅《创世纪》纪事场景里，上帝似乎以四十五度的角度飞出拱顶平面，飞向观者。根据地面上得到的视觉效果，上帝几乎是头下脚上地往下飞，头与手伸向观者，双腿拖在后面。瓦萨里称赞这种技法，说人走在这礼拜堂里，"无论走到哪，上帝总面对着你"。[7]

米开朗琪罗在这幅画里的前缩法运用得如此出色，不由让 241

人想起一个有趣的问题。他曾说艺术家应"眼中有圆规",[8]也就是说画家必须光靠直觉就能安排妥当画中元素的远近关系,而不必借助机械工具。眼中有圆规的最佳范例当属吉兰达约,他对罗马的古圆形剧场和水道桥所画的素描,未用到任何测量工具,却精准无比,令后来的艺术家大为震惊。但并非每个人都有幸拥有这过人的天赋,就连讲究一切唯心的米开朗琪罗,可能也借助人造工具画成了拱顶上的前缩人像(如这里所说的上帝)。在这之前,当然还有艺术家设计或使用了透视法工具。一四三○年代,阿尔贝蒂发明了他所谓的纱幕(veil),以协助画家作画。纱幕是由线交叉织成的网状物,摊开紧绷在画框上,以创造出由无数正方格构成的格网。艺术家透过格网研究被画物,将格网上的线条依样画在纸上作为依据,然后将透过格网所见到的人或物依样画在同一张纸上。[9]

达·芬奇和德国画家兼雕刻家阿尔布雷特·丢勒(Albrecht Dürer)都设计了类似的辅助工具素描,达·芬奇很可能用了这种工具素描。丢勒认为这些工具有助于创造高度前缩的人体。米开朗琪罗画里上帝飞向观者的神奇效果,大概也是借助了这类工具。而如果他真的借助了这类工具,想必他在为顶棚最后几幅湿壁画构图时使用得更为频繁,因为他的前缩技法在这些画里将有更多的体现。

这时候,米开朗琪罗似乎未过度担心罗马动荡不安的政局,或者最起码为了让父亲放心,他写回佛罗伦萨的家书中刻意轻描淡写了周遭情势。"至于罗马的局势,一直有些疑惧的气氛,如今的确还有,但并不严重。情势可望平静,希望天降恩典让情势这么发展。"[10]

但情势不但未平静，不久后反倒变得更为危险。率军往南 242
不断推进的迦斯东·德·富瓦，四月初停下脚步，与阿方索·
德·埃斯特合力围攻拉文纳。拉文纳是神圣同盟军火库所在
地，无论如何都必须守住。因此，卡多纳及其长矛轻骑兵部队
向法军进攻，在距拉文纳城门约三公里处交锋。

据马基雅维利的描述，意大利的战斗是"始之以无惧，
继之以无险，终之以无伤亡"。[11]例如他说昂加利之役（达·
芬奇那幅流产湿壁画的主题）只有一名士兵死亡，且这名士
兵还是因坠马被踩死。[12]同样，费德里戈·达·蒙特费尔特罗
有次奉教皇庇护二世之命带兵远征，结果只捕获了两万只鸡。
但马基雅维利眼中的意大利不流血战斗，却被一五一二年四月
十一日复活节星期日那天拉文纳城外的战斗所戳破。

按照传统，碰上星期日，军队既不作战也不调防，复活节
星期日更是要谨遵这项传统。但情势迫使迦斯东·德·富瓦不
得不甩掉传统。他和阿方索·德·埃斯特围攻拉文纳已有数
日，到受难节（复活节前的星期五）那天，阿方索的火炮
（这时"朱莉雅"已加入）已击破该城南墙。隔天，卡多纳率
领的增援部队抵达，协助守城。他们沿着隆科河推进，在距法
国阵地一英里处挖壕沟固守。卡多纳想学迦斯东那样，神不知
鬼不觉地躲过围城的法军，溜进城内。但迦斯东另有计策。鉴
于己方粮秣渐少，他必须尽速破城，结束战事，以免功亏一
篑。复活节星期日降临，他立即下令阿方索和自己的炮兵部
队，将目标由残破不堪的拉文纳城墙转向敌军营地。接下来，
套用某作家的话，爆发了"战场上前所未见的最猛烈的炮
击"。[13]

当时野战炮的炮轰通常为时甚短，在肉搏战展开前，给敌

243 方造成的损伤甚微。但拉文纳一役不然，阿方索率领的炮兵持续轰击了三个小时，伤亡之惨重因而前所未有。两军往前推进准备肉搏时，阿方索率领炮兵部队以迅雷不及掩耳之势穿越平原，绕过西班牙军侧翼，抵达他们营地的后方（当时战场上前所未见的包围战术），然后开炮，以炮火分开西班牙骑兵和后卫。佛罗伦萨驻西班牙使节写道："每发一颗炮弹，就在紧密的士兵阵列上划出一道口子，盔甲、头颅、断脚残臂腾空飞过，景象真是可怕。"[14]

面对如此致命的炮击和高伤亡率，卡多纳部队终于乱了阵脚，往前冲向开阔战场与法军交战。肉搏战一开打，阿方索就丢下火炮，纠集一队骑兵，向西班牙步兵攻击。西班牙人见大势已去，无心恋战，纷纷往隆科河岸逃去。两三千人，包括卡多纳，顺利逃到河边，然后朝佛利方向迅速撤退。但更多人没这么幸运，下午四时战斗结束时，战场上躺了一万两千具尸体，其中九千具是教皇花钱请来的西班牙雇佣兵，拉文纳之役因此成为意大利史上最惨烈的战役之一。

隔天，阿里奥斯托走访了战场。后来他在《疯狂奥兰多》里描述到大地被染成红色，壕沟里"布满人的血污"。[15]拉文纳之役象征剑与骑士精神构成的浪漫世界，他那描写大无畏骑士、英勇行径、美丽姑娘的传奇故事里的世界，就此戛然而止。现代战争的毁灭性之大令阿里奥斯托惊骇不已（讽刺的是这场毁灭源自他的赞助者的火炮），因而在诗中他通过笔下骑士主人公奥兰多之口，痛骂世上的第一门火炮是邪恶的发明，并将它丢入大海深处。但即使是阿里奥斯托这样的理想主义者，也认识到历史进程不可能回头。他写道，这个"邪恶透顶的新发明"躺在海底数百英寻深处许多年，最后有人用

244

巫术将它捞上岸。这位诗人悲痛地预测道，还有更多勇士注定要葬身在"已带给全世界、特别是意大利创痛"的战争中。[16]在他眼中，阿方索·德·埃斯特虽然英勇盖世，拉文纳之役却没有真正的赢家。

注释

[1] 尼科里（Ottavia Niccoli）：《十六世纪初罗马上层和下层人士的预言文化》，第 217 ~ 218 页。

[2] 圭恰尔迪尼：《意大利史》，第 250 页。

[3] 伊莎贝拉·德·埃斯特派驻罗马的使节格罗西诺（Grossino），记述了这次巡视。参见鲁齐奥（Alessandro Luzio）的《伊莎贝拉·德·埃斯特面对朱里奥二世》（"Isabella d'Este di fronte a Giulio II"），《伦巴第历史汇编》（Archivio storico lombardo）第四系列（1912），第 70 页。

[4]《米开朗琪罗书信集》，第一卷，第 64 页。

[5] 同上书，第 67 页。

[6] 孔迪维和瓦萨里在此有意见分歧。孔迪维认为该画描绘第五日的"创造"场景，呈现"鱼的创造"，瓦萨里却认为是第三天"分开陆与水"的场景。

[7] 瓦萨里：《画家、雕塑家、建筑师列传》，第二卷，第 670 页。

[8] 引自肯普（Martin Kemp）著作《艺术科学：从布鲁内莱斯基到秀拉，西方艺术里的视觉艺术主题》（The Science of Art：Optical Themes in Western Art from Brunelleschi to Seurat, New Haven：Yale University Press, 1990），第 41 页。

[9] 参见阿尔贝蒂《论绘画》（On Painting）第 65 ~ 67 页。关于文艺复兴期间的透视画法机械，可参见肯普的《艺术科学》，第 167 ~ 188 页。

[10]《米开朗琪罗书信集》，第一卷，第 64 页。

[11] 引自马莱（Michael Mallett）《佣兵与他们的主子：文艺复兴时期

意 大 利 的 战 事 》（ *Mercenaries and their Masters：Warfare in Renaissance Italy*，London：Bodley Head，1974），第 196 页。

[12] 马莱主张双方的伤亡人数实际应约为九百（同上书，第 197 页）。

[13] 泰勒（F. L. Taylor）:《一四九四至一五二九年间的意大利兵法》（*The Art of War in Italy，1494 - 1529*，Cambridge：Cambridge University Press，1920），第 188 页。

[14] 引自帕斯托尔《教皇史》，第六卷，第 400 页。

[15] 阿里奥斯托:《疯狂奥兰多》，第三十三章第四十行。

[16] 同上书，第十一章第二十八行。

第二十七章　许多奇形怪状

对教皇及其神圣同盟的盟邦而言，拉文纳之败是无比重大的挫败。几天后消息传到罗马，恐慌随即蔓延开来。情势看来法军进逼罗马（路易十二已下令推进），教皇易人已是不可避免。众人担心罗马将遭劫掠，众主教拿起了剑，准备御敌。迦斯东·德·富瓦在作战前夕已告诉士兵，到了罗马他们可以大肆洗劫那个"邪恶宫廷"，并向他们保证宫廷里有"非常多的豪华饰物、非常多的金银珠宝、非常多的有钱俘虏"。[1]

即使是向来勇气过人的尤利乌斯，也被迦斯东这番豪语吓坏。有些主教跪求他与路易言和，有些则促请他离开避难。奥斯提亚港很快备好了数艘桨帆船，随时可将教皇送到安全地点。许多人建议教皇这么做，其中包括西班牙大使维奇先生。维奇将拉文纳大败归咎于教皇的作恶多端，是上帝的惩罚。

最后，教皇决定留在罗马。他告诉维奇和威尼斯大使，他打算再花十万杜卡特招兵买马，添购武器，以将法国人逐出意大利。一两天后，消息传来，迦斯东·德·富瓦已死于拉文纳战场上（于肉搏战时死于西班牙士兵之手），法军即将入侵的忧虑随之稍减。没了这位厉害的年轻将领，尤利乌斯知道情势还有挽回的机会。

米开朗琪罗无疑和罗马其他人一样恐惧。他担心的想必不只是自己的安危，还有湿壁画的命运。数个月前，圣佩特罗尼奥教堂门廊上的尤利乌斯青铜像被硬生生扯下，破为碎块，送进炉子熔解，他当然会担心万一仇视教皇的部队拿下这座城市，他在西斯廷礼拜堂的湿壁画可能也难逃类似下场。毕竟，法军于一四九九年入侵米兰时，路易十二曾让弓箭手拿达·芬奇 25 英尺高的斯福尔扎骑马像黏土原型当靶子，致使这尊受到诗人和编年史家赞美的黏土雕塑，还没来得及翻铸就灰飞烟灭。

奇怪的是，亲手制作的青铜像被毁，米开朗琪罗似乎不是很在意，或许因为他和尤利乌斯关系不睦，加上在波隆纳执行这项繁重任务时给他留下了不愉快的回忆。无论如何，现存文献没有只字词组提及他为此而生气或失望。[2] 不过，说到已用时近四年的湿壁画组画可能遭遇的浩劫，他不大可能毫不担心。而且，迦斯东·德·富瓦发誓要洗劫财宝，抓人为俘，这意味着法军一旦抵达梵蒂冈，任何人和物（任何罗马市民和艺术品）都无法幸免于难。

拉文纳战败后，米开朗琪罗大概和教皇一样很想出逃。毕竟之前的一四九四年，查理八世军队逼近时他就开溜过，之后几年，他在佛罗伦萨受围期间督建该城防御工事也潜逃过（两件事显露出的胆小让后世学者既为他感到难堪，也引发揣测）。[3] 但一五一二年，他似乎没有逃走，且令人惊讶的是，就在这动荡时局里，他在湿壁画中画出了部分他最别出心裁的人物。

拱顶上三百四十三位人物，并非每个都像伊纽多像或叫人赞叹的亚当像那么高贵。许多人物，特别是位于拱顶湿壁画边缘的人物，长相粗鄙、其貌不扬。其中长得最丑的就是位于先知像和巫女像下方支撑姓名牌的小孩。有位艺评家说这些小孩子长得真是难以言喻的可憎。他写道："他们不仅个性阴郁、发育不良、相貌古怪，而且是十足的丑陋。"[4]还有位艺评家说但以理先知像下方那名小孩尤其糟糕，称他是"一身破烂、矮小、野蛮的流浪儿"。[5]

这些粗鄙、丑怪的小孩绘于一五一二年初，即以前缩法画成飞天上帝像后不久，拉文纳碰巧出现活生生"怪物"的日子前后。不久，米开朗琪罗在弦月壁上又画了一名同样不讨人喜欢的人物，即一般被断定为基督先祖之一的波阿斯（Boaz，米开朗琪罗采用通俗拉丁文本圣经的拼法 Booz）。波阿斯是有钱地主，大卫王的祖父，在伯利恒城外有大麦田。寡妇路得因家贫来田里捡拾散落在地上的大麦，波阿斯知其贤惠，予以厚待，后来娶她为妻。波阿斯性格如何，圣经上只提及他和蔼、宽厚，其他几乎只字未提，但米开朗琪罗基于某种原因，以夸张手法将他画成怪老头，身穿暗黄绿色束腰外衣、粉红色紧身裤，对着他的拐杖咆哮，一张长得跟他一模一样的怪脸顶在这根魔杖上头，对着他反咆。[6]

米开朗琪罗将这些不庄严的人物放进拱顶湿壁画的各个角落，其实是在遵循一个悠久的传统。此前几百年间的哥特式艺术，以其无关宏旨的边饰而著称。滑稽、古怪，以及有时甚至亵渎的修士、类人猿、半人半兽怪物，常出现在中世纪的书页里和建筑上。抄写员和插画家在祈祷用手抄本边缘，信手画上好笑的混种动物图案，木刻家则在教堂座位活动座板底面的凸出托板和其他教会家具上，饰上同样匪夷所思但似乎有违教堂庄严气氛的形象。克来沃的伯纳德（一一五三年殁），情操高洁的西斯多会传道士，谴责这种做法，但他的反对如狗吠火

248

车，接下来几百年的中世纪艺术家仍流行使用这种古怪的装饰风格。

西斯廷礼拜堂顶棚上到处可见这种滑稽而颠覆正统的人像，这意味着米开朗琪罗在学艺历程里，不仅素描马萨其奥的湿壁画，还在圣马可学苑研究古罗马雕像。他虽然执着于比例完美的人体，却也同样着迷于比例不完美的人体。据孔迪维记述，米开朗琪罗最早曾描摹马丁·松高尔（Martin Schongauer）的版画《圣安东尼受试探》（*The Temptation of St Anthony*），完成了一件仿作。原作大概于一四八〇年代雕在雕版上，呈现这名圣人受众多魔鬼折磨。这些魔鬼都是长相奇丑的怪物，身体覆有鳞片，有刺、翼、角、蝙蝠般的耳朵，以及附有长吸器的口鼻部。年轻的米开朗琪罗从格拉纳齐那儿得到这件作品的版画后，决心画出比松高尔笔下更精彩的魔鬼，于是到佛罗伦萨的鱼市场研究鱼鳍的形状、颜色和鱼眼的颜色等，最后画出一幅"有许多奇形怪状之魔鬼"的画作，与《大卫》和《圣殇》里比例完美的裸像大异其趣。[7]

249　　绘饰西斯廷礼拜堂时，米开朗琪罗利用拱肩、三角穹隅上方紧临的空间，画了一系列丑怪的裸像。这些裸像不管是放进松高尔那狰狞而滑稽的虚构场景里，还是荷兰艺术家耶罗尼米斯·博斯（Hieronymus Bosch）笔下相似的场景里，大概都不会显得格格不入〔几年后博斯就画了《世俗欢乐的乐园》（*Garden of Earthly Delights*）〕。这二十四尊古铜色裸像，尺寸比伊纽多像小，在饰有公羊颅骨（古罗马的死亡象征）的局促空间里踢脚、扭动、尖叫。伊纽多像是天使般优美的人像，这些古铜色裸像则看起来狰狞邪恶，有两尊甚至长了尖耳。

米开朗琪罗之所以喜欢刻画这类丑怪形象，可能是因为他本身长得其貌不扬。这位大艺术家或许以善于表现完美的阳刚之美而著称，但说到他的长相，如他自己所伤心坦承的那样，一点儿也不吸引人。"我觉得自己很丑。"他在某诗里写道。[8]在另一首以三行诗节隔句押韵法（terza-rima）写成的诗中，他哀叹道，"我的脸长得吓人"，并将自己比喻为稻草人，详述他如何咳嗽、打鼾、吐口水、撒尿、放屁、掉牙。[9]就连孔迪维也不得不承认，他师父长相古怪，"鼻扁、额方、唇薄、眉毛稀疏、颧颥凸得有些超过耳朵"。[10]

　　米开朗琪罗以颜料和大理石完成的许多自我像，常强调这其貌不扬的一面。西斯廷礼拜堂东南隅的三角穹隅（一五〇九年完成），刻画次经上犹太女英雄犹滴将尼布甲尼撒的部队指挥官荷罗孚尼斩首的情景。断了头的荷罗孚尼躺在床上，犹滴和同伙合力扛走这可怕的战利品——荷罗孚尼的人头。这颗蓄须、扁鼻、绷着脸的人头，就是毫不起眼的米开朗琪罗本人形象。

　　意大利文艺复兴时期，英俊魁梧之人多如过江之鲫，这些人个个以力气惊人著称，而且可能是因为《疯狂奥兰多》的描述而为后人所知。举例来说，切萨雷·波吉亚据说是全意大利力气最大、相貌最迷人的男子。高大、强壮、蓝眼的他，能以手指捏弯银币，手掌一拍就能把马蹄铁拍直，斧头一砍就能砍下牛头。曾在他麾下担任军事建筑师的达·芬奇，也是相貌堂堂、膂力过人。瓦萨里写道："靠一身力气，他能遏制任何狂怒，他能像扭铅一样，用右手扭弯铁制门环或马蹄铁。"[11]

　　米开朗琪罗则是另一种类型的人。他不受上天厚爱的面貌、不合比例的身体，像极了契马布埃、乔托等丑得出名的佛罗伦萨艺术家。在《十日谈》里，薄伽丘因乔托的长相而惊

250

讶地说道，上天何其频繁将过人天赋放进"奇丑无比的人身上"。[12]拉斐尔的自画像中安详美丽的外表和比例完美的颅骨引来后人啧啧称奇；相反，米开朗琪罗的自我形象里，如荷罗孚尼像所显示的，总带着一丝丑怪的特色。由于外表不讨人喜欢，这位艺术家知道，若以骨瘦如柴的波阿斯或丑恶的荷罗孚尼为一种人，以他新创造的亚当或在顶上摆出大力士姿势的宏伟伊纽多像为另一种人，那么自己是属于前者的。

注释

[1] 圭恰尔迪尼：《意大利史》，第 244 页。

[2] 例如被毁后的那个礼拜，米开朗琪罗写给鲁多维科和博纳罗托的信中，只字未提这件雕像。

[3] 克拉克（Kenneth Clark）指出，历来多位心理学家潜心研究，"这个有无比道德勇气、全然无视于肉体之苦的人，怎么会一再因为这些不合理的恐惧而变了个人"，但他推测这位雕塑家大概有充分的理由要逃走，甚至觉得为了保住自己这天才之身而不得不如此（《年轻米开朗琪罗》（The Young Michelangelo），收录于普兰姆（J. H. Plumb）所编《企鹅版文艺复兴书》（*The Penguin Book of The Renaissance*, London：Penguin, 1991），第 102 页。

[4] 克拉茨科：《罗马与文艺复兴》，第 354 页。

[5] 德·托尔内：《米开朗琪罗》，第二卷，第 68 页。德·托尔内以新柏拉图主义观点解读拱顶湿壁画，认为米开朗琪罗这些与天使般伊纽多像成对比的人物，在表达"最低劣的人性，即 *natura corporale*"，第 67 页。

[6] 历来研究他所谓西斯廷礼拜堂顶棚的"玩笑性质要素"者不多，幽默在米开朗琪罗作品里所发挥的作用也未受到应有的重视。欲了解这方面研究以及幽默在他更广泛作品里的角色，可参见巴洛尔斯基（Paul Barolsky）《极尽诙谐：意大利文艺复兴艺术里的风趣与幽

默》（ *Infinite Jest*： *Wit and Humour in Italian Renaissance Art*， Columbia：University of Missouri Press，1978）。

［7］孔迪维：《米开朗琪罗传》，第 9 页。

［8］《米开朗琪罗诗全集和书信选集》，第 142 页。关于米开朗琪罗对自身丑陋的看法，可参见巴洛尔斯基的《米开朗琪罗的鼻子：一则迷思和其创造者》（ *Michelangelo's Nose*： *A Myth and Its Maker*， University Park：Pennsylvania State University Press，1990）。

［9］《米开朗琪罗诗全集和书信选集》，第 149 ~ 151 页。

［10］孔迪维：《米开朗琪罗传》，第 108 页。

［11］瓦萨里：《画家、雕塑家、建筑师列传》，第一卷，第 639 页。

［12］薄伽丘：《十日谈》，第 457 页。

第二十八章　信仰盔甲与光剑

　出乎众人意料，路易十二的军队于复活节星期日大胜之后，并未立刻往南追击以拉下教皇，洗劫罗马。反倒是迦斯东·德·富瓦一死，法军军心涣散，待在拉文纳城外的营帐里无所事事。某编年史家写道，"他们付出极大的牺牲才打赢这场仗，心力交瘁，因而看起来倒比较像是被征服者，而非征服者"。[1]与此同时，亨利八世和西班牙国王费迪南双双向教皇表示，要继续和法国人作战到底。甚至瑞士部队也可能重返战场。罗马的紧张气氛当下缓和许多。圣马可节那天，惨败后不到两星期，罗马人民为"帕斯奎诺像"穿上了胸铠和盔甲（战神装扮），以示御侮决心。

对教皇而言，在宗教战场上击垮法国人同样是刻不容缓，因为意欲分裂教会的枢机主教们仍决意召开他们的公会议。原集结在比萨的他们，这时已被效忠教皇的好战暴民赶到米兰。四月二十一日，受拉文纳之役的鼓舞，这群高级教士通过决议案，命令尤利乌斯卸下其宗教和世俗的权力。教皇则忙着提出他的回应。他的主教特别会议原定于复活节那天召开，因拉文纳之役而延期，但准备工作（由德格拉西负责）一直未稍减，五月二日终于一切就绪。那天傍晚，在重重戒护下，教皇坐在御轿上，浩浩荡荡一行人出梵蒂冈，抵达五公里外的拉特兰圣约翰大教堂。这座教堂历史悠久，属长方形廊柱大厅式教堂，有"全城、全世界所有教堂之母、之首"的美称。

大教堂旁边的拉特兰宫曾长期作为教皇驻地，一三七七年，格列高利十一世以梵蒂冈靠近台伯河和圣安杰洛堡，更能抵抗恶徒和入侵者的理由，将教廷迁往该地，拉特兰宫自此没落。至尤利乌斯时，这座宫殿已是破败不堪，但比起占地广阔的圣彼得大教堂和梵蒂冈，他认为在这里开公会议更为理想。不过恶徒和入侵者仍是隐忧，周遭地区必须建筑防御工事，并部署精锐部队，尤利乌斯和其众枢主教才敢放心前来。

隔天是圣十字架发现节，拉特兰公会议正式召开，十六位枢机主教和七十位主教与会，人数比路易十二在米兰召开的敌对会议多出许多。招待也无疑更周到。尤利乌斯一心要在宣传战上打赢法国，因此派出他最顶尖的演说家。因吉拉米因声如洪钟（具有曾让伊拉斯谟大为叹服的音乐特质），能将声明内容传送到教堂后面，而获选出任此次公会议的秘书。更用心的安排是指派艾吉迪奥，意大利境内演说功力更胜因吉拉米一筹的唯一一人，进行开场演说。

根据各种流传的说法，艾吉迪奥的演说非常成功。他在圣灵弥撒期间登上讲坛，向众人宣布拉文纳之败是天意，且拉文纳怪物之类的怪胎出世早已预示了这样的结果。他向听众问道："历史上可有哪个时期，曾如此频繁、如此骇然地出现怪物、凶兆、奇事、上天降灾的迹象？"他说，这一切可怕的征兆表明，上帝不同意罗马教会将作战责任委以外国军队。因此，该是教会挺身打自己的仗，信赖"信仰盔甲"与"光剑"的时候了。[2]

253

　　艾吉迪奥讲完时，多位枢机主教感动得频频拿手帕拭泪。教皇很满意会议记录，承诺要授予劳苦功高的德格拉西主教之职。

　　接下来十四天里，与会者举行了多次会议。他们宣布分裂派公会议的议事记录无效，然后讨论其他事项，比如是否有必要发动十字军东征土耳其。接着，夏季渐进，天气越来越热，教皇决定暂时休会，待十一月再开。尤利乌斯身体状况极佳，公会议至目前为止非常顺利，军事威胁也减轻了一些。瑞士部队十八个月来第三次翻越阿尔卑斯山，已抵达维罗那。数个月前他们收受法王贿赂而退兵的事，教皇还牢记心头，因此这次他特别送了礼物（荣誉帽和装饰用剑）。在厚礼之下，瑞士部队似乎终于打定主意要攻打法国人。

　　在法军随时可能入侵之际，拉斐尔和米开朗琪罗一样坚守岗位，继续在梵蒂冈绘制湿壁画。到一五一二年头几个月，他的团队已多了数名新助手。拉斐尔转进艾里奥多罗室后不久，十五岁的佛罗伦萨籍学徒朋尼（因在工作室里职责卑微而外号"信差"）就开始工作。[3] 还有数名助手也已投入这项工作，包括曾在吉兰达约门下习艺的佛罗伦萨人巴尔迪尼。[4] 拉斐尔从不缺助手，想投入他团队之人有很多。据瓦萨里记述，罗马有"许许多多投身画艺的年轻人，在制图上互较短长，互相超越，就为了博得拉斐尔赏识，出人头地"。[5]

254　　米开朗琪罗也是年轻艺术家的攀附对象，但他无意于吸收门徒。晚年他宣称自己从未经营过工作室，[6] 自命不凡的语气与鲁多维科对送儿子入吉兰达约门下一事语多保留形成对比。米开朗琪罗会为特定任务物色助手，但只是当他们为花钱请来的帮手，而不像拉斐尔一样予以提携、培养。米开朗琪罗有时虽会拿自己的素描给学徒研究，但大体来讲，没什么提携后进的意愿。诚如孔迪维所写的，他的艺术本事，他只想传授给"贵族……而非平民"。[7]

拉斐尔新湿壁画的主题是一二六三年发生在奥维耶托附近的一件奇迹。当时，一名从波希米亚前往罗马的神父，在距目的地约一百公里的博尔塞纳停下，到圣克里斯蒂娜教堂主持弥撒。圣餐变体论，即面饼和葡萄酒在弥撒中经神父祝圣后变成耶稣身体和血的说法，这位神父向来存有怀疑。但他在圣克里斯蒂娜教堂主持弥撒时，赫然发现经过祝圣的面饼（圣体）上竟出现十字形血迹。他用圣餐布（供放圣餐杯的布）擦掉血迹，圣体上还会再出现十字形血迹，屡试不爽。他对圣餐变体论自此深信不疑，而沾有十字血迹的圣餐布，则被放在奥维耶托大教堂主祭坛上方的银质圣体盒里。[8]

博尔塞纳 – 马恩省奇迹对尤利乌斯有特别的意义。一五〇六年他御驾亲征攻打佩鲁贾和波隆纳时，曾让部队在奥维耶托停下，以在该城大教堂举行弥撒。弥撒完毕，他展示沾有血迹的博尔塞纳 – 马恩省圣餐布供众人礼拜。一星期后他高唱凯歌，入主佩鲁贾，两个月后再拿下波隆纳时，他不禁回想起奥维耶托之行，觉得那次走访深深左右了后来的局势发展，觉得那是一趟朝圣之旅，而上帝就以让他收服两座叛离城市作为回报。[9]

拉斐尔说不定目睹了教皇胜利进入佩鲁贾的场面，因为一五〇六年时他正在替佩鲁贾圣塞维洛教堂的墙壁绘饰小湿壁画《三位一体与诸圣徒》（*Trinity and Saints*）。此外，教皇深信这

255　一奇迹，在罗马教廷生死存亡的危急关头，要求拉斐尔作画予以阐明，也颇合时局。在他笔下，约三十名膜拜者在圣克里斯蒂娜教堂内，见证圣体在圣餐布上染出十字形血迹这一撼动人心的时刻。持烛的祭台助手跪在神父后面，几名妇人抱着婴儿，坐在教堂地板上。画面中央，光头但仍蓄须的尤利乌斯跪在祭坛前，非常抢眼（拉斐尔第四次将他画进梵蒂冈的湿壁画）。

　　画面右下方纳进了五名瑞士士兵（其中一人又是拉斐尔的自画像），再一次凸显了这幅画与时局的关联。有人可能觉得宗教场景里出现这些士兵似乎不太搭调，其实不然。尤利乌斯在一五一〇年已创立瑞士侍卫队，作为教皇的御前护卫，并赐予据说由米开朗琪罗设计的独特服装（条纹制服、贝雷帽、礼剑）。教皇主持弥撒时他们在旁保护，偶尔还维持现场秩序，制服捣蛋信徒。《博尔塞纳的弥撒》（*The Mass of Bolsena*）里出现这些身穿制服的人物，还有另一层意涵。拉斐尔为这幅湿壁画初拟的构图里，并没有他们。初拟的素描里有尤利乌斯、神父、敬畏的会众（但姿态不同），没有这些瑞士佣兵。这幅素描大概画于一五一二年头几个月，当时瑞士是否出兵相助仍是未知数。数个月后，被放了两次鸽子的教皇对瑞士士兵的信任和耐心终于得到了回报。

　　五月第三个星期抵达维罗那后，一万八千余名瑞士士兵继续往南推进，于六月二日抵达瓦列吉奥，数天后与威尼斯部队会合。差不多与此同时，马克西米利安皇帝在教皇的施压下，将支援法军攻打拉文纳之役的九千名士兵召回德国，予法国重大打击。路易十二因此一下子少了将近一半的兵力。此外，因为亨利八世部队已经开始登陆法军北部沿岸，西班牙人正翻越比利牛斯山进逼法国，路易十二不可能从法国调兵前来增援。

在多面受敌的情况下，法国人除了退出意大利，几无其他选择。有人兴奋地写道，"路易十二的士兵像太阳露脸后的薄雾消失无踪"。[10]这是战争史上最惊心动魄的逆转之一，情势发展和《马加比书》若合符节，仿佛赫利奥多罗斯遭逐出圣殿的故事在意大利舞台重新上演。从本蒂沃里家族手中再度收回波隆纳，想必叫尤利乌斯特别高兴。"我们赢了，帕里德（德格拉西），我们赢了！"法军撤退的消息传来，他向他的典礼官高兴地叫道。德格拉西答道，"愿主让陛下得享欣喜"。[11]

罗马的庆祝活动比五年前教皇从波隆纳凯旋更为欢腾。威尼斯使节利波马诺写道，"从来没有哪位皇帝或胜仗将军像今日的教皇一样，如此光荣地进入罗马"。[12]他前往圣彼得镣铐教堂感谢主拯救了意大利，然后返回梵蒂冈，途中人民夹道欢呼。多位诗人吟诗颂赞。其中有位与阿里奥斯托交好的诗人维达，甚至开始写叙事诗《朱利亚得》（Juliad），详述教皇的英勇战功。

圣安杰洛堡的城垛上响起阵阵炮声，入夜后烟火照亮夜空，三千人持火把游行街头。教廷分送施舍物给城内各修道院，尤利乌斯龙颜大悦，甚至宣布大赦歹徒和罪犯。

六月底，一群瑞士雇佣兵，当时万众瞩目的英雄，抵达罗马。一个星期后的七月六日，教皇发布诏书，赐予瑞士人"教会自由守护者"的封号，并赠予瑞士每个城镇一面丝质锦旗，以纪念这场胜利。教皇赐予他们的恩典当然不只这些，因

256

为不久之后，拉斐尔就更改了《博尔塞纳的弥撒》的构图，
予这些勉强参战的战士以显著的位置。

注释

[1] 圭恰尔迪尼：《意大利史》，第 251 ~ 252 页。在《疯狂奥兰多》中，
阿里奥斯托也描写了法军惨胜后弥漫的绝望气氛："这场胜仗让我
们备感鼓舞，却难有欣喜，因为这次远征的领袖，法军指挥官迦斯
东·德·富瓦，横尸眼前，叫我们高兴不起来。许多为守卫自己领
地、保护自己盟邦，翻越寒冷阿尔卑斯山而来的著名王公，也命丧
这场让他们灭顶的风暴里。"（第十四章第六行）
[2] 引自帕斯托尔《教皇史》，第六卷，第 407 ~ 408 页。
[3] 关于朋尼这时候就加入拉斐尔工作室一事，参见席尔曼《拉斐尔工
作室的组织》，第 41、49 页。
[4] 参见汤姆·亨利（Tom Henry）《塞斯托与巴尔迪尼在梵蒂冈的尤利
乌斯二世居所》（ "Cesare da Sesto and Baldino Baldini in the Vatican
Apartments of Julius II" ），《勃林顿杂志》（ Burlington Magazine,
January 2000），第 29 ~ 35 页。
[5] 瓦萨里：《画家、雕塑家、建筑师列传》，第一卷，第 819 页。
[6] 关于米开朗琪罗厌恶经营工作室的详情，可参见布尔（George
Bull）《米开朗琪罗：传记》（ Michelangelo: A Biography, London:
Viking, 1995），第 16 页。
[7] 孔迪维：《米开朗琪罗传》，第 107 页。
[8] 这块圣餐布现仍存于奥维耶托。关于博尔塞纳奇迹，另有一派观点
认为圣餐布上的血迹是神父祝圣后，圣餐杯中的葡萄酒不小心溢出
的结果。他把圣餐布对折，以盖住自己不小心洒出的葡萄酒，但酒
渍在打折处散开，而留下圣体的印记。参见帕斯托尔《教皇史》，
第六卷，第 595 页注释。
[9] 关于这个主题，可参见克拉茨科《罗马与文艺复兴》第 11 页和哈
尔特《中伊甸园的愈疮木》第 120 页。这面圣餐布和安放此布的大

教堂，对尤利乌斯大概还有更深一层意涵，因为1477年，他的叔伯西克斯图斯四世为推动对此遗物的崇拜和这座大教堂的兴建，已对教徒施行"特赦"。

[10] 引自帕斯托尔《教皇史》，第六卷，第416页。

[11] 同上。

[12] 同上书，第417页。

第二十九章　沉思者

　　瑞士士兵抵达罗马两星期后，米开朗琪罗在西斯廷礼拜堂的脚手架上，接待了一名大名鼎鼎的人物。这位就是前来罗马同教皇谈和的阿方索·德·埃斯特。法军突然撤出意大利后，他随之孤立无援，成为神圣同盟的瓮中之鳖。他的火炮虽然威力惊人，但面对教皇所能集结的强大兵力，终无获胜机会。因此，他不得不向昔日的朋友求饶，于七月四日在大使阿里奥斯托的陪同下，来到罗马。

　　阿方索的到来引起了全罗马轰动。尤利乌斯曾说天意要他严惩这位费拉拉公爵，而今严惩时刻已然降临。外界预期阿方索获教皇赦罪的场面，应该会和当年威尼斯人获赦一样隆重而羞辱。谣传这位公爵届时会跪在圣彼得大教堂的台阶上，身穿刚毛衬衣（忏悔者贴身穿的衣服），脖子缠上一条绳索。七月九日，这一天终于到来，群众抱着看好戏的心理，把大教堂前广场挤得水泄不通。结果，他们大失所望，根本没看到当世最伟大战士之一俯首称臣的好戏，因为仪式在梵蒂冈内关门举行，不见刚毛衬衣，也没有绕颈绳索。反倒是阿方索等着谒见"恐怖教皇"时，还得到小提琴手演奏、水果、葡萄酒的款待。然后尤利乌斯正式赦免他反抗教皇的罪过，仪式结束时还予以亲切拥抱。

　　阿方索似乎充分利用了这趟罗马之行。据曼图亚使节记述，几天后在梵蒂冈用完午餐，他询问教皇可否让他到西斯廷礼拜堂观赏米开朗琪罗的湿壁画。[1]阿方索的外甥，在罗马当人质进入第三个年头的费德里科·贡萨加，立刻安排了参访行程。除了放他自由身这件事，教皇对费德里科是有求必应。因此，有天下午，米开朗琪罗和其团队正在工作之时，阿方索和数名贵族登上梯子，爬上了工作平台。

阿方索看得目瞪口呆。距西斯廷礼拜堂顶棚绘饰工程复工已过了九个月，米开朗琪罗工作超快又娴熟，这时终于靠近拱顶最西端。距离祭坛墙，也就是距离完工，只剩下几面小块白色灰泥壁待完成，而在脚手架的另一边，绵延100多英尺的拱顶上，每一处都已布满耀眼的人像。

阿方索前来参观时，最后两幅《创世纪》纪事场景，《创造日、月、草木》（*The Creation of the Sun, Moon and Plants*）和《上帝分开昼夜》（*God Separating Light from Darkness*），刚完成不久。前一幅描绘上帝第三、第四日创造世界的场景。在左半边，上帝腾空，背对着观者，挥手创造草木（几片绿叶）；右半边，上帝以类似《创造亚当》中的姿势飘在空中，右手指着太阳，左手指着月亮。这时距伽利略以望远镜揭露月球坑坑洼洼的表面还有一个世纪，因而米开朗琪罗笔下的月亮，只是个直径约4英尺、平凡无奇的灰色圆弧。它浑圆的轮廓一如太阳的轮廓，系用圆规在因托纳可上描出来的。米开朗琪罗沿用过去绘制大奖牌的办法，将钉子钉进灰泥，系上绳子，然后绕固定点一圈，描出完美的圆。

《上帝分开昼夜》是九幅《创世纪》纪事场景中构图最简约的一幅，描绘第一天创造的情景，画中只见上帝一位人物在漩涡云里翻滚。上帝分开昼夜时呈"对立式平衡"姿势，臀

260

部转向一边，肩膀转向另一边，双手高举头顶，与自然力搏斗。这名人物一如先前两幅《创世纪》场景，以利落的前缩法呈现，是米开朗琪罗自摸索仰角透视法以来最成功的作品，甚至是意大利境内最出色的此类手法作品之一。如果他运用类似阿尔贝蒂之"纱幕"那样的透视工具，那么想必他是将这工具立在躺卧的模特儿脚边，然后模特儿将身体扭向右边，双手高举过后仰的头上，米开朗琪罗得以透过格网，一窥他剧烈前缩的身躯。

这最后一幅《创世纪》场景，还有一点不寻常之处，即60平方英尺的灰泥面仅用了一天就画完。米开朗琪罗为扭曲的上帝形体拟了草图，且以刻痕法转描到湿灰泥上，但在上色阶段，他却不用已转描上的轮廓，而是徒手画出人像的部分部位。这幅画就位于教皇宝座正上方，也就是极抢眼的位置，意味着到了这项工程晚期，米开朗琪罗对自己的湿壁画功力已是信心满满。他的第一幅《创世纪》场景《大洪水》则被"藏"在相对较不显眼的地方，花了不顺遂的六个多星期才完成。如今，只一个工作日，且几乎是不费吹灰之力，他就完成了最后一幅《创世纪》纪事画。

米开朗琪罗虽埋头猛赶他的湿壁画，却似乎未反对费拉拉公爵——六个月前将他的青铜像作品送入熔炉、改铸大炮的那个人——突然现身脚手架上。或许是公爵的妙语如珠和深厚的艺术素养让他改变了看法，因为阿方索和他的妻子卢克蕾齐娅是慷慨而富有鉴赏力的赞助者。最近他才雇请伦巴尔多为费拉拉豪宅的某个房间雕饰大理石浮雕，在这同时，威尼斯大艺术家乔凡尼·贝利尼（Giovanni Bellini），也正为他另一个房间绘饰杰作《诸神的飨宴》（The Feast of the Gods）。阿方索本人也尝试艺术创作。不铸造能叫敌人死伤惨重的巨炮时，他制造锡釉陶器（majolica）。

阿方索很高兴有幸一睹礼拜堂的拱顶绘饰，和米开朗琪罗相谈甚欢，其他访客都已下了脚手架，两人仍在上面谈了很久。这位使节描述道，他"恨不得吃下去地欣赏着这些人物，赞叹连连"。[2]湿壁画的精彩令阿方索大为叹服，于是他请米开朗琪罗也替他效力。米开朗琪罗是否当下答应，不得而知。从这件湿壁画工程把他搞得焦头烂额，加上他一心想雕制教皇陵来看，他大概不会想再接作画的案子。不过脾气火暴的阿方索和教皇一样，不轻言放弃。最后，米开朗琪罗的确为他画了一幅画，但是是在十八年后，即为装饰他的费拉拉豪宅而绘的《勒达与天鹅》（*Leda and the Swan*）。

同一天，有机会观赏拉斐尔作品的阿方索，却显得兴味索然，此事想必让米开朗琪罗很得意。这位使节记述道，"公爵大人下来后，他们想带他去看教皇房间和拉斐尔正在绘制的作品，他却不想去"。阿方索为何不愿去欣赏拉斐尔的湿壁画，至今仍不得而知。或许，艾里奥多罗室颂扬尤利乌斯的画作激不起这位战败的叛将一睹的念头。不管原因为何，阿方索这位骁勇的战将喜欢米开朗琪罗的"恐怖"（terribilità）更甚于拉斐尔的秩序、优雅，似乎是顺理成章的事。

阿方索大使，这段时间吃了不少苦头的阿里奥斯托，也是登上米开朗琪罗脚手架的众宾客之一。在《疯狂奥兰多》（四年后出版）中，他回忆起这次参观西斯廷礼拜堂之行，称米开朗琪罗为"米凯尔，超乎凡人，是神圣天使"。[3]这时阿里奥斯托正为公爵与教皇言和的细节问题忙得不可开交，参观西斯廷让他得以暂时摆脱烦人的公事，对他而言想必是趟愉快的旅程。公爵与教皇虽握手言和，但和平仍不稳固。尤利乌斯虽免除了阿方索本应承受的教会的惩罚，却未完全信任他。他深信只要费拉拉仍在阿方索手中，教皇国就不可能高枕无忧，不受法国的威胁。因此教皇下令让这位公爵让出该城，掌管别的公国，例如里米尼或乌尔比诺。阿方索听了大为震惊。他们家族管辖费拉拉已有千百年，要他交出与生俱来的土地，转而接受在他心目中较没分量的公国，他不愿意。

262

尤利乌斯挟着大胜余威，丝毫不肯让步。两年前，阿里奥斯托曾遭威胁若不滚出罗马，就要将他丢入台伯河。这一次，由于尤利乌斯的要求，教皇与阿方索的关系迅速恶化，公爵和阿里奥斯托当下担心起自身的安危。阿方索有充足的理由相信，尤利乌斯打算将他囚禁，然后将费拉拉据为己有。因此，七月十九日，即他们登上米开朗琪罗脚手架几天后，他和阿里奥斯托就趁着天黑，经圣乔凡尼门逃离罗马。他们过了数个月的逃亡生涯，栖身山林里躲避教皇密探的追捕，境遇和《疯狂奥兰多》中那些流浪的英雄相似。

不出众人所料，罗马教廷再度宣布费拉拉为叛徒，费拉拉人预期大概逃不掉和几年前佩鲁贾人、波隆纳人所受的类似对待。不过，教皇这时却将矛头指向另一个不听话的国家，即此前一直坚定支持法国国王而拒绝加入神圣同盟的佛罗伦萨。八月，教皇和神圣同盟其他盟邦向卡多纳和五千名西班牙士兵（一心想为拉文纳之败雪耻的一支部队）下达另一个作战令。这位总督于盛夏时节率部离开波隆纳，开始穿越亚平宁山往南推进，准备给不听从罗马教廷的佛罗伦萨一次教训。

在佛罗伦萨吉贝里那路边的老家，米开朗琪罗的弟弟博纳罗托还有更为切身的烦心事。阿方索逃离罗马几天后，他收到哥哥来信，说他还得再等上更久时间，才能自己当老板经营羊毛店。米开朗琪罗最近买了一块农地，为此已花掉不少从西斯廷礼拜堂工程赚的钱。刚卸下在圣卡夏诺的职务返回佛罗伦萨的鲁多维科，代他办妥了买地的一切事宜。这块地名叫"凉廊"（La Loggia），位于佛罗伦萨北边几英里处帕内的圣史特法诺村，靠近米开朗琪罗小时候在塞提尼亚诺的住所。古罗马政治家暨哲学家西塞罗和当时的名人，为躲避政务的烦扰和罗马的暑热，在这处乡间兴建了爬满葡萄藤的豪华别墅，自此之后，在这里拥有一栋大宅第就是每个自命不凡的意大利人所梦寐以求的。但米开朗琪罗在这里置产，并非打算退休后到这里砍柴、种葡萄养老。他买下"凉廊"纯粹是想把手边的闲钱拿出来做更高回报的投资，而不想只放在新圣母玛利亚医院，赚那百分之五的利息。但他也深知，买地置产是在帮博纳罗蒂家族重拾他心目中的往日荣光。

博纳罗托一直不谅解哥哥的投资。已三十五岁的他急切想创业当老板，于是在七月写信给米开朗琪罗，说他很担心哥哥买了"凉廊"后就要背弃过去五年来对他的承诺。米开朗琪罗的答复很坚决，驳斥博纳罗托的失信指控，并让他别急。"从来没有人像我工作这么辛苦，"他愤愤地写道，"我过得并不好，为这繁重的工作忙得精疲力竭，但我任劳任怨，努力完成所要达成的目标。因此，日子过得比我好上万倍的你，应可以耐心等待两个月。"[4]

操不完的心，干不完的活，生不完的病，但仍坚忍不拔，任劳任怨，这就是米开朗琪罗笔下的自我形象。这种受苦受难的形象，博纳罗托早听腻了，每次佛罗伦萨家里对米开朗琪罗有所求，他就搬出这一套诉苦一番。不过，至少这时候，"繁重的工作"已到尾声，因为米开朗琪罗给了博纳罗托更新的预定完工期，说预计再有两个月就可大功告成。一个月后，他仍希望九月底前可以完工，但因为一再预测失准，他变得不想再预测完工日期。他向博纳罗托解释道，"真实情况是这实在太费工，两个星期内我无法给你预定完工日期。我只能说，万圣节（十一月一日）之前我一定会回到家，如果那时我还活着的话。我尽量在赶，因为我很想回家"。[5]

工程接近尾声之时，米开朗琪罗情绪低落而烦躁，而这时的心情就表现在礼拜堂北侧的一名人物上。先知耶利米完成于264《上帝分开昼夜》后不久，描绘他垂着头，动也不动地坐在宝座上沉思。那份姿态和日后罗丹著名的雕塑《思想者》十分相似，但米开朗琪罗先着一鞭，且他的耶利米无疑影响了后者。长长的胡子，蓬乱的白发，上了年纪的耶利米，眼睛盯着地上，巨大的右手托住下巴，神情阴郁，陷入沉思。他所在的位置与利比亚巫女（拱顶上最后完成的巨大女先知像），正好隔着拱顶纵轴遥遥相对。两位坐者的肢体语言南辕北辙，利比亚巫女的姿势动作大而且富有动感，模特儿为她摆姿势时必须坐在椅子上，躯干大幅度扭向右边，双手举到头部的高度，同时弯曲左腿，张开脚趾。这是很别扭的姿势，想必让模特儿苦不堪言。

相反，模特儿摆起耶利米静滞的姿势大概一点儿也不辛苦。从某一点看，这的确是件好事，因为一般认为耶利米也是米开朗琪罗的自画像。耶利米与米开朗琪罗过去几个奇丑无比的自画像，例如位于礼拜堂另一边被砍离身体而一脸怪相的荷罗孚

尼人头，不属同类。耶利米刻画的是米开朗琪罗本人性格的另
一面，而且是在某些点上同样不讨人喜欢的另一面。

　　以怀忧罹愁而著称的耶利米在圣经里高呼道，"我有忧愁，
愿能自慰，我心在我身体里发昏"（《耶利米书》第八章第十八
节）。后来，他又哀叹道："愿我生的那日受诅咒；愿我母亲
产我的那日不蒙福！"（《耶利米书》第二十章第十四节）耶利
米的悲观可从他所处的时代得到理解。他亲眼见到耶路撒冷陷
入巴比伦王国之手，圣殿遭劫，犹太人遭放逐到巴比伦，民族
前途一片黑暗。在圣经另一处，耶路撒冷的悲惨命运引来如下
哀叹："先前满有人民的城，现在何竟独坐！先前在列国中为
大者，现在竟如寡妇！"（"耶利米哀歌"第一章第一节）

　　十多年前，萨伏纳罗拉自命为先知时，就已赋予耶利米一
种叫人难忘的解读。他说他准确预言佛罗伦萨将遭法军入侵，
就如耶利米预言耶路撒冷将陷入尼布甲尼撒手中一样。在遭处
决前的最后一次布道中，萨伏纳罗拉更进一步自比为耶利米，
说当年这位先知尽管饱受苦难，仍奋不顾身为民族命运呐喊，
如今，他，吉洛拉莫修士，也要宁鸣而死，不默而生。"汝已 265
委派我担任向全世间抗争之人，向全世间争辩之人"，他在死
前几星期如此呼应这位先知。[6]

　　米开朗琪罗也自视为向世间抗争之人。他既以阴郁、不爱
与人言而著称，拿自己与这位希伯来最忧愁的先知相提并论，
就和拉斐尔将他画为坏脾气、不讨人喜欢的赫拉克利特一样贴
切。甚至，因为西斯廷拱顶上的耶利米与拉斐尔《雅典学园》
里的"沉思者"（低头垂肩、无精打采、双脚交叉、一手支着
重重的头）太相似，有人因此怀疑米开朗琪罗画耶利米之前，
去署名室看过对手的作品。是否真是如此，没有证据可以解

疑，但一五一二年夏天之前，米开朗琪罗无疑已知晓拉斐尔为《雅典学园》增绘了一名人物。

米开朗琪罗将自己画成忧愁的"耶利米哀歌"作者，或许和拉斐尔一样意在开玩笑。不过，如此性格描绘还是有相当大的真实性。他一生所写的众多诗中，有许多诗里充满对老、死、衰败的深刻沉思。"我因沮丧而得乐。"他在一首诗里如此写道。[7] 在另一首诗里，他说"凡诞生者都必走上死亡"，接着描述到每个人的眼睛会如何很快变成"黑而丑陋的"眼窝。[8] 在五十五岁前后所写的一首诗中，他甚至以渴望的口吻写到自杀，说自杀是"正当之事，于生活如奴隶，痛苦、不快乐的他而言……"[9]

如果米开朗琪罗天生就是痛苦、不快乐的，那么西斯廷礼拜堂的工作，正如他在信中的诸多埋怨所表明的，更让他觉得人生悲惨。不只是脚手架上似乎干不完的活让他觉得痛苦，礼拜堂外纷乱的时局也让他无一刻觉得安心。他就像耶利米，无所逃于危险而纷扰的世间。而如今，在湿壁画工程进入最后几个月的阶段，又有一件忧心的事隐然逼近。

"我很想回家"，米开朗琪罗于八月底写信如此告诉博纳罗托。但不过数日，他的家乡就要被埋没在某编年史家所谓的"可怕的恐怖浪潮"之中。[10]

注释

[1] 格罗西诺向伊莎贝拉·德·埃斯特的报告，引自德·托尔内的《米开朗琪罗》，第二卷，第 243 页。

［2］同上。

［3］阿里奥斯托：《疯狂奥兰多》，第三十三章第二行。

［4］《米开朗琪罗书信集》，第一卷，第70页。

［5］同上书，第71页。

［6］关于萨伏纳罗拉之自命为耶利米，可参见里多尔菲《萨伏纳罗拉的
一生及其时代》，第283页，以及韦恩斯坦《萨伏纳罗拉与佛罗伦
萨》，第285页。

［7］《米开朗琪罗诗全集和书信选集》，第150页。

［8］同上书，第12～13页。

［9］同上书，第31页。

［10］圭恰尔迪尼：《意大利史》，第257页。

第三十章 浩 劫

一五一二年夏，佛罗伦萨雷暴肆虐，威力之大为数十年难得一见。其中一次雷暴，雷击中该城西北边的普拉托门，城门塔楼上一面饰有金色百合花的盾徽应声脱落。佛罗伦萨每个人都认为，雷击预示有事情要发生。一四九二年，洛伦佐·德·美第奇死前就出现类似预兆。洛伦佐发烧躺在卡雷吉别墅里时，大教堂遭雷击，数吨大理石往该别墅的方向崩落。"我已是个死人。"据说洛伦佐一世得知大理石碎片如雨落下时如此大声说道。果然，三天后的耶稣受难主日（复活节前第二个星期日），他就去世了。

造成普拉托门受损的这次雷击，兆头同样明确。盾徽上的金色百合花是法国国王的徽章，因此佛罗伦萨每个人都认定这代表他们会因支持路易十二对抗教皇而受惩。城门有好几座，却偏偏打中普拉托门，意味着残酷报复将经由普拉托镇——佛罗伦萨西北方十余公里处、有城墙环绕的小镇——降临。

预言很快就应验，因为八月第三个星期，卡多纳率领的五千多名士兵就抵达普拉托城外。卡多纳计划先拿下普拉托，再进攻佛罗伦萨。这时佛罗伦萨共和国的统治者是皮耶罗·索德里尼，教皇和其神圣同盟盟邦决意拉下索德里尼，再将该城交回自一四九四年一直流亡在外的洛伦佐·德·美第奇诸子治理。一般预期拿下佛罗伦萨要比当年将本蒂沃里家族赶出波隆纳，或从阿方索·德·埃斯特手中拿下费拉拉容易。佛罗伦萨的指挥官们未实际带兵打过仗，部队兵额少又缺乏经验，绝不是卡多纳麾下训练精良又久经阵仗的西班牙部队的对手。卡多纳及其部队穿越亚平宁山山谷向南挺进，佛罗伦萨街头也陷入恐慌。

　　就在这恐慌弥漫下，佛罗伦萨开始仓促备战。该共和国军队的首领马基雅维利，从周遭乡村的小农和农场主里募集步兵，组成一支两千人的部队。他们手拿长矛，列队走出遭雷击的城门，前往增援普拉托。普拉托坐落在亚平宁山脉山脚的平原上，以出产淡绿色大理石而著称，佛罗伦萨大教堂向来用此大理石砌建外壁。普拉托也以藏有圣母玛利亚的紧身褡而广为人知。这件紧身褡是该城最著名的圣徒遗物，圣母玛利亚亲自将它送给圣托马斯，这时存放在普拉托大教堂的专门礼拜堂里。但几天后，此镇将会因另一件事，比拉文纳之役更惨绝人寰的事，而为人所知。

　　西班牙人于八月底，紧跟马基雅维利军队之后，抵达普拉托城墙外。卡多纳部队虽有数量优势，但乍看之下，战斗力并不强，炮兵部队弱得可怜，只有两门火炮，且都是口径小的小型轻便炮（falconet）。西班牙部队还补给不足，士兵经过八个月的风餐露宿，已疲惫不堪。更糟糕的是，有些西班牙人在乡间遭盗匪袭击。当时意大利道路上盗匪猖獗，极不安全。

　　卡多纳部队的围城战一开始就不顺利。刚开始轰墙，一门炮就裂为两半，致使他们只剩一门炮可用。又饿，士气又低落，他们立即向佛罗伦萨人提议停战，声称他们只是要劝佛罗伦萨共和国加入神圣同盟，攻击该共和国并非他们的本意。佛罗伦萨人收到消息后士气大振，拒绝停战，西班牙人只好再搬

268

出唯一一门炮，轰击城墙。大出众人意料，经过一天炮轰，这门小型轻便炮竟在一座城门上轰出一道小裂缝。西班牙兵从这个洞涌入城里，马基雅维利的乌合之众没有抵抗，纷纷丢下武器，四处逃命。

接下来，借用马基雅维利悲痛的描述，出现了"悲惨不幸的情景"。[1]召来的士兵和普拉托人民困在大理石铺砌的普拉托街道上，惨遭西班牙长矛兵的屠杀。接下来几个小时，用另一位评论家的话，处处只见"哭泣、逃跑、暴力、劫掠、流血、杀戮"。[2]那一天，两千多人包括佛罗伦萨人和普拉托人——横尸城内。西班牙人几乎没有士兵死伤，拿下该城后，距佛罗伦萨城门顶多只剩两天路程。

"我想你该好好考虑是不是要放弃财产和其他所有东西，逃到安全地方，毕竟性命比财产重要得多。"[3]

九月五日，血洗普拉托不到一星期，紧张万分的米开朗琪罗这么写信给父亲。城内军民同遭屠杀，是十年前切萨雷·波吉亚残酷统治意大利半岛以来，意大利土地上发生的最令人发指的暴行。佛罗伦萨得知屠杀消息，既惊且惧。数天后，人在罗马的米开朗琪罗一得知这消息，就清楚认识到家人该采取什么行动，以躲开他所谓的这个已降临在其家乡的"浩劫"。他要鲁多维科赶快把新圣母玛利亚医院里的存款提出来，和家人逃到锡耶纳。"就像碰到瘟疫时的做法一样，抢第一个逃"，他如此恳求父亲。

米开朗琪罗写这封信时，佛罗伦萨的情势已开始趋缓。起初皮耶罗·索德里尼坚信自己能用钱打发掉西班牙人，让佛罗伦萨逃过一劫，粉碎美第奇家族重回佛罗伦萨的美梦。卡多纳欣然收下这笔钱，佛罗伦萨市民为保住性命财产付出了十五万补偿金，但他仍坚持索德里尼及其政权下台，转由美第奇家族接手。一群支持美第奇家族的佛罗伦萨年轻人，受西班牙人逼近的鼓舞，冲进领主宫，控制了政府。一天后的九月一日，索德里尼逃亡锡耶纳。洛伦佐的儿子朱利亚诺·德·美第奇，不经流血政变就入主该城。马基雅维利后来回忆道，索德里尼逃走前夕，领主宫曾遭雷击，在他眼中，这再度印证了凡天有异象必有大事发生的说法。

马基雅维利乐观看待美第奇家族重新入主。一两个星期后他写信道，"城内仍很平静，城民希望未来能如同洛伦佐一世在位时，那予人美好回忆的时代一样，有幸享有美第奇家族同样的帮助"。[4]不幸的是，新统治者立即拔除他的官职，然后以涉嫌谋反美第奇家族的罪名，将他打入监牢，还以吊坠刑（strappado）逼供。吊坠刑是一种酷刑，犯人双手反绑吊起，然后从平台上使其突然坠下，犯人通常因此肩胛脱位，受不了苦而招认。萨伏纳罗拉在同样的刑罚下就招认各种罪行，包括与朱利亚诺·德拉·罗维雷合谋推翻教皇亚历山大六世。但马基雅维利未屈服于拷问，拒不承认当局指控。几个月后获释，被逐出佛罗伦萨后他隐居在圣卡夏诺（不久前鲁多维科·博纳罗蒂任波德斯塔的城镇）附近的小农场，时年四十三岁。在这里，他白天以徒手捕捉歌鸫为乐，晚上则与当地人在小酒店里下古双陆棋。他还开始撰写《君主论》，阐述治国之术的愤世嫉俗之作，书中他尖刻宣称人都是"忘恩负义，善变，说谎者，骗子"。[5]

米开朗琪罗对美第奇家族归来的态度则保留许多。一四九四年，洛伦佐的儿子皮耶罗·德·美第奇遭佛罗伦萨人民驱逐时，米开朗琪罗因与该家族关系密切而逃到波隆纳，叫人不解的是，这次美第奇家族于近二十年后重新上台，他却同样害怕自己和家人遭不利影响。"无论如何别卷进去，不管是言语或行为"，他如此劝告父亲。对博纳罗托，他也提出类似的规劝："除了上帝，别结交朋友或向他人吐露心事，也别论人长短，因为没有人知道会有什么后果。管好自己的事就好。"[6]

由马基雅维利在佛罗伦萨易主后所受的对待来看，米开朗琪罗有充分的理由要求家人这么小心谨慎。因此，博纳罗托告诉他佛罗伦萨如何盛传他公开抨击美第奇家族时，他忧心不已。"我从未说过他坏话"，他向父亲如此辩驳，但他坦承的确谴责过普拉托发生的暴行，而这时每个人都把这怪到美第奇家族头上。[7]他说，如果石头会说话的话，也会谴责血洗普拉托的暴行。

271

由于几个星期后就要返回佛罗伦萨，米开朗琪罗这时忽然担心到时候可能遭到报复。他要弟弟出去把这些恶意的谣言查个清楚。他告诉鲁多维科，"我希望博纳罗托帮忙去暗中查明，那个人是在哪里听到我批评美第奇家族的，以便知道谣言来自何处……我可以有所提防"。虽然自己很有声望（或许正因如此），米开朗琪罗仍坚信佛罗伦萨有敌人要抹黑他，制造他与美第奇家族为敌的假象。

米开朗琪罗这时候还有金钱上的烦恼。根据枢机主教阿利多西所拟的合约，他已几乎拿到应得的所有报酬（目前为止共两千九百杜卡特[8]），但他一如往常向教皇索要更多的报酬。他还努力向父亲要回私自挪用他银行存款的钱（两年来第二次）。话说鲁多维科收到儿子来信，催他从新圣母玛利亚医院提钱，作为逃到锡耶纳的盘缠后，尽管情势并未恶化到必须逃难，但他还是提出四十杜卡特，并且全部花掉。米开朗琪罗希望父亲还钱，并要他绝不可以再动用存款。不过不久之后他又被迫支付父亲另一笔意外的开销。佛罗伦萨人民为保有自由付给神圣同盟的补偿费，鲁多维科必须分摊六十杜卡特，但他只付得出一半，于是强要米开朗琪罗替他付另一半。

一五一二年十月，即普拉托遭血洗一个月后，米开朗琪罗写了一封自怨自艾的信给鲁多维科，信中表露了他这时候的沮丧（因父亲、因佛罗伦萨危险的政局、因自己无休无止的湿壁画工作）。"我日子过得很悲惨"，他以耶利米般的哀伤口吻向父亲诉苦，"繁重工作让我疲累，千般焦虑惹我烦忧，就这样，我这大概十五年来，从没有一刻快乐。而我做这一切，全都是为了帮你，虽然你从未认识到这点，也从不这么认为。愿上帝宽宥我们。"[9]

272

但就在这极度焦虑且沮丧加剧期间，米开朗琪罗画了几幅极突出、极精湛的纪事场景。夏天和秋初这段时间，他和他的团队花了许多时间在礼拜堂最西端，绘饰两面三角穹隅和这两者间的狭窄壁面。其中最早画成的是《哈曼的惩罚》（*The Crucifixion of Haman*），位于面对祭坛右边的三角穹隅上。这幅画手法非常纯熟，显示了米开朗琪罗登峰造极的湿壁画功力。

《哈曼的惩罚》取材自《旧约·以斯帖记》，刻画哈曼受惩背后曲折离奇、歌剧般的情节。哈曼是波斯国王亚哈随鲁的宰相，亚哈随鲁统领从印度到衣索匹亚的辽阔帝国，后宫嫔妃无数，却只养了七名太监服侍这些嫔妃。他最爱的女子是年轻貌美的以斯帖，而他不知以斯帖是犹太人。以斯帖的堂哥末底该在国王身边为仆，送她进宫之前已嘱咐她不可泄露自己犹太人的身份。末底该曾挫败两名太监欲杀害亚哈随鲁的阴谋，有保驾救主之功，但最近因为拒绝同其他仆人一样向宰相哈曼下跪，惹毛了哈曼。傲慢的哈曼于是下令杀光波斯境内的犹太人。哈曼奉国王之名下诏，"要将犹太人，无论老弱妇孺……全然剪除，杀戮灭绝，并夺他们的财物为掠物"（《以斯帖记》第三章第十三节）。不只如此，哈曼还开始建造 75 英尺高的绞刑架，打算用它来单独处死无礼的末底该。

西斯廷礼拜堂拱顶四个角落的三角穹隅和古铜色大奖牌一样，刻画了犹太人如何躲掉敌人阴谋而及时获救的故事。《哈曼的惩罚》就是绝佳的例子。哈曼所下的灭绝令，因以斯帖挺身而出而未得逞。以斯帖揭露自身犹太人身份后，自己可能也逃不过哈曼的血腥屠杀，但她不顾这危险，向国王亚哈随鲁坦承自己的民族出身。国王听后立即撤销灭绝令，将哈曼送上原为末底该所建造的绞刑架处死，随后并拔擢末底该为宰相，以对他先前救了国王一命表示迟来的感谢。

米开朗琪罗笔下的哈曼被钉在树上，并未遵循较常见的表现手法将他画成吊死在绞刑架上。因此，这位希伯来民族的大敌摆出的是更予人基督受难之联想的姿势。不过这样的描绘有圣经的依据，因为通俗拉丁文本圣经记载哈曼建造的是 50 腕尺的十字架，而非绞刑架。但米开朗琪罗几乎不懂拉丁文，因此想必他不是采用但丁《神曲·炼狱篇》的描述（哈曼也是被钉死在十字架上），就是受了某位学识更渊博的学者指点。[10] 神学家很快就在这则故事里找到与耶稣基督的相似之处，指出这两个钉死于十字架的事件，都伴随以众人的获救。[11] 因而用这幅描写通过十字架获救的画来装饰礼拜堂的祭坛壁极为贴切。

　　《哈曼的惩罚》费了超过二十四个乔纳塔，因构图生动有力，特别是裸身、四肢大张、靠在树干上的哈曼，而受到瞩目。惊叹不已的瓦萨里说，哈曼是拱顶上画得最好的人物，称它"无疑是美丽、最难画的"。[12]他这么说当然有其根据，特别是在它的难度方面，因为这幅画需要画许多初步素描，借以从中一再摸索哈曼那棘手的姿势。对米开朗琪罗的模特儿而言，这个姿势应该不好摆，就和利比亚巫女的姿势一样费劲且累人，因为必须同时双手外伸、头往后仰、臀部扭向一边、左腿弯曲、全身重量放在右脚上。这个姿势想必摆了几次相当长的时间，因为就现存的素描来看，《哈曼的惩罚》所遗留的素描张数高居顶棚上所有场景之冠。

　　米开朗琪罗拟好《哈曼的惩罚》构图后，并未像处理几英尺外《上帝分开昼夜》向上飞升的造物主一样，徒手转描，而是借助草图，以刻痕法将哈曼的轮廓巨细靡遗地转描到灰泥上。接着用四个乔纳塔为这个人物上色，就绘饰工程已进入尾声，特别是最近几个人物（包括前一个绘成的上帝像）都只花一个工作日来看，这速度是相当慢的。哈曼手臂、头的周遭如今仍可见到许多钉孔，说明当初为了将草图固定在凹形壁上及接下来将草图图案转描到湿灰泥壁上，米开朗琪罗的确费了工夫。

274

　　完成这幅棘手的场景后，拱顶上只剩下几平方英尺的区域有待米开朗琪罗上色。这些区域包括祭坛壁上的两面弦月壁、另一面三角穹隅，以及拱顶上与高坐在入口上方宝座上的撒迦利亚像遥遥相对的三角形壁面。米开朗琪罗将在三角形壁面画上乔纳像，他在拱顶上的最后一个先知像。至于另一面三角穹隅，他则画上《铜蛇》（The Brazen Serpent）——事后证明这比《哈曼的惩罚》还难画。

　　值得注意的是，就在即将完工之际，米开朗琪罗断然放弃了后半部拱顶所采用的简约手法，而在《铜蛇》里创造出有二十多名搏斗的人体、构图复杂的场景。这面三角穹隅的绘饰所耗费的时间超乎预期得长（不可思议地用了三十个乔纳塔，或者说约六个星期），米开朗琪罗未能在九月结束前完成整个工程、返回佛罗伦萨，这是原因之一。只有最早完成的两幅《创世纪》场景（三年多前完成），花了比这更长的时间。米开朗琪罗或许急于完工，但远大的创作企图叫他不能草草结束。

　　《铜蛇》取材自圣经《民数记》，描述以色列人漂流在旷野中又饿又渴，埋怨耶和华，耶和华听了大为不悦，派了长有毒牙的火蛇咬他们。以色列人因苦而抱怨，反倒引来更大的苦。幸存的以色列人请求摩西帮他们解除这可怕的天谴，于是耶和华让摩西造一条铜色的蛇，如杆子般立起来。摩西遵照吩咐造了铜蛇，挂在杆子上，"凡被这蛇咬的，一望这铜蛇就活了"（《民数记》第二十一章第九节）。米开朗琪罗笔下的黄铜色蛇，一如四肢大张、靠在树上的哈曼，带有钉死在十字架上的受难意象，因而让人想起耶稣所提供的救赎。耶稣本人甚至在《约翰福音》里做这样的比拟。他告诉尼哥底母："摩西在旷野怎么举蛇，人子也必照样被举起来，叫一切信他的都得永生。"（《约翰福音》第三章第十四至十五节）

　　米开朗琪罗兴致高昂地完成了这面三角穹隅。这幅场景无疑很吸引他，因为难逃一死的以色列人和《拉奥孔》里被蛇缠身的众人十分相似。此前这一主题的纪事画并未真的画出蛇缠住众人身子的景象，反倒是着墨于摩西高举自己的黄铜像。[13]不过米开朗琪罗选择完全略去摩西，凸显以色列人难逃死劫的命运。因而这幅场景大体上在表现他最爱的主题之一，即肌肉贲张、身子扭转的搏斗场面，以这幅画来说，多名半裸的人物挤成一团，在毒蛇缠卷下痛苦挣扎。

　　这幅位于祭坛右边的三角穹隅湿壁画，其上痛苦挣扎的人物不仅让人想起拉奥孔和他的儿子们，还让人想起《卡西那之役》里的士兵和《人马兽之战》里半人半兽的怪物。《铜蛇》里某个以色列人的姿势，米开朗琪罗甚至是借用自《人马兽之战》。[14]由于画中充斥着众多难逃一死的人物，这幅画也让人想起《大洪水》。不过，《铜蛇》的处理手法（画在比《大洪水》更狭窄、弧度更大的壁面上）显示他的湿壁画功力经过脚手架上四年的历练，已有何等长足的进展。数具扭曲的人体表现了精湛的前缩手法。米开朗琪罗将此起彼伏的人体，条理井然地安置在上宽下窄的三角形画面里，并以鲜亮的橙、绿使这幅画成为拱顶上抢眼的焦点，整体构图就因这样的人体布局和鲜亮设色达到和谐的统一。

　　铜蛇的故事除了迎合米开朗琪罗的创作理念，还彰显了他的宗教信念。这幅画绘于普拉托大屠杀发生的前后，反映了他大体受萨伏纳罗拉形塑的信念，即人类为恶引来厄运和苦难，只有向上帝祈求宽恕，厄运和苦难才可能远离。他告诉父亲，正如同以色列人走入歧途而引来火蛇的劫难，佛罗伦萨人也是因为犯下罪恶，才招致卡多纳与其西班牙部队的入侵，他们是奉愤怒之神的命令前来执行天谴。他在血洗事件后、众人余悸犹存之际写信给鲁多维科，"我们必听顺上帝，信任上帝，通过这些降临身上的苦难认清自己行为的过失"。[15]这个论点完全呼应了萨伏纳罗拉所谓的佛罗伦萨将因自己的罪恶遭查理八世军队惩罚的看法。米开朗琪罗画这面三角穹隅时，脑海里很

276

有可能回响着萨伏纳罗拉的话——"噢，佛罗伦萨，噢，佛罗伦萨，噢，佛罗伦萨，因为你的罪恶，因为你的残忍，你的贪婪，你的淫欲，你的野心，你将遭受许多试炼和苦难！"

    米开朗琪罗本身的苦难（至少在脚手架上所受的苦难）在他写这封家书时已差不多要结束。完成《铜蛇》后，他接着画位于该场景下方的壁面，包括最后一对弦月壁。其中一面弦月壁刻画亚伯拉罕和以撒，姿态一如其他基督列祖像一样无精打采。[16] 几天后的十月底，他又写了封信回佛罗伦萨。"礼拜堂的绘饰我已经完成"，他如此写道，语气极为平淡。他一如往常不因自己的成就喜形于色。他向鲁多维科哀叹道，"其他事情的发展令我失望"。[17]

注释

［1］马基雅维利：《马基雅维利：主要著作和其他著作》，第二卷，第893页。

［2］圭恰尔迪尼《意大利史》，第262页。

［3］《米开朗琪罗书信集》，第一卷，第71页。

［4］马基雅维利：《马基雅维利：主要著作和其他著作》，第二卷，第894页。

［5］马基雅维利：《君主论》英译本（*The Prince*, London：Penguin, 1999），第6页，译者George Bull。

［6］《米开朗琪罗书信集》，第一卷，第71，74页。

［7］同上书，第81页。

［8］同上书，第245页。

［9］同上书，第75页。

［10］但丁：《神曲·炼狱篇》第十七章第二十六节。

［11］关于这一解读，可参阅哈尔特《中伊甸园的愈疮木：艾里奥多罗

室与西斯廷顶棚》，第 198 页。

［12］瓦萨里：《画家、雕塑家、建筑师列传》，第二卷，第 674 页。

［13］德·托尔内：《米开朗琪罗》，第二卷，第 182 页。

［14］同上书，第 97 页。

［15］《米开朗琪罗书信集》，第一卷，第 74 页。

［16］数十年后，米开朗琪罗在祭坛墙绘饰《最后审判》时，毁了这两面弦月壁。今人系透过版画而得以知道这两面画的内容。

［17］《米开朗琪罗书信集》，第一卷，第 75 页。

第三十一章　最后修润

278　　一五一二年十月三十一日，万圣节前夕，教皇在梵蒂冈设宴款待帕尔玛大使。用完餐后，主人、宾客移驾宫中剧院，欣赏两场喜剧，聆听诗歌朗诵。尤利乌斯午后向来有小睡习惯，这次时间一到他照例回自己房内休息。但余兴节目未就此结束，日落时，他和随从，包括十七名枢机主教，又移驾西斯廷礼拜堂举行晚祷。他们走出国王厅，进入礼拜堂，迎面而来的是令人瞠目结舌的景象。在此前四天时间里，米开朗琪罗和助手们已拆掉并移走庞大的脚手架。经过约四年四星期的努力，米开朗琪罗的心血终于可以完全呈现在世人眼前。

　　由于后半部拱顶上的人物较大，加上米开朗琪罗的湿壁画手法更为纯熟且富有创意，万圣节前夕揭幕的湿壁画比起约十五个月前公开的前半部湿壁画，更令人惊叹。教皇和众枢机主教走进礼拜堂举行晚祷时，第一眼就看到数名人物，而其中有一名，据孔迪维的看法，是拱顶上数百名人物中最叫人叹服的。膜拜者行进视线的正前方，礼拜堂尽头的上方，乔纳像高踞在《哈曼的惩罚》与《铜蛇》之间的狭窄壁面上。孔迪维

279认为，它是"非常了不起的作品，说明了这个人在线条处理、前缩法、透视法上深厚的功力"。[1]

　　先知乔纳像画在凹形壁上，双腿分开，身子后倾，躯干侧转向右，头向上仰并转向左边，带有挣扎的意味，就肢体语言

来说，较似于伊纽多像，而与其他先知像不同类。最叫孔迪维叹服的是，米开朗琪罗通过高明的前缩法，营造出错视效果。这面画壁虽然是向观者的角度凹进去，他却将这位先知画成向后仰状，因此"借助前缩法而呈后仰状的躯干，在观者眼里觉得最近，而前伸的双腿反倒最远"。[2] 如果布拉曼特曾说米开朗琪罗对前缩法一窍不通而画不来顶棚壁，那么乔纳像似乎就是米开朗琪罗得意的答复。

乔纳是旧约时代的先知，圣经记载耶和华命令他去亚述帝国首都尼尼微传道，斥责该城人民的恶行，但乔纳不希望尼尼微人因此了悟自己的罪过而蒙神怜悯，免遭灾殃，因此不接这项任务，反倒乘船往相反方向去。耶和华得知后大为不悦，便令海上狂风大作，将他困住。惊骇万分的水手得知风暴因何而起后，将乔纳丢入海中，海面迅即平静。耶和华安排大鱼将他吞进腹中，乔纳在鱼腹里待了三天三夜，最后鱼将他吐到陆地上。乔纳饱受惩罚后学乖了，遵照耶和华指示，前往尼尼微，宣扬尼尼微将遭覆灭的预言。尼尼微人信服预言而悔改，远离恶道，耶和华心生怜悯，未降灾给他们，乔纳因此大为失望。

神学家认为乔纳是耶稣和耶稣复活的先行者，因此米开朗琪罗将他画在西斯廷礼拜堂祭坛上方。耶稣本人也拿自己直接比拟为当年的乔纳。他告诉法利赛人，"乔纳三日三夜在大鱼肚腹中，人子也要这样三日三夜在地里头"（《马太福音》第十二章第四十节）。但米开朗琪罗所赋予这位先知的姿势让今日学界思索米开朗琪罗所描绘的乔纳，到底是这则圣经故事里哪个时候的乔纳。有人认为这幅画描绘的是因耶和华未摧毁尼尼微而生气的乔纳，有人则说是大鱼刚吐出来时的乔纳。[3] 不管答案为何，乔纳的姿态和神情，即身向后仰、眼往上瞧，仿

280

佛瞠目结舌、不发一语地望着拱顶上琳琅满目的绘饰，或许别有用意。此前阿尔贝蒂已呼吁艺术家在画作里安排一位"观者"，以引导观画者的注意力和情绪，要么召唤观者来看这幅画，要么"以激烈的表情、令人生畏的眼神"挑衅观者。[4]米开朗琪罗似乎遵行了阿尔贝蒂的建议，因为乔纳既引领了从国王厅进入礼拜堂的膜拜者的目光，又以无声的动作和表情表现出膜拜者看着头顶上方的宏伟湿壁画时，那种身向后仰的姿势和惊奇不已的表情。

教皇很高兴这后半部湿壁画的揭幕，看得"非常满意"。[5]湿壁画完工后的几天内走访西斯廷礼拜堂的人，无不对米开朗琪罗的作品啧啧称奇。瓦萨里写道，"整个作品公开展示时，四面八方的人蜂拥来到这里欣赏，没错，它是这么出色，看过的人无不目瞪口呆"。[6]最后一对伊纽多像为绝妙之作，在气势和优美上甚至超越了《拉奥孔》之类宏伟的上古作品。这两个人像显露出惊人的高明手法，在人体生理结构和艺术形式上都达到极致。过去从没有哪个人像，不管是大理石像还是画像，以如此惊人的创意和沉稳，淋漓展现出人体的表现潜能。拉斐尔尽管善于安排众人物的彼此关系，进而营造出优美的整体画面，但说到个别人物所予人的粗犷视觉效果，拉斐尔笔下没有哪位人物能比得上米开朗琪罗的这些裸身巨像。

耶利米像上方两尊伊纽多像之一（他最后画的伊纽多像），充分展现了米开朗琪罗如何让对手望尘莫及。这尊人像腰部前倾，上半身微向左倒，右臂后弯欲拿栎叶叶冠，姿势复杂、独具一格，连古希腊罗马的人像都不能及。如果这尊男性裸像是一五一二年时所有艺术家不得不拿来检验自身功力的创作体裁，那么米开朗琪罗最后几尊伊纽多像，等于是立下了这一体裁里无法企及的标杆。

　　尤利乌斯虽然很欣赏新揭幕的湿壁画，却觉得它尚未完成，因为少了他所谓的最后修润。尤利乌斯已习惯了平图里乔那种华丽炫耀的风格，墙上人物的衣服都饰上金边，天空都缀上群青，而金色和群青色都得用干壁画法事后添上，因此尤利乌斯要求米开朗琪罗润饰这整面湿壁画，以"赋予它更富丽的面貌"。[7]米开朗琪罗不愿为了添上一些干壁画笔触就重组脚手架，特别是他原本就刻意不加上这些东西，以让湿壁画更耐久，同时或许有意借此标榜自己奉行"真正湿壁画"这一较难而较受看重的风格，以提升自己的名望。因此他告诉教皇添补没有必要。"无论如何那应该用金色润饰过。"教皇坚持。"我不认为那些人该穿上金色。"米开朗琪罗回复。"这样看起来会寒酸。"教皇反驳道。"那里刻画的那些人，"米开朗琪罗开玩笑道，"也寒酸。"[8]

　　尤利乌斯最后让步，金色、群青色的添补就此作罢。但两人意见不合并未就此结束，因为米开朗琪罗认为他的所得不符合他的付出。至这次揭幕时，他已总共收到三千杜卡特的报酬，但仍声称自己经济拮据。他后来写道，情形若是更恶化，除了"一死"，我别无选择。[9]

　　米开朗琪罗为何如此哭天抢地哀叹自己没钱，实在令人费解。拱顶绘饰虽然工程浩大，但开销不致太高。总报酬里有八十五杜卡特给了皮耶罗·罗塞利，三杜卡特给制绳匠、二十五杜卡特买颜料，二十五杜卡特付房租，（至多）约一千五百杜卡特支付给助手们。大概还有一百杜卡特花在其他杂项，例如画笔、纸、面粉、沙子、白榴火山灰、石灰。剩下的应还有一千多杜卡特，意味着这四年里他平均每年赚进约三百杜卡特，

281

相当于佛罗伦萨或罗马一般匠人工资的三倍。西斯廷礼拜堂绘
饰工程，大概不足以让他富有到枢机主教或银行家之类人士的
282 水平，但也不至于让他穷到他所暗示的那样，得住进贫民院靠
公家过活。他能买下"凉廊"这块地（花了约一千四百杜卡
特），表示工程快完成时他手头并不缺钱。[10] 买这块地很有可
能耗尽了他的流动资产，但这根本不是教皇的错。

米开朗琪罗之所以会有这样的抱怨，似乎是他觉得除了依
合约该给他的三千杜卡特，教皇还应另有表示，也就是圆满完
成任务后的奖赏之类。他在某封家书里暗示道，这笔奖赏事先
就已讲妥，因此完工后未能立即拿到，让他觉得很懊恼。不过最
后他还是如愿以偿，另拿到两千杜卡特的丰厚报酬。后来他说，
这笔钱"救了我的命"。[11] 不过，数年后受命负责延宕已久的教皇
陵工程，他才气急败坏地发现，这笔钱完全不是作为顶棚湿壁画
的奖金，而是作为教皇陵案的预付金。此后教皇也未支付什么湿
壁画工程奖金，这让米开朗琪罗再次觉得被教皇耍了。[12]

但起码就眼前而言，米开朗琪罗心满意足。拱顶绘饰既已
完工，他终于可以放下画笔，重拾已睽违数年的锤子和凿子。

六年多前为教皇陵开采的大理石，如今仍躺在圣彼得广
场，除了偷了几块的小偷，无人问津。绘制顶棚湿壁画时，米
开朗琪罗并未忘记教皇陵案，每次从鲁斯提库奇广场走往西斯
廷礼拜堂，他大概都会经过这堆大理石，这让他一再痛苦而清
晰地想起自己的抱负如何遭到埋没。

完成湿壁画后，米开朗琪罗决心重启教皇陵案，也就是尤
利乌斯当初叫他来罗马负责的工程。湿壁画揭幕几天后，他就
开始替教皇陵画新素描。他还开始根据这些素描制作一个木质

模型，并敲定租下罗维雷家族的一栋大房子作为工作室，地点
位于台伯河对岸图拉真圆柱附近的渡鸦巷里。比起圣卡特利娜
教堂后面的小工作室，这栋房子更为宽敞和舒适，附近有养鸡
种菜的园圃、水井、葡萄酒窖，还有两间小屋可供他安顿助
手。不久之后就有两名助手从佛罗伦萨前来，但一如往常，他
又被助手搞得头大。其中一人姓法尔科内，来罗马没多久就病
倒，还要米开朗琪罗照护。另一人（"邋遢男孩"[13]）则不断
给米开朗琪罗惹麻烦，迫使米开朗琪罗不得不放弃，赶紧安排
他回佛罗伦萨。

　　教皇陵的雕制工作很快出现危机。拱顶湿壁画揭幕几星期
后，尤利乌斯欢度了六十九岁生日，他动荡不安的统治也迈入
第十个年头。他已逃过死神魔掌许多次，包括遭遇多次病危和
暗杀而安然无事，躲过数次伏击和绑架，在米兰多拉城外炮火
连天的战场上安然无恙，征战不利的预言和恶兆。最后，他还
摆脱了失望、挫败的阴霾，平定一小撮法国枢机主教的叛乱，
奇迹般地打败路易十二。当然，他还制服了意大利最难驯服的
艺术家，让他在五年内完成了一件旷世杰作。

　　这种种苦难虽没要了他的命，却也大大戕害了他的健康，
一五一三年开年不久，教皇就开始感到不舒服。到了一月中，
已食欲全消，对于尤利乌斯这样的老饕而言，是不祥的征兆。
不过他深信葡萄酒具有强身补精的效果，坚持品尝八种不同的
葡萄酒，以找出哪种酒对自己最有利。他还不想放下公务，于
是叫人把床搬进隔壁的鹦鹉室，在这里躺在床上，伴着他养的
笼中鹦鹉，接见各国大使和其他宾客。

　　二月中旬，教皇仍无法吃，无法睡，但已有所好转，能在
床上坐起，和德格拉西来杯马姆齐甜酒。看到他"气色好，

284   神情愉快"，德格拉西很高兴。[14]眼前看来，尤利乌斯似乎又要逃离死神魔掌。但隔天，他照嘱咐服了一份含金粉的药剂（号称能治百病的假药），隔夜醒来，病情迅速恶化。隔天二月二十一日早上，罗马人民得知"恐怖教皇"驾崩。

    几天后，仍无法相信这个事实的德格拉西在日记里写道，"在这城里住了四十年，从没看过哪个教皇的葬礼聚集了这么多人"。[15]尤利乌斯的葬礼于嘉年华会期间举行，全罗马人民之哀痛前所未见，几近歇斯底里。教皇遗体被安放在圣彼得大教堂内供民众瞻仰，民众硬是推开瑞士侍卫队，坚持要亲吻教皇的脚。据说就连尤利乌斯的敌人也潸然泪下，称他让意大利和教会摆脱了"法国蛮人的支配"。[16]

    因吉拉米在圣彼得大教堂发表悼词。"天哪！"他以洪亮的嗓音高声说道，"天哪！在统理帝国上，他是何等之天纵英明，何等之深谋远虑，何等之功绩焕然，他那崇高而坚毅的心灵所散发出的力量，何等之举世无匹？"[17]葬礼结束后，尤利乌斯的遗体暂厝在这座重建中的大教堂的高坛里，位于西克斯图斯四世墓旁边，待米开朗琪罗的陵墓雕制完成后再移灵。

    教皇陵终于开始动工。尤利乌斯死前两天发布一道诏书（生前的最后作为之一），明白表示他希望由米开朗琪罗负责雕制他的陵墓，并拨下一万杜卡特的经费。他还特别安排了陵墓安置之处。最初尤利乌斯属意将陵墓建于圣彼得镣铐教堂，后来改成重建后的圣彼得大教堂，但在临终前，他又改变心意。他认为自己在位以来取得了许多成就，而死后要长眠在最能彰显他统治特色的成就底下，因此，他坚持宏伟的陵墓建成后要安放在西斯廷礼拜堂里面。尤利乌斯希望自己长眠在不是一件而是两件米开朗琪罗的杰作底下。

　　米开朗琪罗得知尤利乌斯死后有何反应，文献未有记载。他曾与教皇交情甚好，原寄望借教皇之助闯出一番大事业，却因一五〇六年教皇陵上的龃龉而彼此疏远。这段插曲他一生未能忘怀，许多年后仍愤愤提及。不过，他想必也认识到，尤利乌斯再怎么不好，仍是他最大的赞助者，这个人的计划和眼光与他一样宏远，这个人的精力和雄心和他一样昂然不坠，这个人的"可怖"一如他自己的"可怖"，昭然揭露于拱顶湿壁画的每个角落。

　　尤利乌斯葬于圣彼得大教堂不久，三十七岁的乔凡尼·德·美第奇，洛伦佐一世的儿子，在米开朗琪罗新湿壁画底下召开的秘密会议期间获选为教皇，成为利奥十世①。利奥是米开朗琪罗的童年朋友，有教养、和善又宽厚，既虔敬看待已故的尤利乌斯，（至少刚开始）又友善地对待米开朗琪罗，承诺以后将继续委任他以重大的雕塑工程。他当选后就签发新合约，请米开朗琪罗雕制尤利乌斯陵墓，立即表达了他的善意。这时教皇陵案仍计划雕制四十尊等身大的大理石雕像，米开朗琪罗的报酬暴涨为一万六千五百杜卡特。数百吨的卡拉拉大理石很快被从圣彼得广场运到渡鸦巷的工作室。骑马逃离罗马整整七年后，米开朗琪罗终于重拾他所谓的"老本行"。

285

---

　　①　在这次秘密会议上，枢机主教美第奇并未住到位于佩鲁吉诺《基督交钥匙给圣彼得》底下的那个幸运室，反倒是因为肛门瘘管化脓而身子虚弱，德格拉西安排他住进位于礼拜堂前头、方便前往圣器室接受必要医疗的房间。

注释

[1] 孔迪维:《米开朗琪罗传》,第 48 页。

[2] 同上。

[3] 德·托尔内:《米开朗琪罗》,第二卷,第 151 页。

[4] 阿尔贝蒂:《论绘画》,第 77~78 页。

[5] 孔迪维:《米开朗琪罗传》,第 58 页。

[6] 瓦萨里:《画家、雕塑家、建筑师列传》,第二卷,第 675 页。

[7] 孔迪维:《米开朗琪罗传》,第 58 页。瓦萨里对此轶事的记述稍有不同,认为第一个起意用干壁画法润饰此画者是米开朗琪罗,而非教皇(《画家、雕塑家、建筑师列传》,第二卷,第 668 页)。

[8] 孔迪维:《米开朗琪罗传》,第 58 页。

[9] 《米开朗琪罗书信集》,第一卷,第 149 页。

[10] 同上书,第 62 页。

[11] 同上书,第 149 页。

[12] 关于这两千杜卡特,参见上书,第 243~244 页。

[13] 同上书,第 85 页。

[14] 引自帕斯托尔《教皇史》,第六卷,第 434 页。

[15] 同上书,第 437 页。

[16] 同上。

[17] 迦列蒂(Pier Luigi Galletti)所编因吉拉米的(*Thomae Phaedri Inghirami Volterrani orationes*, Rome, 1777),第 96 页。

结语：诸神的语言

此后米开朗琪罗又活了五十一年，在漫长创作生涯里创造
出更多的绘画和大理石雕刻杰作。一五三六年，他甚至重回西
斯廷礼拜堂绘制另一幅湿壁画，即祭坛壁上的《最后审判》
（*The Last Judgement*）。到了晚年，生命出现奇崛的转折，出任
圣彼得大教堂重建工程的工程局长；首任总建筑师布拉曼特死
于一五一四年，享年七十岁。这座长方形廊柱大厅式新教堂，
自尤利乌斯举行奠基典礼以后，拖了一百多年才建成，因而当
时意大利有"兴建圣彼得大教堂"（la fabbrica di San Pietro）
这样的语句，用以形容事情没完没了。拉斐尔继布拉曼特之后
担任总建筑师，部分更改了恩师的原始设计。三十多年后的一
五四七年，米开朗琪罗接手这项浩大工程，这时他已以许多杰
出成就著称于世，是当时最富创意、最有影响力的建筑师。接
下教皇保罗四世的委任后，他开始为这座长方形廊柱大厅式教
堂设计雄伟的穹顶，一座不只雄霸梵蒂冈，而且耸立整个罗马
天际线之上的穹顶。[1] 不过他接这案子时极不情愿，称这建筑
不是他的"老本行"。

拉斐尔的创作生涯则短了许多，甚至未能见到梵蒂冈诸室
的绘饰完工就与世长辞了。尤利乌斯去世时，他正在绘制艾里
奥多罗室的第三幅湿壁画《击退阿提拉》（*The Repulse of Attila*）。
一五一四年，完成该室另一幅湿壁画《解救圣彼得》（*The*

Liberation of St Peter）后，利奥十世立即委任他绘饰教皇居所的另一个房间。在大批助手的协助下，他于一五一七年完成绘饰，其中有幅湿壁画名为《波尔哥的火灾》（*Fire in the Borgo*），此室因此得名火灾室。

此外拉斐尔还接了许多其他案子，包括为挂毯设计图案，为廷臣、枢机主教绘肖像，以及当然会有的湿壁画绘制。除了担任圣彼得大教堂总建筑师，他还担任梵蒂冈建筑师，完成数年前布拉曼特所开启的凉廊工程及其上面的装饰。他替阿戈斯提诺·齐吉设计了一座丧葬礼拜堂，为新教皇兄弟朱利亚诺·德·美第奇在罗马城外起建了一座别墅。他搬离位于无骑者之马广场边较寒酸的房舍，住进自己出钱买下的卡普里尼宅邸——一栋由布拉曼特设计的豪宅。

拉斐尔工作之余也不忘谈情说爱。他虽然与面包店女儿玛格丽塔·鲁蒂斯混，一五一四年却与名为玛丽亚的年轻女子订婚。玛丽亚是枢机主教毕比耶纳的侄女，拉斐尔一生所绘的许多肖像画中有一幅的画中人就是这位枢机主教。但拉斐尔一直未履行婚约。据瓦萨里记述，他迟迟不履行婚约的原因有二：一是他希望当上枢机主教，而娶妻显然会让他失去资格；二是他热衷于"拈花惹草之乐"。[2]据说玛丽亚还因为拉斐尔迟迟不愿成婚，伤心至死。不久，一五二○年的受难节，拉斐尔也在一夜风流之后去世，据瓦萨里的说法，他这次风流时"纵欲过度"。[3]和莎士比亚一样，他死于生日那天，但享年三十七岁。

据当时某人所说，拉斐尔壮年早夭让皇廷"上上下下哀痛至极。在这里，众人谈论的全是这位不世之才的死。他年纪轻轻就结束了第一生命，而他的第二生命，即不受时间与死亡

所限的名声之生命，将永世长存"。[4]对罗马人民而言，上天 288
似乎也为这画家之死而哀伤，因为梵蒂冈数处墙面突然出现裂
缝，吓得利奥和他的随从逃出似要崩塌的皇宫。不过这些裂缝
大概不是上天哀悼的表示，反倒更可能是拉斐尔不久前修正梵
蒂冈结构的结果。

　　拉斐尔的遗体被放在灵柩台上供人瞻仰，灵柩台上方挂了
他生前最后的遗作《基督变容》（*The Transfiguration*）。随后
他与他那心碎的未婚妻玛丽亚，合葬在万神殿。至于玛格丽
塔，据说拉斐尔留给她不少的财产，后来她遁入修道院当女
尼。不过她很可能带着一则秘密一起进入修道院。近年有人用
X光检查《芙娜莉娜》，即拉斐尔于一五一八年为她所画的肖
像，发现她左手第三指戴了一只切割方正的红宝石戒指，这说
明了拉斐尔一再拖延成婚的另一个理由，即他已娶了玛格丽
塔。当时一如今日，建议婚戒戴在左手第四只手指上，因为那
时人们认为有一条特殊静脉——爱情静脉（vena amoris）——
从该手指流往心脏。[5]这个戒指后来被人再上色盖掉，以维护
他死后的名声（动手脚者很可能是拉斐尔的某个助手），直到
将近五百年后才重见天日。

　　拉斐尔英年早逝时，君士坦丁厅里正在搭建脚手架，这是
教皇居所里第四个也是最后一个待绘饰湿壁画的房间。如果说
他在梵蒂冈诸室的湿壁画一直被米开朗琪罗在西斯廷礼拜堂的
作品压得出不了头，那么他至少在死后打赢了劲敌一次。拉斐
尔入土后不久，米开朗琪罗友人皮翁博向教皇利奥申请，让米
开朗琪罗接手绘饰君士坦丁厅（其实他本人对此计划兴味索
然），但最后却因为拉斐尔诸弟子（包括青年才俊朱里奥·罗
马诺）拥有师父的草图，且有意按这些草图绘饰该厅，而遭

驳回。一五二四年，这些助手如期完成了君士坦丁厅的湿壁画。

289　　尤利乌斯陵墓做了很久，久到让米开朗琪罗希望能早日脱离苦海，痛苦程度甚至比西斯廷礼拜堂的湿壁画工程还大。他断断续续刻了三十多年，直到一五四五年才完工。陵墓最后未按尤利乌斯遗愿放进西斯廷礼拜堂，而是放在古罗马圆形剧场对面的圣彼得镣铐教堂耳堂。它也未如尤利乌斯预想的那么宏伟，因为在接下来几任教皇的旨意下，陵墓大小和雕像数目都大幅缩水。原规划安置在陵墓最顶端的雕像，即头戴三重冕的10英尺高"恐怖教皇"像，甚至连动工都没有。事实上，这件工程的许多地方最后是出自米开朗琪罗所雇用的其他雕塑家（如蒙特鲁波）之手。更糟的是，尤利乌斯的遗体也未按原计划移入这座巨大陵墓，反倒是继续留在圣彼得大教堂内，与西克斯图斯四世长相左右。

290　　接下来的岁月，米开朗琪罗仍继续为家人烦心。不过他终于履行了对博纳罗托的承诺，一五一四年他借给三个弟弟一千杜卡特，在佛罗伦萨开了间羊毛店。这家店经营了约十二年，生意不差。博纳罗托，他唯一娶妻生子的弟弟，一五二八年死于瘟疫，享年五十一岁。他的死令米开朗琪罗哀痛不已。又二十年后乔凡西莫内去世，远航异邦、买卖珍奇商品致富的年轻梦想从未能实现。临终前他痛悔自己一生的罪过，米开朗琪罗因此坚信他将在天国得救。职业军人西吉斯蒙多在一五五五年死于塞提尼亚诺的家中农场。一五三一年鲁多维科以八十七岁高寿往生，米开朗琪罗有感而发，写下他生平的长诗之一，沉痛抒发他对这位不时反对、激怒他之人的"大悲"与"哀恸"。[6]

　　米开朗琪罗本人于一五六四年八十九岁生日前几星期死于罗马，遗体被运回佛罗伦萨葬入圣克罗齐教堂，瓦萨里所雕制的坟墓底下。立即有佛罗伦萨人在坟墓上别上悼诗和其他颂辞，大部分称颂他是有史以来最伟大的艺术家，在雕塑、绘画、建筑上的成就之高，无人能及。[7]举行国葬典礼时，这个看法得到正式认可，佛罗伦萨学园主持人、诗人暨史学家瓦尔基，在葬礼上发表演说，若没有米开朗琪罗，乌尔比诺的拉斐尔将是有史以来世上最伟大的艺术家。两人开始在梵蒂冈开始绘制湿壁画的五十多年后，世人仍鲜明记得他们相互较量的往事。

　　说到名气之响亮，米开朗琪罗的其他作品无一能比得上西斯廷礼拜堂拱顶湿壁画，如今他的名字几乎就相当于这座建筑的代名词。就像《卡西那之役》草图一样，西斯廷礼拜堂拱顶壁画几乎成为艺术家观摩学习的"重镇"，受到罗索·菲奥伦蒂诺（Rasso Fiorentino）、雅各布·达·蓬托尔莫（Jacopo da Pontormo）等新一代托斯卡纳画家的高度重视。日后成为矫饰主义运动代表人物的罗索、蓬托尔莫，于利奥十世在位期间数度南下罗马观摩这件作品，然后将他们在西斯廷礼拜堂拱顶上所见到的鲜亮色彩和有力人体如法炮制于自己的作品上。

291

　　更远的艺术家也注意到米开朗琪罗的作品。提香在该湿壁画未全部完成之前，就已开始模仿拱顶上的某些人物。一五一一年秋，这位时年二十六岁的威尼斯画家，在帕多瓦的圣徒会堂绘制了一小幅湿壁画，画中仿现了《亚当与夏娃的堕落》里斜倚的夏娃。[8]据现有史料，提香在这之前未来过罗马，因此他想必看过其他艺术家临摹并传阅的米开朗琪罗拱顶前半部湿壁画的某些人物素描。这类素描很快就出现市场需求，艺术界拿它当作临摹模板之类的东西来使用。整面拱顶湿壁画揭幕后，无名艺术家库尼为整面湿壁画画了一套素描。拉斐尔的助理之一瓦迦买下了这套素描，后来援用了其中某些主题于自己的顶棚绘饰中，包括罗马圣玛策禄堂某礼拜堂的顶棚绘饰（他在此制作了一幅《创造夏娃》湿壁画）。

　　一五二〇年代，意大利杰出的雕版家莱蒙迪（Raimondi）根据拱顶上的某些场景，制作了一些版画。接下来的几十年里，又出现许多套重现米开朗琪罗笔下人物的版画，雕版师有远自荷兰者，其中一套版画于十七世纪在阿姆斯特丹拍卖，被著名画家暨收藏家伦勃朗买下。这类版画的问世以及艺术家亲往西斯廷礼拜堂观摩，促使米开朗琪罗的作品深深烙在欧洲人的心里，进而使透彻了解他的作品成为艺术教育的必修课。英国肖像画家雷诺兹（Sir Joshua Reynolds），曾在伦敦的皇家艺术学院劝勉学生要临摹米开朗琪罗的湿壁画（他称此作品为"诸神的语言"[9]，且他本人已在一七五〇年走访罗马时临摹过），但在学生眼中，他的这项教诲几乎可说是多余之言。在这之前，艺术界早已拿西斯廷礼拜堂作为创意的宝库，在这之后，如此情形也持续了很久。因此，后来法国印象派画家卡米耶·毕沙罗（Camille Pissarro）说道，艺术家视米开朗琪罗的作品为可供他们"翻阅"的"画册"。[10]佛兰德斯画家彼得·保罗·鲁本斯（Peter Paul Rubens）于一六〇二年画了数幅伊纽多像和《铜蛇》的粉笔素描；返回安特卫普后发展出"狂飙突进"的风格，以紧绷而豪壮的裸像为特色。英国版画家威廉·布雷克（William Blake，一七五七～一八二七）第一幅平面艺术作品，就是根据阿达莫·吉西（Adamo Ghisi）的西斯廷湿壁画版画临摹的铅笔/淡水彩仿作。墨西哥壁画大师迭戈·里维拉（Diego Rivera）一九二〇年代初在意大利待了十七个月进行素描、研究湿壁画；他的第一件公共壁画，一九二二年为墨西哥市国立预备学校画的《创造》（Creation），呈现裸身亚当坐在地上，左膝弯曲。从鲁本斯，到布雷克，再到里维拉，四百多年间，几乎每位著名画家都"翻阅"过米开朗琪罗那似乎取之不尽的"画册"，重现他笔下的手势和姿态（这些手势和姿态的轮廓和结构，在今日就和地图上的意大利国土形状一样为人所熟悉）。

但也并非每个看过米开朗琪罗湿壁画的人都是毫无保留的佩服。一五二二年一月，来自乌得勒支、极拘泥于教义的一位学者，继利奥十世之后出任教皇，成为哈德良六世。在他眼中，这件作品似乎只是马丁·路德用来煽起对教会之敌意的另一个罗马堕落腐败的例子。哈德良认为拱顶上的人物放在澡堂会比放在基督教礼拜堂更合适，他觉得在这些人物下面主持弥撒很不舒服，因此一度扬言要将湿壁画全部打掉。所幸，他上任仅十八个月就去世了。

米开朗琪罗的湿壁画经历数世纪岁月而仍保存完好，为瓦萨里那大胆的论断，即湿壁画"挡得住任何会伤害它的东西"，提供了有力的例证。它经历过多次破坏，包括屋顶漏水、墙壁崩塌①、一七九七年圣安杰洛堡爆炸事件，但几乎完好无缺地保存至今。一七九七年那次爆炸，西斯廷礼拜堂摇得

---

① 墙壁不稳固肇因于该礼拜堂建于不良的地基之上这个老问题。门墙受影响最大。一五二二年，教皇哈德良六世进入该礼拜堂时，门上过梁突然崩落，打死了一名瑞士侍卫，哈德良以毫发之差逃过一劫。

293 非常厉害，拱顶上数块大灰泥壁，包括德尔菲巫女上面绘有伊
纽多像的壁面，被震落地面。它还挨过了数百年来许多污染物
不知不觉的危害，这些污染物包括数千次弥撒无数香火、烛火
的烟熏；每次推选教皇秘密会议结束时，众枢机主教烧选票仪
式所带来的烟熏①；罗马燃烧汽油的中央暖气系统和数百万辆
汽车排放出的腐蚀性物质；甚至每日一万七千名游客呼出的气
息，将四百多公斤的水汽释入礼拜堂的空气里，引发蒸发、凝
结这一有害的水循环。

当然这整面湿壁画也并非毫发无伤。米开朗琪罗在世时，
湿壁画就已因为烛火、香火的烟熏，以及冬天礼拜堂内供取暖
用的火盆，而蒙上数层油烟和污垢，当时就曾多次试图恢复它
原有的光泽。一五六〇年代，卡内瓦列予以修补、润饰后，数
百年来它还遭遇多次外力介入。一六二五年，佛罗伦萨艺术家
西蒙·拉吉用亚麻质破布和不新鲜的面包，竭尽所能地去除积
累的污垢。十八世纪，安尼巴莱·玛佐利（Annibale Mazzuoli）
以海绵蘸希腊葡萄酒（当时意大利人用作溶剂）做了同样的
清理工作，然后他和他的儿子如卡内瓦列一样，以干壁画法修
润了某些地方，为整面湿壁画抹上保护性清漆。[11]

修补方式最后有了更精密的办法。一九二二年，拥有无价
294 艺术作品的梵蒂冈认识到保护它们的重要性，创立了画作修复
实验室。六十年后，这个机构迎来了它成立以来最艰巨的挑

---

① 执行这项仪式时，众枢机主教将选票塞进一个与西斯廷礼拜堂烟囱相通
的炉子里，然后拉下炉子上的"黑色"或"白色"把手。拉下"黑色"
把手，烟囱排出的就是黑烟，反之亦然，借此表示秘密会议已选出（白
色）或未能选出（黑色）新教皇。一七九八年八月在选出若望保禄一世
的那次秘密会议期间，因某人忘了清扫烟囱，导致礼拜堂内充满有毒黑
烟。一百一十一名枢机主教差点窒息，而湿壁画也因此再蒙上一层污垢。

战。鉴于前人修补时所加上的黏胶、清漆可能开始剥落，并将米开朗琪罗涂上的颜料连带拔下来，一九八〇年六月，梵蒂冈对该画展开有史以来最全面的介入。在日本电视台（NTV）的资助下，梵蒂冈修复工程总监科拉鲁奇启动了一项耗资数百万美元的修复工程，动员数十名专家，并将耗费比米开朗琪罗绘制这面湿壁画多一倍的时间。

在国际检查委员会的监督下，科拉鲁奇不仅像以往那样靠双手不辞劳苦地清除、修补，还采用了高科技，包括用电脑将拱顶上的图像数字化并储存在大数据库里。专家利用光谱科技找出米开朗琪罗所用颜料的化学成分，借以将它们与卡内瓦列等后来修补者所上的颜料区别开来，接着使用 AB_{57}（以碳酸氢钠等物质制成的特殊清洁剂）将这些修补者用干壁画法添上的部分，连同污垢和其他外加物质一起清除掉。修补人员用日本纸制的敷布盖住所要清理的部位，再将清洁剂抹在敷布上，静置三分钟，接着用蒸馏水清洗表面。灰泥壁上的裂缝用罗马灰泥（石灰和大理石粉的混合物）填补，腐蚀的部位则打进名叫 Vinnapas 的固结剂。

完成这些步骤后，湿壁画的某些地方再用水彩颜料修润。梵蒂冈修补人员站在特制铝质脚手架（仿米开朗琪罗设计的脚手架）上，以平行的垂直笔触补上水彩，方便后人辨别哪些地方是米开朗琪罗的原始笔触，哪些地方是这次修补添上的。最后，为保护颜料免再遭污染物污损，部分湿壁画表面涂上名叫 Paraloid B_{72} 的丙烯酸树脂。

此外还采取了进一步的措施保护湿壁画。为保持礼拜堂内的微气候稳定，窗户牢牢密封，并安上低热度灯泡，以及可过滤空气、维持摄氏二十五度恒温的先进空调系统。从梵蒂冈诸　295

室通往礼拜堂的楼梯均铺上防尘地毯（梵蒂冈诸室里的拉斐尔湿壁画也以类似方式修复）。整个修复作业于一九八九年十二月完成，全程以一万五千张照片和二十五英里长的十六毫米胶卷记录下来。[12]

对于如此全面修复西方文明伟大地标之一，外界有褒也有贬，特别是五百年的积垢除去后，露出如此出人意料的鲜亮色彩，有人因此抨击梵蒂冈的修补人员创造出了"贝纳通·米开朗琪罗"。[13]① 一九八〇年代中期至末期，这项争议在报刊上引发了水火不容般的尖锐笔战，安迪·沃荷（Andy Warhol）和以鲜彩布料包裹建筑、海岸线而著称的保加利亚裔艺术家克里斯托（Christo）之类的名人，都被卷进论战之中。米开朗琪罗是否涂了许多以黏胶为基质的颜料、清漆，而在科拉鲁奇用清洁剂除去表面油烟时给连带除去？这个问题成为批评一方最后成败的关键。反对这次修复工程者主张，米开朗琪罗用干壁画法替湿壁画做了重要且大面积的添笔，以较深的色调加深暗部并统一整个构图。修复一方则主张，米开朗琪罗几乎全以"真正湿壁画法"上色，色调较深的部位是空气传播的污染物与不当修补的混浊清漆共同造成的结果。

梵蒂冈为这次清理所做的记录存有一些前后矛盾之处，而成为批评者——特别是美国哥伦比亚大学艺术史家詹姆斯·贝克（James Beck）——攻击的把柄。例如梵蒂冈起初报告说，Paraloid B$_{72}$的涂敷是"彻底、全面而完整的"，几年

---

① 贝纳通（Benetton）为意大利流行服饰品牌，以年轻人为主力消费者，在此暗喻修复人员把这些壁画搞成与流行名牌一样新潮而通俗。——译者注

后闻悉批评者称这种树脂可能最后转为乳浊后，又改口说除了位于弦月壁的某些地方，这整面湿壁画未涂上任何保护层。[14]关于米开朗琪罗是否用了群青，梵蒂冈的报告同样摇摆不定，而且如果他真用了这种颜料，那几乎可以肯定已被清洁剂洗掉。[15]

296

　　这次修复在方法上虽令人忧心，却进一步揭示了米开朗琪罗的技法、影响和合作情形。米开朗琪罗以干壁画法修润的地方到底是多还是少，历来莫衷一是，但似乎毋庸置疑的是，经过刚开始跟跄的摸索后，他使用"真正湿壁画法"——在吉兰达约（佛罗伦萨最擅长此画法的画家之一）门下就已习得的方法——越来越频繁。米开朗琪罗的助手们所扮演的角色，也因这次修复而更为清楚。米开朗琪罗既身为一群助手的头头，历来大家所认定的他独自一人仰躺在脚手架上辛苦作画的说法，如同一九六五年欧文·斯通（Irving Stone）的小说《痛苦与狂喜》（The Agony and the Ecstasy）改编的电影中查尔顿·希斯顿演绎的那样，也就不攻自破。这样的形象经证实只是个动人的谬见，在抹了 AB_{57} 的敷布底下，这谬见随同障蔽住原画面的油烟和光油消失不见。[16]这则迷思的形成，米开朗琪罗、瓦萨里、孔迪维，以及更晚近的德国诗人歌德，要负大部分责任。歌德于一七八〇年代走访罗马之后写道，未去过西斯廷礼拜堂，就无法了解人的能耐有多大。[17]如今我们知道西斯廷礼拜堂的湿壁画不是一个人的心血。但对于穿过梵蒂冈迷宫般的展馆和廊道进入礼拜堂，然后在一排排木质长椅上坐下，不知不觉间像先知乔纳像一样抬头仰望的数百万人而言，头顶上景象的壮观程度依然不减。

注释

[1] 米开朗琪罗设计的圣彼得大教堂穹顶未及完工，他就辞世，随后由波尔塔（Giacomo della Porta）和丰塔纳（Domenico Fontana）于1590年合力完成，波尔塔修改了他的部分设计。

[2] 瓦萨里：《画家、雕塑家、建筑师列传》，第一卷，第745页。

[3] 同上。瓦萨里这项说法是否属实，有待商榷。他写道医生误诊拉斐尔为中暑，于是予以放血，而这种治疗法常反而要了病人的命。

[4] 米兰多拉（Pandolfo Pico della Mirandola）致伊莎贝拉·贡萨加（Isabella Gonzaga）之语，引自克劳（J. A. Crowe）与卡瓦尔卡塞尔（G. B. Cavalcaselle）合著的两卷本《拉斐尔：他的生平与作品》（*Raphael: His Life and Works*, London: John Murray, 1885），第二卷，第500~501页。

[5] 但在《婚礼》（*Sposalizio*）中，拉斐尔画了约瑟准备将戒指套入圣母玛利亚右手第四指的情景，佩鲁吉诺的《圣母玛利亚婚礼》（*Marriage of the Virgin*）也一样，玛利亚同样伸出右手给约瑟戴戒指。

[6] 《米开朗琪罗诗全集与书信选集》，第61页。

[7] 关于米开朗琪罗之死与丧礼，参见韦特考尔夫妇（Rudolf and Margot Wittkower）合编的《天才米开朗琪罗：一五六四年他死时佛罗伦萨学院的致意》（*The Divine Michelangelo: The Florentine Academy's Homage on His Death in 1564*, London: Phaidon Press, 1964）。

[8] 关于这项借用，可参见韦尔德（Johannes Wilde）《从贝里尼到提香的威尼斯绘画》（*Venetian Painting from Bellini to Titian*, Oxford: Oxford University Press, 1974），第123页；以及吉尔勃特（Creighton Gilbert）的《提香与逆转的米开朗琪罗草图》（"Titian and the Reversed Cartoons of Michelangelo"），收录于《上下于西斯廷顶棚的米开朗琪罗》，第151~190页。

[9] 瓦尔克（Robert R. Wark）所编的雷诺兹《艺术丛谈》（*Discourses on Art*, San Marino, Calif.: Huntington Library, 1959），第278页。

［10］里瓦尔德（John Rewald）所编皮萨罗《致儿子鲁西昂书信集》第四版（*Letters to His Son Lucien*, London：Routledge & Kegan Paul, 1980），第 323 页。

［11］关于这些修补工作，可参见科拉鲁奇（Gianluigi Colalucci）的《米开朗琪罗的色彩重见天日》（"Michelangelo's Colours Rediscovered"），第 262～264 页。科拉鲁奇对这些修补工作的看法，也有人持质疑态度，可参见贝克（James Beck）与达里（Michael Daley）合著的《艺术修复：文化、商业、丑闻》（*Art Restoration：The Culture, the Business and the Scandal*），第 73～78 页。

［12］关于这项修复工程的报告，参见科拉鲁奇《米开朗琪罗的色彩重见天日》，第 260～265 页；佩特兰杰利（Carlo Petrangeli）的《序言：修复记述》（"Introduction：An Account of the Restoration"），收录于德维奇与默斐合编的《西斯廷礼拜堂：值得称颂的修复》，第 6～7 页。关于这次修复过程和其财务动机、文化影响，可参见雅努史茨查克（Waldemar Januszczak）的《再见米开朗琪罗：西斯廷礼拜堂的修复与重新包装》（*Sayonara Michelangelo：The Sistine Chapel Restored and Repackaged*, Reading, Mass. ：Addison – Wesley, 1990）。

［13］反对此次修复的观点，在贝克与达里合著的《艺术修复》一书，第 63～122 页，有最为全面的阐述。关于反方看法引来的回应，可参见布兰特（Kathleen Weil – Garris Brandt）《关于米开朗琪罗西斯廷顶棚的二十五个质疑》（Twenty-five Questions about Michelangelo's Sistine Ceiling），《阿波罗》（*Apollo*）杂志，1987 年 12 月号，第 392～400 页；以及艾克舍扬（David Ekserdjian）的《西斯廷顶棚与批评者》（"The Sistine Ceiling and the Critics"），《阿波罗》杂志，1987 年 12 月号，第 401～404 页。

［14］参见贝克与达里合著的《艺术修复》，第 119～120 页。

［15］关于此事，参见本书第十二章的注释 12。

［16］关于这次清理工程所揭露的"新米开朗琪罗"，参见雅努史茨查克的《再见米开朗琪罗》一书，特别是第 179～189 页。

［17］歌德（Johann Wolfgang von Goethe）《意大利行纪》英译本（*Italian Journey*, London：Penguin, 1970）第 376 页，W. H. Auden 与 Elizabeth Mayer 合译。

参考文献

Ackerman, James S., 'The Planning of Renaissance Rome', in P.A. Ramsey, ed., *Rome in the Renaissance: The City and the Myth* (Binghamton, NY: Centre for Medieval and Early Renaissance Studies, SUNY-Binghamton, 1982), pp. 3–17

Alberti, Leon Battista, *On Painting*, trans. Cecil Grayson, ed. Martin Kemp (London: Penguin, 1991)

Albertini, Francesco, *Opusculum de mirabilis novae et veteris urbis Romae*, in *Five Early Guides to Rome and Florence*, ed. Peter Murray (Farnborough, Hants: Gregg International Publishers, 1972)

Alson, Mary Niven, 'The Attitude of the Church towards Dissection before 1500', *Bulletin of the History of Medicine* 16 (1944), pp. 221–38

Ames-Lewis, Francis, 'Drapery "Pattern"-Drawings in Ghirlandaio's Workshop and Ghirlandaio's Early Apprenticeship', *Art Bulletin* 63 (1981), pp. 49–61

Ames-Lewis, Francis, and Joanne Wright, *Drawing in the Italian Renaissance Workshop* (London: Victoria & Albert Museum, 1983)

Ariosto, Lodovico, *Orlando furioso*, trans. Guido Waldman (Oxford: Oxford University Press, 1983)

Bambach, Carmen C., *Drawing and Painting in the Italian Renaissance Workshop: Theory and Practice, 1300–1600* (Cambridge: Cambridge University Press, 1999)

Bambach, Carmen C., 'A Note on Michelangelo's Cartoon for the Sistine Ceiling: *Haman*', *Art Bulletin* 65 (1983), pp. 661–6

Barocchi, Paola, ed., *Scritti d'arte del cinquecento*, 3 vols (Milan and Naples: Ricciardi, 1971–7)

Barocchi, Paola, and Renzo Ristori, eds, *Il Carteggio di Michelangelo*, 5 vols (Florence: Sansoni Editore, 1965–83)

Barocchi, Paola, and Lucilla Bardeschi Ciulich, eds, *I Ricordi di Michelangelo* (Florence: Sansoni Editore, 1970)

Barolsky, Paul, *Infinite Jest: Wit and Humour in Italian Renaissance Art* (Columbia, Missouri: University of Missouri Press, 1978)

Barolsky, Paul, 'Looking Closely at Michelangelo's Seers', *Source: Notes in the History of Art* (Summer 1997), pp. 31–4.

Barolsky, Paul, *Michelangelo's Nose: A Myth and its Maker* (University Park: Penn State University Press, 1990)

Bartalini, Roberto, 'Sodoma, the Chigi and the Vatican Stanze', *Burlington Magazine* (September 2001), pp. 544–53

Battisti, Eugenio, *Rinascimento e Barocca* (Florence: Einaudi, 1960)

Battisti, Eugenio, 'Il significato simbolico della Cappella Sistina', *Commentari* 8 (1957), pp. 96–104

Baxandall, Michael, *Painting and Experience in Fifteenth-Century Italy* (Oxford: Oxford University Press, 1974)

Beck, James, 'Cardinal Alidosi, Michelangelo, and the Sistine Ceiling', *Artibus et Historiae* 22 (1990), pp. 63–77

Beck, James, *The Three Worlds of Michelangelo* (New York: W.W. Norton & Co., 1999)

Beck, James, and Michael Daley, *Art Restoration: The Culture, the Business and the Scandal* (London: John Murray, 1993)

Berenson, Bernard, *Italian Painters of the Renaissance*, 2 vols (London: Phaidon, 1968)

Boccaccio, Giovanni, *The Decameron*, trans. G.H. McWilliam, 2nd edn (London: Penguin, 1995)

Boehmer, Heinrich, *Martin Luther* (London: Thames & Hudson, 1957)

Borsook, Eve, *The Mural Painters of Tuscany* (Oxford: Clarendon Press, 1980)

Borsook, Eve, 'Technical Innovation and the Development of Raphael's Style in Rome', *Canadian Art Review* 12 (1985), pp. 127–36

Brandt, Kathleen Weil-Garris, 'Twenty-five Questions about Michelangelo's Sistine Ceiling', *Apollo* (December 1987), pp. 392–400

Brown, Elizabeth A.R., 'Death and the Human Body in the Later Middle Ages: The Legislation of Boniface VIII on the Division of the Corpse', *Viator* 12 (1981), pp. 221–70

Bruschi, Arnaldo, *Bramante* (London: Thames & Hudson, 1977)

Buck, Stephanie, and Peter Hohenstatt, *Raphael, 1483–1520*, trans. Christine Varley and Anthony Vivis (Cologne: Könemann, 1998)

Bull, George, *Michelangelo: A Biography* (London: Viking, 1995)

Bull, George, ed., *Michelangelo: Life, Letters, and Poetry* (Oxford: Oxford University Press, 1987)

Bull, Malcolm, 'The Iconography of the Sistine Chapel Ceiling', *Burlington Magazine* 130 (August 1988), pp. 597–605

Burchard, Johann, *At the Court of the Borgias, being an Account of the Reign of Pope Alexander VI written by his Master of Ceremonies, Johann Burchard*, ed. and trans. Geoffrey Parker (London: The Folio Society, 1963)

Burke, Edmund, *A Philosophical Enquiry into the Origin of our Ideas of the Sublime and Beautiful*, ed. James T. Boulton (Notre Dame, Indiana: University of Notre Dame Press, 1986)

Buzzegoli, Ezio, 'Michelangelo as a Colourist, Revealed in the Conservation of the Doni *Tondo*', *Apollo* (December 1987), pp. 405–8

Cadogan, Jean K., 'Reconsidering Some Aspects of Ghirlandaio's Drawings', *Art Bulletin* 65 (1983), pp. 274–87

Cadogan, Jean K., 'Michelangelo in the Workshop of Domenico Ghirlandaio', *Burlington Magazine* 135 (January 1993), pp. 30–1

Camesasca, Ettore, *All the Frescoes of Raphael*, 2 vols, trans. Paul Colacicchi (Complete Library of World Art, 1962)

Carden, Robert W., *Michelangelo: A Record of His Life as Told in His Own Letters and Papers* (London: Constable & Co., 1913)

Cecchelli, Carlo, 'La "Psyche" della Farnesina', *Roma* (1923), pp. 9–21

Cellini, Benvenuto, *The Autobiography of Benvenuto Cellini*, trans. George Bull

(London: Penguin, 1956)

Cennini, Cennino, *Il Libro dell'Arte: The Craftsman's Handbook*, trans. Daniel V. Thompson (New Haven: Yale University Press, 1933)

Chambers, D.S., 'Papal Conclaves and Prophetic Mystery in the Sistine Chapel', *Journal of the Warburg and Courtauld Institutes* 41 (1978), pp. 322–6

Chastel, André, *A Chronicle of Italian Renaissance Painting*, trans. Linda and Peter Murry (Ithaca: Cornell University Press, 1984)

Clark, Kenneth, *Landscape into Art* (London: John Murray, 1949)

Clark, Kenneth, *Leonardo da Vinci* (London: Penguin, 1961)

Clements, Robert J., ed., *Michelangelo: A Self-Portrait* (New York: New York University Press, 1968)

Colalucci, Gianluigi, 'Michelangelo's Colours Rediscovered', in *The Sistine Chapel: Michelangelo Rediscovered*, ed. Paul Holberton (London: Muller, Blond & White, 1986), pp. 260–265

Colalucci, Gianluigi, 'The Technique of the Sistine Ceiling Frescoes', *The Sistine Chapel: A Glorious Restoration*, ed. Pierluigi de Vecchi and Diana Murphy (New York: Harry N. Abrams, 1999), pp. 26–45

Cole, Bruce, *The Renaissance Artist at Work: From Pisano to Titian* (London: John Murray, 1983)

Condivi, Ascanio, *The Life of Michelangelo*, 2nd edn, trans. Alice Sedgwick Wohl, ed. Hellmut Wohl (University Park: Pennsylvania State University Press, 1999)

Coonin, A. Victor, 'New Documents Concerning Perugino's Workshop in Florence', *Burlington Magazine* 96 (February 1999), pp. 100–4

Cronin, Vincent, *The Florentine Renaissance* (London: Collins, 1967)

Crowe, J.A., and G.B. Cavalcaselle, *Raphael: His Life and Works*, 2 vols (London: John Murray, 1885)

Dante, *The Divine Comedy*, 3 vols, trans. John D. Sinclair (London: The Bodley Head, 1948)

Delumeau, Jean, *The History of Paradise: The Garden of Eden in Myth and Tradition* (New York: Continuum, 1995)

Dorez, Léon, 'La bibliothèque privée du Pape Jules II', *Revue des Bibliothèques* 6 (1896), pp. 97–124

Dotson, Esther Gordon, 'An Augustinian Interpretation of Michelangelo's Sistine Ceiling', *Art Bulletin* 61 (1979), pp. 223–56, 405–29

Ekserdjian, David, 'The Sistine Ceiling and the Critics', *Apollo* (December 1987), pp. 401–4

Elkins, James, 'Michelangelo and the Human Form: His Knowledge and Use of Human Anatomy', *Art History* (June 1984), pp. 176–85

Emison, Patricia, 'Michelangelo's Adam, Before and After Creation', *Gazette des Beaux-Arts* 112 (1988), pp. 115–18

Emison, Patricia, 'The Word Made Naked in Pollaiuolo's *Battle of the Nudes*', *Art History* 13 (September 1990), pp. 261–75

Erasmus, Desiderius, *Erasmi Epistolae, Opus Epistolarum des. Erasmi Roterdami*, 10 vols, ed. P.S. Allen (Oxford: Oxford University Press, 1910)

Erasmus, Desiderius, *The Praise of Folly and Other Writings*, ed. and trans. Robert M. Adams (New York: W.W. Norton & Co., 1989)

Ficino, Marsilio, *The Letters of Marsilio Ficino*, 6 vols, ed. and trans. by members of the Language Department of the School of Economic Science, London (London: Shepheard-Walwyn, 1975–99)

Filippini, Francesco, 'Raffaello e Bologna', *Cronache d'Arte* (1925), pp. 222–6

Fischel, Oskar, *Raphael*, trans. Bernard Rackham (London: Kegan Paul, 1948)

Fischel, Oskar, 'Raphael's Auxiliary Cartoons', *Burlington Magazine* (October 1937), pp. 167–8

Foucault, Michel, *The Uses of Pleasure: A History of Sexuality*, 2 vols, trans. Robert Hurley (London: Penguin, 1987)

Freedberg, Sidney, *Painting of the High Renaissance in Rome and Florence* (Cambridge, Mass.: Harvard University Press, 1972)

Freedberg, Sidney, *Painting in Italy, 1500–1600* (London: Penguin, 1971)

Gage, John, *Colour and Culture: Practice and Meaning from Antiquity to Abstraction* (London: Thames & Hudson, 1993)

Gaunt, William, *A Companion to Painting* (London: Thames & Hudson, 1967)

Gilbert, Creighton E., trans., *Complete Poems and Selected Letters of Michelangelo* (Princeton: Princeton University Press, 1980)

Gilbert, Creighton E., *Michelangelo On and Off the Sistine Ceiling* (New York: George Braziller, 1994)

Gilbert, Creighton E., 'On the Absolute Dates of the Parts of the Sistine Ceiling', *Art History* 3 (June 1980), pp. 158–81

Goethe, Johann Wolfgang von, *Italian Journey*, trans. W.H. Auden and Elizabeth Mayer (London: Penguin, 1970)

Goldscheider, Ludwig, *Michelangelo: Drawings* (London: Phaidon Press, 1951)

Golzio, Vincenzo, *Raffaello nei documenti, nelle testimonianze dei contemporanei, e nella letteratura del suo secolo* (Vatican City: Panetto & Petrelli, 1936)

Gombrich, Ernst, 'A Classical Quotation in Michelangelo's *Sacrifice of Noah*', *Journal of the Warburg Institute* (1937), p. 69

Gombrich, Ernst, 'Raphael's Stanza della Segnatura and the Nature of its Symbolism', in *Symbolic Images: Studies in the Art of the Renaissance* (London: Phaidon, 1972), pp. 85–101

Gombrich, Ernst, 'Renaissance and Golden Age', *Journal of the Warburg and Courtauld Institutes* 24 (1961), pp. 306–9

Gould, Cecil, 'The Chronology of Raphael's Stanze: A Revision', *Gazette des Beaux-Arts* 117 (November 1991), pp. 171–81

Gould, Cecil, 'Raphael's Papal Patrons', *Apollo* (May 1983), pp. 358–61

Grömling, Alexandra, *Michelangelo Buonarroti: Life and Work*, trans. Peter Barton (Cologne: Könemann, 1999)

Guicciardini, Francesco, *The History of Italy*, ed. and trans. Sidney Alexander (London: Collier-Macmillan, 1969)

Hall, Marcia B., *Color and Meaning: Practice and Theory in Renaissance Painting* (Cambridge: Cambridge University Press, 1992)

Hall, Marcia B., ed., *Raphael's 'School of Athens'* (Cambridge: Cambridge University Press, 1997)

Hartt, Frederick, 'The Evidence for the Scaffolding of the Sistine Ceiling', *Art History* 5 (September 1982), pp. 273–86

Hartt, Frederick, *History of Italian Renaissance Art: Painting, Sculpture, Architecture* (London: Thames & Hudson, 1987)

Hartt, Frederick, '*Lignum vitae in medio paradisi*: The Stanza d'Eliodoro and the Sistine Ceiling', *Art Bulletin* 32 (1950), pp. 115–45, 181–218

Hartt, Frederick, *Michelangelo: Drawings* (New York: Harry N. Abrams, 1970)

Hartt, Frederick, '"L'Ultima Mano" on the Sistine Ceiling', *Art Bulletin*

(September 1989), pp. 508–9.

Haskell, Francis, *Patrons and Painters: A Study of the Relations Between Italian Art and Society in the Age of the Baroque*, revised edn (New Haven: Yale University Press, 1980)

Henry, Tom, 'Cesare da Sesto and Baldino Baldini in the Vatican Apartments of Julius II', *Burlington Magazine* (January 2000), pp. 29–35

Henry, Tom, 'Raphael's Altarpiece Patrons in Città di Castello', *Burlington Magazine* (May 2002), pp. 268–78

Hillerbrand, Hans J., ed., *Erasmus and His Age: Selected Letters of Desidirius Erasmus*, trans. Marcus A. Haworth (New York: Harper & Row, 1970)

Hirst, Michael, '"Il Modo delle Attitudini": Michelangelo's Oxford Sketchbook for the Ceiling', in *The Sistine Chapel: Michelangelo Rediscovered*, ed. Paul Holberton (London: Muller, Blond & White, 1986), pp. 208–17

Hirst, Michael, *Michelangelo and His Drawings* (New Haven: Yale University Press, 1988)

Hirst, Michael, 'Michelangelo in 1505', *Burlington Magazine* 133 (November 1991), pp. 760–6

Hirst, Michael, 'Observations on Drawings for the Sistine Ceiling', in *The Sistine Chapel: A Glorious Restoration*, Pierluigi de Vecchi and Diana Murphy, eds (New York: Harry N. Abrams, 1999), pp. 8–25

Hirst, Michael, *The Young Michelangelo: The Artist in Rome, 1496–1501* (London: National Gallery Publications, 1994)

Holberton, Paul, ed., *The Sistine Chapel: Michelangelo Rediscovered* (London: Muller, Blond & White, 1986)

Hoogewerff, G.I., 'Documenti, in parte inediti, che riguardano Raffaello ed altri artisti contemporanei', *Atti della Pontificia Accademia Roma di Archeologia, Rediconti* 21 (1945–6), pp. 250–60

Hope, Charles, 'The Medallions on the Sistine Ceiling', *Journal of the Warburg and Courtauld Institutes* 50 (1987), pp. 200–4

Huizinga, Jan, *Erasmus* (New York: Charles Scribner's Sons, 1924)

Hyma, Albert, *The Life of Desiderius Erasmus* (Assen: Van Gorcum & Co., 1972)

Inghirami, Tommaso, *Thomae Phaedri Inghirami Volterrani orationes*, ed. Pier Luigi Galletti (Rome, 1777)

Januszczak, Waldemar, *Sayonara Michelangelo: The Sistine Chapel Restored and Repackaged* (Reading, Mass.: Addison-Wesley, 1990)

Joannides, Paul, 'On the Chronology of the Sistine Chapel Ceiling', *Art History* (September 1981), pp. 250–2

Joannides, Paul, *Titian to 1518: The Assumption of Genius* (New Haven: Yale University Press, 2001)

Jones, Roger, and Nicolas Penny, *Raphael* (New Haven: Yale University Press, 1983)

Kemp, Martin, *The Science of Art: Optical Themes in Western Art from Brunelleschi to Seurat* (New Haven: Yale University Press, 1990)

Kempers, Bram, 'Staatssymbolick in Rafaels Stanza della Segnatura', *Incontri: Rivista di Studi Italo-Nederlandesi* (1986–7), pp. 3–48

Klaczko, Julian, *Rome and the Renaissance: The Pontificate of Julius II*, trans. John Dennie (London: G.P. Putnam's Sons, 1903)

Klapische-Zuber, Christiane, *Women, Family and Ritual in Renaissance Italy*, trans. Lydia Cochrane (Chicago: University of Chicago Press, 1985)

Lanciani, Rodolfo, *The Destruction of Ancient Rome: A Sketch in the History of the Monuments* (London: Macmillan, 1901)

Lanciani, Rodolfo, *The Golden Days of the Renaissance in Rome* (London: Constable, 1906)

Lawner, Lynne, *Lives of the Courtesans: Portraits of the Renaissance* (New York: Rizzoli, 1986)

Lee, Egmont, *Sixtus IV and Men of Letters* (Rome: Edizioni di Storia e Letteratura, 1978)

Lehmann, Karl, 'The Dome of Heaven', *Art Bulletin* 27 (1945), pp. 1–27

Levey, Michael, *Florence: A Portrait* (London: Pimlico, 1996)

Levin, Harry, *The Myth of the Golden Age in the Renaissance* (Bloomington: University of Indiana Press, 1969)

Liebert, Robert S., *Michelangelo: A Psychoanalytic Study of His Life and Images* (New Haven: Yale University Press, 1983)

Lightbown, Ronald, *Sandro Botticelli: Life and Work* (London: Elek, 1978)

Lomazzo, Giovanni Paolo, *Scritti sulle arti*, 2 vols, ed. Roberto Paolo Ciardi (Florence: Marchi & Bertolli, 1973–4)

Luzio, Alessandro, 'Isabella d'Este di fronte a Giulio II', *Archivio storico lombardo*, 4th series (1912), pp. 65–81

Machiavelli, Niccolò, *The Chief Works and Others*, 3 vols, trans. Allan Gilbert (Durham, NC: Duke University Press, 1965)

Machiavelli, Niccolò, *Machiavelli: The Prince*, trans. George Bull (London: Penguin, 1999)

Mallett, Michael, *Mercenaries and their Masters: Warfare in Renaissance Italy* (London: Bodley Head, 1974)

Mancinelli, Fabrizio, 'Michelangelo's Frescoes in the Sistine Chapel', in Andrew Oddy, ed., *The Art of the Conservator* (London: British Museum Press, 1992), pp. 89–107

Mancinelli, Fabrizio, 'Michelangelo at Work: The Painting of the Lunettes', in *The Sistine Chapel: Michelangelo Rediscovered*, ed. and trans. Paul Holberton (London: Muller, Blond & White, 1986), pp. 218–59

Mancinelli, Fabrizio, 'The Problem of Michelangelo's Assistants', in *The Sistine Chapel: A Glorious Restoration*, Pierluigi de Vecchi and Diana Murphy, eds (New York: Harry N. Abrams, 1999), pp. 46–79.

Mancinelli, Fabrizio, 'Raphael's "Coronation of Charlemagne" and its Cleaning', *Burlington Magazine* (July 1984), pp. 404–9

Mancinelli, Fabrizio, and Lutz Heusinger, *The Sistine Chapel* (London: Constable, 1978)

Mancinelli, Fabrizio, 'The Technique of Michelangelo as a Painter: A Note on the Cleaning of the First Lunettes in the Sistine Chapel', *Apollo* (May 1983), pp. 362–7

Mandelli, Emma, 'La realtà della architettura "picta" negli affreschi delle Stanze Vaticane', in Gianfranco Spagnesi, Mario Fondelli and Emma Mondelli, *Raffaello, l'architettura 'picta': Percezione e realtà* (Rome: Monografica Editrice, 1984), pp. 155–79

Marabottini, Alessandro, et al., eds., *Raffaello giovane e Città di Castello* (Rome: Oberon, 1983)

Mariani, Valerio, *Michelangelo the Painter* (New York: Harry N. Abrams, 1964)

Masson, Georgina, *Courtesans of the Italian Renaissance* (London: Secker & Warburg, 1975)

Meiss, Millard, *The Great Age of Fresco: Discoveries, Recoveries and Survivals* (London: Phaidon, 1970)

Merrifield, Mary, *The Art of Fresco Painting* (London, 1846; rpt London: Alec Tiranti, 1966)

Milanesi, Gaetano, 'Documenti inediti dell'arte toscana dal XII al XVI secolo', *Il Buonarroti* 2 (1887), pp. 334–8

Muratore, Giorgio, ed., *Raffaello in Vaticano* (Milan: Electa, 1984)

Murray, Linda, *Michelangelo: His Life, Work and Times* (London: Thames & Hudson, 1984)

Néret, Gilles, *Michelangelo, 1475–1564*, trans. Peter Snowdon (Cologne: Taschen, 1998)

Nesselrath, Arnold, 'Lorenzo Lotto in the Stanza della Segnatura', in *Burlington Magazine* (January 2000), pp. 4–12

Nesselrath, Arnold, *Raphael's 'School of Athens'* (Vatican City: Edizioni Musei Vaticani, 1996)

Niccoli, Ottavia, 'High and Low Prophetic Culture in Rome at the Beginning of the Sixteenth Century', in Marjorie Reeves, ed., *Prophetic Rome in the High Renaissance Period* (Oxford: Clarendon Press, 1992), pp. 203–22

O'Malley, John W., *Giles of Viterbo on Church and Reform: A Study in Renaissance Thought* (Leiden: E.J. Brill, 1968)

O'Malley, John W., 'Fulfilment of the Christian Golden Age under Pope Julius II: Text of a Discourse of Giles of Viterbo, 1507', *Traditio* 25 (1969), pp. 265–338

O'Malley, John W., *Praise and Blame in Renaissance Rome: Rhetoric, Doctrine and Reform in the Sacred Orators of the Papal Court, c. 1450–1521* (Durham, NC: Duke University Press, 1979)

O'Malley, John W., *Rome and the Renaissance: Studies in Culture and Religion* (London: Variorum Reprints, 1981)

O'Malley, John W., 'The Vatican Library and the School of Athens: A Text of Battista Casali, 1508', *Journal of Medieval and Renaissance Studies* (1977), pp. 279–87

Oppé, A.P., *Raphael*, ed. Charles Mitchell (London: Elek Books, 1970)

Østermark-Johansen, Lene, *Sweetness and Strength: The Reception of Michelangelo in Late Victorian England* (Aldershot, Hants: Ashgate, 1998)

Palmer, Allison Lee, 'The Maternal Madonna in Quattrocento Florence: Social Ideals in the Family of the Patriarch', *Source: Notes in the History of Art* (Spring 2002), pp. 7–14

Panofsky, Erwin, 'The Neoplatonic Movement and Michelangelo', in *Studies in Iconography: Humanistic Themes in the Art of the Renaissance* (New York: Oxford University Press, 1939), pp. 171–230

Paolucci, Antonio, *Michelangelo: The Pietàs* (Milan: Skira, 1997)

Papini, Giovanni, *Vita di Michelangelo nella vita del suo tempo* (Milan: Garzanti, 1949)

Partner, Peter, *Renaissance Rome, 1500–1559: Portrait of a Society* (Berkeley: University of California Press, 1976)

Partridge, Loren, *Michelangelo: The Sistine Chapel, Rome* (New York: George Braziller, 1996)

Partridge, Loren, *The Renaissance in Rome: 1400–1600* (London: Weidenfeld & Nicolson, 1996)

Partridge, Loren, and Randolph Starn, *A Renaissance Likeness: Art and Culture in Raphael's Julius II* (Berkeley: University of California Press, 1980)

Pascoli, Lione, *Vite de' pittori, scultori ed architetti moderni* (Rome: Reale Istituto d'Archaeologia e Storia dell'Arte, 1933)

Pastor, Ludwig, *The History of the Popes from the Close of the Middle Ages*, 40 vols, ed. Frederick Ignatius Antrobus et al. (London: Kegan Paul, Trench, Trübner & Co., 1891–1953)

Petrangeli, Carlo, 'Introduction: An Account of the Restoration', in *The Sistine Chapel: A Glorious Restoration*, ed. Pierluigi de Vecchi and Diana Murphy (New York: Harry N. Abrams, 1999), pp. 6–7

Pfeiffer, Henrich, *Zur Ikonographie von Raffaels Disputa: Egidio da Viterbo und die christliche-platonische Konzeption der Stanza della Segnatura* (Rome: Pontificia Universitas Gregoriana, 1975)

Phillips, John A., *Eve: The History of an Idea* (San Francisco: Harper & Row, 1984)

Pissarro, Camille, *Letters to His Son Lucien*, ed. John Rewald, 4th edn (London:

Routledge & Kegan Paul, 1980)

Plumb, J.H., ed., *The Penguin Book of the Renaissance* (London: Penguin, 1991)

Pon, Lisa, 'A Note on the Ancestors of Christ in the Sistine Chapel', *Journal of the Warburg and Courtauld Institutes* 61 (1998), pp. 254–8

Pope-Hennessey, John, *Raphael* (New York: Harper & Row, 1979)

Ramsden, E.H., ed., *The Letters of Michelangelo*, 2 vols (London: Peter Owen, 1963)

Ramsey, P.A., ed., *Rome in the Renaissance: The City and the Myth* (Binghamton, NY: Centre for Medieval and Early Renaissance Studies, SUNY-Binghamton, 1982)

Ravaglia, Emilio, 'Il volto romano di Beatrice ferrarese', *Roma* (1923), pp. 53–61

Redig de Campos, Deoclecio, ed., *Dialogi di Donato Giannotti* (Florence: G.C. Sansoni, 1939)

Redig de Campos, Deoclecio, *Michelangelo Buonarroti nel IV centenario del 'Giudizio universale' (1541–1941)* (Florence: G.C. Sansoni, 1942)

Redig de Campos, Deoclecio, *Raffaello nelle Stanze* (Milan: Aldo Martello, 1965)

Reeves, Marjorie, ed., *Prophetic Rome in the High Renaissance Period* (Oxford: Clarendon Press, 1992)

Reynolds, Sir Joshua, *Discourses on Art*, ed. Robert R. Wark (San Marino, Calif.: Huntington Library, 1959)

Ridolfi, Roberto, *The Life and Times of Girolamo Savonarola*, trans. Cecil Grayson (London: Routledge & Kegan Paul, 1959)

Robertson, Charles, 'Bramante, Michelangelo and the Sistine Ceiling', *Journal of the Warburg and Courtauld Institutes* 49 (1986), pp. 91–105

Rocke, Michael, *Forbidden Friendships: Homosexuality and Male Culture in Renaissance Florence* (Oxford: Oxford University Press, 1996)

Roettgen, Steffi, *Italian Frescoes*, 2 vols, trans. Russell Stockman (New York: Abbeville Press, 1997)

Rowland, Ingrid D., *The Culture of the High Renaissance: Ancients and Moderns in Sixteenth-Century Rome* (Cambridge: Cambridge University Press, 1998)

Roy, Ashok, ed., *Artists' Pigments: A Handbook of their History and Characteristics*

(Oxford: Oxford University Press, 1993)

Ryan, Christopher, ed., *Michelangelo: The Poems* (London: J.M. Dent, 1996)

Ryan, Christopher, *The Poetry of Michelangelo: An Introduction* (London: Athlone, 1998)

Salvini, Roberto, 'The Sistine Chapel: Ideology and Architecture', *Art History* (June 1980), pp. 144–57

Salvini, Roberto, and Ettore Camesasca, *La Cappella Sistina in Vaticano* (Milan: Rizzoli, 1965)

Sandström, Sven, *Levels of Unreality: Studies in Structure and Construction in Italian Mural Painting during the Renaissance* (Stockholm: Almqvist & Wiksell, 1963)

Sanuto, Marino, *I diarii di Marino Sanuto*, 58 vols (Venice: F. Visentini, 1878–1903)

Saslow, James M., *Ganymede in the Renaissance: Homosexuality in Art and Society* (New Haven: Yale University Press, 1986)

Satkowski, Leon, *Giorgio Vasari, Architect and Courtier* (Princeton: Princeton University Press, 1993)

Schott, Rolf, *Michelangelo* (London: Thames & Hudson, 1964)

Seymour, Charles, ed., *Michelangelo: The Sistine Chapel Ceiling* (New York: W.W. Norton & Co., 1972)

Shaw, Christine, *Julius II: The Warrior Pope* (Oxford: Blackwell, 1993)

Shearman, John, 'The Chapel of Sixtus IV', in *The Sistine Chapel: Michelangelo Rediscovered*, ed. Paul Holberton (London: Muller, Blond & White, 1986), pp. 22–91

Shearman, John, 'The Organization of Raphael's Workshop', in *The Art Institute of Chicago Centennial Lectures* (Chicago: Contemporary Books, 1983), pp. 41–57

Shearman, John, 'Raffaelo e la bottega', in *Raffaello in Vaticano*, ed. Giorgio Muratore (Milan: Electa, 1984), pp. 258–63

Shearman, John, *Raphael's Cartoons in the Collection of Her Majesty the Queen and the Tapestries for the Sistine Chapel* (London: Phaidon, 1972)

Shearman, John, 'Raphael, Rome and the Codex Excurialensis', *Master Drawings* (Summer 1977), pp. 107–46

Shearman, John, 'The Vatican Stanze: Functions and Decoration',

Proceedings of the British Academy (London: Oxford University Press, 1973), pp. 369–424

Steinberg, Leo, 'Eve's Idle Hand', *Art Journal* (Winter 1975–6), pp. 130–5

Steinberg, Leo, 'Who's Who in Michelangelo's *Creation of Adam*: A Chronology of the Picture's Reluctant Self-Revelation', *Art Bulletin* (1992), pp. 552–66

Steinberg, Ronald M., *Fra Girolamo Savonarola, Florentine Art, and Renaissance Historiography* (Athens, Ohio: Ohio University Press, 1977)

Steinmann, Ernst, *Die Sixtinische Kapelle*, 2 vols (Munich: Verlagsanstalt F. Bruckmann, 1905)

Stinger, Charles L., *The Renaissance in Rome* (Bloomington: Indiana University Press, 1985)

Summers, David, *Michelangelo and the Language of Art* (Princeton: Princeton University Press, 1981)

Taylor, F.L., *The Art of War in Italy, 1494–1529* (Cambridge: Cambridge University Press, 1920)

Thomas, Anabel, *The Painter's Practice in Renaissance Tuscany* (Cambridge: Cambridge University Press, 1995)

Tolnay, Charles de, *The Art and Thought of Michelangelo* (New York: Pantheon, 1964)

Tolnay, Charles de, *Michelangelo*, 5 vols (Princeton: Princeton University Press, 1943–60)

Trible, Phyllis, *God and the Rhetoric of Sexuality* (London: SCM, 1992)

Turner, Jane, ed., *The Dictionary of Art*, 34 vols. (London: Macmillan, 1996)

Vasari, Giorgio, *Lives of the Painters, Sculptors and Architects*, 2 vols, trans. Gaston du C. de Vere (London: Everyman's Library, 1996)

Vasari, Giorgio, *Vasari on Technique*, trans. Louisa S. Maclehose, ed. G. Baldwin Brown (New York: Dover, 1960)

Vecchi, Pierluigi de, and Diana Murphy, eds, *The Sistine Chapel: A Glorious Restoration* (New York: Harry N. Abrams, 1999)

Venturi, Adolfo, *Storia dell'arte italiana*, 11 vols (Milan: Ulrico Hoepli, 1901–39)

Venturi, Lionello, and Rosabianca Skira-Venturi, *Italian Painting: The*

Renaissance, trans. Stuart Gilbert (New York: Albert Skira, 1951)

Vinci, Leonardo da, *Treatise on Painting*, 2 vols, trans. A. Philip McMahon (Princeton: Princeton University Press, 1956)

Virgil, *The Aeneid*, trans. W.F. Jackson Knight (London: Penguin, 1956)

Virgil, *The Eclogues and The Georgics*, trans. C. Day Lewis (Oxford: Oxford University Press, 1963)

Wallace, William E., 'Michelangelo's Assistants in the Sistine Chapel', *Gazette des Beaux-Arts* 11 (December 1987), pp. 203–16

Wallace, William E., *Michelangelo: The Complete Sculpture, Painting, Architecture* (New York: Hugh Lauter Levin Associates, 1998)

Weinstein, Donald, *Savonarola and Florence: Prophecy and Patriotism in the Renaissance* (Princeton: Princeton University Press, 1970)

Welch, Evelyn, *Art in Renaissance Italy* (Oxford: Oxford University Press, 1997)

Whistler, Catherine, *Drawings by Michelangelo and Raphael* (Oxford: Ashmolean Museum, 1990)

Wilde, Johannes, 'The Decoration of the Sistine Chapel', *Proceedings of the British Academy* 54 (1958), pp. 61–81

Wilde, Johannes, *Venetian Painting from Bellini to Titian* (Oxford: Oxford University Press, 1974)

Wilson, Charles Heath, *Life and Works of Michelangelo Buonarroti* (London, 1881)

Wind, Edgar, 'Michelangelo's Prophets and Sibyls', *Proceedings of the British Academy* 51 (1965), pp. 47–84

Wind, Edgar, 'Sante Pagnini and Michelangelo: A Study of the Succession of Savonarola', *Gazette des Beaux-Arts* 26 (1944), pp. 211–46

Wittkower, Rudolf and Margot, eds, *The Divine Michelangelo: The Florentine Academy's Homage on His Death in 1564* (London: Phaidon Press, 1964)

Zucker, Mark J., 'Raphael and the Beard of Pope Julius II', *Art Bulletin* 59 (1977), pp. 524–33

索 引

（以下页码为原书页码，即本书页边码）